U0801018

《农村基层干部廉洁履行职责规定》及相关法律法规

本书编写组◎编

中国方正出版社

出版说明

2025年3月，中共中央办公厅、国务院办公厅印发了新修订的《农村基层干部廉洁履行职责规定》（以下简称《规定》）。修订《规定》是落实习近平新时代中国特色社会主义思想的具体行动，是推动乡村全面振兴、更好推进中国式现代化的必然要求，是总结实践经验，进一步推动全面从严治党向基层延伸的现实需要，是坚持问题导向，建设过硬农村基层干部队伍的有力举措。

为帮助大家学习掌握修订后的《规定》，增强纪律观念和廉洁意识，促进农村基层干部廉洁、规范履行职责，我们组织编写了《〈农村基层干部廉洁履行职责规定〉及相关法律法规》一书。本书以《规定》的条文为主线，对农村基层干部廉洁履职方面的制度规定进行了汇总整理，收录中央党内法规、国家法律法规以及中央规范性文件35部，涉及农村改革、“三资”管理、廉洁自律等领域，简明务实，在最大程度上扩宽了读者获取信息的广度和深度。编排上按照发文机关及内容上的内在逻辑性进行排列，方便查找使用。

由于时间仓促及水平有限，书中难免有疏漏和不足之处，敬请各位读者批评指正。

编　者

2025 年 5 月

目　录

二、 国家法律法规

三、中央规范性文件

中共中央办公厅　国务院办公厅
关于印发《农村基层干部廉洁履行
职责规定》的通知

各省、自治区、直辖市党委和人民政府，中央和国家机关各部委，解放军各单位和武警部队，各人民团体：

《农村基层干部廉洁履行职责规定》已经党中央、国务院同意，现印发给你们，请认真遵照执行。

中共中央办公厅

国务院办公厅

2025年3月28日

农村基层干部廉洁履行职责规定

（2011 年 4 月 28 日中共中央政治局常委会会议审议批准
2011 年 5 月 23 日中共中央办公厅、国务院办公厅发布
2025 年 3 月 28 日中共中央修订　2025 年 3 月 28 日
中共中央办公厅、国务院办公厅发布）

第一章　总　　则

第一条　为了促进农村基层干部廉洁履行职责，加强农村党风廉政建设和反腐败工作，根据《中国共产党廉洁自律准则》、《中国共产党党内监督条例》等党内法规和《中华人民共和国监察法》等法律，制定本规定。

第二条　加强农村基层干部廉洁履行职责工作，必须坚持以习近平新时代中国特色社会主义思想为指导，坚持和加强党的全面领导，完善农村权力运行监督机制，推动全面从严治党向基层延伸、向群众身边延伸，为推进乡村全面振兴提供坚强保障。

第三条　本规定所称农村基层干部包括：

（一）乡镇党委和政府领导班子成员、人大主席团负责人以及乡镇其他工作人员；

（二）实行垂直管理或者双重领导并以上级单位领导为主的单位、县级人民政府有关部门派驻乡镇机构工作人员；

（三）村党组织领导班子成员、村民委员会成员、村务监督委员会和其他形式的村务监督机构成员、村民小组负责人，以及驻村第一书记、工作队员；

（四）农村集体经济组织中的党组织领导班子成员，农村集体经济组织理事会成员、监事会成员或者监事、主要经营管理人员；

（五）其他从事乡镇和村级事务管理的人员。

有农村集体经济组织的街道、社区等相关管理人员参照适用本规定。

第四条 农村基层干部廉洁履行职责应当做到：

（一）坚定理想信念，坚持以人民为中心，实现好、维护好、发展好群众根本利益；

（二）弘扬党的光荣传统和优良作风，求真务实、勇于担当，提高为民服务本领；

（三）严格遵守党章党规党纪和法律法规，清正廉洁、规范履职，自觉接受监督；

（四）带头实践社会主义核心价值观，促进新时代农村精神文明建设，推进移风易俗、建设文明乡风。

第五条 各级党委特别是县级党委应当认真履行农村基层全面从严治党主体责任，强化党的工作部门具体责任，把促进农村基层干部廉洁履行职责作为一项重要工作抓紧抓实，整合监督力量，形成工作合力。各级纪检监察机关特别是县级纪检监察机关应当协助同级党委加强对农村基层干部廉洁履行职责情况的监督检查，持续整治侵害群众利益的不正之风和腐败问题。

各级人民政府及其有关部门特别是县级人民政府及其有关部门应当按照职能职责加强管理监督，促进农村基层干部自觉廉洁履行职责。

第二章　廉洁履行职责行为规范

第六条 禁止在强农惠农富农补贴资金发放中侵占、挪用。不准有下列行为：

（一）通过虚报、冒领等手段套取、骗取补贴资金；

（二）截留补贴资金；

（三）其他侵占、挪用强农惠农富农补贴资金行为。

第七条 禁止在农村集体资金资产资源管理中擅权妄为、谋取私利。不准有下列行为：

（一）设立“小金库”，隐瞒、截留、坐支集体收益，虚列支出使用、违规出借集体资金，或者以借款、垫资、合作经营等名义长期拖欠或者变相占用集体资金；

（二）在集体资产清查中瞒报、漏报，低价处置、无偿占用或者通过象征性地支付钱款等方式占用村集体房屋、设施设备等集体资产，或者以集体资产为本人或者他人债务提供担保；

（三）违法违规发包集体土地、调整收回农户承包土地，强迫、阻碍承包经营当事人进行土地承包经营权互换、转让或者土地经营权流转，或者擅自截留、扣缴土地承包经营权互换、转让或者土地经营权流转收益；

（四）违法违规办理农村宅基地申请、使用事项，违背村民意愿强制流转宅基地，或者违法收回村民依法取得的宅基地、以退出宅基地作为村民进城落户的条件、强制村民搬迁退出宅基地；

（五）侵占、挪用集体经营性建设用地出让、出租等费用；

（六）侵占、挪用征地补偿费用和其他有关费用；

（七）违法违规征占、侵占、“以租代征”转用集体所有的土地和森林、山岭、草原、荒地、滩涂等资源，或者在合理开发利用和保护耕地、林地、草地等工作中监督不力，对违法违规行为放任不管；

（八）其他在农村集体资金资产资源管理中擅权妄为、谋取私利行为。

第八条 禁止在乡村建设项目管理中弄虚作假、损公肥私。不准有下列行为：

（一）通过虚列项目、虚增工程量等手段套取、骗取高标准农田建设、农村人居环境整治、乡村公共设施建设、乡村生态保护修复、乡村富民产业等项目资金；

（二）对乡村工程项目虚假招标，与投标人串通投标，或者违反规定不进行招标、规避招标；

（三）违规干预、插手乡村工程建设；

（四）违规承揽本人管辖的地区和业务范围内的项目，或者利用职权或者职务上的影响帮助配偶、子女及其配偶等亲属和其他特定关系人承揽本人管辖的地区和业务范围内的项目；

（五）其他在乡村建设项目管理中弄虚作假、损公肥私行为。

第九条 禁止在乡村社会管理和公共服务中滥用职权、徇私舞弊。不准有下列行为：

（一）在农村公共服务类岗位人员聘用、农村危房改造、残疾评定、低收入人口认定，以及其他社会保障、社会救助、政策扶持、救灾救济款物分配等事项中，优亲厚友、明显有失公平；

（二）故意拖欠、克扣村民劳务费等合理款项，或者迟滞拨付各类救灾救助、补贴补助资金、物资；

（三）超范围、超标准向村民筹资筹劳、摊派费用，或者向家庭农场、农民专业合作社、企业等乱集资、乱摊派、乱收费；

（四）以辛苦费、好处费、服务费等名义索取、收受村民和家庭农场、农民专业合作社、企业等的财物，或者以明显低价租用、以借为名占用村民和家庭农场、农民专业合作社、企业等的财物；

（五）在行政执法中滥用裁量权，或者利用执法权谋取私利；

（六）在购买涉及农村人居环境、养老托育等村务服务中谋取私利；

（七）其他在乡村社会管理和公共服务中滥用职权、徇私舞弊行为。

第十条 禁止在村级组织选举中拉票贿选、破坏选举。不准有下列行为：

（一）违反规定程序组织、参与选举，或者伪造选票、虚报选举票数、篡改选举结果；

（二）采取暴力、威胁、欺骗、贿赂、拉拢等不正当手段妨害村民依法行使选举权、被选举权；

（三）利用黑恶势力、宗族势力、宗教势力干扰、操纵、破坏选举；

（四）诬告陷害、造谣抹黑选举候选人；

（五）其他在村级组织选举中拉票贿选、破坏选举行为。

第十一条 禁止搞形式主义、官僚主义、享乐主义和奢靡之风。不准有下列行为：

（一）搞劳民伤财的"形象工程"、"政绩工程"；

（二）落实政策措施和任务部署搞"一刀切"、机械执行，层层加码、过度留痕，加重群众负担；

（三）搞强迫命令，干涉农民依法自主安排的生产经营项目，强迫农民购买指定的生产资料、按照指定的渠道销售农产品或者接受有偿服务；

（四）对待村民态度恶劣，故意刁难村民，阻碍、干扰村民依法反映问题、表达诉求，或者对涉及村民生产、生活等切身利益问题按照政策或者有关规定能解决而不及时解决；

（五）巧立名目请客送礼、违规吃喝，滥发津贴、补贴、奖金、福利等，或者由村级组织、村民、家庭农场、农民专业合作社、企业等报销、支付应当由个人负担的费用；

（六）大操大办婚丧喜庆事宜，借操办婚丧喜庆事宜之机敛取钱财；

（七）生活奢靡、铺张浪费、贪图享乐、追求低级趣味，或者助长高额彩礼、人情攀比、厚葬薄养等不良社会风气；

（八）其他搞形式主义、官僚主义、享乐主义和奢靡之风行为。

第十二条 禁止在农村事务监督中欺上瞒下、逃避监督。不准有下列行为：

（一）不按照规定实行民主理财，或者伪造、变造、隐匿、毁坏财务会计资料；

（二）以各种形式拒绝、逃避、干扰信息公开，或者进行虚假公开；

（三）采取暴力、威胁、欺骗、贿赂、拉拢等不正当手段妨害村民或者村民代表依法行使询问质询权、罢免权等权利；

（四）阻挠、干扰有关机关、部门、单位依规依纪依法进行的监督或者案件查处；

（五）以威胁、恐吓等不正当手段妨害村务监督机构成员自主行使职权，或者打击报复村务监督机构成员；

（六）其他在农村事务监督中欺上瞒下、逃避监督行为。

第十三条 禁止扰乱社会管理秩序。不准有下列行为：

（一）利用“村霸”等黑恶势力把持基层政权、欺压群众，垄断集体资源，以及在农贸市场、乡镇集市等流通领域欺行霸市、强迫交易，或者参与、纵容涉黑涉恶活动、充当黑恶势力“保护伞”；

（二）组织、参与宗族宗派纷争；

（三）开展非法宗教活动，或者利用宗教干预农村公共事务；

（四）组织、参与、纵容开设赌场，或者为赌博活动提供便利条件；

（五）其他扰乱社会管理秩序行为。

第三章 管理监督

第十四条 各级党委应当做好农村基层干部选育管用工作，严把政治关、品行关、能力关、作风关、廉洁关，严格管理监督。重点加强对乡镇党委和政府“一把手”，村党组织书记、村民委员会主任、农村集体经济组织理事长特别是“一肩挑”人员的管理监督。

各级党委应当注重通过党校（行政学院）、干部学院等加强农村基层干部教育培训，经常性开展纪律教育和法治培训，强化警示教育，推进新时代廉洁文化建设。

第十五条 村级重大事项决策实行“四议两公开”，即村党组织提议、村“两委”会议商议、党员大会审议、村民会议或者村民代表会议决议，决议公开、实施结果公开。县、乡两级党委和政府应当指导确定村级重大事项范围。

村民委员会财务收支由村党组织书记、村民委员会主任、村务监督机构主要负责人联审联签，“一肩挑”的村应当同时由 1 名村“两委”其他成员参与联审联签。村级财务收支可以按照规定委托代理记账。村级工程建设项目按照其具体范围和规模标准依法必须招标的，应当进行招投标，乡镇党委和政府加强指导把关。

第十六条 村党组织、村民委员会和农村集体经济组织应当通过公开栏、数字电视、移动互联网应用程序等便于群众知晓的方式，及时公开农村党务、村务、财务情况，突出对强农惠农富农补贴资金发放、农村集体资金资产资源管理、乡村建设项目管理等方面事项的公开，保证所公开事项的内容完整全面、准确详实，并接受村民的查询。

县级党委和政府应当制订农村公开事项目录，规范和细化公开内容、公开时间、公开程序、公开形式，指导、督促村级组织依规依法做好各类信息公开工作。

第十七条 各级党委和政府应当加强基层监督信息化建设，结合实际建立或者运用信息化平台监督基层公权力，监管农村集体资金资产资源，畅通检举举报渠道。

第十八条 村级重大事项决策、重大项目安排、大额资金使用等，应当按照规定及时向乡镇党委和政府报备。

第十九条 县级党委应当按照规定加强对所辖乡镇、村党组织的巡察，实现县级党委一届任期内巡察全覆盖。

被巡察的乡镇、村党组织应当自觉接受巡察监督，积极配合巡察工作，抓好巡察反馈问题的整改落实。

第二十条 纪检监察机关应当立足职能职责，强化对党组织加强农村基层干部廉洁履行职责工作情况的监督检查，加大对农村基层干部不廉洁行为的查处力度，深化以案促改促治。

县级纪委监委可以通过提级监督或者在辖区内组织乡镇纪检监察机构开展片区协作、交叉监督等方式，整合运用基层纪检监察监督力量。

乡镇纪检监察机构应当加强对村纪检工作的检查指导，定期听取村纪委书记（纪检委员）工作情况汇报，分析研究农村基层党风廉政建设状况，针对存在问题提出解决措施；支持村纪委书记（纪检委员）履行监督职责，根据需要组织辖区内村纪委书记（纪检委员）开展联合监督。对集体经济体量大、工程项目建设多、廉政风险高的村，确有必要的可以选派干部按照规定担任村纪委书记（纪检委员）。

乡镇纪检监察机构应当加强对村务监督机构的联系指导，注重听取村务监督机构反映的情况和意见，及时处置村务监督机构移送的农村基层干部廉洁履行职责问题线索。

第二十一条 各级党委有关工作部门，各级人民政府农业农村、发展改革、财政、民政、自然资源、生态环境、住房城乡建设、交通运输、水利等有关主管部门应当认真履行涉农工作监管职责，密切部门间协作配合，加强系统内业务指导，依规依法严肃处置“三农”政策措施落实不到位、农村基层干部违规违法等方面的问题。

县级以上地方人民政府农业农村主管部门、乡镇人民政府等有关单位根据情况对农村集体经济组织开展定期审计、专项审

农村基层干部受到诬告、错告，有必要予以澄清的，有关党组织、单位和纪检监察机关应当按照规定进行澄清。

第二十九条 党组织对受到处理的农村基层干部应当进行跟踪回访，了解掌握其思想动态和工作状况，教育引导其正确认识、改正错误，放下包袱、积极工作。

第五章 附 则

第三十条 本规定由中央纪委国家监委负责解释。

第三十一条 本规定自发布之日起施行。

一、中央党内法规

中国共产党章程

（中国共产党第二十次全国代表大会部分修改，
2022年10月22日通过）

总　纲

中国共产党是中国工人阶级的先锋队，同时是中国人民和中华民族的先锋队，是中国特色社会主义事业的领导核心，代表中国先进生产力的发展要求，代表中国先进文化的前进方向，代表中国最广大人民的根本利益。党的最高理想和最终目标是实现共产主义。

中国共产党以马克思列宁主义、毛泽东思想、邓小平理论、“三个代表”重要思想、科学发展观、习近平新时代中国特色社会主义思想作为自己的行动指南。

马克思列宁主义揭示了人类社会历史发展的规律，它的基本原理是正确的，具有强大的生命力。中国共产党人追求的共产主义最高理想，只有在社会主义社会充分发展和高度发达的基础上才能实现。社会主义制度的发展和完善是一个长期的历史过程。坚持马克思列宁主义的基本原理，走中国人民自愿选择的适合中国国情的道路，中国的社会主义事业必将取得最终的胜利。

以毛泽东同志为主要代表的中国共产党人，把马克思列宁主义的基本原理同中国革命的具体实践结合起来，创立了毛泽东思想。毛泽东思想是马克思列宁主义在中国的运用和发展，是被实践证明了的关于中国革命和建设的正确的理论原则和经验总结，是中国共产党集体智慧的结晶。在毛泽东思想指引下，中国共产党领导全国各族人民，经过长期的反对帝国主义、封建主义、官僚资本主义的革命斗争，取得了新民主主义革命的胜利，建立了人民民主专政的中华人民共和国；新中国成立以后，顺利地进行了社会主义改造，完成了从新民主主义到社会主义的过渡，确立了社会主义基本制度，发展了社会主义的经济、政治和文化。

十一届三中全会以来，以邓小平同志为主要代表的中国共产党人，总结新中国成立以来正反两方面的经验，解放思想，实事求是，实现全党工作中心向经济建设的转移，实行改革开放，开辟了社会主义事业发展的新时期，逐步形成了建设中国特色社会主义的路线、方针、政策，阐明了在中国建设社会主义、巩固和发展社会主义的基本问题，创立了邓小平理论。邓小平理论是马克思列宁主义的基本原理同当代中国实践和时代特征相结合的产物，是毛泽东思想在新的历史条件下的继承和发展，是马克思主义在中国发展的新阶段，是当代中国的马克思主义，是中国共产党集体智慧的结晶，引导着我国社会主义现代化事业不断前进。

十三届四中全会以来，以江泽民同志为主要代表的中国共产党人，在建设中国特色社会主义的实践中，加深了对什么是社会主义、怎样建设社会主义和建设什么样的党、怎样建设党的认识，积累了治党治国新的宝贵经验，形成了“三个代表”重要思想。“三个代表”重要思想是对马克思列宁主义、毛泽东思想、邓小平理论的继承和发展，反映了当代世界和中国的发展变化对党和国家工作的新要求，是加强和改进党的建设、推进我国社会主义自我完善和发展的强大理论武器，是中国共产党集体智慧的结晶，是党必须长期坚持的指导思想。始终做到“三个代表”，是我们党的立党之本、执政之基、力量之源。

十六大以来，以胡锦涛同志为主要代表的中国共产党人，坚持以邓小平理论和“三个代表”重要思想为指导，根据新的发展要求，深刻认识和回答了新形势下实现什么样的发展、怎样发展等重大问题，形成了以人为本、全面协调可持续发展的科学发展观。科学发展观是同马克思列宁主义、毛泽东思想、邓小平理论、“三个代表”重要思想既一脉相承又与时俱进的科学理论，是马克思主义关于发展的世界观和方法论的集中体现，是马克思主义中国化重大成果，是中国共产党集体智慧的结晶，是发展中国特色社会主义必须长期坚持的指导思想。

十八大以来，以习近平同志为主要代表的中国共产党人，坚持把马克思主义基本原理同中国具体实际相结合、同中华优秀传统文化相结合，科学回答了新时代坚持和发展什么样的中国特色社会主义、怎样坚持和发展中国特色社会主义等重大时代课题，创立了习近平新时代中国特色社会主义思想。习近平新时代中国特色社会主义思想是对马克思列宁主义、毛泽东思想、邓小平理论、“三个代表”重要思想、科学发展观的继承和发展，是当代中国马克思主义、二十一世纪马克思主义，是中华文化和中国精神的时代精华，是党和人民实践经验和集体智慧的结晶，是中国特色社会主义理论体系的重要组成部分，是全党全国人民为实现中华民族伟大复兴而奋斗的行动指南，必须长期坚持并不断发展。在习近平新时代中国特色社会主义思想指导下，中国共产党领导全国各族人民，统揽伟大斗争、伟大工程、伟大事业、伟大梦想，推动中国特色社会主义进入了新时代，实现第一个百年奋斗目标，开启了实现第二个百年奋斗目标新征程。

改革开放以来我们取得一切成绩和进步的根本原因，归结起来就是：开辟了中国特色社会主义道路，形成了中国特色社会主义理论体系，确立了中国特色社会主义制度，发展了中国特色社会主义文化。全党同志要倍加珍惜、长期坚持和不断发展党历经艰辛开创的这条道路、这个理论体系、这个制度、这个文化，高举中国特色社会主义伟大旗帜，坚定道路自信、理论自信、制度自信、文化自信，发扬斗争精神，增强斗争本领，贯彻党的基本理论、基本路线、基本方略，为实现推进现代化建设、完成祖国统一、维护世界和平与促进共同发展这三大历史任务，实现第二个百年奋斗目标、实现中华民族伟大复兴的中国梦而奋斗。

中国共产党自成立以来，始终把为中国人民谋幸福、为中华民族谋复兴作为自己的初心使命，历经百年奋斗，从根本上改变了中国人民的前途命运，开辟了实现中华民族伟大复兴的正确道路，展示了马克思主义的强大生命力，深刻影响了世界历史进程，锻造了走在时代前列的中国共产党。经过长期实践，积累了坚持党的领导、坚持人民至上、坚持理论创新、坚持独立自主、坚持中国道路、坚持胸怀天下、坚持开拓创新、坚持敢于斗争、坚持统一战线、坚持自我革命的宝贵历史经验，这是党和人民共同创造的精神财富，必须倍加珍惜、长期坚持，并在实践中不断丰富和发展。

我国正处于并将长期处于社会主义初级阶段。这是在原本经济文化落后的中国建设社会主义现代化不可逾越的历史阶段，需要上百年的时间。我国的社会主义建设，必须从我国的国情出发，走中国特色社会主义道路，以中国式现代化全面推进中华民族伟大复兴。在现阶段，我国社会的主要矛盾是人民日益增长的美好生活需要和不平衡不充分的发展之间的矛盾。由于国内的因素和国际的影响，阶级斗争还在一定范围内长期存在，在某种条件下还有可能激化，但已经不是主要矛盾。我国社会主义建设的根本任务，是进一步解放生产力，发展生产力，逐步实现社会主义现代化，并且为此而改革生产关系和上层建筑中不适应生产力发展的方面和环节。必须坚持和完善公有制为主体、多种所有制经济共同发展，按劳分配为主体、多种分配方式并存，社会主义市场经济体制等基本经济制度，鼓励一部分地区和一部分人先富起来，逐步实现全体人民共同富裕，在生产发展和社会财富增长的基础上不断满足人民日益增长的美好生活需要，促进人的全面发展。发展是我们党执政兴国的第一要务。必须坚持以人民为中心的发展思想，把握新发展阶段，贯彻创新、协调、绿色、开放、共享的新发展理念，加快构建以国内大循环为主体、国内国际双循环相互促进的新发展格局，推动高质量发展。各项工作都要把有利于发展社会主义社会的生产力，有利于增强社会主义国家的综合国力，有利于提高人民的生活水平，作为总的出发点和检验标准，尊重劳动、尊重知识、尊重人才、尊重创造，做到发展为了人民、发展依靠人民、发展成果由人民共享。必须按照中国特色社会主义事业“五位一体”总体布局和“四个全面”战略布局，统筹推进经济建设、政治建设、文化建设、社会建设、生态文明建设，协调推进全面建设社会主义现代化国家、全面深化改革、全面依法治国、全面从严治党。新时代新征程，经济和社会发展的战略目标是，到二〇三五年基本实现社会主义现代化，到本世纪中叶把我国建成社会主义现代化强国。

中国共产党在社会主义初级阶段的基本路线是：领导和团结全国各族人民，以经济建设为中心，坚持四项基本原则，坚持改革开放，自力更生，艰苦创业，为把我国建设成为富强民主文明和谐美丽的社会主义现代化强国而奋斗。

中国共产党在领导社会主义事业中，必须坚持以经济建设为中心，其他各项工作都服从和服务于这个中心。要实施科教兴国战略、人才强国战略、创新驱动发展战略、乡村振兴战略、区域协调发展战略、可持续发展战略、军民融合发展战略，充分发挥科学技术作为第一生产力的作用，充分发挥人才作为第一资源的作用，充分发挥创新作为引领发展第一动力的作用，依靠科技进步，提高劳动者素质，促进国民经济更高质量、更有效率、更加公平、更可持续、更为安全发展。

坚持社会主义道路、坚持人民民主专政、坚持中国共产党的领导、坚持马克思列宁主义毛泽东思想这四项基本原则，是我们的立国之本。在社会主义现代化建设的整个过程中，必须坚持四项基本原则，反对资产阶级自由化。

坚持改革开放，是我们的强国之路。只有改革开放，才能发展中国、发展社会主义、发展马克思主义。要全面深化改革，完善和发展中国特色社会主义制度，推进国家治理体系和治理能力现代化。要从根本上改革束缚生产力发展的经济体制，坚持和完善社会主义市场经济体制；与此相适应，要进行政治体制改革和其他领域的改革。要坚持对外开放的基本国策，吸收和借鉴人类社会创造的一切文明成果。改革开放应当大胆探索，勇于开拓，提高改革决策的科学性，更加注重改革的系统性、整体性、协同性，在实践中开创新路。

中国共产党领导人民发展社会主义市场经济。毫不动摇地巩固和发展公有制经济，毫不动摇地鼓励、支持、引导非公有制经济发展。发挥市场在资源配置中的决定性作用，更好发挥政府作用，建立完善的宏观调控体系。统筹城乡发展、区域发展、经济社会发展、人与自然和谐发展、国内发展和对外开放，调整经济结构，转变经济发展方式，推进供给侧结构性改革。促进新型工业化、信息化、城镇化、农业现代化同步发展，建设社会主义新农村，走中国特色新型工业化道路，建设创新型国家和世界科技强国。

中国共产党领导人民发展社会主义民主政治。坚持党的领导、人民当家作主、依法治国有机统一，走中国特色社会主义政治发展道路、中国特色社会主义法治道路，扩大社会主义民主，建设中国特色社会主义法治体系，建设社会主义法治国家，巩固人民民主专政，建设社会主义政治文明。坚持和完善人民代表大会制度、中国共产党领导的多党合作和政治协商制度、民族区域自治制度以及基层群众自治制度。发展更加广泛、更加充分、更加健全的全过程人民民主，推进协商民主广泛多层制度化发展，切实保障人民管理国家事务和社会事务、管理经济和文化事业的权利。尊重和保障人权。广开言路，建立健全民主选举、民主协商、民主决策、民主管理、民主监督的制度和程序。完善中国特色社会主义法律体系，加强法律实施工作，实现国家各项工作法治化。

中国共产党领导人民发展社会主义先进文化。建设社会主义精神文明，实行依法治国和以德治国相结合，提高全民族的思想道德素质和科学文化素质，为改革开放和社会主义现代化建设提供强大的思想保证、精神动力和智力支持，建设社会主义文化强国。加强社会主义核心价值体系建设，坚持马克思主义指导思想，树立中国特色社会主义共同理想，弘扬以爱国主义为核心的民族精神和以改革创新为核心的时代精神，培育和践行社会主义核心价值观，倡导社会主义荣辱观，增强民族自尊、自信和自强精神，抵御资本主义和封建主义腐朽思想的侵蚀，扫除各种社会丑恶现象，努力使我国人民成为有理想、有道德、有文化、有纪律的人民。对党员要进行共产主义远大理想教育。大力发展教育、科学、文化事业，推动中华优秀传统文化创造性转化、创新性发展，继承革命文化，发展社会主义先进文化，提高国家文化软实力。牢牢掌握意识形态工作领导权，不断巩固马克思主义在意识形态领域的指导地位，巩固全党全国人民团结奋斗的共同思想基础。

中国共产党领导人民构建社会主义和谐社会。按照民主法治、公平正义、诚信友爱、充满活力、安定有序、人与自然和谐相处的总要求和共同建设、共同享有的原则，以保障和改善民生为重点，解决好人民最关心、最直接、最现实的利益问题，使发展成果更多更公平惠及全体人民，不断增强人民群众获得感，努力形成全体人民各尽其能、各得其所而又和谐相处的局面。加强和创新社会治理。严格区分和正确处理敌我矛盾和人民内部矛盾这两类不同性质的矛盾。加强社会治安综合治理，依法坚决打击各种危害国家安全和利益、危害社会稳定和经济发展的犯罪活动和犯罪分子，保持社会长期稳定。坚持总体国家安全观，统筹发展和安全，坚决维护国家主权、安全、发展利益。

中国共产党领导人民建设社会主义生态文明。树立尊重自然、顺应自然、保护自然的生态文明理念，增强绿水青山就是金山银山的意识，坚持节约资源和保护环境的基本国策，坚持节约优先、保护优先、自然恢复为主的方针，坚持生产发展、生活富裕、生态良好的文明发展道路。着力建设资源节约型、环境友好型社会，实行最严格的生态环境保护制度，形成节约资源和保护环境的空间格局、产业结构、生产方式、生活方式，为人民创造良好生产生活环境，实现中华民族永续发展。

中国共产党坚持对人民解放军和其他人民武装力量的绝对领导，贯彻习近平强军思想，加强人民解放军的建设，坚持政治建军、改革强军、科技强军、人才强军、依法治军，建设一支听党指挥、能打胜仗、作风优良的人民军队，把人民军队建设成为世界一流军队，切实保证人民解放军有效履行新时代军队使命任务，充分发挥人民解放军在巩固国防、保卫祖国和参加社会主义现代化建设中的作用。

中国共产党维护和发展平等团结互助和谐的社会主义民族关系，积极培养、选拔少数民族干部，帮助少数民族和民族地区发展经济、文化和社会事业，铸牢中华民族共同体意识，实现各民族共同团结奋斗、共同繁荣发展。全面贯彻党的宗教工作基本方针，团结信教群众为经济社会发展作贡献。

中国共产党同全国各民族工人、农民、知识分子团结在一起，同各民主党派、无党派人士、各民族的爱国力量团结在一起，进一步发展和壮大由全体社会主义劳动者、社会主义事业的建设者、拥护社会主义的爱国者、拥护祖国统一和致力于中华民族伟大复兴的爱国者组成的最广泛的爱国统一战线。不断加强全国人民包括香港特别行政区同胞、澳门特别行政区同胞、台湾同胞和海外侨胞的团结。全面准确、坚定不移贯彻“一个国家、两种制度”的方针，促进香港、澳门长期繁荣稳定，坚决反对和遏制“台独”，完成祖国统一大业。

中国共产党坚持独立自主的和平外交政策，坚持和平发展道路，坚持互利共赢的开放战略，统筹国内国际两个大局，积极发展对外关系，努力为我国的改革开放和现代化建设争取有利的国际环境。在国际事务中，弘扬和平、发展、公平、正义、民主、自由的全人类共同价值，坚持正确义利观，维护我国的独立和主权，反对霸权主义和强权政治，维护世界和平，促进人类进步，推动构建人类命运共同体，推动建设持久和平、普遍安全、共同繁荣、开放包容、清洁美丽的世界。在互相尊重主权和领土完整、互不侵犯、互不干涉内政、平等互利、和平共处五项原则的基础上，发展我国同世界各国的关系。不断发展我国同周边国家的睦邻友好关系，加强同发展中国家的团结与合作。遵循共商共建共享原则，推进“一带一路”建设。按照独立自主、完全平等、互相尊重、互不干涉内部事务的原则，发展我党同各国共产党和其他政党的关系。

中国共产党要领导全国各族人民实现第二个百年奋斗目标、实现中华民族伟大复兴的中国梦，必须紧密围绕党的基本路线，坚持和加强党的全面领导，坚持党要管党、全面从严治党，弘扬坚持真理、坚守理想，践行初心、担当使命，不怕牺牲、英勇斗争，对党忠诚、不负人民的伟大建党精神，加强党的长期执政能力建设、先进性和纯洁性建设，以改革创新精神全面推进党的建设新的伟大工程，以党的政治建设为统领，全面推进党的政治建设、思想建设、组织建设、作风建设、纪律建设，把制度建设贯穿其中，深入推进反腐败斗争，全面提高党的建设科学化水平，以伟大自我革命引领伟大社会革命。坚持立党为公、执政为民，发扬党的优良传统和作风，不断提高党的领导水平和执政水平，提高拒腐防变和抵御风险的能力，不断增强自我净化、自我完善、自我革新、自我提高能力，不断增强党的阶级基础和扩大党的群众基础，不断提高党的创造力、凝聚力、战斗力，建设学习型、服务型、创新型的马克思主义执政党，使我们党始终走在时代前列，成为领导全国人民沿着中国特色社会主义道路不断前进的坚强核心。党的建设必须坚决实现以下六项基本要求：

第一，坚持党的基本路线。全党要用邓小平理论、“三个代表”重要思想、科学发展观、习近平新时代中国特色社会主义思想和党的基本路线统一思想，统一行动，并且毫不动摇地长期坚持下去。必须把改革开放同四项基本原则统一起来，全面落实党的基本路线，反对一切“左”的和右的错误倾向，要警惕右，但主要是防止“左”。必须提高政治判断力、政治领悟力、政治执行力，增强贯彻落实党的理论和路线方针政策的自觉性和坚定性。

第二，坚持解放思想，实事求是，与时俱进，求真务实。党的思想路线是一切从实际出发，理论联系实际，实事求是，在实践中检验真理和发展真理。全党必须坚持这条思想路线，积极探索，大胆试验，开拓创新，创造性地开展工作，不断研究新情况，总结新经验，解决新问题，在实践中丰富和发展马克思主义，推进马克思主义中国化时代化。

第三，坚持新时代党的组织路线。全面贯彻习近平新时代中国特色社会主义思想，以组织体系建设为重点，着力培养忠诚干净担当的高素质干部，着力集聚爱国奉献的各方面优秀人才，坚持德才兼备、以德为先、任人唯贤，为坚持和加强党的全面领导、坚持和发展中国特色社会主义提供坚强组织保证。全党必须增强党组织的政治功能和组织功能，培养选拔党和人民需要的好干部，培养和造就大批堪当时代重任的社会主义事业接班人，聚天下英才而用之，从组织上保证党的基本理论、基本路线、基本方略的贯彻落实。

第四，坚持全心全意为人民服务。党除了工人阶级和最广大人民群众的利益，没有自己特殊的利益。党在任何时候都把群众利益放在第一位，同群众同甘共苦，保持最密切的联系，坚持权为民所用、情为民所系、利为民所谋，不允许任何党员脱离群众，凌驾于群众之上。我们党的最大政治优势是密切联系群众，党执政后的最大危险是脱离群众。党风问题、党同人民群众联系问题是关系党生死存亡的问题。党在自己的工作中实行群众路线，一切为了群众，一切依靠群众，从群众中来，到群众中去，把党的正确主张变为群众的自觉行动。

第五，坚持民主集中制。民主集中制是民主基础上的集中和集中指导下的民主相结合。它既是党的根本组织原则，也是群众路线在党的生活中的运用。必须充分发扬党内民主，尊重党员主体地位，保障党员民主权利，发挥各级党组织和广大党员的积极性创造性。必须实行正确的集中，牢固树立政治意识、大局意识、核心意识、看齐意识，坚定维护以习近平同志为核心的党中央权威和集中统一领导，保证全党的团结统一和行动一致，保证党的决定得到迅速有效的贯彻执行。加强和规范党内政治生活，增强党内政治生活的政治性、时代性、原则性、战斗性，发展积极健康的党内政治文化，营造风清气正的良好政治生态。党在自己的政治生活中正确地开展批评和自我批评，在原则问题上进行思想斗争，坚持真理，修正错误。努力造成又有集中又有民主，又有纪律又有自由，又有统一意志又有个人心情舒畅生动活泼的政治局面。

第六，坚持从严管党治党。全面从严治党永远在路上，党的自我革命永远在路上。新形势下，党面临的执政考验、改革开放考验、市场经济考验、外部环境考验是长期的、复杂的、严峻的，精神懈怠危险、能力不足危险、脱离群众危险、消极腐败危险更加尖锐地摆在全党面前。要把严的标准、严的措施贯穿于管党治党全过程和各方面。坚持依规治党、标本兼治，不断健全党内法规体系，坚持把纪律挺在前面，加强组织性纪律性，在党的纪律面前人人平等。强化全面从严治党主体责任和监督责任，加强对党的领导机关和党员领导干部特别是主要领导干部的监督，不断完善党内监督体系。深入推进党风廉政建设和反腐败斗争，以零容忍态度惩治腐败，一体推进不敢腐、不能腐、不想腐。

中国共产党的领导是中国特色社会主义最本质的特征，是中国特色社会主义制度的最大优势，党是最高政治领导力量。党政军民学，东西南北中，党是领导一切的。党要适应改革开放和社会主义现代化建设的要求，坚持科学执政、民主执政、依法执政，加强和改善党的领导。党必须按照总揽全局、协调各方的原则，在同级各种组织中发挥领导核心作用。党必须集中精力领导经济建设，组织、协调各方面的力量，同心协力，围绕经济建设开展工作，促进经济社会全面发展。党必须实行民主的科学的决策，制定和执行正确的路线、方针、政策，做好党的组织工作和宣传教育工作，发挥全体党员的先锋模范作用。党必须在宪法和法律的范围内活动。党必须保证国家的立法、司法、行政、监察机关，经济、文化组织和人民团体积极主动地、独立负责地、协调一致地工作。党必须加强对工会、共产主义青年团、妇女联合会等群团组织的领导，使它们保持和增强政治性、先进性、群众性，充分发挥作用。党必须适应形势的发展和情况的变化，完善领导体制，改进领导方式，增强执政能力。共产党员必须同党外群众亲密合作，共同为建设中国特色社会主义而奋斗。

第一章　党　　员

第一条　年满十八岁的中国工人、农民、军人、知识分子和其他社会阶层的先进分子，承认党的纲领和章程，愿意参加党的一个组织并在其中积极工作、执行党的决议和按期交纳党费的，可以申请加入中国共产党。

第二条　中国共产党党员是中国工人阶级的有共产主义觉悟的先锋战士。

中国共产党党员必须全心全意为人民服务，不惜牺牲个人的一切，为实现共产主义奋斗终身。

中国共产党党员永远是劳动人民的普通一员。除了法律和政策规定范围内的个人利益和工作职权以外，所有共产党员都不得谋求任何私利和特权。

第三条 党员必须履行下列义务：

（一）认真学习马克思列宁主义、毛泽东思想、邓小平理论、“三个代表”重要思想、科学发展观、习近平新时代中国特色社会主义思想，学习党的路线、方针、政策和决议，学习党的基本知识和党的历史，学习科学、文化、法律和业务知识，努力提高为人民服务的本领。

（二）增强“四个意识”、坚定“四个自信”、做到“两个维护”，贯彻执行党的基本路线和各项方针、政策，带头参加改革开放和社会主义现代化建设，带动群众为经济发展和社会进步艰苦奋斗，在生产、工作、学习和社会生活中起先锋模范作用。

（三）坚持党和人民的利益高于一切，个人利益服从党和人民的利益，吃苦在前，享受在后，克己奉公，多做贡献。

（四）自觉遵守党的纪律，首先是党的政治纪律和政治规矩，模范遵守国家的法律法规，严格保守党和国家的秘密，执行党的决定，服从组织分配，积极完成党的任务。

（五）维护党的团结和统一，对党忠诚老实，言行一致，坚决反对一切派别组织和小集团活动，反对阳奉阴违的两面派行为和一切阴谋诡计。

（六）切实开展批评和自我批评，勇于揭露和纠正违反党的原则的言行和工作中的缺点、错误，坚决同消极腐败现象作斗争。

（七）密切联系群众，向群众宣传党的主张，遇事同群众商量，及时向党反映群众的意见和要求，维护群众的正当利益。

（八）发扬社会主义新风尚，带头实践社会主义核心价值观和社会主义荣辱观，提倡共产主义道德，弘扬中华民族传统美德，为了保护国家和人民的利益，在一切困难和危险的时刻挺身而出，英勇斗争，不怕牺牲。

第四条 党员享有下列权利：

（一）参加党的有关会议，阅读党的有关文件，接受党的教育和培训。

（二）在党的会议上和党报党刊上，参加关于党的政策问题的讨论。

（三）对党的工作提出建议和倡议。

（四）在党的会议上有根据地批评党的任何组织和任何党员，向党负责地揭发、检举党的任何组织和任何党员违法乱纪的事实，要求处分违法乱纪的党员，要求罢免或撤换不称职的干部。

（五）行使表决权、选举权，有被选举权。

（六）在党组织讨论决定对党员的党纪处分或作出鉴定时，本人有权参加和进行申辩，其他党员可以为他作证和辩护。

（七）对党的决议和政策如有不同意见，在坚决执行的前提下，可以声明保留，并且可以把自己的意见向党的上级组织直至中央提出。

（八）向党的上级组织直至中央提出请求、申诉和控告，并要求有关组织给以负责的答复。

党的任何一级组织直至中央都无权剥夺党员的上述权利。

第五条 发展党员，必须把政治标准放在首位，经过党的支部，坚持个别吸收的原则。

申请入党的人，要填写入党志愿书，要有两名正式党员作介绍人，要经过支部大会通过和上级党组织批准，并且经过预备期的考察，才能成为正式党员。

介绍人要认真了解申请人的思想、品质、经历和工作表现，向他解释党的纲领和党的章程，说明党员的条件、义务和权利，并向党组织作出负责的报告。

党的支部委员会对申请入党的人，要注意征求党内外有关群众的意见，进行严格的审查，认为合格后再提交支部大会讨论。

上级党组织在批准申请人入党以前，要派人同他谈话，作进一步的了解，并帮助他提高对党的认识。

在特殊情况下，党的中央和省、自治区、直辖市委员会可以直接接收党员。

第六条 预备党员必须面向党旗进行入党宣誓。誓词如下：我志愿加入中国共产党，拥护党的纲领，遵守党的章程，履行党员义务，执行党的决定，严守党的纪律，保守党的秘密，对党忠诚，积极工作，为共产主义奋斗终身，随时准备为党和人民牺牲一切，永不叛党。

第七条 预备党员的预备期为一年。党组织对预备党员应当认真教育和考察。

预备党员的义务同正式党员一样。预备党员的权利，除了没有表决权、选举权和被选举权以外，也同正式党员一样。

预备党员预备期满，党的支部应当及时讨论他能否转为正式党员。认真履行党员义务，具备党员条件的，应当按期转为正式党员；需要继续考察和教育的，可以延长预备期，但不能超过一年；不履行党员义务，不具备党员条件的，应当取消预备党员资格。预备党员转为正式党员，或延长预备期，或取消预备党员资格，都应当经支部大会讨论通过和上级党组织批准。

预备党员的预备期，从支部大会通过他为预备党员之日算起。党员的党龄，从预备期满转为正式党员之日算起。

第八条 每个党员，不论职务高低，都必须编入党的一个支部、小组或其他特定组织，参加党的组织生活，接受党内外群众的监督。党员领导干部还必须参加党委、党组的民主生活会。不允许有任何不参加党的组织生活、不接受党内外群众监督的特殊党员。

第九条 党员有退党的自由。党员要求退党，应当经支部大会讨论后宣布除名，并报上级党组织备案。

党员缺乏革命意志，不履行党员义务，不符合党员条件，党的支部应当对他进行教育，要求他限期改正；经教育仍无转变的，应当劝他退党。劝党员退党，应当经支部大会讨论决定，并报上级党组织批准。如被劝告退党的党员坚持不退，应当提交支部大会讨论，决定把他除名，并报上级党组织批准。

党员如果没有正当理由，连续六个月不参加党的组织生活，或不交纳党费，或不做党所分配的工作，就被认为是自行脱党。支部大会应当决定把这样的党员除名，并报上级党组织批准。

第二章　党的组织制度

第十条　党是根据自己的纲领和章程，按照民主集中制组织起来的统一整体。党的民主集中制的基本原则是：

（一）党员个人服从党的组织，少数服从多数，下级组织服从上级组织，全党各个组织和全体党员服从党的全国代表大会和中央委员会。

（二）党的各级领导机关，除它们派出的代表机关和在非党组织中的党组外，都由选举产生。

（三）党的最高领导机关，是党的全国代表大会和它所产生的中央委员会。党的地方各级领导机关，是党的地方各级代表大会和它们所产生的委员会。党的各级委员会向同级的代表大会负责并报告工作。

（四）党的上级组织要经常听取下级组织和党员群众的意见，及时解决他们提出的问题。党的下级组织既要向上级组织请示和报告工作，又要独立负责地解决自己职责范围内的问题。上下级组织之间要互通情报、互相支持和互相监督。党的各级组织要按规定实行党务公开，使党员对党内事务有更多的了解和参与。

（五）党的各级委员会实行集体领导和个人分工负责相结合的制度。凡属重大问题都要按照集体领导、民主集中、个别酝酿、会议决定的原则，由党的委员会集体讨论，作出决定；委员会成员要根据集体的决定和分工，切实履行自己的职责。

（六）党禁止任何形式的个人崇拜。要保证党的领导人的活动处于党和人民的监督之下，同时维护一切代表党和人民利益的领导人的威信。

第十一条 党的各级代表大会的代表和委员会的产生，要体现选举人的意志。选举采用无记名投票的方式。候选人名单要由党组织和选举人充分酝酿讨论。可以直接采用候选人数多于应选人数的差额选举办法进行正式选举。也可以先采用差额选举办法进行预选，产生候选人名单，然后进行正式选举。选举人有了解候选人情况、要求改变候选人、不选任何一个候选人和另选他人的权利。任何组织和个人不得以任何方式强迫选举人选举或不选举某个人。

党的地方各级代表大会和基层代表大会的选举，如果发生违反党章的情况，上一级党的委员会在调查核实后，应作出选举无效和采取相应措施的决定，并报再上一级党的委员会审查批准，正式宣布执行。

党的各级代表大会代表实行任期制。

第十二条 党的中央和地方各级委员会在必要时召集代表会议，讨论和决定需要及时解决的重大问题。代表会议代表的名额和产生办法，由召集代表会议的委员会决定。

第十三条 凡是成立党的新组织，或是撤销党的原有组织，必须由上级党组织决定。

在党的地方各级代表大会和基层代表大会闭会期间，上级党的组织认为有必要时，可以调动或者指派下级党组织的负责人。

党的中央和地方各级委员会可以派出代表机关。

第十四条 党的中央和省、自治区、直辖市委员会实行巡视制度，在一届任期内，对所管理的地方、部门、企事业单位党组织实现巡视全覆盖。

中央有关部委和国家机关部门党组（党委）根据工作需要，开展巡视工作。

党的市（地、州、盟）和县（市、区、旗）委员会建立巡察制度。

第十五条 党的各级领导机关，对同下级组织有关的重要问题作出决定时，在通常情况下，要征求下级组织的意见。要保证下级组织能够正常行使他们的职权。凡属应由下级组织处理的问题，如无特殊情况，上级领导机关不要干预。

第十六条 有关全国性的重大政策问题，只有党中央有权作出决定，各部门、各地方的党组织可以向中央提出建议，但不得擅自作出决定和对外发表主张。

党的下级组织必须坚决执行上级组织的决定。下级组织如果认为上级组织的决定不符合本地区、本部门的实际情况，可以请求改变；如果上级组织坚持原决定，下级组织必须执行，并不得公开发表不同意见，但有权向再上一级组织报告。

党的各级组织的报刊和其他宣传工具，必须宣传党的路线、方针、政策和决议。

第十七条 党组织讨论决定问题，必须执行少数服从多数的原则。决定重要问题，要进行表决。对于少数人的不同意见，应当认真考虑。如对重要问题发生争论，双方人数接近，除了在紧急情况下必须按多数意见执行外，应当暂缓作出决定，进一步调查研究，交换意见，下次再表决；在特殊情况下，也可将争论情况向上级组织报告，请求裁决。

党员个人代表党组织发表重要主张，如果超出党组织已有决定的范围，必须提交所在的党组织讨论决定，或向上级党组织请示。任何党员不论职务高低，都不能个人决定重大问题；如遇紧急情况，必须由个人作出决定时，事后要迅速向党组织报告。不允许任何领导人实行个人专断和把个人凌驾于组织之上。

第十八条 党的中央、地方和基层组织，都必须重视党的建设，经常讨论和检查党的宣传工作、教育工作、组织工作、纪律检查工作、群众工作、统一战线工作等，注意研究党内外的思想政治状况。

第三章　党的中央组织

第十九条　党的全国代表大会每五年举行一次，由中央委员会召集。中央委员会认为有必要，或者有三分之一以上的省一级组织提出要求，全国代表大会可以提前举行；如无非常情况，不得延期举行。

全国代表大会代表的名额和选举办法，由中央委员会决定。

第二十条　党的全国代表大会的职权是：

（一）听取和审查中央委员会的报告；

（二）审查中央纪律检查委员会的报告；

（三）讨论并决定党的重大问题；

（四）修改党的章程；

（五）选举中央委员会；

（六）选举中央纪律检查委员会。

第二十一条　党的全国代表会议的职权是：讨论和决定重大问题；调整和增选中央委员会、中央纪律检查委员会的部分成员。调整和增选中央委员及候补中央委员的数额，不得超过党的全国代表大会选出的中央委员及候补中央委员各自总数的五分之一。

第二十二条　党的中央委员会每届任期五年。全国代表大会如提前或延期举行，它的任期相应地改变。中央委员会委员和候补委员必须有五年以上的党龄。中央委员会委员和候补委员的名额，由全国代表大会决定。中央委员会委员出缺，由中央委员会候补委员按照得票多少依次递补。

中央委员会全体会议由中央政治局召集，每年至少举行一次。中央政治局向中央委员会全体会议报告工作，接受监督。

在全国代表大会闭会期间，中央委员会执行全国代表大会的决议，领导党的全部工作，对外代表中国共产党。

第二十三条　党的中央政治局、中央政治局常务委员会和中央委员会总书记，由中央委员会全体会议选举。中央委员会总书记必须从中央政治局常务委员会委员中产生。

中央政治局和它的常务委员会在中央委员会全体会议闭会期间，行使中央委员会的职权。

中央书记处是中央政治局和它的常务委员会的办事机构；成员由中央政治局常务委员会提名，中央委员会全体会议通过。

中央委员会总书记负责召集中央政治局会议和中央政治局常务委员会会议，并主持中央书记处的工作。

党的中央军事委员会组成人员由中央委员会决定，中央军事委员会实行主席负责制。

每届中央委员会产生的中央领导机构和中央领导人，在下届全国代表大会开会期间，继续主持党的经常工作，直到下届中央委员会产生新的中央领导机构和中央领导人为止。

第二十四条　中国人民解放军的党组织，根据中央委员会的指示进行工作。中央军事委员会负责军队中党的工作和政治工作，对军队中党的组织体制和机构作出规定。

第四章　党的地方组织

第二十五条　党的省、自治区、直辖市的代表大会，设区的市和自治州的代表大会，县（旗）、自治县、不设区的市和市辖区的代表大会，每五年举行一次。

党的地方各级代表大会由同级党的委员会召集。在特殊情况下，经上一级委员会批准，可以提前或延期举行。

党的地方各级代表大会代表的名额和选举办法，由同级党的委员会决定，并报上一级党的委员会批准。

第二十六条　党的地方各级代表大会的职权是：

（一）听取和审查同级委员会的报告；

（二）审查同级纪律检查委员会的报告；

（三）讨论本地区范围内的重大问题并作出决议；

（四）选举同级党的委员会，选举同级党的纪律检查委员会。

第二十七条 党的省、自治区、直辖市、设区的市和自治州的委员会，每届任期五年。这些委员会的委员和候补委员必须有五年以上的党龄。

党的县（旗）、自治县、不设区的市和市辖区的委员会，每届任期五年。这些委员会的委员和候补委员必须有三年以上的党龄。

党的地方各级代表大会如提前或延期举行，由它选举的委员会的任期相应地改变。

党的地方各级委员会的委员和候补委员的名额，分别由上一级委员会决定。党的地方各级委员会委员出缺，由候补委员按照得票多少依次递补。

党的地方各级委员会全体会议，每年至少召开两次。

党的地方各级委员会在代表大会闭会期间，执行上级党组织的指示和同级党代表大会的决议，领导本地方的工作，定期向上级党的委员会报告工作。

第二十八条 党的地方各级委员会全体会议，选举常务委员会和书记、副书记，并报上级党的委员会批准。党的地方各级委员会的常务委员会，在委员会全体会议闭会期间，行使委员会职权；在下届代表大会开会期间，继续主持经常工作，直到新的常务委员会产生为止。

党的地方各级委员会的常务委员会定期向委员会全体会议报告工作，接受监督。

第二十九条 党的地区委员会和相当于地区委员会的组织，是党的省、自治区委员会在几个县、自治县、市范围内派出的代表机关。它根据省、自治区委员会的授权，领导本地区的工作。

第五章 党的基层组织

第三十条 企业、农村、机关、学校、医院、科研院所、街道社区、社会组织、人民解放军连队和其他基层单位，凡是有正式党员三人以上的，都应当成立党的基层组织。

党的基层组织，根据工作需要和党员人数，经上级党组织批准，分别设立党的基层委员会、总支部委员会、支部委员会。基层委员会由党员大会或代表大会选举产生，总支部委员会和支部委员会由党员大会选举产生，提出委员候选人要广泛征求党员和群众的意见。

第三十一条 党的基层委员会、总支部委员会、支部委员会每届任期三年至五年。基层委员会、总支部委员会、支部委员会的书记、副书记选举产生后，应报上级党组织批准。

第三十二条 党的基层组织是党在社会基层组织中的战斗堡垒，是党的全部工作和战斗力的基础。它的基本任务是：

（一）宣传和执行党的路线、方针、政策，宣传和执行党中央、上级组织和本组织的决议，充分发挥党员的先锋模范作用，积极创先争优，团结、组织党内外的干部和群众，努力完成本单位所担负的任务。

（二）组织党员认真学习马克思列宁主义、毛泽东思想、邓小平理论、“三个代表”重要思想、科学发展观、习近平新时代中国特色社会主义思想，推进“两学一做”学习教育、党史学习教育常态化制度化，学习党的路线、方针、政策和决议，学习党的基本知识，学习科学、文化、法律和业务知识。

（三）对党员进行教育、管理、监督和服务，提高党员素质，坚定理想信念，增强党性，严格党的组织生活，开展批评和自我批评，维护和执行党的纪律，监督党员切实履行义务，保障党员的权利不受侵犯。加强和改进流动党员管理。

（四）密切联系群众，经常了解群众对党员、党的工作的批评和意见，维护群众的正当权利和利益，做好群众的思想政治工作。

（五）充分发挥党员和群众的积极性创造性，发现、培养和推荐他们中间的优秀人才，鼓励和支持他们在改革开放和社会主义现代化建设中贡献自己的聪明才智。

（六）对要求入党的积极分子进行教育和培养，做好经常性的发展党员工作，重视在生产、工作第一线和青年中发展党员。

（七）监督党员干部和其他任何工作人员严格遵守国家法律法规，严格遵守国家的财政经济法规和人事制度，不得侵占国家、集体和群众的利益。

（八）教育党员和群众自觉抵制不良倾向，坚决同各种违纪违法行为作斗争。

第三十三条 街道、乡、镇党的基层委员会和村、社区党组织，统一领导本地区基层各类组织和各项工作，加强基层社会治理，支持和保证行政组织、经济组织和群众性自治组织充分行使职权。

国有企业党委（党组）发挥领导作用，把方向、管大局、保落实，依照规定讨论和决定企业重大事项。国有企业和集体企业中党的基层组织，围绕企业生产经营开展工作。保证监督党和国家的方针、政策在本企业的贯彻执行；支持股东会、董事会、监事会和经理（厂长）依法行使职权；全心全意依靠职工群众，支持职工代表大会开展工作；参与企业重大问题的决策；加强党组织的自身建设，领导思想政治工作、精神文明建设、统一战线工作和工会、共青团、妇女组织等群团组织。

非公有制经济组织中党的基层组织，贯彻党的方针政策，引导和监督企业遵守国家的法律法规，领导工会、共青团等群团组织，团结凝聚职工群众，维护各方的合法权益，促进企业健康发展。

社会组织中党的基层组织，宣传和执行党的路线、方针、政策，领导工会、共青团等群团组织，教育管理党员，引领服务群众，推动事业发展。

实行行政领导人负责制的事业单位中党的基层组织，发挥战斗堡垒作用。实行党委领导下的行政领导人负责制的事业单位中党的基层组织，对重大问题进行讨论和作出决定，同时保证行政领导人充分行使自己的职权。

各级党和国家机关中党的基层组织，协助行政负责人完成任务，改进工作，对包括行政负责人在内的每个党员进行教育、管理、监督，不领导本单位的业务工作。

第三十四条 党支部是党的基础组织，担负直接教育党员、管理党员、监督党员和组织群众、宣传群众、凝聚群众、服务群众的职责。

第六章 党的干部

第三十五条 党的干部是党的事业的骨干，是人民的公仆，要做到忠诚干净担当。党按照德才兼备、以德为先的原则选拔干部，坚持五湖四海、任人唯贤，坚持事业为上、公道正派，反对任人唯亲，努力实现干部队伍的革命化、年轻化、知识化、专业化。

党重视教育、培训、选拔、考核和监督干部，特别是培养、选拔优秀年轻干部。积极推进干部制度改革。

党重视培养、选拔女干部和少数民族干部。

第三十六条 党的各级领导干部必须信念坚定、为民服务、勤政务实、敢于担当、清正廉洁，模范地履行本章程第三条所规定的党员的各项义务，并且必须具备以下的基本条件：

（一）具有履行职责所需要的马克思列宁主义、毛泽东思想、邓小平理论、“三个代表”重要思想、科学发展观的水平，带头贯彻落实习近平新时代中国特色社会主义思想，努力用马克思主义的立场、观点、方法分析和解决实际问题，坚持讲学习、讲政治、讲正气，经得起各种风浪的考验。

（二）具有共产主义远大理想和中国特色社会主义坚定信念，坚决执行党的基本路线和各项方针、政策，立志改革开放，献身现代化事业，在社会主义建设中艰苦创业，树立正确政绩观，做出经得起实践、人民、历史检验的实绩。

（三）坚持解放思想，实事求是，与时俱进，开拓创新，认真调查研究，能够把党的方针、政策同本地区、本部门的实际相结合，卓有成效地开展工作，讲实话，办实事，求实效。

（四）有强烈的革命事业心和政治责任感，有实践经验，有胜任领导工作的组织能力、文化水平和专业知识。

（五）正确行使人民赋予的权力，坚持原则，依法办事，清正廉洁，勤政为民，以身作则，艰苦朴素，密切联系群众，坚持党的群众路线，自觉地接受党和群众的批评和监督，加强道德修养，讲党性、重品行、作表率，做到自重、自省、自警、自励，反对形式主义、官僚主义、享乐主义和奢靡之风，反对特权思想和特权现象，反对任何滥用职权、谋求私利的行为。

（六）坚持和维护党的民主集中制，有民主作风，有全局观念，善于团结同志，包括团结同自己有不同意见的同志一道工作。

第三十七条　党员干部要善于同党外干部合作共事，尊重他们，虚心学习他们的长处。

党的各级组织要善于发现和推荐有真才实学的党外干部担任领导工作，保证他们有职有权，充分发挥他们的作用。

第三十八条　党的各级领导干部，无论是由民主选举产生的，或是由领导机关任命的，他们的职务都不是终身的，都可以变动或解除。

年龄和健康状况不适宜于继续担任工作的干部，应当按照国家的规定退、离休。

第七章　党的纪律

第三十九条　党的纪律是党的各级组织和全体党员必须遵守的行为规则，是维护党的团结统一、完成党的任务的保证。党组织必须严格执行和维护党的纪律，共产党员必须自觉接受党的纪律的约束。

第四十条　党的纪律主要包括政治纪律、组织纪律、廉洁纪律、群众纪律、工作纪律、生活纪律。

坚持惩前毖后、治病救人，执纪必严、违纪必究，抓早抓小、防微杜渐，按照错误性质和情节轻重，给以批评教育、责令检查、诫勉直至纪律处分。运用监督执纪“四种形态”，让“红红脸、出出汗”成为常态，党纪处分、组织调整成为管党治党的重要手段，严重违纪、严重触犯刑律的党员必须开除党籍。

党内严格禁止用违反党章和国家法律的手段对待党员，严格禁止打击报复和诬告陷害。违反这些规定的组织或个人必须受到党的纪律和国家法律的追究。

第四十一条 对党员的纪律处分有五种：警告、严重警告、撤销党内职务、留党察看、开除党籍。

留党察看最长不超过两年。党员在留党察看期间没有表决权、选举权和被选举权。党员经过留党察看，确已改正错误的，应当恢复其党员的权利；坚持错误不改的，应当开除党籍。

开除党籍是党内的最高处分。各级党组织在决定或批准开除党员党籍的时候，应当全面研究有关的材料和意见，采取十分慎重的态度。

第四十二条 对党员的纪律处分，必须经过支部大会讨论决定，报党的基层委员会批准；如果涉及的问题比较重要或复杂，或给党员以开除党籍的处分，应分别不同情况，报县级或县级以上党的纪律检查委员会审查批准。在特殊情况下，县级和县级以上各级党的委员会和纪律检查委员会有权直接决定给党员以纪律处分。

对党的中央委员会委员、候补委员，给以警告、严重警告处分，由中央纪律检查委员会常务委员会审议后，报党中央批准。对地方各级党的委员会委员、候补委员，给以警告、严重警告处分，应由上一级纪律检查委员会批准，并报它的同级党的委员会备案。

对党的中央委员会和地方各级委员会的委员、候补委员，给以撤销党内职务、留党察看或开除党籍的处分，必须由本人所在的委员会全体会议三分之二以上的多数决定。在全体会议闭会期间，可以先由中央政治局和地方各级委员会常务委员会作出处理决定，待召开委员会全体会议时予以追认。对地方各级委员会委员和候补委员的上述处分，必须经过上级纪律检查委员会常务委员会审议，由这一级纪律检查委员会报同级党的委员会批准。

严重触犯刑律的中央委员会委员、候补委员，由中央政治局决定开除其党籍；严重触犯刑律的地方各级委员会委员、候补委员，由同级委员会常务委员会决定开除其党籍。

第四十三条 党组织对党员作出处分决定，应当实事求是地查清事实。处分决定所依据的事实材料和处分决定必须同本人见面，听取本人说明情况和申辩。如果本人对处分决定不服，可以提出申诉，有关党组织必须负责处理或者迅速转递，不得扣压。对于确属坚持错误意见和无理要求的人，要给以批评教育。

第四十四条 党组织如果在维护党的纪律方面失职，必须问责。

对于严重违犯党的纪律、本身又不能纠正的党组织，上一级党的委员会在查明核实后，应根据情节严重的程度，作出进行改组或予以解散的决定，并报再上一级党的委员会审查批准，正式宣布执行。

第八章 党的纪律检查机关

第四十五条 党的中央纪律检查委员会在党的中央委员会领导下进行工作。党的地方各级纪律检查委员会和基层纪律检查委员会在同级党的委员会和上级纪律检查委员会双重领导下进行工作。上级党的纪律检查委员会加强对下级纪律检查委员会的领导。

党的各级纪律检查委员会每届任期和同级党的委员会相同。

党的中央纪律检查委员会全体会议，选举常务委员会和书记、副书记，并报党的中央委员会批准。党的地方各级纪律检查委员会全体会议，选举常务委员会和书记、副书记，并由同级党的委员会通过，报上级党的委员会批准。党的基层委员会是设立纪律检查委员会，还是设立纪律检查委员，由它的上一级党组织根据具体情况决定。党的总支部委员会和支部委员会设纪律检查委员。

党的中央和地方纪律检查委员会向同级党和国家机关全面派驻党的纪律检查组，按照规定向有关国有企业、事业单位派驻党的纪律检查组。纪律检查组组长参加驻在单位党的领导组织的有关会议。他们的工作必须受到该单位党的领导组织的支持。

第四十六条 党的各级纪律检查委员会是党内监督专责机关，主要任务是：维护党的章程和其他党内法规，检查党的路线、方针、政策和决议的执行情况，协助党的委员会推进全面从严治党、加强党风建设和组织协调反腐败工作，推动完善党和国家监督体系。

党的各级纪律检查委员会的职责是监督、执纪、问责，要经常对党员进行遵守纪律的教育，作出关于维护党纪的决定；对党的组织和党员领导干部履行职责、行使权力进行监督，受理处置党员群众检举举报，开展谈话提醒、约谈函询；检查和处理党的组织和党员违反党的章程和其他党内法规的比较重要或复杂的案件，决定或取消对这些案件中的党员的处分；进行问责或提出责任追究的建议；受理党员的控告和申诉；保障党员的权利。

各级纪律检查委员会要把处理特别重要或复杂的案件中的问题和处理的结果，向同级党的委员会报告。党的地方各级纪律检查委员会和基层纪律检查委员会要同时向上级纪律检查委员会报告。

各级纪律检查委员会发现同级党的委员会委员有违犯党的纪律的行为，可以先进行初步核实，如果需要立案检查的，应当在向同级党的委员会报告的同时向上一级纪律检查委员会报告；涉及常务委员的，报告上一级纪律检查委员会，由上一级纪律检查委员会进行初步核实，需要审查的，由上一级纪律检查委员会报它的同级党的委员会批准。

第四十七条 上级纪律检查委员会有权检查下级纪律检查委员会的工作，并且有权批准和改变下级纪律检查委员会对于案件所作的决定。如果所要改变的该下级纪律检查委员会的决定，已经得到它的同级党的委员会的批准，这种改变必须经过它的上一级党的委员会批准。

党的地方各级纪律检查委员会和基层纪律检查委员会如果对同级党的委员会处理案件的决定有不同意见，可以请求上一级纪律检查委员会予以复查；如果发现同级党的委员会或它的成员有违犯党的纪律的情况，在同级党的委员会不给予解决或不给予正确解决的时候，有权向上级纪律检查委员会提出申诉，请求协助处理。

第九章 党 组

第四十八条 在中央和地方国家机关、人民团体、经济组织、文化组织和其他非党组织的领导机关中，可以成立党组。党组发挥领导作用。党组的任务，主要是负责贯彻执行党的路线、方针、政策；加强对本单位党的建设的领导，履行全面从严治党责任；讨论和决定本单位的重大问题；做好干部管理工作；讨论和决定基层党组织设置调整和发展党员、处分党员等重要事项；团结党外干部和群众，完成党和国家交给的任务；领导机关和直属单位党组织的工作。

第四十九条 党组的成员，由批准成立党组的党组织决定。党组设书记，必要时还可以设副书记。

党组必须服从批准它成立的党组织领导。

第五十条 在对下属单位实行集中统一领导的国家工作部门和有关单位的领导机关中，可以建立党委，党委的产生办法、职权和工作任务，由中央另行规定。

第十章　党和共产主义青年团的关系

第五十一条　中国共产主义青年团是中国共产党领导的先进青年的群团组织，是广大青年在实践中学习中国特色社会主义和共产主义的学校，是党的助手和后备军。共青团中央委员会受党中央委员会领导。共青团的地方各级组织受同级党的委员会领导，同时受共青团上级组织领导。

第五十二条　党的各级委员会要加强对共青团的领导，注意团的干部的选拔和培训。党要坚决支持共青团根据广大青年的特点和需要，生动活泼地、富于创造性地进行工作，充分发挥团的突击队作用和联系广大青年的桥梁作用。

团的县级和县级以下各级委员会书记，企业事业单位的团委员会书记，是党员的，可以列席同级党的委员会和常务委员会的会议。

第十一章　党徽党旗

第五十三条　中国共产党党徽为镰刀和锤头组成的图案。

第五十四条　中国共产党党旗为旗面缀有金黄色党徽图案的红旗。

第五十五条　中国共产党的党徽党旗是中国共产党的象征和标志。党的各级组织和每一个党员都要维护党徽党旗的尊严。要按照规定制作和使用党徽党旗。

关于新形势下
党内政治生活的若干准则

（2016 年 10 月 27 日）

办好中国的事情，关键在党，关键在党要管党、从严治党。党要管党必须从党内政治生活管起，从严治党必须从党内政治生活严起。

开展严肃认真的党内政治生活，是我们党的优良传统和政治优势。在长期实践中，我们党坚持把开展严肃认真的党内政治生活作为党的建设重要任务来抓，形成了以实事求是、理论联系实际、密切联系群众、批评和自我批评、民主集中制、严明党的纪律等为主要内容的党内政治生活基本规范，为巩固党的团结和集中统一、保持党的先进性和纯洁性、增强党的生机活力积累了丰富经验，为保证完成党在各个历史时期中心任务发挥了重要作用。

一九八〇年，党的十一届五中全会深刻总结历史经验特别是“文化大革命”的教训，制定了《关于党内政治生活的若干准则》，为拨乱反正、恢复和健全党内政治生活、推进党的建设发挥了重要作用，其主要原则和规定今天依然适用，要继续坚持。

新形势下，党内政治生活状况总体是好的。同时，一个时期以来，党内政治生活中也出现了一些突出问题，主要是：在一些党员、干部包括高级干部中，理想信念不坚定、对党不忠诚、纪律松弛、脱离群众、独断专行、弄虚作假、庸懒无为，个人主义、分散主义、自由主义、好人主义、宗派主义、山头主义、拜金主义不同程度存在，形式主义、官僚主义、享乐主义和奢靡之风问题突出，任人唯亲、跑官要官、买官卖官、拉票贿选现象屡禁不止，滥用权力、贪污受贿、腐化堕落、违法乱纪等现象滋生蔓延。特别是高级干部中极少数人政治野心膨胀、权欲熏心，搞阳奉阴违、结党营私、团团伙伙、拉帮结派、谋取权位等政治阴谋活动。这些问题，严重侵蚀党的思想道德基础，严重破坏党的团结和集中统一，严重损害党内政治生态和党的形象，严重影响党和人民事业发展。这就要求我们必须继续以改革创新精神加强党的建设，加强和规范党内政治生活，全面提高党的建设科学化水平。

党的十八大以来，以习近平同志为核心的党中央身体力行、率先垂范，坚定推进全面从严治党，坚持思想建党和制度治党紧密结合，集中整饬党风，严厉惩治腐败，净化党内政治生态，党内政治生活展现新气象，赢得了党心民心，为开创党和国家事业新局面提供了重要保证。

历史经验表明，我们党作为马克思主义政党，必须旗帜鲜明讲政治，严肃认真开展党内政治生活。为更好进行具有许多新的历史特点的伟大斗争、推进党的建设新的伟大工程、推进中国特色社会主义伟大事业，经受“四大考验”、克服“四种危险”，有必要制定一部新形势下党内政治生活的准则。

新形势下加强和规范党内政治生活，必须以党章为根本遵循，坚持党的政治路线、思想路线、组织路线、群众路线，着力增强党内政治生活的政治性、时代性、原则性、战斗性，着力增强党自我净化、自我完善、自我革新、自我提高能力，着力提高党的领导水平和执政水平、增强拒腐防变和抵御风险能力，着力维护党中央权威、保证党的团结统一、保持党的先进性和纯洁性，努力在全党形成又有集中又有民主、又有纪律又有自由、又有统一意志又有个人心情舒畅生动活泼的政治局面。

新形势下加强和规范党内政治生活，重点是各级领导机关和领导干部，关键是高级干部特别是中央委员会、中央政治局、中央政治局常务委员会的组成人员。高级干部特别是中央领导层组成人员必须以身作则，模范遵守党章党规，严守党的政治纪律和政治规矩，坚持不忘初心、继续前进，坚持率先垂范、以上率下，为全党全社会作出示范。

一、坚定理想信念

共产主义远大理想和中国特色社会主义共同理想，是中国共产党人的精神支柱和政治灵魂，也是保持党的团结统一的思想基础。必须高度重视思想政治建设，把坚定理想信念作为开展党内政治生活的首要任务。

理想信念动摇是最危险的动摇，理想信念滑坡是最危险的滑坡。全党同志必须把对马克思主义的信仰、对社会主义和共产主义的信念作为毕生追求，在改造客观世界的同时不断改造主观世界，解决好世界观、人生观、价值观这个“总开关”问题，不断增强政治定力，自觉成为共产主义远大理想和中国特色社会主义共同理想的坚定信仰者和忠实实践者；必须坚定对中国特色社会主义的道路自信、理论自信、制度自信、文化自信。领导干部特别是高级干部要以实际行动让党员和群众感受到理想信念的强大力量。

全体党员必须永远保持建党时中国共产党人的奋斗精神，把理想信念的坚定性体现在做好本职工作的过程中，自觉为推进中国特色社会主义事业而苦干实干，在胜利时和顺境中不骄傲不自满，在困难时和逆境中不消沉不动摇，经受住各种赞誉和诱惑考验，经受住各种风险和挑战考验，永葆共产党人政治本色。

坚定理想信念，必须加强学习。思想理论上的坚定清醒是政治上坚定的前提。全党必须毫不动摇坚持马克思主义指导思想，党的各级组织必须坚持不懈抓好理论武装，广大党员、干部特别是高级干部必须自觉抓好学习、增强党性修养。把马克思主义理论作为必修课，认真学习马克思列宁主义、毛泽东思想、邓小平理论、“三个代表”重要思想、科学发展观，认真学习习近平总书记系列重要讲话精神，认真学习党章党规，不断提高马克思主义思想觉悟和理论水平。系统掌握马克思主义基本原理，学会用马克思主义立场、观点、方法观察问题、分析问题、解决问题，特别是要聚焦现实问题，不断深化对共产党执政规律、社会主义建设规律、人类社会发展规律的认识。适应时代进步和事业发展要求，广泛学习经济、政治、文化、社会、生态文明以及哲学、历史、法律、科技、国防、国际等各方面知识，提高战略思维、创新思维、辩证思维、法治思维、底线思维能力，提高领导能力专业化水平。

坚持和创新党内学习制度。以党委（党组）中心组学习等制度为主要抓手，各级党组织要定期开展集体学习。党员、干部每年要完成规定的学习任务，领导干部要定期参加党校学习。坚持开展党内集中学习教育。各级党组织要加强督促检查，把学习情况作为领导班子和领导干部考核的重要内容。坚持中央领导同志作专题报告制度。健全党内重大思想理论问题分析研究和情况通报制度，强化互联网思想理论引导，把深层次思想理论问题讲清楚，帮助党员、干部站稳政治立场，分清是非界限，坚决抵制错误思想侵蚀。

二、坚持党的基本路线

党在社会主义初级阶段的基本路线是党和国家的生命线、人民的幸福线，也是党内政治生活正常开展的根本保证。必须全面贯彻执行党的基本路线，把以经济建设为中心同坚持四项基本原则、坚持改革开放这两个基本点统一于中国特色社会主义伟大实践，任何时候都不能有丝毫偏离和动摇。

全党必须毫不动摇坚持以经济建设为中心，聚精会神抓好发展这个党执政兴国的第一要务，坚持以人民为中心的发展思想，统筹推进“五位一体”总体布局和协调推进“四个全面”战略布局，坚持创新、协调、绿色、开放、共享的发展理念，努力提高发展质量和效益，不断提高人民生活水平，为实现“两个一百年”奋斗目标、实现中华民族伟大复兴的中国梦打下坚实物质基础。

全党必须毫不动摇坚持四项基本原则，根本是坚持党的领导，坚持中国特色社会主义道路、中国特色社会主义理论体系、中国特色社会主义制度、中国特色社会主义文化，做到头脑清醒、立场坚定，矢志不移坚持和发展中国特色社会主义。

全党必须毫不动摇坚持改革开放，发挥群众首创精神，勇于自我革命，勇于推进理论创新、实践创新、制度创新、文化创新以及其他各方面创新，坚定不移实施对外开放基本国策，决不能安于现状、墨守成规。新形势下，党领导人民全面深化改革，是为了推动中国特色社会主义制度自我完善和发展，推进国家治理体系和治理能力现代化，既不走封闭僵化的老路、也不走改旗易帜的邪路。

全党必须把坚持党的思想路线贯穿于执行党的基本路线全过程，坚持解放思想、实事求是、与时俱进、求真务实，坚持理论联系实际，一切从实际出发，在实践中检验真理和发展真理，既反对各种否定马克思主义的错误倾向，又破除对马克思主义的教条式理解。坚持从我国仍处于并将长期处于社会主义初级阶段这个基本国情出发，不断研究新情况、总结新经验、解决新问题，不断推进马克思主义中国化。

全党必须坚决捍卫党的基本路线，对否定党的领导、否定我国社会主义制度、否定改革开放的言行，对歪曲、丑化、否定中国特色社会主义的言行，对歪曲、丑化、否定党的历史、中华人民共和国历史、人民军队历史的言行，对歪曲、丑化、否定党的领袖和英雄模范的言行，对一切违背、歪曲、否定党的基本路线的言行，必须旗帜鲜明反对和抵制。

考察识别干部特别是高级干部必须首先看是否坚定不移贯彻

党的基本路线。党员、干部特别是高级干部在大是大非面前不能态度暧昧，不能动摇基本政治立场，不能被错误言论所左右。当人民利益受到损害、党和国家形象受到破坏、党的执政地位受到威胁时，要挺身而出、亮明态度，主动坚决开展斗争。对在大是大非问题上没有立场、没有态度、无动于衷、置身事外，在错误言行面前不抵制、不斗争，明哲保身、当老好人等政治不合格的坚决不用，已在领导岗位的要坚决调整，情节严重的要严肃处理。

三、坚决维护党中央权威

坚决维护党中央权威、保证全党令行禁止，是党和国家前途命运所系，是全国各族人民根本利益所在，也是加强和规范党内政治生活的重要目的。必须坚持党员个人服从党的组织，少数服从多数，下级组织服从上级组织，全党各个组织和全体党员服从党的全国代表大会和中央委员会，核心是全党各个组织和全体党员服从党的全国代表大会和中央委员会。

坚持党的领导，首先是坚持党中央的集中统一领导。一个国家、一个政党，领导核心至关重要。全党必须牢固树立政治意识、大局意识、核心意识、看齐意识，自觉在思想上政治上行动上同党中央保持高度一致。党的各级组织、全体党员特别是高级干部都要向党中央看齐，向党的理论和路线方针政策看齐，向党中央决策部署看齐，做到党中央提倡的坚决响应、党中央决定的坚决执行、党中央禁止的坚决不做。

涉及全党全国性的重大方针政策问题，只有党中央有权作出决定和解释。各部门各地方党组织和党员领导干部可以向党中央提出建议，但不得擅自作出决定和对外发表主张。对党中央作出的决议和制定的政策如有不同意见，在坚决执行的前提下，可以向党组织提出保留意见，也可以按组织程序把自己的意见向党的上级组织直至党中央提出。

全党必须自觉服从党中央领导。全国人大、国务院、全国政协，中央纪律检查委员会，最高人民法院、最高人民检察院，中央和国家机关各部门，人民军队，各人民团体，各地方，各企事业单位、社会组织，其党组织都要不折不扣执行党中央决策部署。

全党必须严格执行重大问题请示报告制度。全国人大常委会、国务院、全国政协，中央纪律检查委员会，最高人民法院、最高人民检察院，中央和国家机关各部门，各人民团体，各省、自治区、直辖市，其党组织要定期向党中央报告工作。研究涉及全局的重大事项或作出重大决定要及时向党中央请示报告，执行党中央重要决定的情况要专题报告。遇有突发性重大问题和工作中重大问题要及时向党中央请示报告，情况紧急必须临机处置的，要尽职尽力做好工作，并迅速报告。

省、自治区、直辖市党委在党中央领导下开展工作，同级各个组织中的党组织和领导干部要自觉接受同级党委领导、向同级党委负责，重大事项和重要情况及时向同级党委请示报告。

全党必须自觉防止和反对个人主义、分散主义、自由主义、本位主义。对党中央决策部署，任何党组织和任何党员都不准合意的执行、不合意的不执行，不准先斩后奏，更不准口是心非、阳奉阴违。属于部门和地方职权范围内的工作部署，要以贯彻党中央决策部署为前提，发挥积极性、主动性、创造性，但决不允许自行其是、各自为政，决不允许有令不行、有禁不止，决不允许搞上有政策、下有对策。

四、严明党的政治纪律

纪律严明是全党统一意志、统一行动、步调一致前进的重要保障，是党内政治生活的重要内容。必须严明党的纪律，把纪律挺在前面，用铁的纪律从严治党。

坚持纪律面前一律平等，遵守纪律没有特权，执行纪律没有例外，党内决不允许存在不受纪律约束的特殊组织和特殊党员。每一个党员对党的纪律都要心存敬畏、严格遵守，任何时候任何情况下都不能违反党的纪律。党的各级组织和全体党员要坚决同一切违反党的纪律的行为作斗争。

政治纪律是党最根本、最重要的纪律，遵守党的政治纪律是遵守党的全部纪律的基础。全党特别是高级干部必须严格遵守党的政治纪律和政治规矩。党员不准散布违背党的理论和路线方针政策的言论，不准公开发表违背党中央决定的言论，不准泄露党和国家秘密，不准参与非法组织和非法活动，不准制造、传播政治谣言及丑化党和国家形象的言论。党员不准搞封建迷信，不准信仰宗教，不准参与邪教，不准纵容和支持宗教极端势力、民族分裂势力、暴力恐怖势力及其活动。

党员、干部特别是高级干部不准在党内搞小山头、小圈子、小团伙，严禁在党内拉私人关系、培植个人势力、结成利益集团。对那些投机取巧、拉帮结派、搞团团伙伙的人，要严格防范，依纪依规处理。坚决防止野心家、阴谋家窃取党和国家权力。

党的各级组织和全体党员必须对党忠诚老实、光明磊落，说老实话、办老实事、做老实人，如实向党反映和报告情况，反对搞两面派、做“两面人”，反对弄虚作假、虚报浮夸，反对隐瞒实情、报喜不报忧。领导机关和领导干部不准以任何理由和名义纵容、唆使、暗示或强迫下级说假话。凡因弄虚作假、隐瞒实情给党和人民事业造成重大损失的，凡因弄虚作假、隐瞒实情骗取荣誉、地位、奖励或其他利益的，凡因纵容、唆使、暗示或强迫下级弄虚作假、隐瞒实情的，都要依纪依规严肃问责追责。对坚持原则、敢于说真话的同志，要给予支持、保护、鼓励。

党内不准搞拉拉扯扯、吹吹拍拍、阿谀奉承。对领导人的宣传要实事求是，禁止吹捧，禁止给领导人祝寿、送礼、发致敬函电，禁止在领导干部国内考察工作时组织迎送、张贴标语、敲锣打鼓、铺红地毯、举行宴会等。

党的各级组织必须担负起执行和维护政治纪律和政治规矩的

责任，对违反政治纪律的行为要坚决批评制止，不能听之任之。党的各级组织和纪律检查机关要加强纪律执行情况的监督和检查，坚决防止和纠正执行纪律宽松软的问题。

五、保持党同人民群众的血肉联系

人民立场是党的根本政治立场，人民群众是党的力量源泉。我们党来自人民，失去人民拥护和支持，党就会失去根基。必须把坚持全心全意为人民服务的根本宗旨、保持党同人民群众的血肉联系作为加强和规范党内政治生活的根本要求。

全党必须牢固树立人民群众是历史创造者的历史唯物主义观点，站稳群众立场，增进群众感情。党的各级组织、全体党员特别是各级领导机关和领导干部要贯彻党的群众路线，做到一切为了群众，一切依靠群众，从群众中来，到群众中去，为群众办实事、解难事，当好人民公仆。坚持问政于民、问需于民、问计于民，决不允许在群众面前自以为是、盛气凌人，决不允许当官做老爷、漠视群众疾苦，更不允许欺压群众、损害和侵占群众利益。改进和创新联系群众方法，建立和完善民意调查等制度，利用传统媒体和互联网等各种渠道了解社情民意，倾听群众呼声，密切党群干群关系，把对上负责和对下负责一致起来，着力实现好、维护好、发展好最广大人民根本利益。

全党必须坚决反对形式主义、官僚主义、享乐主义和奢靡之风，领导干部特别是高级干部要以身作则。反对形式主义，重在解决作风飘浮、工作不实，文山会海、表面文章，贪图虚名、弄虚作假等问题。反对官僚主义，重在解决脱离实际、脱离群众，消极应付、推诿扯皮，作风霸道、迷恋特权等问题。反对享乐主义，重在解决追名逐利、贪图享受，讲究排场、玩物丧志等问题。反对奢靡之风，重在解决铺张浪费、挥霍无度，骄奢淫逸、腐化堕落等问题。坚持抓常、抓细、抓长，特别是要防范和查处各种隐性、变异的“四风”问题，把落实中央八项规定精神常态化、长效化。

党的各级组织、全体党员特别是领导干部必须提高做群众工作能力，既服务群众又带领群众坚定不移贯彻落实党的理论和路线方针政策，把党的主张变为群众的自觉行动，引领群众听党话、跟党走。坚决反对命令主义，坚决反对“尾巴主义”，不允许为了个人政绩、选票和形象脱离实际随意决策、随便许愿。

坚持领导干部调查研究、定期接待群众来访、同干部群众谈心、群众满意度测评等制度。各级领导干部必须深入实际、深入基层、深入群众，多到条件艰苦、情况复杂、矛盾突出的地方解决问题，千方百计为群众排忧解难。领导干部下基层要接地气，轻车简从，了解实情，督查落实，解决问题，坚决反对作秀、哗众取宠。对一切搞劳民伤财的“形象工程”和“政绩工程”的行为，要严肃问责追责，依纪依法处理。在应对重大安全事件、重大突发事件、重大自然灾害事件等事件中，领导干部必须深入一线、靠前指挥，及时协调解决突出问题，及时回应社会关切。

党员、干部必须顾全大局，自觉维护社会和谐稳定，遇到涉及自身利益和局部利益的问题应该通过正常渠道向上级反映，积极主动做好化解社会矛盾、防控社会风险工作，不准组织、参与、纵容扰乱社会秩序的非法活动。

六、坚持民主集中制原则

民主集中制是党的根本组织原则，是党内政治生活正常开展的重要制度保障。坚持集体领导制度，实行集体领导和个人分工负责相结合，是民主集中制的重要组成部分，必须始终坚持，任何组织和个人在任何情况下都不允许以任何理由违反这项制度。

各级党委（党组）必须坚持集体领导制度。凡属重大问题，要按照集体领导、民主集中、个别酝酿、会议决定的原则，由集体讨论、按少数服从多数作出决定，不允许用其他形式取代党委及其常委会（或党组）的领导。落实党委常委会（或党组）议事规则和决策程序，健全常委会向全委会定期报告工作并接受监督制度，坚决反对和防止独断专行或各自为政，坚决反对和防止议而不决、决而不行、行而不实，坚决反对和防止以党委集体决策名义集体违规。各级党委（党组）要善于观大势、抓大事、管全局，及时发现和解决矛盾和难题，不上推下卸，不留后遗症。建立上级组织在作出同下级组织有关重要决策前征求下级组织意见的制度。

领导班子成员必须增强全局观念和责任意识，在研究工作时充分发表意见，决策形成后一抓到底，不得违背集体决定自作主张、自行其是。坚决反对和纠正当面不说、背后乱说，会上不说、会后乱说，当面一套、背后一套等错误言行。坚持讲原则、讲规矩，共同维护坚持党性原则基础上的团结。

党委（党组）主要负责同志必须发扬民主、善于集中、敢于担责。在研究讨论问题时要把自己当成班子中平等的一员，充分发扬民主，严格按程序决策、按规矩办事，注意听取不同意见，正确对待少数人意见，不能搞一言堂甚至家长制。支持班子成员在职责范围内独立负责开展工作，坚决防止和克服名为集体领导、实际上个人或少数人说了算，坚决防止和克服名为集体负责、实际上无人负责。

领导班子成员必须坚决执行党组织决定，如有不同意见，可以保留或向上一级党组织提出，但在上级或本级党组织改变决定以前，除执行决定会立即引起严重后果等紧急情况外，必须无条件执行已作出的决定。

领导班子成员分工按规定向上级党委报备，无正当理由、未向上级党委报备不得调整。领导干部要自觉服从组织分工安排，任何人都不能向组织讨价还价、不服从组织安排。领导干部不准把分管工作、分管领域和地方当作“私人领地”，不准搞独断专行。

在党的工作和活动中，该以组织名义出面不能以个人名义出面，该由集体研究不能个人擅自表态，不允许用个人主张代替党组织的主张、用个人决定代替党组织的决定。

七、发扬党内民主和保障党员权利

党内民主是党的生命，是党内政治生活积极健康的重要基础。要坚持和完善党内民主各项制度，提高党内民主质量，党内决策、执行、监督等工作必须执行党章党规确定的民主原则和程序，任何党组织和个人都不得压制党内民主、破坏党内民主。

中央委员会、中央政治局、中央政治局常务委员会和党的各级委员会作出重大决策部署，必须深入开展调查研究，广泛听取各方面意见和建议，凝聚智慧和力量，做到科学决策、民主决策、依法决策。

必须尊重党员主体地位、保障党员民主权利，落实党员知情权、参与权、选举权、监督权，保障全体党员平等享有党章规定的党员权利、履行党章规定的党员义务，坚持党内民主平等的同志关系，党内一律称同志。任何党组织和党员不得侵害党员民主权利。

畅通党员参与讨论党内事务的途径，拓宽党员表达意见渠道，营造党内民主讨论的政治氛围。健全党内重大决策论证评估和征求意见等制度。党的各级组织对重大决策和重大问题应该采取多种方式征求党员意见，党员有权在党的会议上发表不同意见，对党的决议和政策如有不同意见，在坚决执行的前提下，可以声明保留，并且可以把自己的意见向党的上级组织直至党中央提出。推进党务公开，发展和用好党务公开新形式，使党员更好了解和参与党内事务。

党内选举必须体现选举人意志，规范和完善选举制度规则。党的任何组织和个人不得以任何方式妨碍选举人依照规定自主行使选举权，坚决反对和防止侵犯党员选举权和被选举权的现象，坚决防止和查处拉票贿选等行为。

坚持党的代表大会制度。未经批准不得提前或延期召开党的代表大会。落实党代表大会代表任期制，实行代表提案制，健全代表参与重大决策、参加重要干部推荐和民主评议、列席党委有关会议、联系党员群众等制度。更好发挥党的地方各级委员会及委员作用。健全党内情况通报制度、情况反映制度，畅通党员表达意见、要求撤换不称职基层党组织领导班子成员的渠道。按期进行党的基层委员会、总支部和支部委员会换届。

党员有权向党负责地揭发、检举党的任何组织和任何党员违纪违法的事实，提倡实名举报。党员有权在党的会议上有根据地批评党的任何组织和任何党员。党组织既要严肃处理对举报者的歧视、刁难、压制行为特别是打击报复行为，又要严肃追查处理诬告陷害行为。对受到诽谤、诬告、严重失实举报的党员，党组织要及时为其澄清和正名。要保障党员申辩、申诉等权利。对执纪中的过错或违纪行为，要依规及时纠正、消除影响并追究有关组织和人员的责任。

八、坚持正确选人用人导向

坚持正确选人用人导向，是严肃党内政治生活的组织保证。必须严格标准、健全制度、完善政策、规范程序，使选出来的干部组织放心、群众满意、干部服气。

选拔任用干部必须坚持党章规定的干部条件，坚持德才兼备、以德为先，坚持五湖四海、任人唯贤，坚持信念坚定、为民服务、勤政务实、敢于担当、清正廉洁的好干部标准。把公道正派作为干部工作核心理念贯穿选人用人全过程，做到公道对待干部、公平评价干部、公正使用干部。

选人用人必须强化党组织的领导和把关作用，落实干部选拔任用工作纪实制度，确保每个环节都规范操作。组织部门要严格按政策、原则、制度办事，实事求是考察评价干部，敢于为干部说公道话，敢于抵制选人用人中的违规行为，形成能者上、庸者下、劣者汰的选人用人导向。加强选人用人监督问责，对用人失察失误的严肃追究责任。

党的各级组织必须自觉防范和纠正用人上的不正之风和种种偏向。坚决禁止跑官要官、买官卖官、拉票贿选等行为，坚决禁止向党伸手要职务、要名誉、要待遇行为，坚决禁止向党组织讨价还价、不服从组织决定的行为。坚决纠正唯票、唯分、唯生产总值、唯年龄等取人偏向，坚决克服由少数人在少数人中选人的倾向。领导干部要带头执行党的干部政策，不准任人唯亲、搞亲亲疏疏，不准封官许愿、跑风漏气、收买人心，不准个人为干部提拔任用打招呼、递条子。领导干部不得干预曾经工作生活过的地方、曾经工作过的单位和不属于自己分管领域的干部选拔任用工作，有关地方和单位党组织要抵制这种违反党的组织原则的行为。

任何人都不准把党的干部当作私有财产，党内不准搞人身依附关系。领导干部特别是高级干部不能搞家长制，要求别人唯命是从，特别是不能要求下级办违反党纪国法的事情；下级应该抵制上级领导干部的这种要求并向更上级党组织直至党中央报告，不应该对上级领导干部无原则服从。规范和纯洁党内同志交往，领导干部对党员不能颐指气使，党员对领导干部不能阿谀奉承。

干部是党的宝贵财富，必须既严格教育、严格管理、严格监督，又在政治上、思想上、工作上、生活上真诚关爱，鼓励干部干事创业、大胆作为。

建立容错纠错机制，宽容干部在工作中特别是改革创新中的失误。坚持惩前毖后、治病救人，正确对待犯错误的干部，帮助其认识和改正错误。不得混淆干部所犯错误性质或夸大错误程度对干部作出不适当的处理，不得利用干部所犯错误泄私愤、打击报复。

党的各级组织和领导干部必须牢记空谈误国、实干兴邦，践行正确政绩观，发扬钉钉子精神，力戒空谈，察实情、出实招、办实事、求实效，做到守土尽责。各级领导干部要无私无畏，做到面对矛盾敢于迎难而上，面对危险敢于挺身而出，面对失误敢于承担责任。党的各级组织要旗帜鲜明为敢于担当的干部担当，为敢于负责的干部负责。对不担当、不作为、敷衍塞责的干部要严肃批评，必要时给予组织处理或党纪处分；对失职渎职的要严肃问责，造成严重后果的要严肃追责，依纪依法处理。

九、严格党的组织生活制度

党的组织生活是党内政治生活的重要内容和载体，是党组织对党员进行教育管理监督的重要形式。必须坚持党的组织生活各项制度，创新方式方法，增强党的组织生活活力。

全体党员、干部特别是高级干部必须增强党的意识，时刻牢记自己第一身份是党员。任何党员都不能游离于党的组织之外，更不能凌驾于党的组织之上。每个党员无论职务高低，都要参加党的组织生活。党组织要严格执行组织生活制度，确保党的组织生活经常、认真、严肃。

坚持“三会一课”制度。党员必须参加党员大会、党小组会和上党课，党支部要定期召开支部委员会会议。“三会一课”要突出政治学习和教育，突出党性锻炼，坚决防止表面化、形式化、娱乐化、庸俗化。领导干部要以普通党员身份参加所在党支部或党小组的组织生活，坚持党员领导干部讲党课制度。每个党员都要按规定自觉交纳党费，党费使用和管理要公开透明。

坚持民主生活会和组织生活会制度。会前要广泛听取意见、深入谈心交心，会上要认真查摆问题、深刻剖析根源、明确整改方向，会后要逐一整改落实。上级党组织领导班子成员定期、随机参加下级党组织领导班子民主生活会和组织生活会，发现问题及时纠正。中央政治局带头开好民主生活会。

坚持谈心谈话制度。党组织领导班子成员之间、班子成员和党员之间、党员和党员之间要开展经常性的谈心谈话，坦诚相见，交流思想，交换意见。领导干部要带头谈，也要接受党员、干部约谈。

坚持对党员进行民主评议。督促党员对照党章规定的党员标准、对照入党誓词、联系个人实际进行党性分析，强化党员意识、增强党的观念、提高党性修养。对党性不强的党员，及时进行批评教育，限期改正；经教育仍无转变的，应劝其退党或除名。

领导干部必须强化组织观念，工作中重大问题和个人有关事项必须按规定按程序向组织请示报告，离开岗位或工作所在地要事先向组织请示报告。对无正当理由不按时报告、不如实报告或隐瞒不报的，要严肃处理。

十、开展批评和自我批评

批评和自我批评是我们党强身治病、保持肌体健康的锐利武器，也是加强和规范党内政治生活的重要手段。必须坚持不懈把批评和自我批评这个武器用好。

批评和自我批评必须坚持实事求是，讲党性不讲私情、讲真理不讲面子，坚持“团结——批评——团结”，按照“照镜子、正衣冠、洗洗澡、治治病”的要求，严肃认真提意见，满腔热情帮同志，决不能把自我批评变成自我表扬、把相互批评变成相互吹捧。

党员、干部必须严于自我解剖，对发现的问题要深入剖析原因，认真整改。对待批评要有则改之、无则加勉，不能搞无原则的纷争。

批评必须出于公心，不主观武断，不发泄私愤。坚决反对事不关己、高高挂起，明知不对、少说为佳的庸俗哲学和好人主义，坚决克服文过饰非、知错不改等错误倾向。

党的领导机关和领导干部对各种不同意见都必须听取，鼓励下级反映真实情况。党内工作会议的报告、讲话以及各类工作总结，上级机关和领导干部检查指导工作，既要讲成绩和经验，又要讲问题和不足；既要注重解决问题，又要从问题中反思自身工作和领导责任。

领导干部特别是高级干部必须带头从谏如流、敢于直言，以批评和自我批评的示范行动引导党员、干部打消自我批评怕丢面子、批评上级怕穿小鞋、批评同级怕伤和气、批评下级怕丢选票等思想顾虑。把发现和解决自身问题的能力作为考核评价领导班子的重要依据。

十一、加强对权力运行的制约和监督

监督是权力正确运行的根本保证，是加强和规范党内政治生活的重要举措。必须加强对领导干部的监督，党内不允许有不受制约的权力，也不允许有不受监督的特殊党员。

完善权力运行制约和监督机制，形成有权必有责、用权必担责、滥权必追责的制度安排。实行权力清单制度，公开权力运行过程和结果，健全不当用权问责机制，把权力关进制度笼子，让权力在阳光下运行。

党的各级组织和领导干部必须在宪法法律范围内活动，增强法治意识、弘扬法治精神，自觉按法定权限、规则、程序办事，决不能以言代法、以权压法、徇私枉法，决不能违规干预司法。

营造党内民主监督环境，畅通党内民主监督渠道。党的各级组织和全体党员要增强监督意识，既履行监督责任，又接受各方面监督。

党内监督必须突出党的领导机关和领导干部特别是主要领导干部。领导干部要正确对待监督，主动接受监督，习惯在监督下开展工作，决不能拒绝监督、逃避监督。

领导干部特别是高级干部必须加强自律、慎独慎微，自觉检查和及时纠正在行使权力、廉政勤政方面存在的问题，做到可以行使的权力按规则正确行使，该由上级组织行使的权力下级组织不能行使，该由领导班子集体行使的权力班子成员个人不能擅自行使，不该由自己行使的权力决不能行使。

对涉及违纪违法行为的举报，对党员反映的问题，任何党组织和领导干部都不准隐瞒不报、拖延不办。涉及所反映问题的领导干部应该回避，不准干预或插手组织调查。

党员、干部反映他人的问题，应该出于党性，通过党内正常渠道实名进行，不准散布小道消息，不准散发匿名信，不准诬告陷害等。对通过正常渠道反映问题的党员，任何组织和个人都不准打击报复，不准擅自进行追查，不准采取调离工作岗位、降格使用等惩罚措施。

坚持授权者要负责监督，发现问题要及时处置。强化上级组织对下级组织特别是主要领导干部行使权力的监督，防止权力失控和滥用。

对党组织和党员、干部行使权力进行监督，必须依纪依法进行。纪检监察、司法机关严格依纪依法按程序对涉嫌严重违纪违法行为进行调查。任何组织和个人不得自行决定或受指使对党员、干部采取非法调查手段。对违反规定的，要严肃追究纪律和法律责任。

十二、保持清正廉洁的政治本色

建设廉洁政治，坚决反对腐败，是加强和规范党内政治生活的重要任务。必须筑牢拒腐防变的思想防线和制度防线，着力构建不敢腐、不能腐、不想腐的体制机制，保持党的肌体健康和队伍纯洁。

各级领导干部必须严以修身、严以用权、严以律己，谋事要实、创业要实、做人要实，经得起权力、金钱、美色考验，用党和人民赋予的权力为人民服务。

领导干部特别是高级干部必须带头践行社会主义核心价值观，继承和发扬党的优良传统和作风，弘扬中华民族传统美德，讲修养、讲道德、讲诚信、讲廉耻，养成共产党人的高风亮节，自觉远离低级趣味。

各级领导干部是人民公仆，没有搞特殊化的权利。中央政治局要带头执行中央八项规定。各级领导干部特别是高级干部要坚持立党为公、执政为民，坚持公私分明、先公后私、克己奉公，带头保持谦虚、谨慎、不骄、不躁的作风，保持艰苦奋斗的作风，带头执行廉洁自律准则，自觉同特权思想和特权现象作斗争，不准利用权力为自己和他人谋取私利，禁止违反财经制度批钱批物批项目，禁止用各种借口或巧立名目侵占、挥霍国家和集体财物，禁止违反规定提高干部待遇标准。

领导干部特别是高级干部必须注重家庭、家教、家风，教育管理好亲属和身边工作人员。严格执行领导干部个人有关事项报告制度，进一步规范领导干部配偶子女从业行为。禁止利用职权或影响力为家属亲友谋求特殊照顾，禁止领导干部家属亲友插手领导干部职权范围内的工作、插手人事安排。各级领导班子和领导干部对来自领导干部家属亲友的违规干预行为要坚决抵制，并将有关情况报告党组织。

全体党员、干部特别是高级干部必须拒腐蚀、永不沾，坚决同消极腐败现象作斗争，坚决抵制潜规则，自觉净化社交圈、生活圈、朋友圈，决不能把商品交换那一套搬到党内政治生活和工作中来。党的各级组织要担负起反腐倡廉政治责任，坚持有腐必反、有贪必肃，坚持“老虎”、“苍蝇”一起打，坚持无禁区、全覆盖、零容忍，党内决不允许有腐败分子藏身之地。

加强和规范党内政治生活是全党的共同任务，必须全党一起动手。各级党委（党组）要全面履行加强和规范党内政治生活的领导责任，着力解决突出问题，建立健全党内政治生活制度体系，把加强和规范党内政治生活各项任务落到实处。深入开展党内政治生活准则宣传教育，把党内政治生活准则列为党员、干部教育培训的必修内容。

落实党委主体责任和纪委监督责任，强化责任追究。党委（党组）主要负责人要认真履行第一责任人责任。党的各级组织要强化对党内政治生活准则落实情况的督促检查，建立健全问责机制，上级党组织要加强对下级党组织的指导监督检查，各级组织部门和机关党组织要加强日常管理，各级纪律检查机关要严肃查处违反党内政治生活准则的各种行为。

加强和规范党内政治生活，要从中央委员会、中央政治局、中央政治局常务委员会做起。高级干部要清醒认识自己岗位对党和国家的特殊重要性，职位越高越要自觉按照党提出的标准严格要求自己，越要做到党性坚强、党纪严明，做到对党始终忠诚、永不叛党。制定高级干部贯彻落实本准则的实施意见，指导和督促高级干部在遵守和执行党内政治生活准则上作全党表率。

全面从严治党永远在路上。全党要坚持不懈努力，共同营造风清气正的政治生态，确保党始终成为中国特色社会主义事业的坚强领导核心。

中国共产党廉洁自律准则

（2015年10月18日）

中国共产党全体党员和各级党员领导干部必须坚定共产主义理想和中国特色社会主义信念，必须坚持全心全意为人民服务根本宗旨，必须继承发扬党的优良传统和作风，必须自觉培养高尚道德情操，努力弘扬中华民族传统美德，廉洁自律，接受监督，永葆党的先进性和纯洁性。

党员廉洁自律规范

第一条 坚持公私分明，先公后私，克己奉公。

第二条 坚持崇廉拒腐，清白做人，干净做事。

第三条 坚持尚俭戒奢，艰苦朴素，勤俭节约。

第四条 坚持吃苦在前，享受在后，甘于奉献。

党员领导干部廉洁自律规范

第五条 廉洁从政，自觉保持人民公仆本色。

第六条 廉洁用权，自觉维护人民根本利益。

第七条 廉洁修身，自觉提升思想道德境界。

第八条 廉洁齐家，自觉带头树立良好家风。

中国共产党纪律处分条例

（2023 年 12 月 19 日）

第一编　总　　则

第一章　总体要求和适用范围

第一条　为了维护党章和其他党内法规，严肃党的纪律，纯洁党的组织，保障党员民主权利，教育党员遵纪守法，维护党的团结统一，保证党的理论、路线、方针、政策、决议和国家法律法规的贯彻执行，根据《中国共产党章程》，制定本条例。

第二条　党的纪律建设必须坚持以马克思列宁主义、毛泽东思想、邓小平理论、“三个代表”重要思想、科学发展观、习近平新时代中国特色社会主义思想为指导，坚持和加强党的全面领导，坚决维护习近平总书记党中央的核心、全党的核心地位，坚决维护以习近平同志为核心的党中央权威和集中统一领导，弘扬伟大建党精神，坚持自我革命，贯彻全面从严治党战略方针，落实新时代党的建设总要求，推动解决大党独有难题、健全全面从严治党体系，全面加强党的纪律建设，为以中国式现代化全面推进强国建设、民族复兴伟业提供坚强纪律保障。

第三条　党章是最根本的党内法规，是管党治党的总规矩。党的纪律是党的各级组织和全体党员必须遵守的行为规则。党组织和党员必须坚守初心使命，牢固树立政治意识、大局意识、核心意识、看齐意识，始终坚定道路自信、理论自信、制度自信、文化自信，切实践行正确的权力观、政绩观、事业观，自觉遵守和维护党章，严格执行和维护党的纪律，自觉接受党的纪律约束，模范遵守国家法律法规。

第四条 党的纪律处分工作遵循下列原则：

（一）坚持党要管党、全面从严治党。把严的基调、严的措施、严的氛围长期坚持下去，加强对党的各级组织和全体党员的教育、管理和监督，把纪律挺在前面，抓早抓小、防微杜渐。

（二）党纪面前一律平等。对违犯党纪的党组织和党员必须严肃、公正执行纪律，党内不允许有任何不受纪律约束的党组织和党员。

（三）实事求是。对党组织和党员违犯党纪的行为，应当以事实为依据，以党章、其他党内法规和国家法律法规为准绳，执纪执法贯通，准确认定行为性质，区别不同情况，恰当予以处理。

（四）民主集中制。实施党纪处分，应当按照规定程序经党组织集体讨论决定，不允许任何个人或者少数人擅自决定和批准。上级党组织对违犯党纪的党组织和党员作出的处理决定，下级党组织必须执行。

（五）惩前毖后、治病救人。处理违犯党纪的党组织和党员，应当实行惩戒与教育相结合，做到宽严相济。

第五条 深化运用监督执纪“四种形态”，经常开展批评和自我批评，及时进行谈话提醒、批评教育、责令检查、诫勉，让“红红脸、出出汗”成为常态；党纪轻处分、组织调整成为违纪处理的大多数；党纪重处分、重大职务调整的成为少数；严重违纪涉嫌犯罪追究刑事责任的成为极少数。

第六条 本条例适用于违犯党纪应当受到党纪责任追究的党组织和党员。

第二章 违纪与纪律处分

第七条 党组织和党员违反党章和其他党内法规，违反国家法律法规，违反党和国家政策，违反社会主义道德，危害党、国家和人民利益的行为，依照规定应当给予纪律处理或者处分的，都必须受到追究。

重点查处党的十八大以来不收敛、不收手，问题线索反映集中、群众反映强烈，政治问题和经济问题交织的腐败案件，违反中央八项规定精神的问题。

第八条 对党员的纪律处分种类：

（一）警告；

（二）严重警告；

（三）撤销党内职务；

（四）留党察看；

（五）开除党籍。

第九条 对于违犯党纪的党组织，上级党组织应当责令其作出书面检查或者给予通报批评。对于严重违犯党纪、本身又不能纠正的党组织，上一级党的委员会在查明核实后，根据情节严重的程度，可以予以：

（一）改组；

（二）解散。

第十条 党员受到警告处分一年内、受到严重警告处分一年半内，不得在党内提拔职务或者进一步使用，也不得向党外组织推荐担任高于其原任职务的党外职务或者进一步使用。

第十一条 撤销党内职务处分，是指撤销受处分党员由党内选举或者组织任命的党内职务。对于在党内担任两个以上职务的，党组织在作处分决定时，应当明确是撤销其一切职务还是一个或者几个职务。如果决定撤销其一个职务，必须撤销其担任的最高职务。如果决定撤销其两个以上职务，则必须从其担任的最高职务开始依次撤销。对于在党外组织担任职务的，应当建议党外组织撤销其党外职务。

对于在立案审查中因涉嫌违犯党纪被免职的党员，审查后依照本条例规定应当给予撤销党内职务处分的，应当按照其原任职务给予撤销党内职务处分。对于应当受到撤销党内职务处分，但是本人没有担任党内职务的，应当给予其严重警告处分。同时，在党外组织担任职务的，应当建议党外组织撤销其党外职务。

党员受到撤销党内职务处分，或者依照前款规定受到严重警告处分的，二年内不得在党内担任和向党外组织推荐担任与其原任职务相当或者高于其原任职务的职务。

第十二条　留党察看处分，分为留党察看一年、留党察看二年。对于受到留党察看处分一年的党员，期满后仍不符合恢复党员权利条件的，应当延长一年留党察看期限。留党察看期限最长不得超过二年。

党员受留党察看处分期间，没有表决权、选举权和被选举权。留党察看期间，确有悔改表现的，期满后恢复其党员权利；坚持不改或者又发现其他应当受到党纪处分的违纪行为的，应当开除党籍。

党员受到留党察看处分，其党内职务自然撤销。对于担任党外职务的，应当建议党外组织撤销其党外职务。受到留党察看处分的党员，恢复党员权利后二年内，不得在党内担任和向党外组织推荐担任与其原任职务相当或者高于其原任职务的职务。

第十三条　党员受到开除党籍处分，五年内不得重新入党，也不得推荐担任与其原任职务相当或者高于其原任职务的党外职务。另有规定不准重新入党的，依照规定。

第十四条　党员干部受到党纪处分，需要同时进行组织处理的，党组织应当按照规定给予组织处理。

党的各级代表大会的代表受到留党察看以上处分的，党组织应当终止其代表资格。

第十五条　对于受到改组处理的党组织领导机构成员，除应当受到撤销党内职务以上处分的外，均自然免职。

第十六条　对于受到解散处理的党组织中的党员，应当逐个审查。其中，符合党员条件的，应当重新登记，并参加新的组织过党的生活；不符合党员条件的，应当对其进行教育、限期改正，经教育仍无转变的，予以劝退或者除名；有违纪行为的，依照规定予以追究。

第三章　纪律处分运用规则

第十七条　有下列情形之一的，可以从轻或者减轻处分：

（一）主动交代本人应当受到党纪处分的问题；

（二）在组织谈话函询、初步核实、立案审查过程中，能够配合核实审查工作，如实说明本人违纪违法事实；

（三）检举同案人或者其他人应当受到党纪处分或者法律追究的问题，经查证属实，或者有其他立功表现；

（四）主动挽回损失、消除不良影响或者有效阻止危害结果发生；

（五）主动上交或者退赔违纪所得；

（六）党内法规规定的其他从轻或者减轻处分情形。

第十八条　根据案件的特殊情况，由中央纪委决定或者经省（部）级纪委（不含副省级市纪委）决定并呈报中央纪委批准，对违纪党员也可以在本条例规定的处分幅度以外减轻处分。

第十九条　对于党员违犯党纪应当给予警告或者严重警告处分，但是具有本条例第十七条规定的情形之一或者本条例分则中另有规定的，可以给予批评教育、责令检查、诫勉或者组织处理，免予党纪处分。对违纪党员免予处分，应当作出书面结论。

党员有作风纪律方面的苗头性、倾向性问题或者违犯党纪情节轻微的，可以给予谈话提醒、批评教育、责令检查等，或者予以诫勉，不予党纪处分。

党员行为虽然造成损失或者后果，但不是出于故意或者过失，而是由于不可抗力等原因所引起的，不追究党纪责任。

第二十条　有下列情形之一的，应当从重或者加重处分：

（一）强迫、唆使他人违纪；

（二）拒不上交或者退赔违纪所得；

（三）违纪受处分后又因故意违纪应当受到党纪处分；

（四）违纪受处分后，又被发现其受处分前没有交代的其他应当受到党纪处分的问题；

（五）党内法规规定的其他从重或者加重处分情形。

第二十一条 党员在党纪处分影响期内又受到党纪处分的，其影响期为原处分尚未执行的影响期与新处分影响期之和。

第二十二条 从轻处分，是指在本条例规定的违纪行为应当受到的处分幅度以内，给予较轻的处分。

从重处分，是指在本条例规定的违纪行为应当受到的处分幅度以内，给予较重的处分。

第二十三条 减轻处分，是指在本条例规定的违纪行为应当受到的处分幅度以外，减轻一档给予处分。

加重处分，是指在本条例规定的违纪行为应当受到的处分幅度以外，加重一档给予处分。

本条例规定的只有开除党籍处分一个档次的违纪行为，不适用第一款减轻处分的规定。

第二十四条 一人有本条例规定的两种以上应当受到党纪处分的违纪行为，应当合并处理，按其数种违纪行为中应当受到的最高处分加重一档给予处分；其中一种违纪行为应当受到开除党籍处分的，应当给予开除党籍处分。

第二十五条 一个违纪行为同时触犯本条例两个以上条款的，依照处分较重的条款定性处理。

一个条款规定的违纪构成要件全部包含在另一个条款规定的违纪构成要件中，特别规定与一般规定不一致的，适用特别规定。

第二十六条 二人以上共同故意违纪的，对为首者，从重处分，本条例另有规定的除外；对其他成员，按照其在共同违纪中所起的作用和应负的责任，分别给予处分。

对于经济方面共同违纪的，按照个人参与数额及其所起作用，分别给予处分。对共同违纪的为首者，情节严重的，按照共同违纪的总数额处分。

教唆他人违纪的，应当按照其在共同违纪中所起的作用追究党纪责任。

第二十七条 党组织领导机构集体作出违犯党纪的决定或者实施其他违犯党纪的行为，对具有共同故意的成员，按共同违纪处理；对过失违纪的成员，按照各自在集体违纪中所起的作用和应负的责任分别给予处分。

第四章 对违法犯罪党员的纪律处分

第二十八条 对违法犯罪的党员，应当按照规定给予党纪处分，做到适用纪律和适用法律有机融合，党纪政务等处分相匹配。

第二十九条 党组织在纪律审查中发现党员有贪污贿赂、滥用职权、玩忽职守、权力寻租、利益输送、徇私舞弊、浪费国家资财等违反法律涉嫌犯罪行为的，应当给予撤销党内职务、留党察看或者开除党籍处分。

第三十条 党组织在纪律审查中发现党员有刑法规定的行为，虽不构成犯罪但须追究党纪责任的，或者有其他破坏社会主义市场经济秩序、违反治安管理等违法行为，损害党、国家和人民利益的，应当视具体情节给予警告直至开除党籍处分。

违反国家财经纪律，在公共资金收支、税务管理、国有资产管理、政府采购管理、金融管理、财务会计管理等财经活动中有违法行为的，依照前款规定处理。

党员有嫖娼或者吸食、注射毒品等丧失党员条件，严重败坏党的形象行为的，应当给予开除党籍处分。

第三十一条 党组织在纪律审查中发现党员严重违纪涉嫌违

法犯罪的，原则上先作出党纪处分决定，并按照规定由监察机关给予政务处分或者由任免机关（单位）给予处分后，再移送有关国家机关依法处理。

第三十二条 党员被依法留置、逮捕的，党组织应当按照管理权限中止其表决权、选举权和被选举权等党员权利。根据监察机关、司法机关处理结果，可以恢复其党员权利的，应当及时予以恢复。

第三十三条 党员犯罪情节轻微，人民检察院依法作出不起诉决定的，或者人民法院依法作出有罪判决并免予刑事处罚的，应当给予撤销党内职务、留党察看或者开除党籍处分。

党员犯罪，被单处罚金的，依照前款规定处理。

第三十四条 党员犯罪，有下列情形之一的，应当给予开除党籍处分：

（一）因故意犯罪被依法判处刑法规定的主刑（含宣告缓刑）；

（二）被单处或者附加剥夺政治权利；

（三）因过失犯罪，被依法判处三年以上（不含三年）有期徒刑。

因过失犯罪被判处三年以下有期徒刑或者被判处管制、拘役的，一般应当开除党籍。对于个别可以不开除党籍的，应当对照处分违纪党员批准权限的规定，报请再上一级党组织批准。

第三十五条 党员依法受到刑事责任追究的，党组织应当根据司法机关的生效判决、裁定、决定及其认定的事实、性质和情节，依照本条例规定给予党纪处分，是公职人员的由监察机关给予相应政务处分或者由任免机关（单位）给予相应处分。

党员依法受到政务处分、任免机关（单位）给予的处分、行政处罚，应当追究党纪责任的，党组织可以根据生效的处分、行政处罚决定认定的事实、性质和情节，经核实后依照规定给予相应党纪处分或者组织处理。其中，党员依法受到撤职以上处分的，应当依照本条例规定给予撤销党内职务以上处分。

党员违反国家法律法规、企事业单位或者其他社会组织的规章制度受到其他处分，应当追究党纪责任的，党组织在对有关方面认定的事实、性质和情节进行核实后，依照规定给予相应党纪处分或者组织处理。

党组织作出党纪处分或者组织处理决定后，监察机关、司法机关、行政机关等依法改变原生效判决、裁定、决定等，对原党纪处分或者组织处理决定产生影响的，党组织应当根据改变后的生效判决、裁定、决定等重新作出相应处理。

第五章　其他规定

第三十六条　预备党员违犯党纪，情节较轻，可以保留预备党员资格的，党组织应当对其批评教育或者延长预备期；情节较重的，应当取消其预备党员资格。

第三十七条　对违纪后下落不明的党员，应当区别情况作出处理：

（一）对有严重违纪行为，应当给予开除党籍处分的，党组织应当作出决定，开除其党籍；

（二）除前项规定的情况外，下落不明时间超过六个月的，党组织应当按照党章规定对其予以除名。

第三十八条　违纪党员在党组织作出处分决定前死亡，或者在死亡之后发现其曾有严重违纪行为，对于应当给予开除党籍处分的，开除其党籍；对于应当给予留党察看以下处分的，作出违犯党纪的书面结论和相应处理。

第三十九条　违纪行为有关责任人员的区分：

（一）直接责任者，是指在其职责范围内，不履行或者不正确履行自己的职责，对造成的损失或者后果起决定性作用的党员或者党员领导干部；

（二）主要领导责任者，是指在其职责范围内，对主管的工作不履行或者不正确履行职责，对造成的损失或者后果负直接领导责任的党员领导干部；

（三）重要领导责任者，是指在其职责范围内，对应管的工作或者参与决定的工作不履行或者不正确履行职责，对造成的损失或者后果负次要领导责任的党员领导干部。

本条例所称领导责任者，包括主要领导责任者和重要领导责任者。

第四十条　本条例所称主动交代，是指涉嫌违纪的党员在组织谈话函询、初步核实前向有关组织交代自己的问题，或者在谈话函询、初步核实和立案审查期间交代组织未掌握的问题。

第四十一条　担任职级、单独职务序列等级的党员干部违犯党纪受到处分，需要对其职级、单独职务序列等级进行调整的，参照本条例关于党外职务的规定执行。

第四十二条　计算经济损失应当计算立案时已经实际造成的全部财产损失，包括为挽回违纪行为所造成损失而支付的各种开支、费用。立案后至处理前持续发生的经济损失，应当一并计算在内。

第四十三条　对于违纪行为所获得的经济利益，应当收缴或者责令退赔。对于主动上交的违纪所得和经济损失赔偿，应当予以接收，并按照规定收缴或者返还有关单位、个人。

对于违纪行为所获得的职务、职级、职称、学历、学位、奖励、资格等其他利益，应当由承办案件的纪检机关或者由其上级纪检机关建议有关组织、部门、单位按照规定予以纠正。

对于依照本条例第三十七条、第三十八条规定处理的党员，经调查确属其实施违纪行为获得的利益，依照本条规定处理。

第四十四条　党纪处分决定作出后，应当在一个月内向受处分党员所在党的基层组织中的全体党员及其本人宣布，是领导班子成员的还应当向所在党组织领导班子宣布，并按照干部管理权限和组织关系将处分决定材料归入受处分者档案；对于受到撤销党内职务以上处分的，还应当在一个月内办理职务、工资、工作及其他有关待遇等相应变更手续；涉及撤销或者调整其党外职务的，应当建议党外组织及时撤销或者调整其党外职务。特殊情况下，经作出或者批准作出处分决定的组织批准，可以适当延长办理期限。办理期限最长不得超过六个月。

第四十五条 执行党纪处分决定的机关或者受处分党员所在单位，应当在六个月内将处分决定的执行情况向作出或者批准处分决定的机关报告。

党员对所受党纪处分不服的，可以依照党章及有关规定提出申诉。

第四十六条 党员因违犯党纪受到处分，影响期满后，党组织无需取消对其的处分。

第四十七条 本条例所称以上、以下，除有特别标明外均含本级、本数。

第四十八条 本条例总则适用于有党纪处分规定的其他党内法规，但是中共中央发布或者批准发布的其他党内法规有特别规定的除外。

第二编 分 则

第六章 对违反政治纪律行为的处分

第四十九条 在重大原则问题上不同党中央保持一致且有实际言论、行为或者造成不良后果的，给予警告或者严重警告处分；情节较重的，给予撤销党内职务或者留党察看处分；情节严重的，给予开除党籍处分。

第五十条 通过网络、广播、电视、报刊、传单、书籍等，或者利用讲座、论坛、报告会、座谈会等方式，公开发表坚持资产阶级自由化立场、反对四项基本原则，反对党的改革开放决策的文章、演说、宣言、声明等的，给予开除党籍处分。

发布、播出、刊登、出版前款所列文章、演说、宣言、声明等或者为上述行为提供方便条件的，对直接责任者和领导责任者，给予严重警告或者撤销党内职务处分；情节严重的，给予留党察看或者开除党籍处分。

第五十一条 通过网络、广播、电视、报刊、传单、书籍等，或者利用讲座、论坛、报告会、座谈会等方式，有下列行为之一，情节较轻的，给予警告或者严重警告处分；情节较重的，给予撤销党内职务或者留党察看处分；情节严重的，给予开除党籍处分：

（一）公开发表违背四项基本原则，违背、歪曲党的改革开放决策，或者其他有严重政治问题的文章、演说、宣言、声明等；

（二）妄议党中央大政方针，破坏党的集中统一；

（三）丑化党和国家形象，或者诋毁、诬蔑党和国家领导人、英雄模范，或者歪曲党的历史、中华人民共和国历史、人民军队历史。

发布、播出、刊登、出版前款所列内容或者为上述行为提供方便条件的，对直接责任者和领导责任者，给予严重警告或者撤销党内职务处分；情节严重的，给予留党察看或者开除党籍处分。

第五十二条 制作、贩卖、传播第五十条、第五十一条所列内容之一的报刊、书籍、音像制品、电子读物，以及网络文本、图片、音频、视频资料等，情节较轻的，给予警告或者严重警告处分；情节较重的，给予撤销党内职务或者留党察看处分；情节严重的，给予开除党籍处分。

私自携带、寄递第五十条、第五十一条所列内容之一的报刊、书籍、音像制品、电子读物等入出境，情节较重的，给予警告或者严重警告处分；情节严重的，给予撤销党内职务、留党察看或者开除党籍处分。

私自阅看、浏览、收听第五十条、第五十一条所列内容之一的报刊、书籍、音像制品、电子读物，以及网络文本、图片、音频、视频资料等，情节严重的，给予警告、严重警告或者撤销党内职务处分。

第五十三条 在党内组织秘密集团或者组织其他分裂党的活动的，给予开除党籍处分。

参加秘密集团或者参加其他分裂党的活动的，给予留党察看或者开除党籍处分。

第五十四条 在党内搞团团伙伙、结党营私、拉帮结派、政治攀附、培植个人势力等非组织活动，或者通过搞利益交换、为自己营造声势等活动捞取政治资本的，给予严重警告或者撤销党内职务处分；导致本地区、本部门、本单位政治生态恶化的，给予留党察看或者开除党籍处分。

第五十五条 搞投机钻营，结交政治骗子或者被政治骗子利用的，给予严重警告或者撤销党内职务处分；情节严重的，给予留党察看或者开除党籍处分。

充当政治骗子的，给予撤销党内职务、留党察看或者开除党籍处分。

第五十六条 党员领导干部在本人主政的地方或者分管的部门自行其是，搞山头主义，拒不执行党中央确定的大政方针，甚至背着党中央另搞一套的，给予撤销党内职务、留党察看或者开除党籍处分。

贯彻党中央决策部署只表态不落实，或者落实党中央决策部署不坚决，打折扣、搞变通，在政治上造成不良影响或者严重后果的，给予警告或者严重警告处分；情节严重的，给予撤销党内职务、留党察看或者开除党籍处分。

不顾党和国家大局，搞部门或者地方保护主义的，依照前款规定处理。

第五十七条 党员领导干部政绩观错位，违背新发展理念、背离高质量发展要求，给党、国家和人民利益造成较大损失的，给予警告或者严重警告处分；情节较重的，给予撤销党内职务或者留党察看处分；情节严重的，给予开除党籍处分。

搞劳民伤财的“形象工程”、“政绩工程”的，从重或者加重处分。

第五十八条　对党不忠诚不老实，表里不一，阳奉阴违，欺上瞒下，搞两面派，做两面人，在政治上造成不良影响的，给予警告或者严重警告处分；情节较重的，给予撤销党内职务或者留党察看处分；情节严重的，给予开除党籍处分。

第五十九条　制造、散布、传播政治谣言，破坏党的团结统一的，给予警告或者严重警告处分；情节较重的，给予撤销党内职务或者留党察看处分；情节严重的，给予开除党籍处分。

政治品行恶劣，匿名诬告，有意陷害或者制造其他谣言，造成损害或者不良影响的，依照前款规定处理。

第六十条　擅自对应当由党中央决定的重大政策问题作出决定、对外发表主张的，对直接责任者和领导责任者，给予严重警告或者撤销党内职务处分；情节严重的，给予留党察看或者开除党籍处分。

第六十一条　不按照有关规定向组织请示、报告重大事项，对直接责任者和领导责任者，情节较重的，给予警告或者严重警告处分；情节严重的，给予撤销党内职务或者留党察看处分。

第六十二条　干扰巡视巡察工作或者不落实巡视巡察整改要求，对直接责任者和领导责任者，情节较轻的，给予警告或者严重警告处分；情节较重的，给予撤销党内职务或者留党察看处分；情节严重的，给予开除党籍处分。

第六十三条　对抗组织审查，有下列行为之一的，给予警告或者严重警告处分；情节较重的，给予撤销党内职务或者留党察看处分；情节严重的，给予开除党籍处分：

（一）串供或者伪造、销毁、转移、隐匿证据；

（二）阻止他人揭发检举、提供证据材料；

（三）包庇同案人员；

（四）向组织提供虚假情况，掩盖事实；

（五）其他对抗组织审查行为。

第六十四条 组织、参加反对党的基本理论、基本路线、基本方略或者重大方针政策的集会、游行、示威等活动的，或者以组织讲座、论坛、报告会、座谈会等方式，反对党的基本理论、基本路线、基本方略或者重大方针政策，造成严重不良影响的，对策划者、组织者和骨干分子，给予开除党籍处分。

对其他参加人员或者以提供信息、资料、财物、场地等方式支持上述活动者，情节较轻的，给予警告或者严重警告处分；情节较重的，给予撤销党内职务或者留党察看处分；情节严重的，给予开除党籍处分。

对不明真相被裹挟参加，经批评教育后确有悔改表现的，可以免予处分或者不予处分。

未经组织批准参加其他集会、游行、示威等活动，情节较轻的，给予警告或者严重警告处分；情节较重的，给予撤销党内职务或者留党察看处分；情节严重的，给予开除党籍处分。

第六十五条 组织、参加旨在反对党的领导、反对社会主义制度或者敌视政府等组织的，对策划者、组织者和骨干分子，给予开除党籍处分。

对其他参加人员，情节较轻的，给予警告或者严重警告处分；情节较重的，给予撤销党内职务或者留党察看处分；情节严重的，给予开除党籍处分。

第六十六条 组织、参加会道门或者邪教组织的，对策划者、组织者和骨干分子，给予开除党籍处分。

对其他参加人员，情节较轻的，给予警告或者严重警告处分；情节较重的，给予撤销党内职务或者留党察看处分；情节严重的，给予开除党籍处分。

对不明真相的参加人员，经批评教育后确有悔改表现的，可以免予处分或者不予处分。

第六十七条 从事、参与挑拨破坏民族关系制造事端或者参加民族分裂活动的，对策划者、组织者和骨干分子，给予开除党籍处分。

对其他参加人员，情节较轻的，给予警告或者严重警告处分；情节较重的，给予撤销党内职务或者留党察看处分；情节严重的，给予开除党籍处分。

对不明真相被裹挟参加，经批评教育后确有悔改表现的，可以免予处分或者不予处分。

有其他违反党和国家民族政策的行为，情节较轻的，给予警告或者严重警告处分；情节较重的，给予撤销党内职务或者留党察看处分；情节严重的，给予开除党籍处分。

第六十八条 组织、利用宗教活动反对党的理论、路线、方针、政策和决议，破坏民族团结的，对策划者、组织者和骨干分子，给予开除党籍处分。

对其他参加人员，给予撤销党内职务或者留党察看处分；情节严重的，给予开除党籍处分。

对不明真相被裹挟参加，经批评教育后确有悔改表现的，可以免予处分或者不予处分。

有其他违反党和国家宗教政策的行为，情节较轻的，给予警告或者严重警告处分；情节较重的，给予撤销党内职务或者留党察看处分；情节严重的，给予开除党籍处分。

第六十九条 对信仰宗教的党员，应当加强思想教育，要求其限期改正；经党组织帮助教育仍没有转变的，应当劝其退党；劝而不退的，予以除名；参与利用宗教搞煽动活动的，给予开除党籍处分。

第七十条 组织迷信活动的，给予撤销党内职务或者留党察看处分；情节严重的，给予开除党籍处分。

参加迷信活动或者个人搞迷信活动，造成不良影响的，给予警告或者严重警告处分；情节较重的，给予撤销党内职务或者留党察看处分；情节严重的，给予开除党籍处分。

对不明真相的参加人员，经批评教育后确有悔改表现的，可以免予处分或者不予处分。

第七十一条 组织、利用宗族势力对抗党和政府，妨碍党和国家的方针政策以及决策部署的实施，或者破坏党的基层组织建设的，对策划者、组织者和骨干分子，给予开除党籍处分。

对其他参加人员，给予撤销党内职务或者留党察看处分；情节严重的，给予开除党籍处分。

对不明真相被裹挟参加，经批评教育后确有悔改表现的，可以免予处分或者不予处分。

第七十二条 在国（境）外、外国驻华使（领）馆申请政治避难，或者违纪后逃往国（境）外、外国驻华使（领）馆的，给予开除党籍处分。

在国（境）外公开发表反对党和政府的文章、演说、宣言、声明等的，依照前款规定处理。

故意为上述行为提供方便条件的，给予留党察看或者开除党籍处分。

第七十三条 在涉外活动中，其言行在政治上造成恶劣影响，损害党和国家尊严、利益的，给予撤销党内职务或者留党察看处分；情节严重的，给予开除党籍处分。

第七十四条 不履行全面从严治党主体责任、监督责任或者履行全面从严治党主体责任、监督责任不力，给党组织造成严重损害或者严重不良影响的，对直接责任者和领导责任者，给予警告或者严重警告处分；情节严重的，给予撤销党内职务或者留党察看处分。

第七十五条 党员领导干部对违反政治纪律和政治规矩等错误思想和行为不报告、不抵制、不斗争，放任不管，搞无原则一团和气，造成不良影响的，给予警告或者严重警告处分；情节严重的，给予撤销党内职务或者留党察看处分。

第七十六条 违反党的优良传统和工作惯例等党的规矩，在政治上造成不良影响或者严重后果的，给予警告或者严重警告处分；情节较重的，给予撤销党内职务或者留党察看处分；情节严重的，给予开除党籍处分。

第七章 对违反组织纪律行为的处分

第七十七条 违反民主集中制原则，有下列行为之一的，给予警告或者严重警告处分；情节严重的，给予撤销党内职务或者留党察看处分：

（一）拒不执行或者擅自改变党组织作出的重大决定；

（二）违反议事规则，个人或者少数人决定重大问题；

（三）故意规避集体决策，决定重大事项、重要干部任免、重要项目安排和大额资金使用；

（四）借集体决策名义集体违规。

第七十八条 下级党组织拒不执行或者擅自改变上级党组织决定的，对直接责任者和领导责任者，给予警告或者严重警告处分；情节严重的，给予撤销党内职务或者留党察看处分。

第七十九条 拒不执行党组织的分配、调动、交流等决定的，给予警告、严重警告或者撤销党内职务处分。

在特殊时期或者紧急状况下，拒不执行党组织上述决定的，给予留党察看或者开除党籍处分。

第八十条 在党组织纪律审查中，依法依规负有作证义务的党员拒绝作证或者故意提供虚假情况，情节较重的，给予警告或者严重警告处分；情节严重的，给予撤销党内职务、留党察看或者开除党籍处分。

第八十一条 有下列行为之一，情节较重的，给予警告或者严重警告处分：

（一）违反个人有关事项报告规定，隐瞒不报；

（二）在组织进行谈话函询时，不如实向组织说明问题；

（三）不按要求报告或者不如实报告个人去向；

（四）不如实填报个人档案资料。

有前款第二项规定的行为，同时向组织提供虚假情况、掩盖事实的，依照本条例第六十三条规定处理。

篡改、伪造个人档案资料的，给予严重警告处分；情节严重的，给予撤销党内职务或者留党察看处分。

隐瞒入党前严重错误的，一般应当予以除名；对入党多年且一贯表现好，或者在工作中作出突出贡献的，给予严重警告、撤销党内职务或者留党察看处分。

第八十二条 党员领导干部违反有关规定组织、参加自发成立的老乡会、校友会、战友会等，情节严重的，给予警告、严重警告或者撤销党内职务处分。

第八十三条 有下列行为之一的，给予警告或者严重警告处分；情节较重的，给予撤销党内职务或者留党察看处分；情节严重的，给予开除党籍处分：

（一）在民主推荐、民主测评、组织考察和党内选举中搞拉票、助选等非组织活动；

（二）在法律规定的投票、选举活动中违背组织原则搞非组织活动，组织、怂恿、诱使他人投票、表决；

（三）在选举中进行其他违反党章、其他党内法规和有关章程活动。

搞有组织的拉票贿选，或者用公款拉票贿选的，从重或者加重处分。

第八十四条 在干部选拔任用工作中，有任人唯亲、排斥异己、封官许愿、说情干预、跑官要官、突击提拔或者调整干部等违反干部选拔任用规定行为，对直接责任者和领导责任者，情节较轻的，给予警告或者严重警告处分；情节较重的，给予撤销党内职务或者留党察看处分；情节严重的，给予开除党籍处分。

用人失察失误造成严重后果的，对直接责任者和领导责任者，依照前款规定处理。

第八十五条 在推进领导干部能上能下工作中，搞好人主义，有下列行为之一，对直接责任者和领导责任者，情节较重的，给予警告或者严重警告处分；情节严重的，给予撤销党内职务或者留党察看处分：

（一）以党纪政务等处分规避组织调整；

（二）以组织调整代替党纪政务等处分；

（三）其他避重就轻作出处理行为。

第八十六条 在干部、职工的录用、考核、职务职级晋升、职称评聘、荣誉表彰，授予学术称号和征兵、安置退役军人等工作中，隐瞒、歪曲事实真相，或者利用职权或者职务上的影响违反有关规定为本人或者其他人谋取利益的，给予警告或者严重警告处分；情节较重的，给予撤销党内职务或者留党察看处分；情节严重的，给予开除党籍处分。

弄虚作假，骗取职务、职级、职称、待遇、资格、学历、学位、荣誉、称号或者其他利益的，依照前款规定处理。

第八十七条 侵犯党员的表决权、选举权和被选举权，情节较重的，给予警告或者严重警告处分；情节严重的，给予撤销党内职务处分。

以强迫、威胁、欺骗、拉拢等手段，妨害党员自主行使表决权、选举权和被选举权的，给予撤销党内职务、留党察看或者开除党籍处分。

第八十八条 有下列行为之一的，对直接责任者和领导责任者，给予警告或者严重警告处分；情节较重的，给予撤销党内职务或者留党察看处分；情节严重的，给予开除党籍处分：

（一）对批评、检举、控告进行阻挠、压制，或者将批评、检举、控告材料私自扣压、销毁，或者故意将其泄露给他人；

（二）对党员的申辩、辩护、作证等进行压制，造成不良后果；

（三）压制党员申诉，造成不良后果，或者不按照有关规定处理党员申诉；

（四）其他侵犯党员权利行为，造成不良后果。

对批评人、检举人、控告人、证人及其他人员打击报复的，从重或者加重处分。

第八十九条 违反党章和其他党内法规的规定，采取弄虚作假或者其他手段把不符合党员条件的人发展为党员，或者为非党员出具党员身份证明的，对直接责任者和领导责任者，给予警告或者严重警告处分；情节严重的，给予撤销党内职务处分。

违反有关规定程序发展党员的，对直接责任者和领导责任者，依照前款规定处理。

第九十条 违反有关规定取得外国国籍或者获取国（境）外永久居留资格、长期居留许可的，给予撤销党内职务、留党察看或者开除党籍处分。

第九十一条 违反有关规定办理因私出国（境）证件、前往港澳通行证，或者未经批准出入国（边）境，情节较轻的，给予警告或者严重警告处分；情节较重的，给予撤销党内职务或者留党察看处分；情节严重的，给予开除党籍处分。

虽经批准因私出国（境）但存在擅自变更路线、无正当理由超期未归等超出批准范围出国（境）行为，情节较重的，给予警告或者严重警告处分；情节严重的，给予撤销党内职务处分。

第九十二条 驻外机构或者临时出国（境）团（组）中的党员擅自脱离组织，或者从事外事、机要、军事等工作的党员违反有关规定同国（境）外机构、人员联系和交往的，给予警告、严重警告或者撤销党内职务处分。

第九十三条 驻外机构或者临时出国（境）团（组）中的

党员，脱离组织出走时间不满六个月又自动回归的，给予撤销党内职务或者留党察看处分；脱离组织出走时间超过六个月的，按照自行脱党处理，党内予以除名。

故意为他人脱离组织出走提供方便条件的，给予警告、严重警告或者撤销党内职务处分。

第八章　对违反廉洁纪律行为的处分

第九十四条　党员干部必须正确行使人民赋予的权力，清正廉洁，反对特权思想和特权现象，反对任何滥用职权、谋求私利的行为。

利用职权或者职务上的影响为他人谋取利益，本人的配偶、子女及其配偶等亲属和其他特定关系人收受对方财物，情节较重的，给予警告或者严重警告处分；情节严重的，给予撤销党内职务、留党察看或者开除党籍处分。

第九十五条　相互利用职权或者职务上的影响为对方及其配偶、子女及其配偶等亲属、身边工作人员和其他特定关系人谋取利益搞权权交易的，给予警告或者严重警告处分；情节较重的，给予撤销党内职务或者留党察看处分；情节严重的，给予开除党籍处分。

第九十六条　纵容、默许配偶、子女及其配偶等亲属、身边工作人员和其他特定关系人利用党员干部本人职权或者职务上的影响谋取私利，情节较轻的，给予警告或者严重警告处分；情节较重的，给予撤销党内职务或者留党察看处分；情节严重的，给予开除党籍处分。

党员干部的配偶、子女及其配偶等亲属和其他特定关系人不实际工作而获取薪酬或者虽实际工作但领取明显超出同职级标准薪酬，党员干部知情未予纠正的，依照前款规定处理。

第九十七条　收受可能影响公正执行公务的礼品、礼金、消费卡（券）和有价证券、股权、其他金融产品等财物，情节较轻的，给予警告或者严重警告处分；情节较重的，给予撤销党内职务或者留党察看处分；情节严重的，给予开除党籍处分。

收受其他明显超出正常礼尚往来的财物的，依照前款规定处理。

第九十八条 向从事公务的人员及其配偶、子女及其配偶等亲属和其他特定关系人赠送明显超出正常礼尚往来的礼品、礼金、消费卡（券）和有价证券、股权、其他金融产品等财物，情节较重的，给予警告或者严重警告处分；情节严重的，给予撤销党内职务或者留党察看处分。

以讲课费、课题费、咨询费等名义变相送礼的，依照前款规定处理。

第九十九条 借用管理和服务对象的钱款、住房、车辆等，可能影响公正执行公务，情节较重的，给予警告或者严重警告处分；情节严重的，给予撤销党内职务、留党察看或者开除党籍处分。

通过民间借贷等金融活动获取大额回报，可能影响公正执行公务的，依照前款规定处理。

第一百条 利用职权或者职务上的影响操办婚丧喜庆事宜，造成不良影响的，给予警告或者严重警告处分；情节严重的，给予撤销党内职务处分；借机敛财或者有其他侵犯国家、集体和人民利益行为的，从重或者加重处分，直至开除党籍。

第一百零一条 接受、提供可能影响公正执行公务的宴请或者旅游、健身、娱乐等活动安排，情节较重的，给予警告或者严重警告处分；情节严重的，给予撤销党内职务或者留党察看处分。

第一百零二条 违反有关规定取得、持有、实际使用运动健身卡、会所和俱乐部会员卡、高尔夫球卡等各种消费卡（券），或者违反有关规定出入私人会所，情节较重的，给予警告或者严重警告处分；情节严重的，给予撤销党内职务或者留党察看处分。

第一百零三条 违反有关规定从事营利活动，有下列行为之一，情节较轻的，给予警告或者严重警告处分；情节较重的，给予撤销党内职务或者留党察看处分；情节严重的，给予开除党籍处分：

（一）经商办企业；

（二）拥有非上市公司（企业）的股份或者证券；

（三）买卖股票或者进行其他证券投资；

（四）从事有偿中介活动；

（五）在国（境）外注册公司或者投资入股；

（六）其他违反有关规定从事营利活动的行为。

利用参与企业重组改制、定向增发、兼并投资、土地使用权出让等工作中掌握的信息买卖股票，利用职权或者职务上的影响通过购买信托产品、基金等方式非正常获利的，依照前款规定处理。

违反有关规定在经济组织、社会组织等单位中兼职，或者经批准兼职但获取薪酬、奖金、津贴等额外利益的，依照第一款规定处理。

第一百零四条 利用职权或者职务上的影响，为配偶、子女及其配偶等亲属和其他特定关系人在审批监管、资源开发、金融信贷、大宗采购、土地使用权出让、房地产开发、工程招投标以及公共财政收支等方面谋取利益，情节较轻的，给予警告或者严重警告处分；情节较重的，给予撤销党内职务或者留党察看处分；情节严重的，给予开除党籍处分。

利用职权或者职务上的影响，为配偶、子女及其配偶等亲属和其他特定关系人吸收存款、推销金融产品、经营名贵特产类特殊资源等提供帮助谋取利益的，依照前款规定处理。

第一百零五条 离职或者退（离）休后违反有关规定接受原任职务管辖的地区和业务范围内或者与原工作业务直接相关的

企业和中介机构等单位的聘用，或者个人从事与原任职务管辖业务或者与原工作业务直接相关的营利活动，情节较轻的，给予警告或者严重警告处分；情节较重的，给予撤销党内职务处分；情节严重的，给予留党察看处分。

党员领导干部离职或者退（离）休后违反有关规定担任上市公司、基金管理公司独立董事、独立监事等职务，情节较轻的，给予警告或者严重警告处分；情节较重的，给予撤销党内职务处分；情节严重的，给予留党察看处分。

第一百零六条 离职或者退（离）休后利用原职权或者职务上的影响，为配偶、子女及其配偶等亲属和其他特定关系人从事经营活动谋取利益，情节较轻的，给予警告或者严重警告处分；情节较重的，给予撤销党内职务或者留党察看处分；情节严重的，给予开除党籍处分。

离职或者退（离）休后利用原职权或者职务上的影响为他人谋取利益，本人的配偶、子女及其配偶等亲属和其他特定关系人收受对方财物，情节较重的，给予警告或者严重警告处分；情节严重的，给予撤销党内职务、留党察看或者开除党籍处分。

第一百零七条 党员领导干部的配偶、子女及其配偶，违反有关规定在该党员领导干部管辖的地区和业务范围内从事可能影响其公正执行公务的经营活动，或者有其他违反经商办企业禁业规定行为的，该党员领导干部应当按照规定予以纠正；拒不纠正的，其本人应当辞去现任职务或者由组织予以调整职务；不辞去现任职务或者不服从组织调整职务的，给予撤销党内职务处分。

第一百零八条 党和国家机关违反有关规定经商办企业的，对直接责任者和领导责任者，给予警告或者严重警告处分；情节严重的，给予撤销党内职务处分。

第一百零九条 党员领导干部违反工作、生活保障制度，在交通、医疗、警卫等方面为本人、配偶、子女及其配偶等亲属、身边工作人员和其他特定关系人谋求特殊待遇，情节较重的，给予警告或者严重警告处分；情节严重的，给予撤销党内职务或者留党察看处分。

第一百一十条　在分配、购买住房中侵犯国家、集体利益，情节较轻的，给予警告或者严重警告处分；情节较重的，给予撤销党内职务或者留党察看处分；情节严重的，给予开除党籍处分。

第一百一十一条　利用职权或者职务上的影响，侵占非本人经管的公私财物，或者以象征性地支付钱款等方式侵占公私财物，或者无偿、象征性地支付报酬接受服务、使用劳务，情节较轻的，给予警告或者严重警告处分；情节较重的，给予撤销党内职务或者留党察看处分；情节严重的，给予开除党籍处分。

利用职权或者职务上的影响，将应当由本人、配偶、子女及其配偶等亲属、身边工作人员和其他特定关系人个人支付的费用，由下属单位、其他单位或者他人支付、报销的，依照前款规定处理。

第一百一十二条　利用职权或者职务上的影响，违反有关规定占用公物归个人使用，时间超过六个月，情节较重的，给予警告或者严重警告处分；情节严重的，给予撤销党内职务处分。

占用公物进行营利活动的，给予警告或者严重警告处分；情节较重的，给予撤销党内职务或者留党察看处分；情节严重的，给予开除党籍处分。

将公物借给他人进行营利活动的，依照前款规定处理。

第一百一十三条　违反有关规定组织、参加用公款支付的宴请、娱乐、健身活动，或者用公款购买赠送或者发放礼品、消费卡（券）等，对直接责任者和领导责任者，情节较轻的，给予警告或者严重警告处分；情节较重的，给予撤销党内职务或者留党察看处分；情节严重的，给予开除党籍处分。

第一百一十四条　违反有关规定自定薪酬或者滥发津贴、补贴、奖金、福利等，对直接责任者和领导责任者，情节较轻的，给予警告或者严重警告处分；情节较重的，给予撤销党内职务或者留党察看处分；情节严重的，给予开除党籍处分。

第一百一十五条 有下列行为之一，对直接责任者和领导责任者，情节较轻的，给予警告或者严重警告处分；情节较重的，给予撤销党内职务或者留党察看处分；情节严重的，给予开除党籍处分：

（一）公款旅游或者以学习培训、考察调研、职工疗养等为名变相公款旅游；

（二）改变公务行程，借机旅游；

（三）参加所管理企业、下属单位组织的考察活动，借机旅游。

以考察、学习、培训、研讨、招商、参展等名义变相用公款出国（境）旅游的，对直接责任者和领导责任者，依照前款规定处理。

第一百一十六条 违反接待管理规定，超标准、超范围接待或者借机大吃大喝，对直接责任者和领导责任者，情节较重的，给予警告或者严重警告处分；情节严重的，给予撤销党内职务处分。

第一百一十七条 违反有关规定配备、购买、更换、装饰、使用公务交通工具或者有其他违反公务交通工具管理规定的行为，对直接责任者和领导责任者，情节较重的，给予警告或者严重警告处分；情节严重的，给予撤销党内职务或者留党察看处分。

第一百一十八条 违反会议活动管理规定，有下列行为之一，对直接责任者和领导责任者，情节较重的，给予警告或者严重警告处分；情节严重的，给予撤销党内职务处分：

（一）到禁止召开会议的风景名胜区开会；

（二）决定或者批准举办各类节会、庆典活动；

（三）其他违反会议活动管理规定行为。

擅自举办评比达标表彰、创建示范活动或者借评比达标表彰、创建示范活动收取费用的，对直接责任者和领导责任者，依照前款规定处理。

第一百一十九条 违反办公用房管理等规定，有下列行为之一，对直接责任者和领导责任者，情节较重的，给予警告或者严重警告处分；情节严重的，给予撤销党内职务处分：

（一）决定或者批准兴建、装修办公楼、培训中心等楼堂馆所；

（二）超标准配备、使用办公用房；

（三）未经批准租用、借用办公用房；

（四）用公款包租、占用客房或者其他场所供个人使用；

（五）其他违反办公用房管理等规定行为。

第一百二十条 搞权色交易或者给予财物搞钱色交易的，给予警告或者严重警告处分；情节较重的，给予撤销党内职务或者留党察看处分；情节严重的，给予开除党籍处分。

第一百二十一条 有其他违反廉洁纪律规定行为的，应当视具体情节给予警告直至开除党籍处分。

第九章 对违反群众纪律行为的处分

第一百二十二条 有下列行为之一，对直接责任者和领导责任者，情节较轻的，给予警告或者严重警告处分；情节较重的，给予撤销党内职务或者留党察看处分；情节严重的，给予开除党籍处分：

（一）超标准、超范围向群众筹资筹劳、摊派费用，加重群众负担；

（二）违反有关规定扣留、收缴群众款物或者处罚群众；

（三）克扣群众财物，或者违反有关规定拖欠群众钱款；

（四）在管理、服务活动中违反有关规定收取费用；

（五）在办理涉及群众事务时刁难群众、吃拿卡要；

（六）其他侵害群众利益行为。

在乡村振兴领域有上述行为的，从重或者加重处分。

第一百二十三条 干涉生产经营自主权，致使群众财产遭受较大损失的，对直接责任者和领导责任者，给予警告或者严重警告处分；情节严重的，给予撤销党内职务或者留党察看处分。

第一百二十四条 在社会保障、社会救助、政策扶持、救灾救济款物分配等事项中优亲厚友、明显有失公平的，给予警告或者严重警告处分；情节较重的，给予撤销党内职务或者留党察看处分；情节严重的，给予开除党籍处分。

第一百二十五条 利用宗族或者黑恶势力等欺压群众，或者纵容涉黑涉恶活动、为黑恶势力充当“保护伞”的，给予撤销党内职务或者留党察看处分；情节严重的，给予开除党籍处分。

第一百二十六条 有下列行为之一，对直接责任者和领导责任者，情节较重的，给予警告或者严重警告处分；情节严重的，给予撤销党内职务或者留党察看处分：

（一）对涉及群众生产、生活等切身利益的问题依照政策或者有关规定能解决而不及时解决，庸懒无为、效率低下，造成不良影响；

（二）对符合政策的群众诉求消极应付、推诿扯皮，损害党群、干群关系；

（三）对待群众态度恶劣、简单粗暴，造成不良影响；

（四）弄虚作假，欺上瞒下，损害群众利益；

（五）其他不作为、乱作为、慢作为、假作为等损害群众利益行为。

第一百二十七条 遇到国家财产和群众生命财产受到严重威胁时，能救而不救，情节较重的，给予警告、严重警告或者撤销党内职务处分；情节严重的，给予留党察看或者开除党籍处分。

第一百二十八条 不按照规定公开党务、政务、厂务、村（居）务等，侵犯群众知情权，对直接责任者和领导责任者，情节较重的，给予警告或者严重警告处分；情节严重的，给予撤销党内职务或者留党察看处分。

第一百二十九条 有其他违反群众纪律规定行为的，应当视具体情节给予警告直至开除党籍处分。

第十章 对违反工作纪律行为的处分

第一百三十条 工作中不负责任或者疏于管理，贯彻执行、检查督促落实上级决策部署不力，给党、国家和人民利益以及公共财产造成较大损失的，对直接责任者和领导责任者，给予警告或者严重警告处分；造成重大损失的，给予撤销党内职务、留党察看或者开除党籍处分。

党员领导干部对于到任前已经存在且属于其职责范围内的问题，消极回避、推卸责任，造成严重损害或者严重不良影响的，依照前款规定处理。

第一百三十一条 工作中不敢斗争、不愿担当，面对重大矛盾冲突、危机困难临阵退缩，造成不良影响或者严重后果的，给予警告或者严重警告处分；情节严重的，给予撤销党内职务、留党察看或者开除党籍处分。

第一百三十二条 有下列行为之一，造成严重损害或者严重不良影响的，对直接责任者和领导责任者，给予警告或者严重警告处分；情节较重的，给予撤销党内职务或者留党察看处分；情节严重的，给予开除党籍处分：

（一）热衷于搞舆论造势、浮在表面；

（二）单纯以会议贯彻会议、以文件落实文件，在实际工作中不见诸行动；

（三）脱离实际，不作深入调查研究，搞随意决策、机械执行；

（四）违反精文减会有关规定搞文山会海；

（五）在督查检查考核等工作中搞层层加码、过度留痕，增加基层工作负担；

（六）工作中其他形式主义、官僚主义行为。

第一百三十三条 在公务活动用餐、单位食堂用餐管理工作中不履行或者不正确履行宣传教育、监督管理职责，导致餐饮浪费，造成严重不良影响的，对直接责任者和领导责任者，给予警告或者严重警告处分；情节严重的，给予撤销党内职务处分。

第一百三十四条 在机构编制工作中，有下列行为之一，造成不良影响或者严重后果的，对直接责任者和领导责任者，给予警告或者严重警告处分；情节较重的，给予撤销党内职务或者留党察看处分；情节严重的，给予开除党籍处分：

（一）擅自超出“三定”规定范围调整职责、设置机构、核定领导职数和配备人员；

（二）违规干预地方机构设置；

（三）其他违反机构编制管理规定行为。

第一百三十五条 在信访工作中，有下列行为之一，造成不良影响或者严重后果的，对直接责任者和领导责任者，给予警告或者严重警告处分；情节较重的，给予撤销党内职务或者留党察看处分；情节严重的，给予开除党籍处分：

（一）不按照规定受理、办理信访事项；

（二）对规模性集体访等处置不力，导致事态扩大；

（三）对党委和政府信访部门提出的改进工作、完善政策等建议重视不够、落实不力，导致问题长期得不到解决；

（四）其他不履行或者不正确履行信访工作职责行为。

不履行或者不正确履行职责，导致信访事项发生，造成不良影响或者严重后果的，对直接责任者和领导责任者，依照前款规定处理。

第一百三十六条 党组织有下列行为之一，对直接责任者和领导责任者，情节较重的，给予警告或者严重警告处分；情节严重的，给予撤销党内职务或者留党察看处分：

（一）党员被立案审查期间，擅自批准其出差、出国（境）、辞职，或者对其交流、提拔职务、晋升职级、进一步使用、奖励，或者办理退休手续；

（二）党员被依法追究刑事责任后，不按照规定给予党纪处分，或者对党员违反国家法律法规的行为，应当给予党纪处分而不处分；

（三）党纪处分决定或者申诉复查决定作出后，不按照规定落实决定中关于被处分人党籍、职务、职级、待遇等事项；

（四）党员受到党纪处分后，不按照干部管理权限和组织关系对受处分党员开展日常教育、管理和监督工作。

第一百三十七条 滥用问责，或者在问责工作中严重不负责任，造成不良影响的，对直接责任者和领导责任者，给予警告或者严重警告处分；情节严重的，给予撤销党内职务处分。

第一百三十八条 因工作不负责任致使所管理的人员叛逃的，对直接责任者和领导责任者，给予警告或者严重警告处分；情节严重的，给予撤销党内职务处分。

因工作不负责任致使所管理的人员出逃、出走，对直接责任者和领导责任者，情节较重的，给予警告或者严重警告处分；情节严重的，给予撤销党内职务处分。

第一百三十九条 进行统计造假，对直接责任者和领导责任者，情节较轻的，给予警告或者严重警告处分；情节较重的，给予撤销党内职务或者留党察看处分；情节严重的，给予开除党籍处分。

对统计造假失察，造成严重后果的，对直接责任者和领导责任者，给予警告或者严重警告处分；情节严重的，给予撤销党内职务、留党察看或者开除党籍处分。

第一百四十条 在上级检查、视察工作或者向上级汇报、报告工作时对应当报告的事项不报告或者不如实报告，造成严重损害或者严重不良影响的，对直接责任者和领导责任者，给予警告或者严重警告处分；情节严重的，给予撤销党内职务或者留党察看处分。

在上级检查、视察工作或者向上级汇报、报告工作时纵容、唆使、暗示、强迫下级说假话、报假情的，从重或者加重处分。

第一百四十一条 违反有关规定干预和插手市场经济活动，有下列行为之一，情节较轻的，给予警告或者严重警告处分；情节较重的，给予撤销党内职务或者留党察看处分；情节严重的，给予开除党籍处分：

（一）干预和插手建设工程项目承发包、土地使用权出让、政府采购、房地产开发与经营、矿产资源开发利用、中介机构服务等活动；

（二）干预和插手国有企业重组改制、兼并、破产、产权交易、清产核资、资产评估、资产转让、重大项目投资以及其他重大经营活动等事项；

（三）干预和插手批办各类行政许可和资金借贷等事项；

（四）干预和插手经济纠纷；

（五）干预和插手集体资金、资产和资源的使用、分配、承包、租赁等事项。

第一百四十二条 违反有关规定干预和插手司法活动、执纪执法活动，向有关地方或者部门打听案情、打招呼、说情，或者以其他方式对司法活动、执纪执法活动施加影响，情节较轻的，给予严重警告处分；情节较重的，给予撤销党内职务或者留党察看处分；情节严重的，给予开除党籍处分。

违反有关规定干预和插手公共财政资金分配、项目立项评审、功勋荣誉表彰奖励等活动，造成重大损失或者不良影响的，依照前款规定处理。

第一百四十三条 按照有关规定对干预和插手行为负有报告和登记义务的受请托人，不按照规定报告或者登记，情节较重的，给予警告或者严重警告处分；情节严重的，给予撤销党内职务处分。

第一百四十四条 泄露、扩散或者打探、窃取党组织关于干部选拔任用、纪律审查、巡视巡察等尚未公开事项或者其他应当保密的内容的，给予警告或者严重警告处分；情节较重的，给予撤销党内职务或者留党察看处分；情节严重的，给予开除党籍处分。

私自留存涉及党组织关于干部选拔任用、纪律审查、巡视巡察等方面资料，情节较重的，给予警告或者严重警告处分；情节严重的，给予撤销党内职务处分。

第一百四十五条 在考试、录取工作中，有泄露试题、考场舞弊、涂改考卷、违规录取等违反有关规定行为的，给予警告或者严重警告处分；情节较重的，给予撤销党内职务或者留党察看处分；情节严重的，给予开除党籍处分。

第一百四十六条 以不正当方式谋求本人或者其他人用公款出国（境），情节较轻的，给予警告处分；情节较重的，给予严重警告处分；情节严重的，给予撤销党内职务处分。

第一百四十七条 临时出国（境）团（组）或者人员中的党员，擅自延长在国（境）外期限，或者擅自变更路线的，对直接责任者和领导责任者，给予警告或者严重警告处分；情节严重的，给予撤销党内职务处分。

第一百四十八条 驻外机构或者临时出国（境）团（组）中的党员，触犯驻在国家、地区的法律、法令或者不尊重驻在国家、地区的宗教习俗，情节较重的，给予警告或者严重警告处分；情节严重的，给予撤销党内职务、留党察看或者开除党籍处分。

第一百四十九条 在党的纪律检查、组织、宣传、统一战线工作以及机关工作等其他工作中，不履行或者不正确履行职责，造成损失或者不良影响的，应当视具体情节给予警告直至开除党籍处分。

第十一章　对违反生活纪律行为的处分

第一百五十条　生活奢靡、铺张浪费、贪图享乐、追求低级趣味，造成不良影响的，给予警告或者严重警告处分；情节严重的，给予撤销党内职务处分。

第一百五十一条　与他人发生不正当性关系，造成不良影响的，给予警告或者严重警告处分；情节较重的，给予撤销党内职务或者留党察看处分；情节严重的，给予开除党籍处分。

利用职权、教养关系、从属关系或者其他相类似关系与他人发生性关系的，从重处分。

第一百五十二条　党员领导干部不重视家风建设，对配偶、子女及其配偶失管失教，造成不良影响或者严重后果的，给予警告或者严重警告处分；情节严重的，给予撤销党内职务处分。

第一百五十三条　违背社会公序良俗，在公共场所、网络空间有不当言行，造成不良影响的，给予警告或者严重警告处分；情节较重的，给予撤销党内职务或者留党察看处分；情节严重的，给予开除党籍处分。

第一百五十四条　有其他严重违反社会公德、家庭美德行为的，应当视具体情节给予警告直至开除党籍处分。

第三编　附　　则

第一百五十五条　各省、自治区、直辖市党委可以根据本条例，结合各自工作的实际情况，制定单项实施规定。

第一百五十六条　中央军事委员会可以根据本条例，结合中国人民解放军和中国人民武装警察部队的实际情况，制定补充规定或者单项规定。

第一百五十七条　本条例由中央纪委负责解释。

第一百五十八条　本条例自 2024 年 1 月 1 日起施行。

本条例施行前，已结案的案件如需进行复查复议，适用当时的规定或者政策。尚未结案的案件，如果行为发生时的规定或者政策不认为是违纪，而本条例认为是违纪的，依照当时的规定或者政策处理；如果行为发生时的规定或者政策认为是违纪的，依照当时的规定或者政策处理，但是如果本条例不认为是违纪或者处理较轻的，依照本条例规定处理。

中国共产党基层组织选举工作条例

（2020年7月13日）

第一章　总　　则

第一条　为了深入贯彻习近平新时代中国特色社会主义思想，贯彻落实新时代党的建设总要求和新时代党的组织路线，坚持和加强党的全面领导，坚持党要管党、全面从严治党，健全党的民主集中制，完善党内选举制度，增强基层党组织政治功能，提升基层党组织组织力，根据《中国共产党章程》和有关党内法规，制定本条例。

第二条　本条例适用于企业、农村、机关、学校、科研院所、街道社区、社会组织和其他基层单位设立的党的委员会、总支部委员会、支部委员会（含不设委员会的党支部），以及党的基层纪律检查委员会的选举工作。

第三条　党的基层组织设立的委员会任期届满应当按期进行换届选举。

如需延期或者提前进行换届选举，应当报上级党组织批准。延长或者提前期限一般不超过1年。

第四条　党的基层组织设立的委员会一般由党员大会选举产生。党员人数在500名以上或者所辖党组织驻地分散的，经上级党组织批准，可以召开党员代表大会进行选举。

第五条　正式党员有表决权、选举权、被选举权。受留党察看处分的党员在留党察看期间没有表决权、选举权和被选举权；

预备党员没有表决权、选举权和被选举权。党员被依法留置、逮捕的，党组织应当按照管理权限中止其表决权、选举权和被选举权等党员权利。

第六条 选举应当充分发扬民主，尊重和保障党员的民主权利，体现选举人的意志。任何组织和个人不得以任何方式强迫选举人选举或者不选举某个人。

第二章 代表的产生

第七条 党员代表大会的代表应当自觉增强“四个意识”、坚定“四个自信”、做到“两个维护”，遵守党章党规党纪和法律法规，具有履行职责的能力，能反映本选举单位的意见，代表党员的意志。

第八条 代表的名额一般为100名至200名，最多不超过300名。具体名额由召集党员代表大会的党组织按照有利于党员了解和直接参与党内事务，有利于讨论决定问题的原则确定，报上级党组织批准。

代表名额的分配根据所辖党组织数量、党员人数和代表具有广泛性的原则确定。优化代表结构，确保生产和工作一线代表比例。

大型国有企业、高等学校召开党员代表大会，其二级企业、直属单位党组织隶属其他地方或者单位党组织，且党员人数较多的，可以适当分配一定代表名额。

第九条 代表候选人的差额不少于应选人数的20%。

第十条 代表产生的主要程序是：

（一）从党支部开始推荐提名。根据多数党组织和党员的意见，提出代表候选人推荐人选。

（二）选举单位就代表候选人推荐人选与上级党组织沟通，提出代表候选人初步人选。采取适当方式加强审核把关，可以对代表候选人初步人选在一定范围内公示。

（三）选举单位研究确定代表候选人预备人选，报召开党员代表大会的党的基层委员会审查。

（四）选举单位召开党员大会或者党员代表大会，根据多数选举人的意见确定候选人，进行选举。

第十一条　上届党的委员会成立代表资格审查小组，负责对代表的产生程序和资格进行审查。

代表的产生不符合规定程序的，应当责成原选举单位重新进行选举；代表不具备资格的，应当责成原选举单位撤换。

代表资格审查小组应当向党员代表大会预备会议报告审查情况。经审查通过后的代表，获得正式资格。

第三章　委员会的产生

第十二条　党的基层组织设立的委员会委员候选人，按照德才兼备、以德为先和班子结构合理的原则提名。

不同领域、不同类型和不同层级党的基层组织，其委员候选人的条件，根据党中央精神和上级党组织要求，可以结合实际情况进一步细化。

第十三条　委员候选人的差额不少于应选人数的20%。

第十四条　党的总支部委员会、支部委员会委员的产生，由上届委员会根据多数党员的意见提出人选，报上级党组织审查同意后，组织党员酝酿确定候选人，在党员大会上进行选举。

第十五条　党的基层委员会和经批准设立的纪律检查委员会委员的产生，召开党员大会的，由上届党的委员会根据所辖多数党组织的意见提出人选，报上级党组织审查同意后，组织党员酝酿确定候选人，提交党员大会进行选举；召开党员代表大会的，由上届党的委员会根据所辖多数党组织的意见提出人选，报上级党组织审查同意后，提请大会主席团讨论通过，由大会主席团提交各代表团（组）酝酿讨论，根据多数代表的意见确定候选人，提交党员代表大会进行选举。

第十六条 党的基层组织设立的委员会的书记、副书记的产生，由上届委员会提出候选人，报上级党组织审查同意后，在委员会全体会议上进行选举。

不设委员会的党支部书记、副书记的产生，由全体党员充分酝酿，提出候选人，报上级党组织审查同意后进行选举。

第十七条 经批准设立常务委员会的委员会，其常务委员会委员候选人，由上届委员会按照比应选人数多1至2人的差额提出，报上级党组织审查同意后，在委员会全体会议上进行选举。

第十八条 委员会委员在任期内出缺，一般应当召开党员大会或者党员代表大会补选。

上级党的组织认为有必要时，可以调动或者指派下级党组织的负责人。

第四章 选举的实施

第十九条 进行选举时，有选举权的到会人数不少于应到会人数的五分之四，会议有效。

第二十条 召开党员大会进行选举，由上届委员会主持。不设委员会的党支部进行选举，由上届党支部书记主持。

召开党员代表大会进行选举，由大会主席团主持。大会主席团成员由上届党的委员会或者各代表团（组）从代表中提名，经全体代表酝酿讨论，提交党员代表大会预备会议表决通过。

委员会第一次全体会议选举常务委员会委员和书记、副书记，召开党员代表大会的，由大会主席团指定1名新选出的委员主持；召开党员大会的，由上届委员会推荐1名新当选的委员主持。

第二十一条 选举前，选举单位的党组织或者大会主席团应当以适当方式将候选人的简历、工作实绩和主要优缺点向选举人作出实事求是的介绍，对选举人提出的询问作出负责的答复。根据选举人的要求，可以组织候选人与选举人见面，回答选举人提出的问题。

第二十二条 选举设监票人，负责对选举全过程进行监督。

党员大会或者党员代表大会选举的监票人，由全体党员或者各代表团（组）从不是候选人的党员或者代表中推选，经党员大会、党员代表大会或者大会主席团会议表决通过。

委员会选举的监票人，从不是书记、副书记、常务委员会委员候选人的委员中推选，经全体委员表决通过。

第二十三条 选举设计票人。计票人在监票人监督下进行工作。

第二十四条 选举采用无记名投票的方式。选票上的代表和委员、常务委员会委员候选人名单以姓氏笔画为序排列，书记、副书记候选人名单按照上级党组织批准的顺序排列。

选举人不能填写选票的，可以由本人委托非候选人按照选举人的意志代写。因故未出席会议的党员或者代表不能委托他人代为投票。

第二十五条 选举人对候选人可以投赞成票或者不赞成票，也可以弃权。投不赞成票者可以另选他人。

第二十六条 投票结束后，监票人、计票人应当将投票人数、发出选票数和收回选票数加以核对，作出记录，由监票人签字并报告被选举人的得票数。

第二十七条 选举收回的选票数，等于或者少于投票人数，选举有效；多于投票人数，选举无效，应当重新选举。

每一选票所选人数，等于或者少于规定应选人数的为有效票，多于规定应选人数的为无效票。

第二十八条 实行差额预选时，赞成票超过应到会有选举权人数半数的，方可列为正式候选人。

第二十九条 进行正式选举时，被选举人获得的赞成票超过应到会有选举权人数半数的，始得当选。

获得赞成票超过半数的被选举人数多于应选名额时，以得票多少为序，至取足应选名额为止。如遇票数相等不能确定当选人时，应当就票数相等的被选举人再次投票，得赞成票多的当选。

获得赞成票超过半数的被选举人数少于应选名额时，对不足的名额另行选举。如果接近应选名额，经半数以上选举人同意或者大会主席团决定，也可以减少名额，不再进行选举。

第三十条 被选举人得票情况，包括得赞成票、不赞成票、弃权票和另选他人等，预选时由监票人向上届委员会或者大会主席团报告，正式选举时由监票人向选举人报告。

第三十一条 当选人名单由会议主持人向选举人宣布。

当选的党员代表大会代表、委员会委员，其名单以姓氏笔画为序排列。

当选的常务委员会委员和书记、副书记，其名单按照上级党组织批准的顺序排列。

第五章 呈报审批

第三十二条 召开党员大会或者党员代表大会的请示，按照党组织隶属关系，报有审批权限的上级党组织审批。召开党员大会的，一般提前1个月报批；召开党员代表大会的，一般提前4个月报批。

第三十三条 新一届党的委员会和纪律检查委员会委员、常务委员会委员和书记、副书记候选人预备人选，一般于召开党员大会或者党员代表大会1个月前，报有审批权限的上级党组织审批。

第三十四条 选出的委员，报上级党组织备案；常务委员会委员和书记、副书记，报上级党组织批准。

纪律检查委员会选出的常务委员会委员和书记、副书记，经同级党的委员会通过后，报上级党组织批准。

第六章　纪律和监督

第三十五条　加强对党的基层组织选举工作的领导，坚持教育在先、警示在先、预防在先，严肃政治纪律、组织纪律以及换届工作纪律要求，强化制度意识、严格制度执行、维护制度权威，引导党员和代表正确行使民主权利，保证选举工作平稳有序。

落实全面从严治党责任，严禁拉帮结派、拉票贿选、跑风漏气等非组织行为，严防黑恶势力、宗族势力、宗教势力干扰破坏选举，强化监督检查和责任追究，确保选举工作风清气正。

第三十六条　本条例由上级党的委员会及其组织部门和上级党的纪律检查委员会负责监督实施，执行情况纳入巡视巡察监督工作内容。

第三十七条　在选举中，凡有违反党章和本条例规定行为的，必须认真查处，根据问题的性质和情节轻重，对有关党员给予批评教育直至纪律处分，对失职失责的党组织和党的领导干部进行问责。

第七章　附　　则

第三十八条　选举单位应当根据本条例制定选举办法，经党员大会或者党员代表大会讨论通过后执行。

第三十九条　中国人民解放军和中国人民武装警察部队党的基层组织的选举，由中央军事委员会根据本条例的精神作出规定。

第四十条　本条例由中央组织部负责解释。

第四十一条　本条例自发布之日起施行。1990 年 6 月 27 日中共中央印发的《中国共产党基层组织选举工作暂行条例》同时废止。

中国共产党农村工作条例

（2019年8月19日）

第一章 总　　则

第一条 为了坚持和加强党对农村工作的全面领导，贯彻党的基本理论、基本路线、基本方略，深入实施乡村振兴战略，提高新时代党全面领导农村工作的能力和水平，根据《中国共产党章程》，制定本条例。

第二条 党的农村工作必须高举中国特色社会主义伟大旗帜，坚持以马克思列宁主义、毛泽东思想、邓小平理论、“三个代表”重要思想、科学发展观、习近平新时代中国特色社会主义思想为指导，增强政治意识、大局意识、核心意识、看齐意识，坚定道路自信、理论自信、制度自信、文化自信，坚决维护习近平总书记党中央的核心、全党的核心地位，坚决维护党中央权威和集中统一领导，紧紧围绕统筹推进“五位一体”总体布局和协调推进“四个全面”战略布局，坚持稳中求进工作总基调，贯彻新发展理念，落实高质量发展要求，以实施乡村振兴战略为总抓手，健全党领导农村工作的组织体系、制度体系和工作机制，加快推进乡村治理体系和治理能力现代化，加快推进农业农村现代化，让广大农民过上更加美好的生活。

第三条 农业农村农民（以下简称“三农”）问题是关系国计民生的根本性问题。坚持把解决好“三农”问题作为全党工作重中之重，把解决好吃饭问题作为治国安邦的头等大事，坚持农业农村优先发展，坚持多予少取放活，推动城乡融合发展，集中精力做好脱贫攻坚、防贫减贫工作，走共同富裕道路。

第四条 党的农村工作必须遵循以下原则：

（一）坚持党对农村工作的全面领导，确保党在农村工作中总揽全局、协调各方，保证农村改革发展沿着正确的方向前进；

（二）坚持以人民为中心，尊重农民主体地位和首创精神，切实保障农民物质利益和民主权利，把农民拥护不拥护、支持不支持作为制定党的农村政策的依据；

（三）坚持巩固和完善农村基本经营制度，夯实党的农村政策基石；

（四）坚持走中国特色社会主义乡村振兴道路，推进乡村产业振兴、人才振兴、文化振兴、生态振兴、组织振兴；

（五）坚持教育引导农民听党话、感党恩、跟党走，把农民群众紧紧团结在党的周围，筑牢党在农村的执政基础；

（六）坚持一切从实际出发，分类指导、循序渐进，不搞强迫命令、不刮风、不一刀切。

第二章　组织领导

第五条 实行中央统筹、省负总责、市县乡抓落实的农村工作领导体制。

第六条 党中央全面领导农村工作，统一制定农村工作大政方针，统一谋划农村发展重大战略，统一部署农村重大改革。党中央定期研究农村工作，每年召开农村工作会议，根据形势任务研究部署农村工作，制定出台指导农村工作的文件。

第七条 党中央设立中央农村工作领导小组，在中央政治局及其常务委员会的领导下开展工作，对党中央负责，向党中央和总书记请示报告工作。

中央农村工作领导小组发挥农村工作牵头抓总、统筹协调等作用，定期分析农村经济社会形势，研究协调“三农”重大问题，督促落实党中央关于农村工作重要决策部署。

中央农村工作领导小组各成员单位应当加强对本单位本系统农村工作的领导，落实职责任务，加强部门协同，形成农村工作合力。

中央农村工作领导小组下设办公室，承担中央农村工作领导小组日常事务。

第八条 省（自治区、直辖市）党委应当定期研究本地区农村工作，定期听取农村工作汇报，决策农村工作重大事项，召开农村工作会议，制定出台农村工作政策举措，抓好重点任务分工、重大项目实施、重要资源配置等工作。

第九条 市（地、州、盟）党委应当把农村工作摆上重要议事日程，做好上下衔接、域内协调、督促检查工作，发挥好以市带县作用。

第十条 县（市、区、旗）党委处于党的农村工作前沿阵地，应当结合本地区实际，制定具体管用的工作措施，建立健全职责清晰的责任体系，贯彻落实党中央以及上级党委关于农村工作的要求和决策部署。县委书记应当把主要精力放在农村工作上，深入基层调查研究，加强统筹谋划，狠抓工作落实。

第十一条 县级以上地方党委应当设立农村工作领导小组，省市级农村工作领导小组一般由同级党委副书记任组长，县级农村工作领导小组由县委书记任组长，其成员由党委和政府有关负责人以及相关部门主要负责人组成。

第十二条 加强各级党委农村工作部门建设，做好机构设置和人员配置工作。各级党委农村工作部门履行决策参谋、统筹协调、政策指导、推动落实、督导检查等职能。

第十三条 各级党委应当完善农村工作领导决策机制，注重发挥人大代表和政协委员作用，注重发挥智库和专业研究机构作用，提高决策科学化水平。

第三章　主要任务

第十四条　加强党对农村经济建设的领导。巩固和加强农业基础地位，实施藏粮于地、藏粮于技战略，严守耕地红线，确保谷物基本自给、口粮绝对安全。深化农业供给侧结构性改革，构建现代农业产业体系、生产体系、经营体系，促进农村一二三产业融合发展，发展壮大农村集体经济，促进农民持续增收致富。坚决打赢脱贫攻坚战，巩固和扩大脱贫攻坚成果。

第十五条　加强党对农村社会主义民主政治建设的领导。完善基层民主制度，深化村民自治实践，健全村党组织领导的充满活力的村民自治机制，丰富基层民主协商形式，保证农民依法实行民主选举、民主协商、民主决策、民主管理、民主监督。严厉打击农村黑恶势力、宗族恶势力，严厉打击各类违法犯罪，严厉打击暴力恐怖活动，保障人民生命财产安全，促进农村社会公平正义。坚决取缔各类非法宗教传播活动，巩固农村基层政权。

第十六条　加强党对农村社会主义精神文明建设的领导。培育和践行社会主义核心价值观，在农民群众中深入开展中国特色社会主义、习近平新时代中国特色社会主义思想宣传教育，建好用好新时代文明实践中心。加强农村思想道德建设，传承发展提升农村优秀传统文化，推进移风易俗。加强农村思想政治工作，广泛开展民主法治教育。深入开展农村群众性精神文明创建活动，丰富农民精神文化生活，提高农民科学文化素质和乡村社会文明程度。

第十七条　加强党对农村社会建设的领导。坚持保障和改善农村民生，大力发展教育、医疗卫生、养老、文化体育、社会保障等农村社会事业，加快改善农村公共基础设施和基本公共服务条件，提升农民生活质量。建立健全党委领导、政府负责、社会协同、公众参与、法治保障、科技支撑的现代乡村社会治理体制，健全党组织领导下的自治、法治、德治相结合的乡村治理体系，建设充满活力、和谐有序的乡村社会。

第十八条 加强党对农村生态文明建设的领导。牢固树立和践行绿水青山就是金山银山的发展理念，统筹山水林田湖草系统治理，促进农业绿色发展，加强农村生态环境保护，改善农村人居环境，建设生态宜居美丽乡村。

第十九条 加强农村党的建设。以提升组织力为重点，突出政治功能，把农村基层党组织建设成为宣传党的主张、贯彻党的决定、领导基层治理、团结动员群众、推动改革发展的坚强战斗堡垒，发挥党员先锋模范作用。坚持农村基层党组织领导地位不动摇，乡镇党委和村党组织全面领导乡镇、村的各类组织和各项工作。村党组织书记应当通过法定程序担任村民委员会主任和村级集体经济组织、合作经济组织负责人，推行村“两委”班子成员交叉任职。加强村党组织对共青团、妇联等群团组织的领导，发挥它们的积极作用。健全村党组织领导下的议事决策机制、监督机制，建立健全村务监督委员会，村级重大事项决策实行“四议两公开”。各级党委特别是县级党委应当认真履行农村基层党建主体责任，坚持抓乡促村，选优配强村党组织书记，整顿软弱涣散村党组织，加强党内激励关怀帮扶，健全以财政投入为主的稳定的村级组织运转经费保障制度，持续加强基本队伍、基本活动、基本阵地、基本制度、基本保障建设。

各级党委应当推动全面从严治党向基层延伸，深入推进农村党风廉政建设，加强农村纪检监察工作，把落实农村政策情况作为巡视巡察重要内容，建立健全农村权力运行监督制度，持续整治侵害农民利益的不正之风和群众身边的腐败问题。

第四章　队伍建设

第二十条 各级党委应当把懂农业、爱农村、爱农民作为基本要求，加强农村工作队伍建设。

各级党委和政府主要负责人应当懂“三农”、会抓“三农”，分管负责人应当成为抓“三农”的行家里手。加强农村工作干部队伍的培养、配备、管理、使用，健全培养锻炼制度，选派优秀干部到县乡挂职任职、到村担任第一书记，把到农村一线工作锻炼、干事创业作为培养干部的重要途径，注重提拔使用实绩优秀的农村工作干部。

农村工作干部应当增强做群众工作的本领，改进工作作风，深入基层，认真倾听农民群众呼声，不断增进与农民群众的感情，坚决反对“四风”特别是形式主义、官僚主义。

第二十一条 各级党委应当加强农村人才队伍建设。建立县域专业人才统筹使用制度和农村人才定向委托培养制度。大力提高乡村教师、医生队伍素质。加强农业科技人才队伍和技术推广队伍建设。培养一支有文化、懂技术、善经营、会管理的高素质农民队伍，造就更多乡土人才。

第二十二条 各级党委应当发挥工会、共青团、妇联、科协、残联、计生协等群团组织的优势和力量，发挥各民主党派、工商联、无党派人士等积极作用，支持引导农村社会工作和志愿服务发展，鼓励社会各界投身乡村振兴。

第五章 保障措施

第二十三条 各级党委应当注重发挥改革对农业农村发展的推动作用。以处理好农民和土地的关系为主线推动深化农村改革，坚持农村土地农民集体所有，坚持家庭经营基础性地位，坚持保持土地承包关系稳定并长久不变，健全符合社会主义市场经济要求的农村经济体制，把实现好、维护好、发展好广大农民的根本利益作为出发点和落脚点，与时俱进推动“三农”理论创新、实践创新、制度创新，调动亿万农民的积极性、主动性、创造性，不断解放和发展农村社会生产力。

第二十四条 各级党委应当注重发挥投入对农业农村发展的支撑作用。推动建立“三农”财政投入稳定增长机制，加大强农惠农富农政策力度，完善农业支持保护制度，健全商业性金融、合作性金融、政策性金融相结合的农村金融服务体系，拓宽资金筹措渠道，确保“三农”投入力度不断增强、总量持续增加。

第二十五条 各级党委应当注重发挥科技教育对农业农村发展的引领作用。深入实施科教兴农战略，健全国家农业科技创新体系、现代农业教育体系、农业技术推广服务体系，把农业农村发展转到创新驱动发展的轨道上来。

第二十六条 各级党委应当注重发挥乡村规划对农业农村发展的导向作用。坚持规划先行，突出乡村特色，保持乡村风貌，加强各类规划统筹管理和系统衔接，推动形成城乡融合、区域一体、多规合一的规划体系，科学有序推进乡村建设发展。

第二十七条 各级党委应当注重发挥法治对农业农村发展的保障作用。坚持法治思维，增强法治观念，健全农业农村法律体系，加强农业综合执法，保障农民合法权益，自觉运用法治方式深化农村改革、促进农村发展、维护农村稳定，提高党领导农村工作法治化水平。

第六章 考核监督

第二十八条 健全五级书记抓乡村振兴考核机制。地方各级党委和政府主要负责人、农村基层党组织书记是本地区乡村振兴工作第一责任人。上级党委和政府应当对下级党委和政府主要负责人、农村基层党组织书记履行第一责任人职责情况开展督查考核，并将考核结果作为干部选拔任用、评先奖优、问责追责的重要参考。

第二十九条 各省（自治区、直辖市）党委和政府每年向党中央、国务院报告乡村振兴战略实施情况，省以下各级党委和政府每年向上级党委和政府报告乡村振兴战略实施情况。

第三十条 实行市县党政领导班子和领导干部推进乡村振兴

战略实绩考核制度，将抓好农村工作特别是推进乡村振兴战略实绩、贫困县精准脱贫成效作为政绩考核的重要内容，由上级党委统筹安排实施，考核结果作为对市县党政领导班子和有关领导干部综合考核评价的重要依据。

第三十一条 地方各级党政领导班子和主要负责人不履行或者不正确履行农村工作职责的，应当依照有关党内法规和法律法规予以问责；对农村工作履职不力、工作滞后的，上级党委应当约谈下级党委，本级党委应当约谈同级有关部门。

第三十二条 中央和地方党政机关各涉农部门应当认真履行贯彻落实党中央关于农村工作各项决策部署的职责，贴近基层服务农民群众，不得将部门职责转嫁给农村基层组织。不履行或者不正确履行职责的，应当依照有关党内法规和法律法规予以问责。

第三十三条 各级党委应当建立激励机制，鼓励干部敢于担当作为、勇于改革创新、乐于奉献为民，按照规定表彰和奖励在农村工作中作出突出贡献的集体和个人。

第七章 附 则

第三十四条 各省（自治区、直辖市）党委可以根据本条例，结合本地区情况制定实施办法。

第三十五条 本条例由中央农村工作领导小组办公室负责解释。

第三十六条 本条例自2019年8月19日起施行。

中国共产党农村基层组织工作条例

（2018 年 12 月 28 日）

第一章　总　　则

第一条　农村工作在党和国家事业全局中具有重要战略地位，是全党工作的重中之重。为了认真贯彻落实新时代党的建设总要求和新时代党的组织路线，坚持和加强党对农村工作的全面领导，深入实施乡村振兴战略，推动全面从严治党向基层延伸，提高党的农村基层组织建设质量，为新时代乡村全面振兴提供坚强政治和组织保证，根据《中国共产党章程》，制定本条例。

第二条　乡镇党的委员会（以下简称乡镇党委）和村党组织（村指行政村）是党在农村的基层组织，是党在农村全部工作和战斗力的基础，全面领导乡镇、村的各类组织和各项工作。必须坚持党的农村基层组织领导地位不动摇。

第三条　党的农村基层组织必须高举中国特色社会主义伟大旗帜，坚持以马克思列宁主义、毛泽东思想、邓小平理论、“三个代表”重要思想、科学发展观、习近平新时代中国特色社会主义思想为指导，坚决维护习近平总书记党中央的核心、全党的核心地位，坚决维护党中央权威和集中统一领导，牢固树立“四个意识”，坚定“四个自信”，做到“四个服从”，坚持党要管党、全面从严治党，以提升组织力为重点，突出政治功能，努力成为宣传党的主张、贯彻党的决定、领导基层治理、团结动员群众、推动改革发展的坚强战斗堡垒。

第二章 组织设置

第四条 乡镇应当设立党的基层委员会。乡镇党委每届任期5年，由党员大会或者党员代表大会选举产生。

第五条 以村为基本单元设置党组织。有正式党员3人以上的村，应当成立党支部；不足3人的，可以与邻近村联合成立党支部。党员人数超过50人的村，或者党员人数虽不足50人、确因工作需要的村，可以成立党的总支部。党员人数100人以上的村，根据工作需要，经县级地方党委批准，可以成立党的基层委员会，下设若干党支部；村党的委员会受乡镇党委领导。

村党的委员会、总支部委员会、支部委员会每届任期5年，由党员大会选举产生。党员人数500人以上的村党的委员会，经乡镇党委批准，可以由党员代表大会选举产生。

第六条 县以上有关部门驻乡镇的单位，应当根据党员人数和工作需要成立党的基层组织。这些党组织，除党中央另有规定的以外，受乡镇党委领导。

第七条 农村经济组织、社会组织具备单独成立党组织条件的，根据工作需要，可以成立党组织，一般由所在村党组织或者乡镇党委领导。在跨村跨乡镇的经济组织、社会组织中成立的党组织，由批准其成立的上级党组织或者县级党委组织部门确定隶属关系。

村改社区应当同步调整或者成立党组织。

村及以下成立或者撤销党组织，必须经乡镇党委或者以上党组织批准。

第八条 乡镇党委一般设委员7至9名，其中书记1名、副书记2至3名，应当设组织委员、宣传委员，纪委书记由党委委员兼任。党委委员按照乡镇领导职务配备，应当进行合理分工，保证各项工作有人负责。

村党的支部委员会一般设委员3至5名，其中书记1名，必要时可以设副书记1名；正式党员不足7人的支部，不设支部委员会。村党的总支部委员会一般设委员5至7名，其中书记1名、副书记1名、纪检委员1名。村党的委员会一般设委员5至7名，最多不超过9名，其中书记1名、副书记1至2名、纪委书记1名。

第三章　职责任务

第九条　乡镇党委的主要职责是：

（一）宣传和贯彻执行党的路线方针政策和党中央、上级党组织及本乡镇党员代表大会（党员大会）的决议。

（二）讨论和决定本乡镇经济建设、政治建设、文化建设、社会建设、生态文明建设和党的建设以及乡村振兴中的重大问题。需由乡镇政权机关或者集体经济组织决定的重要事项，经乡镇党委研究讨论后，由乡镇政权机关或者集体经济组织依照法律和有关规定作出决定。

（三）领导乡镇政权机关、群团组织和其他各类组织，加强指导和规范，支持和保证这些机关和组织依照国家法律法规以及各自章程履行职责。

（四）加强乡镇党委自身建设和村党组织建设，以及其他隶属乡镇党委的党组织建设，抓好发展党员工作，加强党员队伍建设。维护和执行党的纪律，监督党员干部和其他任何工作人员严格遵守国家法律法规。

（五）按照干部管理权限，负责对干部的教育、培训、选拔、考核和监督工作。协助管理上级有关部门驻乡镇单位的干部。做好人才服务和引进工作。

（六）领导本乡镇的基层治理，加强社会主义民主法治建设和精神文明建设，加强社会治安综合治理，做好生态环保、美丽乡村建设、民生保障、脱贫致富、民族宗教等工作。

第十条　村党组织的主要职责是：

（一）宣传和贯彻执行党的路线方针政策和党中央、上级党组织及本村党员大会（党员代表大会）的决议。

（二）讨论和决定本村经济建设、政治建设、文化建设、社会建设、生态文明建设和党的建设以及乡村振兴中的重要问题并及时向乡镇党委报告。需由村民委员会提请村民会议、村民代表会议决定的事情或者集体经济组织决定的重要事项，经村党组织研究讨论后，由村民会议、村民代表会议或者集体经济组织依照法律和有关规定作出决定。

（三）领导和推进村级民主选举、民主决策、民主管理、民主监督，推进农村基层协商，支持和保障村民依法开展自治活动。领导村民委员会以及村务监督委员会、村集体经济组织、群团组织和其他经济组织、社会组织，加强指导和规范，支持和保证这些组织依照国家法律法规以及各自章程履行职责。

（四）加强村党组织自身建设，严格组织生活，对党员进行教育、管理、监督和服务。负责对要求入党的积极分子进行教育和培养，做好发展党员工作。维护和执行党的纪律。加强对村、组干部和经济组织、社会组织负责人的教育、管理和监督，培养村级后备力量。做好本村招才引智等工作。

（五）组织群众、宣传群众、凝聚群众、服务群众，经常了解群众的批评和意见，维护群众正当权利和利益，加强对群众的教育引导，做好群众思想政治工作。

（六）领导本村的社会治理，做好本村的社会主义精神文明建设、法治宣传教育、社会治安综合治理、生态环保、美丽村庄建设、民生保障、脱贫致富、民族宗教等工作。

第十一条 党员人数较多的村党支部，可以划分若干党小组。党小组在支部委员会领导下开展工作，组织党员学习和参加组织生活，检查党员履行义务、行使权利和执行支部委员会、党员大会决议的情况，反映党员、群众的意见。

第四章　经济建设

第十二条　党的农村基层组织应当加强对经济工作的领导，坚持以经济建设为中心，贯彻创新、协调、绿色、开放、共享的发展理念，加快推进农业农村现代化，持续增加农民收入，不断满足群众对美好生活的需要。具体任务包括：

（一）坚持以公有制为主体、多种所有制经济共同发展的基本经济制度，巩固和完善农村基本经营制度，坚持农村土地集体所有，坚持家庭经营基础性地位，坚持稳定土地承包关系，走共同富裕之路。

（二）稳定发展粮食生产，发展多种经营应当同支持和促进粮食生产相结合。

（三）推动乡村产业振兴，推进农村一二三产业融合发展，让农民合理分享全产业链增值收益。

（四）坚持绿水青山就是金山银山理念，实现农业农村绿色发展、可持续发展。

（五）领导制定本地经济发展规划，组织、动员各方面力量保证规划实施。

（六）组织党员、群众学习农业科学技术知识，运用科技发展经济。吸引各类人才到农村创业创新。

第十三条　党的农村基层组织应当动员和带领群众全力打赢脱贫攻坚战，如期实现脱贫目标，巩固发展脱贫攻坚成果、防止返贫，组织发展乡村致富产业，推动农民就业创业，教育引导农民既“富口袋”又“富脑袋”，依靠自己的辛勤劳动创造幸福美好生活。

第十四条　党的农村基层组织应当因地制宜推动发展壮大集体经济，领导和支持集体经济组织管理集体资产，协调利益关系，组织生产服务和集体资源合理开发，确保集体资产保值增值，确保农民受益。

第五章　精神文明建设

第十五条　党的农村基层组织应当组织群众学习习近平新时代中国特色社会主义思想，培育和践行社会主义核心价值观，开展中国特色社会主义和实现中华民族伟大复兴的中国梦宣传教育，爱国主义、集体主义和社会主义教育，党的路线方针政策教育，思想道德和民主法治教育，引导农民正确处理国家、集体、个人三者之间的利益关系，培养有理想、有道德、有文化、有纪律的新型农民。

党的农村基层组织应当加强群众培训，通过新时代文明实践中心（所、站）、农民夜校等渠道，深入宣传教育群众，用中国特色社会主义文化、社会主义思想道德牢牢占领农村思想文化阵地。

第十六条　党的农村基层组织应当改善农村人居环境，倡导文明健康生活方式。传承发展提升农村优秀传统文化，保护传统村落，加强农村文化设施建设，开展健康有益的文体活动。改善办学条件，普及义务教育。开展文明村镇、文明家庭创建活动，破除封建迷信和陈规陋习，推进移风易俗，弘扬时代新风。

第十七条　党的农村基层组织应当加强和改进思想政治工作。宣传党组织和党员先进事迹，宣传好人好事，弘扬真善美，传播正能量。了解群众思想状况，帮助解决实际困难，引导群众自觉听党话、感党恩、跟党走。

第十八条　党的农村基层组织应当加强对党员、群众的无神论宣传教育，引导党员、群众自觉抵制腐朽落后文化侵蚀，弘扬科学精神，普及科学知识。做好农村宗教工作，加强对信教群众的工作，管理好宗教活动场所，依法制止利用宗教干涉农村公共事务，坚决抵御非法宗教活动和境外渗透活动。必须在意识形态上站稳立场，旗帜鲜明反对各种错误观点，同一切歪风邪气、违法犯罪行为作斗争。

第六章　乡村治理

第十九条　党的农村基层组织应当加强对各类组织的统一领导，打造充满活力、和谐有序的善治乡村，形成共建共治共享的乡村治理格局。

村党组织书记应当通过法定程序担任村民委员会主任和村级集体经济组织、合作经济组织负责人，村“两委”班子成员应当交叉任职。村务监督委员会主任一般由党员担任，可以由非村民委员会成员的村党组织班子成员兼任。村民委员会成员、村民代表中党员应当占一定比例。

村级重大事项决策实行“四议两公开”，即村党组织提议、村“两委”会议商议、党员大会审议、村民会议或者村民代表会议决议，决议公开、实施结果公开。

第二十条　党的农村基层组织应当健全党组织领导的自治、法治、德治相结合的乡村治理体系。深化村民自治实践，制定完善村规民约，建立健全村务监督委员会，加强村级民主监督。推广新时代“枫桥经验”，推进乡村法治建设，提升乡村德治水平，建设平安乡村。

依法严厉打击农村黑恶势力、宗族恶势力、宗教极端势力、“村霸”，严防其侵蚀基层干部和基层政权。坚决惩治黑恶势力“保护伞”。

第二十一条　党的农村基层组织应当加强农村生态文明建设，组织党员、群众参与山水林田湖草系统治理，加强污染防治，保护生态环境，建设美丽乡村。

第二十二条　党的农村基层组织应当保障和改善民生，努力解决入园入托、上学、就业、看病、养老、居住、出行、饮水等群众最关心最直接最现实的利益问题，加强对贫困人口、留守儿童和妇女、老年人、残疾人、“五保户”等人群的关爱服务。投放农村的公共服务资源，应当以乡镇、村党组织为主渠道落实，保证有资源、有能力为群众服务。

注重运用现代信息技术，提升乡村治理智能化水平。

第七章 领导班子和干部队伍建设

第二十三条 农村基层干部应当认真学习和忠实践行习近平新时代中国特色社会主义思想，学习党的基本理论、基本路线、基本方略，学习必备知识技能。懂农业，掌握“三农”政策，熟悉农村情况，有能力、有措施、有办法解决实际问题；爱农村，扎根农村基层，安身安心安业，甘于奉献、苦干实干；爱农民，对农民群众充满感情、始终放在心上，把农民群众的利益摆在第一位，与农民群众想在一起、干在一起，不断创造美好生活。

各级党组织应当注重加强农村基层干部教育培训，不断提高素质。县级党委每年至少对村党组织书记培训 1 次。

第二十四条 加强农村基层干部队伍作风建设。坚持实事求是，不准虚假浮夸；坚持依法办事，不准违法乱纪；坚持艰苦奋斗，不准奢侈浪费；坚持说服教育，不准强迫命令；坚持廉洁奉公，不准以权谋私。坚决反对形式主义、官僚主义、享乐主义和奢靡之风。

严格农村基层干部管理监督，坚决纠正损害群众利益行为，严厉整治群众身边腐败问题。

第二十五条 乡镇党委领导班子应当由信念坚定、为民服务、勤政务实、敢于担当、清正廉洁，善于结合实际开展工作的党员干部组成。乡镇党委书记还应当具备一定的理论和政策水平，坚持依法办事，具有较强的组织协调能力、群众工作能力、处理农村复杂问题的能力，熟悉党务工作和“三农”工作，带头实干、敢抓敢管。

注重从优秀村党组织书记、选调生、大学生村官、乡镇事业编制人员中选拔乡镇领导干部，从优秀村党组织书记中考录乡镇公务员、招聘乡镇事业编制人员。重视发现培养选拔优秀年轻干部、女干部和少数民族干部。

第二十六条 村党组织领导班子应当由思想政治素质好、道德品行好、带富能力强、协调能力强，公道正派、廉洁自律，热心为群众服务的党员组成。村党组织书记还应当具备一定的政策水平，坚持依法办事，善于做群众工作，甘于奉献、敢闯敢拼。

村党组织书记应当注重从本村致富能手、外出务工经商返乡人员、本乡本土大学毕业生、退役军人中的党员培养选拔。每个村应当储备村级后备力量。

村党组织书记由县级党委组织部门备案管理。

根据工作需要，上级党组织可以向村党组织选派第一书记。

第二十七条 党的农村基层组织领导班子应当坚定执行党的政治路线。始终在政治立场、政治方向、政治原则、政治道路上同以习近平同志为核心的党中央保持高度一致，组织推进农村深化改革，促进各项事业发展，维护社会和谐稳定，不断增强群众获得感、幸福感、安全感。

第二十八条 党的农村基层组织领导班子应当贯彻党的思想路线。反映情况、安排工作、决定事项必须实事求是，一切从实际出发，说实话、办实事、求实效。

第二十九条 党的农村基层组织领导班子应当贯彻新时代党的组织路线。全面加强农村基层组织体系建设，建强战斗堡垒，把党员组织起来，把人才凝聚起来，把群众动员起来，合力推动新时代乡村全面振兴。

第三十条 党的农村基层组织领导班子应当贯彻党的群众路线。决定重大事项要同群众商量，布置工作任务要向群众讲清道理；经常听取群众意见，不断改进工作；关心群众生产生活，维护群众的合法权益，切实减轻群众负担。

第三十一条 党的农村基层组织领导班子应当贯彻党的民主集中制，认真执行集体领导和个人分工负责相结合的制度。凡属重要问题，必须经过集体讨论决定，不允许个人或者少数人说了算。书记应当有民主作风，善于发挥每个委员的作用，敢于负责。委员应当积极参与和维护集体领导，主动做好分工负责的工作。

第三十二条 乡镇党委领导班子每年至少召开1次民主生活会，村党组织领导班子每年至少召开1次组织生活会，严肃认真地开展批评和自我批评，接受党员、群众的监督。

第八章 党员队伍建设

第三十三条 党的农村基层组织应当组织党员认真学习和忠实践行习近平新时代中国特色社会主义思想，推进“两学一做”学习教育常态化制度化，认真开展党内主题教育活动，学习党的基本理论、基本路线、基本方略，学习形势政策、科学文化、市场经济、党内法规和国家法律法规等知识。

县、乡两级党委应当加强农村党员教育培训，建好用好乡镇党校、党员活动室，注重运用现代信息技术开展党员教育。乡镇党委每年至少对全体党员分期分批集中培训1次。

第三十四条 党的农村基层组织应当严格党的组织生活。坚持“三会一课”制度，村党组织应当以党支部为单位，每月相对固定1天开展主题党日，组织党员学习党的文件、上党课，开展民主议事、志愿服务等，突出党性锻炼，防止表面化、形式化。党员领导干部应当定期为基层党员讲党课。

党支部应当经常开展谈心谈话。

第三十五条 党的农村基层组织应当坚持和完善民主评议党员制度。对优秀党员，进行表彰表扬；对不合格党员，加强教育帮助，依照有关规定，分别给予限期改正、劝其退党、党内除名等组织处置。

第三十六条 党的农村基层组织应当教育和监督党员履行义务，尊重和保障党员的各项权利。推进党务公开，使党员对党内事务有更多的了解和参与。

第三十七条 党的农村基层组织应当加强和改进流动党员教育管理。流入地党组织应当及时将外来党员编入党的支部和小组，组织他们参加组织生活和党的活动。流出地党组织应当加强对外出党员的经常联系，可以在外出党员相对集中的地方建立流动党员党组织。

流动党员每半年至少向流出地党组织汇报1次在外情况。

第三十八条 党的农村基层组织应当严格执行党的纪律。经常对党员进行遵纪守法教育。党员违犯党的纪律，应当及时教育或者处理，问题严重的应当向上级党组织报告。对于受到党的纪律处分的，应当加强教育，帮助其改正错误。

第三十九条 党的农村基层组织应当按照控制总量、优化结构、提高质量、发挥作用的总要求和有关规定，把政治标准放在首位，做好发展党员工作。注重从青年农民、农村外出务工人员中发展党员，注意吸收妇女入党。

村级党组织发展党员必须经过乡镇党委审批。

第四十条 农村党员应当在社会主义物质文明建设和精神文明建设中发挥先锋模范作用，带头投身乡村振兴，带领群众共同致富。

党的农村基层组织应当组织开展党员联系农户、党员户挂牌、承诺践诺、设岗定责等活动，给党员分配适当的社会工作和群众工作，为党员发挥作用创造条件。

第九章 领导和保障

第四十一条 各级党委特别是县级党委应当高度重视党的农村基层组织建设，认真履行主体责任。

党的农村基层组织建设情况应当作为市县乡党委书记抓基层党建述职评议考核的重要内容，纳入巡视巡察工作内容，作为领导班子综合评价和领导干部选拔任用的重要依据。县级党委组织部门应当以足够精力抓好党的农村基层组织建设。

对党的农村基层组织建设重视不够、落实不力的，应当及时提醒、约谈；出现严重问题的，应当严肃问责追责。督促抓好问题的整改落实。

第四十二条 各级党委特别是县级党委应当坚持抓乡促村，持续加强基本队伍、基本活动、基本阵地、基本制度、基本保障建设，整顿软弱涣散村党组织，整乡推进、整县提升。

乡镇党委应当全面落实抓村级组织建设的直接责任。乡镇党委书记和党委领导班子其他成员应当包村联户，经常沉下去摸情况、查问题，及时研究解决。

第四十三条 乡镇工作机构设置和人员配备，应当坚持加强服务、密切联系群众、治理重心下移的原则，构建权责相称、简约高效的基层管理体制，保证乡镇工作力量。乡镇应当设立党建工作办公室或者党建工作站，配备专职组织员，配强党务力量。加强乡镇小食堂、小厕所、小澡堂、小图书室、小文体活动室和周转房建设，改善乡镇干部工作和生活条件。

第四十四条 各级党委应当健全以财政投入为主的稳定的村级组织运转经费保障制度，建立正常增长机制。落实村干部基本报酬，发放人数和标准应当依据有关规定、从实际出发合理确定，保障正常离任村干部生活补贴。落实村级组织办公经费、服务群众经费、党员活动经费。建好管好用好村级组织活动场所，整合利用各类资源，规范标识、挂牌，发挥“一室多用”的综合功能，服务凝聚群众，教育引导群众。

第四十五条 各级党组织应当满怀热情关心关爱农村基层干部和党员，政治上激励、工作上支持、待遇上保障、心理上关怀，宣传表彰优秀农村基层干部先进典型，彰显榜样力量，激励新担当新作为。

第十章　附　　则

第四十六条　省、自治区、直辖市党委可以根据本条例，结合本地区情况制定实施办法。

第四十七条　本条例由中共中央组织部负责解释。

第四十八条　本条例自 2018 年 12 月 28 日起施行。1999 年 2 月 13 日中共中央印发的《中国共产党农村基层组织工作条例》同时废止。

中国共产党党内监督条例

（2016 年 10 月 27 日）

第一章　总　　则

第一条　为坚持党的领导，加强党的建设，全面从严治党，强化党内监督，保持党的先进性和纯洁性，根据《中国共产党章程》，制定本条例。

第二条　党内监督以马克思列宁主义、毛泽东思想、邓小平理论、“三个代表”重要思想、科学发展观为指导，深入贯彻习近平总书记系列重要讲话精神，围绕统筹推进“五位一体”总体布局和协调推进“四个全面”战略布局，尊崇党章，依规治党，坚持党内监督和人民群众监督相结合，增强党在长期执政条件下自我净化、自我完善、自我革新、自我提高能力，确保党始终成为中国特色社会主义事业的坚强领导核心。

第三条　党内监督没有禁区、没有例外。信任不能代替监督。各级党组织应当把信任激励同严格监督结合起来，促使党的领导干部做到有权必有责、有责要担当，用权受监督、失责必追究。

第四条　党内监督必须贯彻民主集中制，依规依纪进行，强化自上而下的组织监督，改进自下而上的民主监督，发挥同级相互监督作用。坚持惩前毖后、治病救人，抓早抓小、防微杜渐。

第五条　党内监督的任务是确保党章党规党纪在全党有效执行，维护党的团结统一，重点解决党的领导弱化、党的建设缺失、全面从严治党不力，党的观念淡漠、组织涣散、纪律松弛，管党治党宽松软问题，保证党的组织充分履行职能、发挥核心作用，保证全体党员发挥先锋模范作用，保证党的领导干部忠诚干净担当。

党内监督的主要内容是：

（一）遵守党章党规，坚定理想信念，践行党的宗旨，模范遵守宪法法律情况；

（二）维护党中央集中统一领导，牢固树立政治意识、大局意识、核心意识、看齐意识，贯彻落实党的理论和路线方针政策，确保全党令行禁止情况；

（三）坚持民主集中制，严肃党内政治生活，贯彻党员个人服从党的组织，少数服从多数，下级组织服从上级组织，全党各个组织和全体党员服从党的全国代表大会和中央委员会原则情况；

（四）落实全面从严治党责任，严明党的纪律特别是政治纪律和政治规矩，推进党风廉政建设和反腐败工作情况；

（五）落实中央八项规定精神，加强作风建设，密切联系群众，巩固党的执政基础情况；

（六）坚持党的干部标准，树立正确选人用人导向，执行干部选拔任用工作规定情况；

（七）廉洁自律、秉公用权情况；

（八）完成党中央和上级党组织部署的任务情况。

第六条 党内监督的重点对象是党的领导机关和领导干部特别是主要领导干部。

第七条 党内监督必须把纪律挺在前面，运用监督执纪“四种形态”，经常开展批评和自我批评、约谈函询，让“红红脸、出出汗”成为常态；党纪轻处分、组织调整成为违纪处理的大多数；党纪重处分、重大职务调整的成为少数；严重违纪涉嫌违法立案审查的成为极少数。

第八条 党的领导干部应当强化自我约束，经常对照党章检查自己的言行，自觉遵守党内政治生活准则、廉洁自律准则，加强党性修养，陶冶道德情操，永葆共产党人政治本色。

第九条 建立健全党中央统一领导，党委（党组）全面监督，纪律检查机关专责监督，党的工作部门职能监督，党的基层组织日常监督，党员民主监督的党内监督体系。

第二章 党的中央组织的监督

第十条 党的中央委员会、中央政治局、中央政治局常务委员会全面领导党内监督工作。中央委员会全体会议每年听取中央政治局工作报告，监督中央政治局工作，部署加强党内监督的重大任务。

第十一条 中央政治局、中央政治局常务委员会定期研究部署在全党开展学习教育，以整风精神查找问题、纠正偏差；听取和审议全党落实中央八项规定精神情况汇报，加强作风建设情况监督检查；听取中央纪律检查委员会常务委员会工作汇报；听取中央巡视情况汇报，在一届任期内实现中央巡视全覆盖。中央政治局每年召开民主生活会，进行对照检查和党性分析，研究加强自身建设措施。

第十二条 中央委员会成员必须严格遵守党的政治纪律和政治规矩，发现其他成员有违反党章、破坏党的纪律、危害党的团结统一的行为应当坚决抵制，并及时向党中央报告。对中央政治局委员的意见，署真实姓名以书面形式或者其他形式向中央政治局常务委员会或者中央纪律检查委员会常务委员会反映。

第十三条 中央政治局委员应当加强对直接分管部门、地方、领域党组织和领导班子成员的监督，定期同有关地方和部门主要负责人就其履行全面从严治党责任、廉洁自律等情况进行谈话。

第十四条 中央政治局委员应当严格执行中央八项规定，自党参加双重组织生活，如实向党中央报告个人重要事项。带头树立良好家风，加强对亲属和身边工作人员的教育和约束，严格要求配偶、子女及其配偶不得违规经商办企业，不得违规任职、兼职取酬。

第三章　党委（党组）的监督

第十五条　党委（党组）在党内监督中负主体责任，书记是第一责任人，党委常委会委员（党组成员）和党委委员在职责范围内履行监督职责。党委（党组）履行以下监督职责：

（一）领导本地区本部门本单位党内监督工作，组织实施各项监督制度，抓好督促检查；

（二）加强对同级纪委和所辖范围内纪律检查工作的领导，检查其监督执纪问责工作情况；

（三）对党委常委会委员（党组成员）、党委委员，同级纪委、党的工作部门和直接领导的党组织领导班子及其成员进行监督；

（四）对上级党委、纪委工作提出意见和建议，开展监督。

第十六条　党的工作部门应当严格执行各项监督制度，加强职责范围内党内监督工作，既加强对本部门本单位的内部监督，又强化对本系统的日常监督。

第十七条　党内监督必须加强对党组织主要负责人和关键岗位领导干部的监督，重点监督其政治立场、加强党的建设、从严治党，执行党的决议，公道正派选人用人，责任担当、廉洁自律，落实意识形态工作责任制情况。

上级党组织特别是其主要负责人，对下级党组织主要负责人应当平时多过问、多提醒，发现问题及时纠正。领导班子成员发现班子主要负责人存在问题，应当及时向其提出，必要时可以直接向上级党组织报告。

党组织主要负责人个人有关事项应当在党内一定范围公开，

主动接受监督。

第十八条 党委（党组）应当加强对领导干部的日常管理监督，掌握其思想、工作、作风、生活状况。党的领导干部应当经常开展批评和自我批评，敢于正视、深刻剖析、主动改正自己的缺点错误；对同志的缺点错误应当敢于指出，帮助改进。

第十九条 巡视是党内监督的重要方式。中央和省、自治区、直辖市党委一届任期内，对所管理的地方、部门、企事业单位党组织全面巡视。巡视党的组织和党的领导干部尊崇党章、党的领导、党的建设和党的路线方针政策落实情况，履行全面从严治党责任、执行党的纪律、落实中央八项规定精神、党风廉政建设和反腐败工作以及选人用人情况。发现问题、形成震慑，推动改革、促进发展，发挥从严治党利剑作用。

中央巡视工作领导小组应当加强对省、自治区、直辖市党委，中央有关部委，中央国家机关部门党组（党委）巡视工作的领导。省、自治区、直辖市党委应当推动党的市（地、州、盟）和县（市、区、旗）委员会建立巡察制度，使从严治党向基层延伸。

第二十条 严格党的组织生活制度，民主生活会应当经常化，遇到重要或者普遍性问题应当及时召开。民主生活会重在解决突出问题，领导干部应当在会上把群众反映、巡视反馈、组织约谈函询的问题说清楚、谈透彻，开展批评和自我批评，提出整改措施，接受组织监督。上级党组织应当加强对下级领导班子民主生活会的指导和监督，提高民主生活会质量。

第二十一条 坚持党内谈话制度，认真开展提醒谈话、诫勉谈话。发现领导干部有思想、作风、纪律等方面苗头性、倾向性问题的，有关党组织负责人应当及时对其提醒谈话；发现轻微违纪问题的，上级党组织负责人应当对其诫勉谈话，并由本人作出说明或者检讨，经所在党组织主要负责人签字后报上级纪委和组织部门。

第二十二条 严格执行干部考察考核制度，全面考察德、能、勤、绩、廉表现，既重政绩又重政德，重点考察贯彻执行党中央和上级党组织决策部署的表现，履行管党治党责任，在重大原则问题上的立场，对待人民群众的态度，完成急难险重任务的情况。考察考核中党组织主要负责人应当对班子成员实事求是作出评价。考核评语在同本人见面后载入干部档案。落实党组织主要负责人在干部选任、考察、决策等各个环节的责任，对失察失责的应当严肃追究责任。

第二十三条 党的领导干部应当每年在党委常委会（或党组）扩大会议上述责述廉，接受评议。述责述廉重点是执行政治纪律和政治规矩、履行管党治党责任、推进党风廉政建设和反腐败工作以及执行廉洁纪律情况。述责述廉报告应当载入廉洁档案，并在一定范围内公开。

第二十四条 坚持和完善领导干部个人有关事项报告制度，领导干部应当按规定如实报告个人有关事项，及时报告个人及家庭重大情况，事先请示报告离开岗位或者工作所在地等。有关部门应当加强抽查核实。对故意虚报瞒报个人重大事项、篡改伪造个人档案资料的，一律严肃查处。

第二十五条 建立健全党的领导干部插手干预重大事项记录制度，发现利用职务便利违规干预干部选拔任用、工程建设、执纪执法、司法活动等问题，应当及时向上级党组织报告。

第四章 党的纪律检查委员会的监督

第二十六条 党的各级纪律检查委员会是党内监督的专责机关，履行监督执纪问责职责，加强对所辖范围内党组织和领导干部遵守党章党规党纪、贯彻执行党的路线方针政策情况的监督检查，承担下列具体任务：

（一）加强对同级党委特别是常委会委员、党的工作部门和直接领导的党组织、党的领导干部履行职责、行使权力情况的监督；

（二）落实纪律检查工作双重领导体制，执纪审查工作以上级纪委领导为主，线索处置和执纪审查情况在向同级党委报告的同时向上级纪委报告，各级纪委书记、副书记的提名和考察以上级纪委会同组织部门为主；

（三）强化上级纪委对下级纪委的领导，纪委发现同级党委主要领导干部的问题，可以直接向上级纪委报告；下级纪委至少每半年向上级纪委报告 1 次工作，每年向上级纪委进行述职。

第二十七条 纪律检查机关必须把维护党的政治纪律和政治规矩放在首位，坚决纠正和查处上有政策、下有对策，有令不行、有禁不止，口是心非、阳奉阴违，搞团团伙伙、拉帮结派，欺骗组织、对抗组织等行为。

第二十八条 纪委派驻纪检组对派出机关负责，加强对被监督单位领导班子及其成员、其他领导干部的监督，发现问题应当及时向派出机关和被监督单位党组织报告，认真负责调查处置，对需要问责的提出建议。

派出机关应当加强对派驻纪检组工作的领导，定期约谈被监督单位党组织主要负责人、派驻纪检组组长，督促其落实管党治党责任。

派驻纪检组应当带着实际情况和具体问题，定期向派出机关汇报工作，至少每半年会同被监督单位党组织专题研究 1 次党风廉政建设和反腐败工作。对能发现的问题没有发现是失职，发现问题不报告、不处置是渎职，都必须严肃问责。

第二十九条 认真处理信访举报，做好问题线索分类处置，早发现早报告，对社会反映突出、群众评价较差的领导干部情况及时报告，对重要检举事项应当集体研究。定期分析研判信访举报情况，对信访反映的典型性、普遍性问题提出有针对性的处置意见，督促信访举报比较集中的地方和部门查找分析原因并认真整改。

第三十条 严把干部选拔任用“党风廉洁意见回复”关，综合日常工作中掌握的情况，加强分析研判，实事求是评价干部廉洁情况，防止“带病提拔”、“带病上岗”。

第三十一条 接到对干部一般性违纪问题的反映，应当及时找本人核实，谈话提醒、约谈函询，让干部把问题讲清楚。约谈被反映人，可以与其所在党组织主要负责人一同进行；被反映人对函询问题的说明，应当由其所在党组织主要负责人签字后报上级纪委。谈话记录和函询回复应当认真核实，存档备查。没有发现问题的应当了结澄清，对不如实说明情况的给予严肃处理。

第三十二条 依规依纪进行执纪审查，重点审查不收敛不收手，问题线索反映集中、群众反映强烈，现在重要岗位且可能还要提拔使用的领导干部，三类情况同时具备的是重中之重。执纪审查应当查清违纪事实，让审查对象从学习党章入手，从理想信念宗旨、党性原则、作风纪律等方面检查剖析自己，审理报告应当事实清楚、定性准确，反映审查对象思想认识情况。

第三十三条 对违反中央八项规定精神的，严重违纪被立案审查开除党籍的，严重失职失责被问责的，以及发生在群众身边、影响恶劣的不正之风和腐败问题，应当点名道姓通报曝光。

第三十四条 加强对纪律检查机关的监督。发现纪律检查机关及其工作人员有违反纪律问题的，必须严肃处理。各级纪律检查机关必须加强自身建设，健全内控机制，自觉接受党内监督、社会监督、群众监督，确保权力受到严格约束。

第五章 党的基层组织和党员的监督

第三十五条 党的基层组织应当发挥战斗堡垒作用，履行下列监督职责：

（一）严格党的组织生活，开展批评和自我批评，监督党员切实履行义务，保障党员权利不受侵犯；

（二）了解党员、群众对党的工作和党的领导干部的批评和意见，定期向上级党组织反映情况，提出意见和建议；

（三）维护和执行党的纪律，发现党员、干部违反纪律问题及时教育或者处理，问题严重的应当向上级党组织报告。

第三十六条 党员应当本着对党和人民事业高度负责的态度，积极行使党员权利，履行下列监督义务：

（一）加强对党的领导干部的民主监督，及时向党组织反映群众意见和诉求；

（二）在党的会议上有根据地批评党的任何组织和任何党员，揭露和纠正工作中存在的缺点和问题；

（三）参加党组织开展的评议领导干部活动，勇于触及矛盾问题、指出缺点错误，对错误言行敢于较真、敢于斗争；

（四）向党负责地揭发、检举党的任何组织和任何党员违纪违法的事实，坚决反对一切派别活动和小集团活动，同腐败现象作坚决斗争。

第六章 党内监督和外部监督相结合

第三十七条 各级党委应当支持和保证同级人大、政府、监察机关、司法机关等对国家机关及公职人员依法进行监督，人民政协依章程进行民主监督，审计机关依法进行审计监督。有关国家机关发现党的领导干部违反党规党纪、需要党组织处理的，应当及时向有关党组织报告。审计机关发现党的领导干部涉嫌违纪的问题线索，应当向同级党组织报告，必要时向上级党组织报告，并按照规定将问题线索移送相关纪律检查机关处理。

在纪律审查中发现党的领导干部严重违纪涉嫌违法犯罪的，应当先作出党纪处分决定，再移送行政机关、司法机关处理。执法机关和司法机关依法立案查处涉及党的领导干部案件，应当向同级党委、纪委通报；该干部所在党组织应当根据有关规定，中止其相关党员权利；依法受到刑事责任追究，或者虽不构成犯罪但涉嫌违纪的，应当移送纪委依纪处理。

第三十八条 中国共产党同各民主党派长期共存、互相监督、肝胆相照、荣辱与共。各级党组织应当支持民主党派履行监督职能，重视民主党派和无党派人士提出的意见、批评、建议，完善知情、沟通、反馈、落实等机制。

第三十九条 各级党组织和党的领导干部应当认真对待、自觉接受社会监督，利用互联网技术和信息化手段，推动党务公开、拓宽监督渠道，虚心接受群众批评。新闻媒体应当坚持党性和人民性相统一，坚持正确导向，加强舆论监督，对典型案例进行剖析，发挥警示作用。

第七章 整改和保障

第四十条 党组织应当如实记录、集中管理党内监督中发现的问题和线索，及时了解核实，作出相应处理；不属于本级办理范围的应当移送有权限的党组织处理。

第四十一条 党组织对监督中发现的问题应当做到条条要整改、件件有着落。整改结果应当及时报告上级党组织，必要时可以向下级党组织和党员通报，并向社会公开。

对于上级党组织交办以及巡视等移交的违纪问题线索，应当及时处理，并在3个月内反馈办理情况。

第四十二条 党委（党组）、纪委（纪检组）应当加强对履行党内监督责任和问题整改落实情况的监督检查，对不履行或者不正确履行党内监督职责，以及纠错、整改不力的，依照《中国共产党纪律处分条例》、《中国共产党问责条例》等规定处理。

第四十三条 党组织应当保障党员知情权和监督权，鼓励和支持党员在党内监督中发挥积极作用。提倡署真实姓名反映违纪事实，党组织应当为检举控告者严格保密，并以适当方式向其反馈办理情况。对干扰妨碍监督、打击报复监督者的，依纪严肃处理。

第四十四条 党组织应当保障监督对象的申辩权、申诉权等相关权利。经调查，监督对象没有不当行为的，应当予以澄清和正名。对以监督为名侮辱、诽谤、诬陷他人的，依纪严肃处理；涉嫌犯罪的移送司法机关处理。监督对象对处理决定不服的，可以依照党章规定提出申诉。有关党组织应当认真复议复查，并作出结论。

第八章　附　　则

第四十五条　中央军事委员会可以根据本条例，制定相关规定。

第四十六条　本条例由中央纪律检查委员会负责解释。

第四十七条　本条例自发布之日起施行。

乡村振兴责任制实施办法

（2022年11月28日）

第一章　总　　则

第一条　为了全面落实乡村振兴责任制，根据《中国共产党农村工作条例》、《中华人民共和国乡村振兴促进法》，制定本办法。

第二条　实行乡村振兴责任制，坚持以习近平新时代中国特色社会主义思想为指导，增强“四个意识”、坚定“四个自信”、做到“两个维护”，实行中央统筹、省负总责、市县乡抓落实的乡村振兴工作机制，构建职责清晰、各负其责、合力推进的乡村振兴责任体系，举全党全社会之力全面推进乡村振兴，加快农业农村现代化。

第三条　坚持党对农村工作的全面领导，健全党委统一领导、政府负责、党委农村工作部门统筹协调的农村工作领导体制，省市县乡村五级书记抓乡村振兴。

第四条　在党中央领导下，中央农村工作领导小组负责巩固拓展脱贫攻坚成果、全面推进乡村振兴的牵头抓总、统筹协调，推动建立健全乡村振兴责任落实、组织推动、社会动员、要素保障、考核评价、工作报告、监督检查等机制并抓好组织实施。

第二章　部门责任

第五条　中央和国家机关有关部门乡村振兴责任主要包括：

（一）深入学习贯彻习近平总书记关于“三农”工作的重要论述和重要指示精神，认真落实党中央、国务院关于乡村振兴战略的方针政策和决策部署，以及相关法律法规要求，结合职责研究和组织实施乡村振兴战略。

（二）加快建设农业强国，扎实推动乡村产业、人才、文化、生态、组织振兴，拟订并组织实施乡村振兴战略规划、重大政策、重大工程等，组织起草有关法律法规草案，指导推进和综合协调乡村振兴中的重大问题。

（三）全方位夯实粮食安全根基，强化藏粮于地、藏粮于技物质基础，健全辅之以利、辅之以义保障机制，执行最严格的耕地保护制度，牢牢守住十八亿亩耕地红线，逐步把永久基本农田全部建成高标准农田，深入实施种业振兴行动，强化农业科技和装备支撑，健全种粮农民收益保障机制和主产区利益补偿机制，持续提高农业综合生产能力，确保粮食和重要农产品有效供给。树立大食物观，发展设施农业，构建多元化食物供给体系。深化农业供给侧结构性改革，推动品种培优、品质提升、品牌打造和标准化生产，提升农业质量效益和竞争力。

（四）巩固拓展脱贫攻坚成果，完善并组织实施配套政策，健全并推进实施防止返贫动态监测和帮扶机制，重点帮扶支持国家乡村振兴重点帮扶县、易地搬迁集中安置点等重点区域，持续做好中央单位定点帮扶工作，让脱贫攻坚成果更加扎实、更可持续。

（五）落实行业或者领域内乡村振兴各项任务，提出和落实推进乡村发展、乡村建设、乡村治理的主要目标和重大举措，针对存在的薄弱环节和突出问题，规范和健全制度措施、体制机制和政策体系。

（六）以处理好农民和土地的关系为主线深化农村改革，巩固和完善农村基本经营制度，发展新型农村集体经济，发展新型农业经营主体和社会化服务，发展农业适度规模经营。深化农村土地制度、农村集体产权制度改革，赋予农民更加充分的财产权益。完善农业支持保护制度，健全农村金融服务体系。持续深化供销合作社、农垦、农业水价、集体林权、国有林场林区等重点领域改革，推动农村改革扩面、提速、集成。

（七）坚持农业农村优先发展，在干部配备、要素配置、资金投入、公共服务等方面对乡村振兴予以优先保障，健全城乡融合发展体制机制和政策体系，畅通城乡要素流动。

（八）总结推介乡村振兴经验典型。组织开展乡村振兴战略实施情况监测评价。按照规定组织开展乡村振兴有关督查考核、示范创建、表彰奖励等工作。

第六条 中央农村工作领导小组办公室根据中央农村工作领导小组安排部署，负责牵头组织开展乡村振兴重大政策研究、重大事项协调、重大任务督促落实等工作。

第七条 中央和国家机关有关部门应当根据有关党内法规、法律法规规定和职责分工落实乡村振兴各项任务，加强对本单位本系统乡村振兴工作的领导，建立健全乡村振兴工作机制，加强部门协同，形成工作合力。

中央和国家机关有关部门党组（党委）对本单位本系统乡村振兴工作负主体责任，领导班子主要负责人是第一责任人。

第三章 地方责任

第八条 地方党委和政府乡村振兴责任主要包括：

（一）深入学习贯彻习近平总书记关于“三农”工作的重要论述和重要指示精神，认真落实党中央、国务院关于乡村振兴战略的方针政策和决策部署，以及相关法律法规要求，结合本地区实际实施乡村振兴战略。

（二）以乡村振兴统揽新时代“三农”工作，将乡村振兴纳入本地区国民经济和社会发展规划、党委和政府工作重点统筹谋划部署，结合实际制定推动乡村振兴的政策措施、专项规划和年度任务并组织实施。

（三）把确保粮食和重要农产品供给作为首要任务，全面落实耕地保护和粮食安全党政同责，严格落实耕地和永久基本农田保护、高标准农田建设任务，保质保量完成粮食和重要农产品生产目标任务，调动农民种粮积极性，全面提高本地区粮食安全保障能力。

（四）把巩固拓展脱贫攻坚成果摆在突出位置，确保兜底保障水平稳步提高，确保“三保障”和饮水安全保障水平持续巩固提升，不断缩小收入差距、发展差距，增强脱贫地区和脱贫群众内生发展动力，切实运行好防止返贫动态监测和帮扶机制，守住不发生规模性返贫底线，努力让脱贫群众生活更上一层楼。

（五）立足本地区农业农村优势特色资源规划发展乡村产业，拓展农业多种功能、挖掘乡村多元价值，打造农业全产业链，促进农村一二三产业融合发展，推动建立现代农业产业体系、生产体系和经营体系，推动现代服务业同现代农业深度融合，把产业链延伸环节更多留在乡村，把产业发展的增值收益更多留给农民，拓宽农民增收致富渠道。

（六）鼓励和引导各类人才投身乡村振兴，选派优秀干部到乡村振兴一线岗位，大力培养本土人才，引导返乡回乡下乡就业创业人员参与乡村振兴，支持专业人才通过多种方式服务乡村，推动乡村振兴各领域人才规模不断壮大、素质稳步提升、结构持续优化。

（七）加强农村精神文明建设，组织开展新时代文明实践活动，深化群众性精神文明创建，广泛践行社会主义核心价值观，引导农民群众听党话、感党恩、跟党走。推进城乡精神文明建设融合发展，加强乡村公共文化服务体系建设，传承和发展优秀传统文化，持续推进农村移风易俗，推动形成文明乡风、良好家风、淳朴民风。

（八）加强农村生态文明建设，牢固树立和践行绿水青山就是金山银山的理念，加强乡村生态保护和环境治理修复，坚持山水林田湖草沙一体化保护和系统治理，持续抓好农业面源污染防治，加强土壤污染源头防控以及受污染耕地安全利用，健全耕地休耕轮作制度，防治外来物种侵害，促进农业农村绿色发展。

（九）组织实施乡村建设行动，结合农民群众实际需要，统筹乡村基础设施和公共服务布局，完善乡村水、电、路、气、通信、广播电视、物流等基础设施，提升农房建设质量，加强传统村落保护利用，加强村级综合服务设施建设，持续改善农村人居环境，提高农村教育、医疗、养老、文化、社会保障等服务水平，加快义务教育优质均衡发展和城乡一体化，加强县域商业体系建设，逐步使农村基本具备现代生活条件，建设宜居宜业和美乡村。

（十）加强农村基层组织建设，建立健全党委领导、政府负责、民主协商、社会协同、公众参与、法治保障、科技支撑的现代乡村社会治理体制和党组织领导的自治、法治、德治相结合的乡村治理体系。减轻基层组织负担。健全农村社会治安防控体系、公共安全体系和矛盾纠纷一站式、多元化解决机制，及时妥善处理信访事项，加强农业综合执法，及时处置自然灾害、公共卫生、安全生产、食品安全等风险隐患。持续整治侵害农民利益的不正之风和群众身边的腐败问题。

（十一）协同推进乡村振兴战略和新型城镇化战略的实施，以县域为重要切入点加快城乡融合发展，推进空间布局、产业发展、基础设施、基本公共服务等县域统筹。依法编制村庄规划，分类有序推进村庄建设，严格规范村庄撤并。加快农业转移人口市民化，持续推动农业转移人口融入城镇，积极推进城镇基本公共服务常住人口全覆盖，保障进城落户农民合法土地权益，鼓励依法自愿有偿转让。

（十二）坚持农村土地农民集体所有，坚持家庭经营基础性地位，坚持稳定土地承包关系，维护农户内家庭成员依法平等享有的各项权益，在守住土地公有制性质不改变、耕地不减少、粮食生产能力不减弱、农民利益不受损等底线基础上，充分尊重基层和群众创造，发挥农民主体作用，用好试点试验手段，推动农村重点领域和关键环节改革攻坚突破、落地见效。

（十三）统筹资源要素配置支持乡村振兴，优先保障乡村振兴财政投入，提高土地出让收入用于农业农村比例，县域新增贷款主要用于支持乡村振兴，落实政策性农业保险制度，确保投入力度与经济发展水平相同步、与乡村振兴目标任务相适应。完善农村新增建设用地保障机制，满足乡村产业、公共服务设施和农民住宅用地合理需求。

（十四）加强党对“三农”工作的全面领导，发挥各级党委农村工作领导小组牵头抓总、统筹协调等作用，推进议事协调规范化制度化建设，建立健全重点任务分工落实机制。加强各级党委农村工作部门建设，充实工作力量，完善运行机制，强化决策参谋、统筹协调、政策指导、推动落实、督导检查等职能。坚持大抓基层的鲜明导向，抓党建促乡村振兴。

第九条　省级党委和政府对本地区乡村振兴工作负总责，并确保乡村振兴责任制层层落实。

省级党委和政府主要负责人是本地区乡村振兴第一责任人，责任主要包括：

（一）结合本地区实际谋划确定乡村振兴阶段性目标任务和针对性政策措施，抓好乡村振兴重点任务分工、重大项目实施、重要资源配置等。

（二）每年主持召开党委农村工作会议，部署乡村振兴年度重点任务。定期主持召开党委常委会会议、政府常务会议听取工作汇报，研究决策重大事项，研究审议乡村振兴有关重要法规、规划、政策以及改革事项。定期组织党委理论学习中心组开展乡村振兴专题学习。

（三）组织开展乡村振兴督促指导和工作调研，总结推广典型经验，及时纠正和处理乡村振兴领域违纪违规问题。落实乡村振兴联系点制度，带头定点联系1个以上涉农县。

（四）推动完善考核监督、激励约束机制，督促党委常委会委员、政府领导班子成员根据职责分工抓好分管（含协管、联系，下同）行业（领域）或者部门（单位）乡村振兴具体工作。

第十条 市级党委和政府负责本地区乡村振兴工作，做好上下衔接、域内协调、督促检查，发挥好以市带县作用。

市级党委和政府主要负责人是本地区乡村振兴第一责任人，责任主要包括：

（一）研究提出推进乡村振兴的阶段目标、年度计划和具体安排，及时分解工作任务，指导县级抓好落实，对乡村振兴有关项目实施、资金使用和管理、目标任务完成情况进行督促、检查和监督。

（二）每年主持召开党委农村工作会议，部署年度重点任务。定期召开党委常委会会议、政府常务会议听取工作汇报，推进乡村振兴重点任务，及时研究解决乡村振兴重大问题。定期组织党委理论学习中心组开展乡村振兴专题学习。

（三）定点联系1个以上涉农乡镇，定期开展乡村振兴专题调研，总结经验做法、研究解决问题、指导推进工作。

（四）督促党委常委会委员、政府领导班子成员根据职责分工抓好分管行业（领域）或者部门（单位）乡村振兴具体工作。

第十一条 县级党委和政府是乡村振兴“一线指挥部”。

县级党委和政府主要负责人是本地区乡村振兴第一责任人，应当把主要精力放在乡村振兴工作上，责任主要包括：

（一）结合本地区实际谋划制定乡村振兴规划和年度实施方案，明确阶段性目标和年度目标任务，整合各类资源要素，做好乡村振兴进度安排、资金使用、项目实施、工作推进等，组织落实好各项政策措施。

（二）每年主持召开党委农村工作会议，部署年度重点任务。定期主持召开党委常委会会议、政府常务会议专题研究乡村振兴工作，不定期召开工作调度会、现场推进会，扎实推进乡村振兴重点任务。定期组织党委理论学习中心组开展乡村振兴专题学习。

（三）推动建立乡村振兴推进机制，组织攻坚重点任务，谋划推进落实乡村振兴重点任务、重大项目、重要政策，确保乡村振兴每年都有新进展。

（四）以县域为单位组织明确村庄分类，优化村庄布局，指导推动村庄规划编制，分类推进乡村振兴。建立乡村振兴相关项目库，健全乡村振兴资金项目信息公开制度，对乡村振兴资金项目管理负首要责任。

（五）深入基层联系群众，经常性调研乡村振兴工作，定点联系 1 个以上行政村，原则上任期内基本走遍辖区内所有行政村，协调解决乡村振兴推进过程中的困难和问题。

（六）督促党委常委会委员、政府领导班子成员根据职责分工抓好分管行业（领域）或者部门（单位）乡村振兴具体工作。

第十二条 乡镇党委和政府应当把乡村振兴作为中心任务，发挥基层基础作用，健全统一指挥和统筹协调机制，“一村一策”加强精准指导服务，组织编制村庄规划，抓好乡村振兴资金项目落地、重点任务落实。

乡镇党委和政府主要负责人是本地区乡村振兴第一责任人，谋划符合本地区实际的具体目标任务和抓手，每年制定工作计划，组织落实上级党委和政府部署的乡村振兴重点工作。经常性、制度化进村入户开展调研，原则上任期内走遍辖区所有自然村组。

第十三条 村党组织统一领导村级各类组织和各项工作，村民委员会和农村集体经济组织发挥基础性作用，全面落实“四议两公开”制度，组织动员农民群众共同参与乡村振兴。确定本村乡村振兴重点任务并组织实施，具体落实各级各部门下达的各类政策、项目、资金等。及时公开村级党务、村务、财务情况，公布惠农政策落实、土地征收征用以及土地流转、集体经营性建设用地入市、资金使用和项目建设等情况。

村党组织书记是本村乡村振兴第一责任人，带领村“两委”班子成员抓好具体任务落实，加强与驻村第一书记和工作队等帮扶力量沟通协调，经常性入户走访农民群众，原则上每年走遍或者联系本村所有农户，及时协调解决农民群众生产生活实际问题。

第四章　社会动员

第十四条　中央定点帮扶单位应当履行帮扶责任，聚焦巩固拓展脱贫攻坚成果和全面推进乡村振兴，制定年度计划，发挥自身优势创新帮扶举措，持续选派挂职干部和驻村第一书记，加强工作指导，督促政策落实，提高帮扶实效。

第十五条　东西部协作双方各级党委和政府应当坚持双向协作、互惠互利、多方共赢，统筹推进教育、文化、医疗卫生、科技等领域对口帮扶工作，深化区县、村企、学校、医院等结对帮扶，加强产业合作、资源互补、劳务对接、人才交流等，把帮扶重点转向巩固拓展脱贫攻坚成果和全面推进乡村振兴。

第十六条　工会、共青团、妇联、科协、残联等群团组织应当发挥优势和力量参与乡村振兴。鼓励和支持各民主党派、工商联以及无党派人士等在乡村振兴中发挥积极作用。

第十七条　支持军队持续推进定点帮扶工作，健全长效机制，巩固提升帮扶成效，协助建强基层组织，支持提高民生服务水平，深化军民共建社会主义精神文明活动，积极促进退役军人投身乡村振兴。

第十八条　企事业单位和社会组织应当积极履行社会责任，

支持乡村振兴。深入实施“万企兴万村”行动，探索建立健全企业支持乡村振兴机制。发挥第三次分配作用，鼓励引导各类公益慈善资金支持乡村振兴。鼓励公民个人主动参与乡村振兴。

第五章　考核监督

第十九条　实行乡村振兴战略实绩考核制度。

中央农村工作领导小组负责组织开展省级党委和政府推进乡村振兴战略实绩考核，制定考核办法。坚持全面考核与突出重点相结合、统一规范与分类考核相结合、实绩考核与督导检查相结合，重点考核省级党委和政府落实乡村振兴责任制以及党中央、国务院部署的乡村振兴阶段性目标任务和年度重点工作完成情况。中央农村工作领导小组办公室、中央组织部、农业农村部每年制定考核工作方案，明确考核指标和具体程序，经中央农村工作领导小组审定后，会同中央和国家机关有关部门组织实施。考核结果报党中央、国务院审定后，向各省（自治区、直辖市）党委和政府通报，并作为对省级党委和政府领导班子以及有关领导干部综合考核评价的重要依据。

省级党委和政府参照上述规定，结合实际组织开展市县党政领导班子和领导干部推进乡村振兴战略实绩考核。

乡村振兴战略实绩考核应当实事求是、客观公正，坚持定量与定性相结合、以定量指标为主，探索采取第三方评估、暗访抽查、群众认可度调查等方式对各地乡村振兴工作进展情况进行评估评价。考核工作应当力戒形式主义、官僚主义，防止出现频繁报数据材料、过度留痕等问题，切实减轻基层负担。

第二十条　实行乡村振兴工作报告制度。

各级党委和政府应当每年向上级党委和政府报告实施乡村振兴战略进展情况。

各级党委应当将实施乡村振兴战略进展情况作为向本级党的代表大会、党委全体会议报告的重要内容。

第二十一条 中央农村工作领导小组每年对各省（自治区、直辖市）实施乡村振兴战略情况开展督查，督查结果纳入年度乡村振兴战略实绩考核；每年对中央和国家机关有关部门实施乡村振兴战略情况开展督查。

县级以上地方党委和政府定期对下级党委和政府乡村振兴战略实施情况开展监督，及时发现和解决存在的问题，推动政策举措落实落地。

第二十二条 中央纪委国家监委对乡村振兴决策部署落实情况进行监督执纪问责。国家发展改革委、财政部、农业农村部、审计署、国家乡村振兴局等部门和单位按照各自职责对乡村振兴政策落实、资金使用和项目实施等实施监督。

第二十三条 农业农村部、国家统计局依法建立客观反映乡村振兴进展的指标和统计体系。县级以上地方党委和政府应当对本地区乡村振兴战略实施情况进行评估。

第六章 奖 惩

第二十四条 地方党委和政府以及党委农村工作领导小组、中央和国家机关有关部门可以按照有关规定，对落实乡村振兴责任到位、工作成效显著的部门和个人，以及作出突出贡献的社会帮扶主体，以适当方式予以表彰激励。

第二十五条 各级党委和政府及其有关部门在乡村振兴工作中不履行或者不正确履行职责，存在形式主义、官僚主义等问题的，应当依照有关党内法规和法律法规，追究负有责任的领导人员和直接责任人员的责任；构成犯罪的，依法追究刑事责任。

第二十六条 建立常态化约谈机制，对乡村振兴工作中履职不力、工作滞后的，上级党委和政府应当约谈下级党委和政府，本级党委和政府应当约谈同级有关部门。

第七章　附　　则

第二十七条　各省（自治区、直辖市）、新疆生产建设兵团可以根据本办法，结合本地区实际制定实施细则。

第二十八条　本办法由中央农村工作领导小组办公室负责解释。

第二十九条　本办法自发布之日起施行。

二、国家法律法规

中华人民共和国乡村振兴促进法

（2021年4月29日第十三届全国人民代表大会常务委员会第二十八次会议通过）

目　　录

第一章　总　　则

第一条　为了全面实施乡村振兴战略，促进农业全面升级、农村全面进步、农民全面发展，加快农业农村现代化，全面建设社会主义现代化国家，制定本法。

第二条　全面实施乡村振兴战略，开展促进乡村产业振兴、人才振兴、文化振兴、生态振兴、组织振兴，推进城乡融合发展等活动，适用本法。

本法所称乡村，是指城市建成区以外具有自然、社会、经济特征和生产、生活、生态、文化等多重功能的地域综合体，包括乡镇和村庄等。

第三条 促进乡村振兴应当按照产业兴旺、生态宜居、乡风文明、治理有效、生活富裕的总要求，统筹推进农村经济建设、政治建设、文化建设、社会建设、生态文明建设和党的建设，充分发挥乡村在保障农产品供给和粮食安全、保护生态环境、传承发展中华民族优秀传统文化等方面的特有功能。

第四条 全面实施乡村振兴战略，应当坚持中国共产党的领导，贯彻创新、协调、绿色、开放、共享的新发展理念，走中国特色社会主义乡村振兴道路，促进共同富裕，遵循以下原则：

（一）坚持农业农村优先发展，在干部配备上优先考虑，在要素配置上优先满足，在资金投入上优先保障，在公共服务上优先安排；

（二）坚持农民主体地位，充分尊重农民意愿，保障农民民主权利和其他合法权益，调动农民的积极性、主动性、创造性，维护农民根本利益；

（三）坚持人与自然和谐共生，统筹山水林田湖草沙系统治理，推动绿色发展，推进生态文明建设；

（四）坚持改革创新，充分发挥市场在资源配置中的决定性作用，更好发挥政府作用，推进农业供给侧结构性改革和高质量发展，不断解放和发展乡村社会生产力，激发农村发展活力；

（五）坚持因地制宜、规划先行、循序渐进，顺应村庄发展规律，根据乡村的历史文化、发展现状、区位条件、资源禀赋、产业基础分类推进。

第五条 国家巩固和完善以家庭承包经营为基础、统分结合的双层经营体制，发展壮大农村集体所有制经济。

第六条 国家建立健全城乡融合发展的体制机制和政策体

系，推动城乡要素有序流动、平等交换和公共资源均衡配置，坚持以工补农、以城带乡，推动形成工农互促、城乡互补、协调发展、共同繁荣的新型工农城乡关系。

第七条 国家坚持以社会主义核心价值观为引领，大力弘扬民族精神和时代精神，加强乡村优秀传统文化保护和公共文化服务体系建设，繁荣发展乡村文化。

每年农历秋分日为中国农民丰收节。

第八条 国家实施以我为主、立足国内、确保产能、适度进口、科技支撑的粮食安全战略，坚持藏粮于地、藏粮于技，采取措施不断提高粮食综合生产能力，建设国家粮食安全产业带，完善粮食加工、流通、储备体系，确保谷物基本自给、口粮绝对安全，保障国家粮食安全。

国家完善粮食加工、储存、运输标准，提高粮食加工出品率和利用率，推动节粮减损。

第九条 国家建立健全中央统筹、省负总责、市县乡抓落实的乡村振兴工作机制。

各级人民政府应当将乡村振兴促进工作纳入国民经济和社会发展规划，并建立乡村振兴考核评价制度、工作年度报告制度和监督检查制度。

第十条 国务院农业农村主管部门负责全国乡村振兴促进工作的统筹协调、宏观指导和监督检查；国务院其他有关部门在各自职责范围内负责有关的乡村振兴促进工作。

县级以上地方人民政府农业农村主管部门负责本行政区域内乡村振兴促进工作的统筹协调、指导和监督检查；县级以上地方人民政府其他有关部门在各自职责范围内负责有关的乡村振兴促进工作。

第十一条 各级人民政府及其有关部门应当采取多种形式，广泛宣传乡村振兴促进相关法律法规和政策，鼓励、支持人民团体、社会组织、企事业单位等社会各方面参与乡村振兴促进相关活动。

对在乡村振兴促进工作中作出显著成绩的单位和个人，按照国家有关规定给予表彰和奖励。

第二章　产业发展

第十二条　国家完善农村集体产权制度，增强农村集体所有制经济发展活力，促进集体资产保值增值，确保农民受益。

各级人民政府应当坚持以农民为主体，以乡村优势特色资源为依托，支持、促进农村一二三产业融合发展，推动建立现代农业产业体系、生产体系和经营体系，推进数字乡村建设，培育新产业、新业态、新模式和新型农业经营主体，促进小农户和现代农业发展有机衔接。

第十三条　国家采取措施优化农业生产力布局，推进农业结构调整，发展优势特色产业，保障粮食和重要农产品有效供给和质量安全，推动品种培优、品质提升、品牌打造和标准化生产，推动农业对外开放，提高农业质量、效益和竞争力。

国家实行重要农产品保障战略，分品种明确保障目标，构建科学合理、安全高效的重要农产品供给保障体系。

第十四条　国家建立农用地分类管理制度，严格保护耕地，严格控制农用地转为建设用地，严格控制耕地转为林地、园地等其他类型农用地。省、自治区、直辖市人民政府应当采取措施确保耕地总量不减少、质量有提高。

国家实行永久基本农田保护制度，建设粮食生产功能区、重要农产品生产保护区，建设并保护高标准农田。

地方各级人民政府应当推进农村土地整理和农用地科学安全利用，加强农田水利等基础设施建设，改善农业生产条件。

第十五条　国家加强农业种质资源保护利用和种质资源库建设，支持育种基础性、前沿性和应用技术研究，实施农作物和畜禽等良种培育、育种关键技术攻关，鼓励种业科技成果转化和优良品种推广，建立并实施种业国家安全审查机制，促进种业高质量发展。

第十六条 国家采取措施加强农业科技创新，培育创新主体，构建以企业为主体、产学研协同的创新机制，强化高等学校、科研机构、农业企业创新能力，建立创新平台，加强新品种、新技术、新装备、新产品研发，加强农业知识产权保护，推进生物种业、智慧农业、设施农业、农产品加工、绿色农业投入品等领域创新，建设现代农业产业技术体系，推动农业农村创新驱动发展。

国家健全农业科研项目评审、人才评价、成果产权保护制度，保障对农业科技基础性、公益性研究的投入，激发农业科技人员创新积极性。

第十七条 国家加强农业技术推广体系建设，促进建立有利于农业科技成果转化推广的激励机制和利益分享机制，鼓励企业、高等学校、职业学校、科研机构、科学技术社会团体、农民专业合作社、农业专业化社会化服务组织、农业科技人员等创新推广方式，开展农业技术推广服务。

第十八条 国家鼓励农业机械生产研发和推广应用，推进主要农作物生产全程机械化，提高设施农业、林草业、畜牧业、渔业和农产品初加工的装备水平，推动农机农艺融合、机械化信息化融合，促进机械化生产与农田建设相适应、服务模式与农业适度规模经营相适应。

国家鼓励农业信息化建设，加强农业信息监测预警和综合服务，推进农业生产经营信息化。

第十九条 各级人民政府应当发挥农村资源和生态优势，支持特色农业、休闲农业、现代农产品加工业、乡村手工业、绿色建材、红色旅游、乡村旅游、康养和乡村物流、电子商务等乡村产业的发展；引导新型经营主体通过特色化、专业化经营，合理配置生产要素，促进乡村产业深度融合；支持特色农产品优势区、现代农业产业园、农业科技园、农村创业园、休闲农业和乡村旅游重点村镇等的建设；统筹农产品生产地、集散地、销售地市场建设，加强农产品流通骨干网络和冷链物流体系建设；鼓励企业获得国际通行的农产品认证，增强乡村产业竞争力。

发展乡村产业应当符合国土空间规划和产业政策、环境保护的要求。

第二十条 各级人民政府应当完善扶持政策，加强指导服务，支持农民、返乡入乡人员在乡村创业创新，促进乡村产业发展和农民就业。

第二十一条 各级人民政府应当建立健全有利于农民收入稳定增长的机制，鼓励支持农民拓宽增收渠道，促进农民增加收入。

国家采取措施支持农村集体经济组织发展，为本集体成员提供生产生活服务，保障成员从集体经营收入中获得收益分配的权利。

国家支持农民专业合作社、家庭农场和涉农企业、电子商务企业、农业专业化社会化服务组织等以多种方式与农民建立紧密型利益联结机制，让农民共享全产业链增值收益。

第二十二条 各级人民政府应当加强国有农（林、牧、渔）场规划建设，推进国有农（林、牧、渔）场现代农业发展，鼓励国有农（林、牧、渔）场在农业农村现代化建设中发挥示范引领作用。

第二十三条 各级人民政府应当深化供销合作社综合改革，鼓励供销合作社加强与农民利益联结，完善市场运作机制，强化为农服务功能，发挥其为农服务综合性合作经济组织的作用。

第三章 人才支撑

第二十四条 国家健全乡村人才工作体制机制，采取措施鼓励和支持社会各方面提供教育培训、技术支持、创业指导等服务，培养本土人才，引导城市人才下乡，推动专业人才服务乡村，促进农业农村人才队伍建设。

第二十五条 各级人民政府应当加强农村教育工作统筹，持续改善农村学校办学条件，支持开展网络远程教育，提高农村基础教育质量，加大乡村教师培养力度，采取公费师范教育等方式吸引高等学校毕业生到乡村任教，对长期在乡村任教的教师在职称评定等方面给予优待，保障和改善乡村教师待遇，提高乡村教师学历水平、整体素质和乡村教育现代化水平。

各级人民政府应当采取措施加强乡村医疗卫生队伍建设，支持县乡村医疗卫生人员参加培训、进修，建立县乡村上下贯通的职业发展机制，对在乡村工作的医疗卫生人员实行优惠待遇，鼓励医学院校毕业生到乡村工作，支持医师到乡村医疗卫生机构执业、开办乡村诊所、普及医疗卫生知识，提高乡村医疗卫生服务能力。

各级人民政府应当采取措施培育农业科技人才、经营管理人才、法律服务人才、社会工作人才，加强乡村文化人才队伍建设，培育乡村文化骨干力量。

第二十六条 各级人民政府应当采取措施，加强职业教育和继续教育，组织开展农业技能培训、返乡创业就业培训和职业技能培训，培养有文化、懂技术、善经营、会管理的高素质农民和农村实用人才、创新创业带头人。

第二十七条 县级以上人民政府及其教育行政部门应当指导、支持高等学校、职业学校设置涉农相关专业，加大农村专业人才培养力度，鼓励高等学校、职业学校毕业生到农村就业创业。

第二十八条 国家鼓励城市人才向乡村流动，建立健全城乡、区域、校地之间人才培养合作与交流机制。

县级以上人民政府应当建立鼓励各类人才参与乡村建设的激励机制，搭建社会工作和乡村建设志愿服务平台，支持和引导各类人才通过多种方式服务乡村振兴。

乡镇人民政府和村民委员会、农村集体经济组织应当为返乡入乡人员和各类人才提供必要的生产生活服务。农村集体经济组织可以根据实际情况提供相关的福利待遇。

第四章　文化繁荣

第二十九条　各级人民政府应当组织开展新时代文明实践活动，加强农村精神文明建设，不断提高乡村社会文明程度。

第三十条　各级人民政府应当采取措施丰富农民文化体育生活，倡导科学健康的生产生活方式，发挥村规民约积极作用，普及科学知识，推进移风易俗，破除大操大办、铺张浪费等陈规陋习，提倡孝老爱亲、勤俭节约、诚实守信，促进男女平等，创建文明村镇、文明家庭，培育文明乡风、良好家风、淳朴民风，建设文明乡村。

第三十一条　各级人民政府应当健全完善乡村公共文化体育设施网络和服务运行机制，鼓励开展形式多样的农民群众性文化体育、节日民俗等活动，充分利用广播电视、视听网络和书籍报刊，拓展乡村文化服务渠道，提供便利可及的公共文化服务。

各级人民政府应当支持农业农村农民题材文艺创作，鼓励制作反映农民生产生活和乡村振兴实践的优秀文艺作品。

第三十二条　各级人民政府应当采取措施保护农业文化遗产和非物质文化遗产，挖掘优秀农业文化深厚内涵，弘扬红色文化，传承和发展优秀传统文化。

县级以上地方人民政府应当加强对历史文化名镇名村、传统村落和乡村风貌、少数民族特色村寨的保护，开展保护状况监测和评估，采取措施防御和减轻火灾、洪水、地震等灾害。

第三十三条　县级以上地方人民政府应当坚持规划引导、典型示范，有计划地建设特色鲜明、优势突出的农业文化展示区、文化产业特色村落，发展乡村特色文化体育产业，推动乡村地区传统工艺振兴，积极推动智慧广电乡村建设，活跃繁荣农村文化市场。

第五章 生态保护

第三十四条 国家健全重要生态系统保护制度和生态保护补偿机制，实施重要生态系统保护和修复工程，加强乡村生态保护和环境治理，绿化美化乡村环境，建设美丽乡村。

第三十五条 国家鼓励和支持农业生产者采用节水、节肥、节药、节能等先进的种植养殖技术，推动种养结合、农业资源综合开发，优先发展生态循环农业。

各级人民政府应当采取措施加强农业面源污染防治，推进农业投入品减量化、生产清洁化、废弃物资源化、产业模式生态化，引导全社会形成节约适度、绿色低碳、文明健康的生产生活和消费方式。

第三十六条 各级人民政府应当实施国土综合整治和生态修复，加强森林、草原、湿地等保护修复，开展荒漠化、石漠化、水土流失综合治理，改善乡村生态环境。

第三十七条 各级人民政府应当建立政府、村级组织、企业、农民等各方面参与的共建共管共享机制，综合整治农村水系，因地制宜推广卫生厕所和简便易行的垃圾分类，治理农村垃圾和污水，加强乡村无障碍设施建设，鼓励和支持使用清洁能源、可再生能源，持续改善农村人居环境。

第三十八条 国家建立健全农村住房建设质量安全管理制度和相关技术标准体系，建立农村低收入群体安全住房保障机制。建设农村住房应当避让灾害易发区域，符合抗震、防洪等基本安全要求。

县级以上地方人民政府应当加强农村住房建设管理和服务，强化新建农村住房规划管控，严格禁止违法占用耕地建房；鼓励农村住房设计体现地域、民族和乡土特色，鼓励农村住房建设采用新型建造技术和绿色建材，引导农民建设功能现代、结构安全、成本经济、绿色环保、与乡村环境相协调的宜居住房。

第三十九条 国家对农业投入品实行严格管理，对剧毒、高毒、高残留的农药、兽药采取禁用限用措施。农产品生产经营者不得使用国家禁用的农药、兽药或者其他有毒有害物质，不得违反农产品质量安全标准和国家有关规定超剂量、超范围使用农药、兽药、肥料、饲料添加剂等农业投入品。

第四十条 国家实行耕地养护、修复、休耕和草原森林河流湖泊休养生息制度。县级以上人民政府及其有关部门依法划定江河湖海限捕、禁捕的时间和区域，并可以根据地下水超采情况，划定禁止、限制开采地下水区域。

禁止违法将污染环境、破坏生态的产业、企业向农村转移。禁止违法将城镇垃圾、工业固体废物、未经达标处理的城镇污水等向农业农村转移。禁止向农用地排放重金属或者其他有毒有害物质含量超标的污水、污泥，以及可能造成土壤污染的清淤底泥、尾矿、矿渣等；禁止将有毒有害废物用作肥料或者用于造田和土地复垦。

地方各级人民政府及其有关部门应当采取措施，推进废旧农膜和农药等农业投入品包装废弃物回收处理，推进农作物秸秆、畜禽粪污的资源化利用，严格控制河流湖库、近岸海域投饵网箱养殖。

第六章 组织建设

第四十一条 建立健全党委领导、政府负责、民主协商、社会协同、公众参与、法治保障、科技支撑的现代乡村社会治理体制和自治、法治、德治相结合的乡村社会治理体系，建设充满活力、和谐有序的善治乡村。

地方各级人民政府应当加强乡镇人民政府社会管理和服务能力建设，把乡镇建成乡村治理中心、农村服务中心、乡村经济中心。

第四十二条 中国共产党农村基层组织，按照中国共产党章程和有关规定发挥全面领导作用。村民委员会、农村集体经济组织等应当在乡镇党委和村党组织的领导下，实行村民自治，发展集体所有制经济，维护农民合法权益，并应当接受村民监督。

第四十三条 国家建立健全农业农村工作干部队伍的培养、配备、使用、管理机制，选拔优秀干部充实到农业农村工作干部队伍，采取措施提高农业农村工作干部队伍的能力和水平，落实农村基层干部相关待遇保障，建设懂农业、爱农村、爱农民的农业农村工作干部队伍。

第四十四条 地方各级人民政府应当构建简约高效的基层管理体制，科学设置乡镇机构，加强乡村干部培训，健全农村基层服务体系，夯实乡村治理基础。

第四十五条 乡镇人民政府应当指导和支持农村基层群众性自治组织规范化、制度化建设，健全村民委员会民主决策机制和村务公开制度，增强村民自我管理、自我教育、自我服务、自我监督能力。

第四十六条 各级人民政府应当引导和支持农村集体经济组织发挥依法管理集体资产、合理开发集体资源、服务集体成员等方面的作用，保障农村集体经济组织的独立运营。

县级以上地方人民政府应当支持发展农民专业合作社、家庭农场、农业企业等多种经营主体，健全农业农村社会化服务体系。

第四十七条 县级以上地方人民政府应当采取措施加强基层群团组织建设，支持、规范和引导农村社会组织发展，发挥基层群团组织、农村社会组织团结群众、联系群众、服务群众等方面的作用。

第四十八条 地方各级人民政府应当加强基层执法队伍建设，鼓励乡镇人民政府根据需要设立法律顾问和公职律师，鼓励有条件的地方在村民委员会建立公共法律服务工作室，深入开展法治宣传教育和人民调解工作，健全乡村矛盾纠纷调处化解机制，推进法治乡村建设。

第四十九条 地方各级人民政府应当健全农村社会治安防控体系，加强农村警务工作，推动平安乡村建设；健全农村公共安全体系，强化农村公共卫生、安全生产、防灾减灾救灾、应急救援、应急广播、食品、药品、交通、消防等安全管理责任。

第七章 城乡融合

第五十条 各级人民政府应当协同推进乡村振兴战略和新型城镇化战略的实施，整体筹划城镇和乡村发展，科学有序统筹安排生态、农业、城镇等功能空间，优化城乡产业发展、基础设施、公共服务设施等布局，逐步健全全民覆盖、普惠共享、城乡一体的基本公共服务体系，加快县域城乡融合发展，促进农业高质高效、乡村宜居宜业、农民富裕富足。

第五十一条 县级人民政府和乡镇人民政府应当优化本行政区域内乡村发展布局，按照尊重农民意愿、方便群众生产生活、保持乡村功能和特色的原则，因地制宜安排村庄布局，依法编制村庄规划，分类有序推进村庄建设，严格规范村庄撤并，严禁违背农民意愿、违反法定程序撤并村庄。

第五十二条 县级以上地方人民政府应当统筹规划、建设、管护城乡道路以及垃圾污水处理、供水供电供气、物流、客运、信息通信、广播电视、消防、防灾减灾等公共基础设施和新型基础设施，推动城乡基础设施互联互通，保障乡村发展能源需求，保障农村饮用水安全，满足农民生产生活需要。

第五十三条 国家发展农村社会事业，促进公共教育、医疗卫生、社会保障等资源向农村倾斜，提升乡村基本公共服务水平，推进城乡基本公共服务均等化。

国家健全乡村便民服务体系，提升乡村公共服务数字化智能化水平，支持完善村级综合服务设施和综合信息平台，培育服务机构和服务类社会组织，完善服务运行机制，促进公共服务与自我服务有效衔接，增强生产生活服务功能。

第五十四条 国家完善城乡统筹的社会保障制度，建立健全保障机制，支持乡村提高社会保障管理服务水平；建立健全城乡居民基本养老保险待遇确定和基础养老金标准正常调整机制，确保城乡居民基本养老保险待遇随经济社会发展逐步提高。

国家支持农民按照规定参加城乡居民基本养老保险、基本医疗保险，鼓励具备条件的灵活就业人员和农业产业化从业人员参加职工基本养老保险、职工基本医疗保险等社会保险。

国家推进城乡最低生活保障制度统筹发展，提高农村特困人员供养等社会救助水平，加强对农村留守儿童、妇女和老年人以及残疾人、困境儿童的关爱服务，支持发展农村普惠型养老服务和互助性养老。

第五十五条 国家推动形成平等竞争、规范有序、城乡统一的人力资源市场，健全城乡均等的公共就业创业服务制度。

县级以上地方人民政府应当采取措施促进在城镇稳定就业和生活的农民自愿有序进城落户，不得以退出土地承包经营权、宅基地使用权、集体收益分配权等作为农民进城落户的条件；推进取得居住证的农民及其随迁家属享受城镇基本公共服务。

国家鼓励社会资本到乡村发展与农民利益联结型项目，鼓励城市居民到乡村旅游、休闲度假、养生养老等，但不得破坏乡村生态环境，不得损害农村集体经济组织及其成员的合法权益。

第五十六条 县级以上人民政府应当采取措施促进城乡产业协同发展，在保障农民主体地位的基础上健全联农带农激励机制，实现乡村经济多元化和农业全产业链发展。

第五十七条 各级人民政府及其有关部门应当采取措施鼓励农民进城务工，全面落实城乡劳动者平等就业、同工同酬，依法保障农民工工资支付和社会保障权益。

第八章　扶持措施

第五十八条　国家建立健全农业支持保护体系和实施乡村振兴战略财政投入保障制度。县级以上人民政府应当优先保障用于乡村振兴的财政投入，确保投入力度不断增强、总量持续增加、与乡村振兴目标任务相适应。

省、自治区、直辖市人民政府可以依法发行政府债券，用于现代农业设施建设和乡村建设。

各级人民政府应当完善涉农资金统筹整合长效机制，强化财政资金监督管理，全面实施预算绩效管理，提高财政资金使用效益。

第五十九条　各级人民政府应当采取措施增强脱贫地区内生发展能力，建立农村低收入人口、欠发达地区帮扶长效机制，持续推进脱贫地区发展；建立健全易返贫致贫人口动态监测预警和帮扶机制，实现巩固拓展脱贫攻坚成果同乡村振兴有效衔接。

国家加大对革命老区、民族地区、边疆地区实施乡村振兴战略的支持力度。

第六十条　国家按照增加总量、优化存量、提高效能的原则，构建以高质量绿色发展为导向的新型农业补贴政策体系。

第六十一条　各级人民政府应当坚持取之于农、主要用之于农的原则，按照国家有关规定调整完善土地使用权出让收入使用范围，提高农业农村投入比例，重点用于高标准农田建设、农田水利建设、现代种业提升、农村供水保障、农村人居环境整治、农村土地综合整治、耕地及永久基本农田保护、村庄公共设施建设和管护、农村教育、农村文化和精神文明建设支出，以及与农业农村直接相关的山水林田湖草沙生态保护修复、以工代赈工程建设等。

第六十二条　县级以上人民政府设立的相关专项资金、基金应当按照规定加强对乡村振兴的支持。

国家支持以市场化方式设立乡村振兴基金，重点支持乡村产业发展和公共基础设施建设。

县级以上地方人民政府应当优化乡村营商环境，鼓励创新投融资方式，引导社会资本投向乡村。

第六十三条 国家综合运用财政、金融等政策措施，完善政府性融资担保机制，依法完善乡村资产抵押担保权能，改进、加强乡村振兴的金融支持和服务。

财政出资设立的农业信贷担保机构应当主要为从事农业生产和与农业生产直接相关的经营主体服务。

第六十四条 国家健全多层次资本市场，多渠道推动涉农企业股权融资，发展并规范债券市场，促进涉农企业利用多种方式融资；丰富农产品期货品种，发挥期货市场价格发现和风险分散功能。

第六十五条 国家建立健全多层次、广覆盖、可持续的农村金融服务体系，完善金融支持乡村振兴考核评估机制，促进农村普惠金融发展，鼓励金融机构依法将更多资源配置到乡村发展的重点领域和薄弱环节。

政策性金融机构应当在业务范围内为乡村振兴提供信贷支持和其他金融服务，加大对乡村振兴的支持力度。

商业银行应当结合自身职能定位和业务优势，创新金融产品和服务模式，扩大基础金融服务覆盖面，增加对农民和农业经营主体的信贷规模，为乡村振兴提供金融服务。

农村商业银行、农村合作银行、农村信用社等农村中小金融机构应当主要为本地农业农村农民服务，当年新增可贷资金主要用于当地农业农村发展。

第六十六条 国家建立健全多层次农业保险体系，完善政策性农业保险制度，鼓励商业性保险公司开展农业保险业务，支持农民和农业经营主体依法开展互助合作保险。

县级以上人民政府应当采取保费补贴等措施，支持保险机构适当增加保险品种，扩大农业保险覆盖面，促进农业保险发展。

第六十七条 县级以上地方人民政府应当推进节约集约用地，提高土地使用效率，依法采取措施盘活农村存量建设用地，激活农村土地资源，完善农村新增建设用地保障机制，满足乡村产业、公共服务设施和农民住宅用地合理需求。

县级以上地方人民政府应当保障乡村产业用地，建设用地指标应当向乡村发展倾斜，县域内新增耕地指标应当优先用于折抵乡村产业发展所需建设用地指标，探索灵活多样的供地新方式。

经国土空间规划确定为工业、商业等经营性用途并依法登记的集体经营性建设用地，土地所有权人可以依法通过出让、出租等方式交由单位或者个人使用，优先用于发展集体所有制经济和乡村产业。

第九章　监督检查

第六十八条 国家实行乡村振兴战略实施目标责任制和考核评价制度。上级人民政府应当对下级人民政府实施乡村振兴战略的目标完成情况等进行考核，考核结果作为地方人民政府及其负责人综合考核评价的重要内容。

第六十九条 国务院和省、自治区、直辖市人民政府有关部门建立客观反映乡村振兴进展的指标和统计体系。县级以上地方人民政府应当对本行政区域内乡村振兴战略实施情况进行评估。

第七十条 县级以上各级人民政府应当向本级人民代表大会或者其常务委员会报告乡村振兴促进工作情况。乡镇人民政府应当向本级人民代表大会报告乡村振兴促进工作情况。

第七十一条 地方各级人民政府应当每年向上一级人民政府报告乡村振兴促进工作情况。

县级以上人民政府定期对下一级人民政府乡村振兴促进工作情况开展监督检查。

第七十二条 县级以上人民政府发展改革、财政、农业农村、审计等部门按照各自职责对农业农村投入优先保障机制落实情况、乡村振兴资金使用情况和绩效等实施监督。

第七十三条 各级人民政府及其有关部门在乡村振兴促进工作中不履行或者不正确履行职责的，依照法律法规和国家有关规定追究责任，对直接负责的主管人员和其他直接责任人员依法给予处分。

违反有关农产品质量安全、生态环境保护、土地管理等法律法规的，由有关主管部门依法予以处罚；构成犯罪的，依法追究刑事责任。

第十章 附 则

第七十四条 本法自2021年6月1日起施行。

中华人民共和国
公职人员政务处分法

（2020 年 6 月 20 日第十三届全国人民代表大会常务委员会第十九次会议通过）

目　　录

第一章　总　　则

第一条　为了规范政务处分，加强对所有行使公权力的公职人员的监督，促进公职人员依法履职、秉公用权、廉洁从政从业、坚持道德操守，根据《中华人民共和国监察法》，制定本法。

第二条　本法适用于监察机关对违法的公职人员给予政务处分的活动。

本法第二章、第三章适用于公职人员任免机关、单位对违法的公职人员给予处分。处分的程序、申诉等适用其他法律、行政法规、国务院部门规章和国家有关规定。

本法所称公职人员，是指《中华人民共和国监察法》第十五条规定的人员。

第三条 监察机关应当按照管理权限，加强对公职人员的监督，依法给予违法的公职人员政务处分。

公职人员任免机关、单位应当按照管理权限，加强对公职人员的教育、管理、监督，依法给予违法的公职人员处分。

监察机关发现公职人员任免机关、单位应当给予处分而未给予，或者给予的处分违法、不当的，应当及时提出监察建议。

第四条 给予公职人员政务处分，坚持党管干部原则，集体讨论决定；坚持法律面前一律平等，以事实为根据，以法律为准绳，给予的政务处分与违法行为的性质、情节、危害程度相当；坚持惩戒与教育相结合，宽严相济。

第五条 给予公职人员政务处分，应当事实清楚、证据确凿、定性准确、处理恰当、程序合法、手续完备。

第六条 公职人员依法履行职责受法律保护，非因法定事由、非经法定程序，不受政务处分。

第二章　政务处分的种类和适用

第七条 政务处分的种类为：

（一）警告；

（二）记过；

（三）记大过；

（四）降级；

（五）撤职；

（六）开除。

第八条 政务处分的期间为：

（一）警告，六个月；

（二）记过，十二个月；

（三）记大过，十八个月；

（四）降级、撤职，二十四个月。

政务处分决定自作出之日起生效，政务处分期自政务处分决定生效之日起计算。

第九条 公职人员二人以上共同违法，根据各自在违法行为中所起的作用和应当承担的法律责任，分别给予政务处分。

第十条 有关机关、单位、组织集体作出的决定违法或者实施违法行为的，对负有责任的领导人员和直接责任人员中的公职人员依法给予政务处分。

第十一条 公职人员有下列情形之一的，可以从轻或者减轻给予政务处分：

（一）主动交代本人应当受到政务处分的违法行为的；

（二）配合调查，如实说明本人违法事实的；

（三）检举他人违纪违法行为，经查证属实的；

（四）主动采取措施，有效避免、挽回损失或者消除不良影响的；

（五）在共同违法行为中起次要或者辅助作用的；

（六）主动上交或者退赔违法所得的；

（七）法律、法规规定的其他从轻或者减轻情节。

第十二条 公职人员违法行为情节轻微，且具有本法第十一条规定的情形之一的，可以对其进行谈话提醒、批评教育、责令检查或者予以诫勉，免予或者不予政务处分。

公职人员因不明真相被裹挟或者被胁迫参与违法活动，经批评教育后确有悔改表现的，可以减轻、免予或者不予政务处分。

第十三条 公职人员有下列情形之一的，应当从重给予政务处分：

（一）在政务处分期内再次故意违法，应当受到政务处分的；

（二）阻止他人检举、提供证据的；

（三）串供或者伪造、隐匿、毁灭证据的；

（四）包庇同案人员的；

（五）胁迫、唆使他人实施违法行为的；

（六）拒不上交或者退赔违法所得的；

（七）法律、法规规定的其他从重情节。

第十四条 公职人员犯罪，有下列情形之一的，予以开除：

（一）因故意犯罪被判处管制、拘役或者有期徒刑以上刑罚（含宣告缓刑）的；

（二）因过失犯罪被判处有期徒刑，刑期超过三年的；

（三）因犯罪被单处或者并处剥夺政治权利的。

因过失犯罪被判处管制、拘役或者三年以下有期徒刑的，一般应当予以开除；案件情况特殊，予以撤职更为适当的，可以不予开除，但是应当报请上一级机关批准。

公职人员因犯罪被单处罚金，或者犯罪情节轻微，人民检察院依法作出不起诉决定或者人民法院依法免予刑事处罚的，予以撤职；造成不良影响的，予以开除。

第十五条 公职人员有两个以上违法行为的，应当分别确定政务处分。应当给予两种以上政务处分的，执行其中最重的政务处分；应当给予撤职以下多个相同政务处分的，可以在一个政务处分期以上、多个政务处分期之和以下确定政务处分期，但是最长不得超过四十八个月。

第十六条 对公职人员的同一违法行为，监察机关和公职人员任免机关、单位不得重复给予政务处分和处分。

第十七条 公职人员有违法行为，有关机关依照规定给予组织处理的，监察机关可以同时给予政务处分。

第十八条 担任领导职务的公职人员有违法行为，被罢免、撤销、免去或者辞去领导职务的，监察机关可以同时给予政务处分。

第十九条 公务员以及参照《中华人民共和国公务员法》管理的人员在政务处分期内，不得晋升职务、职级、衔级和级别；其中，被记过、记大过、降级、撤职的，不得晋升工资档次。被撤职的，按照规定降低职务、职级、衔级和级别，同时降低工资和待遇。

第二十条 法律、法规授权或者受国家机关依法委托管理公共事务的组织中从事公务的人员，以及公办的教育、科研、文化、医疗卫生、体育等单位中从事管理的人员，在政务处分期内，不得晋升职务、岗位和职员等级、职称；其中，被记过、记大过、降级、撤职的，不得晋升薪酬待遇等级。被撤职的，降低职务、岗位或者职员等级，同时降低薪酬待遇。

第二十一条 国有企业管理人员在政务处分期内，不得晋升职务、岗位等级和职称；其中，被记过、记大过、降级、撤职的，不得晋升薪酬待遇等级。被撤职的，降低职务或者岗位等级，同时降低薪酬待遇。

第二十二条 基层群众性自治组织中从事管理的人员有违法行为的，监察机关可以予以警告、记过、记大过。

基层群众性自治组织中从事管理的人员受到政务处分的，应当由县级或者乡镇人民政府根据具体情况减发或者扣发补贴、奖金。

第二十三条 《中华人民共和国监察法》第十五条第六项规定的人员有违法行为的，监察机关可以予以警告、记过、记大过。情节严重的，由所在单位直接给予或者监察机关建议有关机关、单位给予降低薪酬待遇、调离岗位、解除人事关系或者劳动关系等处理。

《中华人民共和国监察法》第十五条第二项规定的人员，未担任公务员、参照《中华人民共和国公务员法》管理的人员、事业单位工作人员或者国有企业人员职务的，对其违法行为依照前款规定处理。

第二十四条 公职人员被开除，或者依照本法第二十三条规定，受到解除人事关系或者劳动关系处理的，不得录用为公务员以及参照《中华人民共和国公务员法》管理的人员。

第二十五条 公职人员违法取得的财物和用于违法行为的本人财物，除依法应当由其他机关没收、追缴或者责令退赔的，由监察机关没收、追缴或者责令退赔；应当退还原所有人或者原持有人的，依法予以退还；属于国家财产或者不应当退还以及无法退还的，上缴国库。

公职人员因违法行为获得的职务、职级、衔级、级别、岗位和职员等级、职称、待遇、资格、学历、学位、荣誉、奖励等其他利益，监察机关应当建议有关机关、单位、组织按规定予以纠正。

第二十六条 公职人员被开除的，自政务处分决定生效之日起，应当解除其与所在机关、单位的人事关系或者劳动关系。

公职人员受到开除以外的政务处分，在政务处分期内有悔改表现，并且没有再发生应当给予政务处分的违法行为的，政务处分期满后自动解除，晋升职务、职级、衔级、级别、岗位和职员等级、职称、薪酬待遇不再受原政务处分影响。但是，解除降级、撤职的，不恢复原职务、职级、衔级、级别、岗位和职员等级、职称、薪酬待遇。

第二十七条 已经退休的公职人员退休前或者退休后有违法行为的，不再给予政务处分，但是可以对其立案调查；依法应当予以降级、撤职、开除的，应当按照规定相应调整其享受的待遇，对其违法取得的财物和用于违法行为的本人财物依照本法第二十五条的规定处理。

已经离职或者死亡的公职人员在履职期间有违法行为的，依照前款规定处理。

第三章　违法行为及其适用的政务处分

第二十八条　有下列行为之一的，予以记过或者记大过；情节较重的，予以降级或者撤职；情节严重的，予以开除：

（一）散布有损宪法权威、中国共产党领导和国家声誉的言论的；

（二）参加旨在反对宪法、中国共产党领导和国家的集会、游行、示威等活动的；

（三）拒不执行或者变相不执行中国共产党和国家的路线方针政策、重大决策部署的；

（四）参加非法组织、非法活动的；

（五）挑拨、破坏民族关系，或者参加民族分裂活动的；

（六）利用宗教活动破坏民族团结和社会稳定的；

（七）在对外交往中损害国家荣誉和利益的。

有前款第二项、第四项、第五项和第六项行为之一的，对策划者、组织者和骨干分子，予以开除。

公开发表反对宪法确立的国家指导思想，反对中国共产党领导，反对社会主义制度，反对改革开放的文章、演说、宣言、声明等的，予以开除。

第二十九条　不按照规定请示、报告重大事项，情节较重的，予以警告、记过或者记大过；情节严重的，予以降级或者撤职。

违反个人有关事项报告规定，隐瞒不报，情节较重的，予以警告、记过或者记大过。

篡改、伪造本人档案资料的，予以记过或者记大过；情节严重的，予以降级或者撤职。

第三十条　有下列行为之一的，予以警告、记过或者记大过；情节严重的，予以降级或者撤职：

（一）违反民主集中制原则，个人或者少数人决定重大事项，或者拒不执行、擅自改变集体作出的重大决定的；

（二）拒不执行或者变相不执行、拖延执行上级依法作出的决定、命令的。

第三十一条 违反规定出境或者办理因私出境证件的，予以记过或者记大过；情节严重的，予以降级或者撤职。

违反规定取得外国国籍或者获取境外永久居留资格、长期居留许可的，予以撤职或者开除。

第三十二条 有下列行为之一的，予以警告、记过或者记大过；情节较重的，予以降级或者撤职；情节严重的，予以开除：

（一）在选拔任用、录用、聘用、考核、晋升、评选等干部人事工作中违反有关规定的；

（二）弄虚作假，骗取职务、职级、衔级、级别、岗位和职员等级、职称、待遇、资格、学历、学位、荣誉、奖励或者其他利益的；

（三）对依法行使批评、申诉、控告、检举等权利的行为进行压制或者打击报复的；

（四）诬告陷害，意图使他人受到名誉损害或者责任追究等不良影响的；

（五）以暴力、威胁、贿赂、欺骗等手段破坏选举的。

第三十三条 有下列行为之一的，予以警告、记过或者记大过；情节较重的，予以降级或者撤职；情节严重的，予以开除：

（一）贪污贿赂的；

（二）利用职权或者职务上的影响为本人或者他人谋取私利的；

（三）纵容、默许特定关系人利用本人职权或者职务上的影响谋取私利的。

拒不按照规定纠正特定关系人违规任职、兼职或者从事经营活动，且不服从职务调整的，予以撤职。

第三十四条 收受可能影响公正行使公权力的礼品、礼金、有价证券等财物的，予以警告、记过或者记大过；情节较重的，予以降级或者撤职；情节严重的，予以开除。

向公职人员及其特定关系人赠送可能影响公正行使公权力的礼品、礼金、有价证券等财物，或者接受、提供可能影响公正行使公权力的宴请、旅游、健身、娱乐等活动安排，情节较重的，予以警告、记过或者记大过；情节严重的，予以降级或者撤职。

第三十五条 有下列行为之一，情节较重的，予以警告、记过或者记大过；情节严重的，予以降级或者撤职：

（一）违反规定设定、发放薪酬或者津贴、补贴、奖金的；

（二）违反规定，在公务接待、公务交通、会议活动、办公用房以及其他工作生活保障等方面超标准、超范围的；

（三）违反规定公款消费的。

第三十六条 违反规定从事或者参与营利性活动，或者违反规定兼任职务、领取报酬的，予以警告、记过或者记大过；情节较重的，予以降级或者撤职；情节严重的，予以开除。

第三十七条 利用宗族或者黑恶势力等欺压群众，或者纵容、包庇黑恶势力活动的，予以撤职；情节严重的，予以开除。

第三十八条 有下列行为之一，情节较重的，予以警告、记过或者记大过；情节严重的，予以降级或者撤职：

（一）违反规定向管理服务对象收取、摊派财物的；

（二）在管理服务活动中故意刁难、吃拿卡要的；

（三）在管理服务活动中态度恶劣粗暴，造成不良后果或者影响的；

（四）不按照规定公开工作信息，侵犯管理服务对象知情权，造成不良后果或者影响的；

（五）其他侵犯管理服务对象利益的行为，造成不良后果或者影响的。

有前款第一项、第二项和第五项行为，情节特别严重的，予以开除。

第三十九条 有下列行为之一，造成不良后果或者影响的，予以警告、记过或者记大过；情节较重的，予以降级或者撤职；情节严重的，予以开除：

（一）滥用职权，危害国家利益、社会公共利益或者侵害公民、法人、其他组织合法权益的；

（二）不履行或者不正确履行职责，玩忽职守，贻误工作的；

（三）工作中有形式主义、官僚主义行为的；

（四）工作中有弄虚作假，误导、欺骗行为的；

（五）泄露国家秘密、工作秘密，或者泄露因履行职责掌握的商业秘密、个人隐私的。

第四十条 有下列行为之一的，予以警告、记过或者记大过；情节较重的，予以降级或者撤职；情节严重的，予以开除：

（一）违背社会公序良俗，在公共场所有不当行为，造成不良影响的；

（二）参与或者支持迷信活动，造成不良影响的；

（三）参与赌博的；

（四）拒不承担赡养、抚养、扶养义务的；

（五）实施家庭暴力，虐待、遗弃家庭成员的；

（六）其他严重违反家庭美德、社会公德的行为。

吸食、注射毒品，组织赌博，组织、支持、参与卖淫、嫖娼、色情淫乱活动的，予以撤职或者开除。

第四十一条 公职人员有其他违法行为，影响公职人员形象，损害国家和人民利益的，可以根据情节轻重给予相应政务处分。

第四章 政务处分的程序

第四十二条 监察机关对涉嫌违法的公职人员进行调查，应当由二名以上工作人员进行。监察机关进行调查时，有权依法向有关单位和个人了解情况，收集、调取证据。有关单位和个人应当如实提供情况。

严禁以威胁、引诱、欺骗及其他非法方式收集证据。以非法方式收集的证据不得作为给予政务处分的依据。

第四十三条 作出政务处分决定前，监察机关应当将调查认定的违法事实及拟给予政务处分的依据告知被调查人，听取被调查人的陈述和申辩，并对其陈述的事实、理由和证据进行核实，记录在案。被调查人提出的事实、理由和证据成立的，应予采纳。不得因被调查人的申辩而加重政务处分。

第四十四条 调查终结后，监察机关应当根据下列不同情况，分别作出处理：

（一）确有应受政务处分的违法行为的，根据情节轻重，按照政务处分决定权限，履行规定的审批手续后，作出政务处分决定；

（二）违法事实不能成立的，撤销案件；

（三）符合免予、不予政务处分条件的，作出免予、不予政务处分决定；

（四）被调查人涉嫌其他违法或者犯罪行为的，依法移送主管机关处理。

第四十五条 决定给予政务处分的，应当制作政务处分决定书。

政务处分决定书应当载明下列事项：

（一）被处分人的姓名、工作单位和职务；

（二）违法事实和证据；

（三）政务处分的种类和依据；

（四）不服政务处分决定，申请复审、复核的途径和期限；

（五）作出政务处分决定的机关名称和日期。

政务处分决定书应当盖有作出决定的监察机关的印章。

第四十六条 政务处分决定书应当及时送达被处分人和被处分人所在机关、单位，并在一定范围内宣布。

作出政务处分决定后，监察机关应当根据被处分人的具体身份书面告知相关的机关、单位。

第四十七条 参与公职人员违法案件调查、处理的人员有下列情形之一的，应当自行回避，被调查人、检举人及其他有关人员也有权要求其回避：

（一）是被调查人或者检举人的近亲属的；

（二）担任过本案的证人的；

（三）本人或者其近亲属与调查的案件有利害关系的；

（四）可能影响案件公正调查、处理的其他情形。

第四十八条 监察机关负责人的回避，由上级监察机关决定；其他参与违法案件调查、处理人员的回避，由监察机关负责人决定。

监察机关或者上级监察机关发现参与违法案件调查、处理人员有应当回避情形的，可以直接决定该人员回避。

第四十九条 公职人员依法受到刑事责任追究的，监察机关应当根据司法机关的生效判决、裁定、决定及其认定的事实和情节，依照本法规定给予政务处分。

公职人员依法受到行政处罚，应当给予政务处分的，监察机关可以根据行政处罚决定认定的事实和情节，经立案调查核实后，依照本法给予政务处分。

监察机关根据本条第一款、第二款的规定作出政务处分后，司法机关、行政机关依法改变原生效判决、裁定、决定等，对原政务处分决定产生影响的，监察机关应当根据改变后的判决、裁定、决定等重新作出相应处理。

第五十条 监察机关对经各级人民代表大会、县级以上各级人民代表大会常务委员会选举或者决定任命的公职人员予以撤职、开除的，应当先依法罢免、撤销或者免去其职务，再依法作出政务处分决定。

监察机关对经中国人民政治协商会议各级委员会全体会议或

者其常务委员会选举或者决定任命的公职人员予以撤职、开除的，应当先依章程免去其职务，再依法作出政务处分决定。

监察机关对各级人民代表大会代表、中国人民政治协商会议各级委员会委员给予政务处分的，应当向有关的人民代表大会常务委员会，乡、民族乡、镇的人民代表大会主席团或者中国人民政治协商会议委员会常务委员会通报。

第五十一条 下级监察机关根据上级监察机关的指定管辖决定进行调查的案件，调查终结后，对不属于本监察机关管辖范围内的监察对象，应当交有管理权限的监察机关依法作出政务处分决定。

第五十二条 公职人员涉嫌违法，已经被立案调查，不宜继续履行职责的，公职人员任免机关、单位可以决定暂停其履行职务。

公职人员在被立案调查期间，未经监察机关同意，不得出境、辞去公职；被调查公职人员所在机关、单位及上级机关、单位不得对其交流、晋升、奖励、处分或者办理退休手续。

第五十三条 监察机关在调查中发现公职人员受到不实检举、控告或者诬告陷害，造成不良影响的，应当按照规定及时澄清事实，恢复名誉，消除不良影响。

第五十四条 公职人员受到政务处分的，应当将政务处分决定书存入其本人档案。对于受到降级以上政务处分的，应当由人事部门按照管理权限在作出政务处分决定后一个月内办理职务、工资及其他有关待遇等的变更手续；特殊情况下，经批准可以适当延长办理期限，但是最长不得超过六个月。

第五章 复审、复核

第五十五条 公职人员对监察机关作出的涉及本人的政务处分决定不服的，可以依法向作出决定的监察机关申请复审；公职人员对复审决定仍不服的，可以向上一级监察机关申请复核。

监察机关发现本机关或者下级监察机关作出的政务处分决定确有错误的，应当及时予以纠正或者责令下级监察机关及时予以纠正。

第五十六条 复审、复核期间，不停止原政务处分决定的执行。

公职人员不因提出复审、复核而被加重政务处分。

第五十七条 有下列情形之一的，复审、复核机关应当撤销原政务处分决定，重新作出决定或者责令原作出决定的监察机关重新作出决定：

（一）政务处分所依据的违法事实不清或者证据不足的；

（二）违反法定程序，影响案件公正处理的；

（三）超越职权或者滥用职权作出政务处分决定的。

第五十八条 有下列情形之一的，复审、复核机关应当变更原政务处分决定，或者责令原作出决定的监察机关予以变更：

（一）适用法律、法规确有错误的；

（二）对违法行为的情节认定确有错误的；

（三）政务处分不当的。

第五十九条 复审、复核机关认为政务处分决定认定事实清楚，适用法律正确的，应当予以维持。

第六十条 公职人员的政务处分决定被变更，需要调整该公职人员的职务、职级、衔级、级别、岗位和职员等级或者薪酬待遇等的，应当按照规定予以调整。政务处分决定被撤销的，应当恢复该公职人员的级别、薪酬待遇，按照原职务、职级、衔级、岗位和职员等级安排相应的职务、职级、衔级、岗位和职员等级，并在原政务处分决定公布范围内为其恢复名誉。没收、追缴财物错误的，应当依法予以返还、赔偿。

公职人员因有本法第五十七条、第五十八条规定的情形被撤销政务处分或者减轻政务处分的，应当对其薪酬待遇受到的损失予以补偿。

第六章　法律责任

第六十一条　有关机关、单位无正当理由拒不采纳监察建议的，由其上级机关、主管部门责令改正，对该机关、单位给予通报批评，对负有责任的领导人员和直接责任人员依法给予处理。

第六十二条　有关机关、单位、组织或者人员有下列情形之一的，由其上级机关，主管部门，任免机关、单位或者监察机关责令改正，依法给予处理：

（一）拒不执行政务处分决定的；

（二）拒不配合或者阻碍调查的；

（三）对检举人、证人或者调查人员进行打击报复的；

（四）诬告陷害公职人员的；

（五）其他违反本法规定的情形。

第六十三条　监察机关及其工作人员有下列情形之一的，对负有责任的领导人员和直接责任人员依法给予处理：

（一）违反规定处置问题线索的；

（二）窃取、泄露调查工作信息，或者泄露检举事项、检举受理情况以及检举人信息的；

（三）对被调查人或者涉案人员逼供、诱供，或者侮辱、打骂、虐待、体罚或者变相体罚的；

（四）收受被调查人或者涉案人员的财物以及其他利益的；

（五）违反规定处置涉案财物的；

（六）违反规定采取调查措施的；

（七）利用职权或者职务上的影响干预调查工作、以案谋私的；

（八）违反规定发生办案安全事故，或者发生安全事故后隐瞒不报、报告失实、处置不当的；

（九）违反回避等程序规定，造成不良影响的；

（十）不依法受理和处理公职人员复审、复核的；

（十一）其他滥用职权、玩忽职守、徇私舞弊的行为。

第六十四条 违反本法规定，构成犯罪的，依法追究刑事责任。

第七章 附 则

第六十五条 国务院及其相关主管部门根据本法的原则和精神，结合事业单位、国有企业等的实际情况，对事业单位、国有企业等的违法的公职人员处分事宜作出具体规定。

第六十六条 中央军事委员会可以根据本法制定相关具体规定。

第六十七条 本法施行前，已结案的案件如果需要复审、复核，适用当时的规定。尚未结案的案件，如果行为发生时的规定不认为是违法的，适用当时的规定；如果行为发生时的规定认为是违法的，依照当时的规定处理，但是如果本法不认为是违法或者根据本法处理较轻的，适用本法。

第六十八条 本法自 2020 年 7 月 1 日起施行。

中华人民共和国土地管理法

（1986年6月25日第六届全国人民代表大会常务委员会第十六次会议通过　根据1988年12月29日第七届全国人民代表大会常务委员会第五次会议《关于修改〈中华人民共和国土地管理法〉的决定》第一次修正　1998年8月29日第九届全国人民代表大会常务委员会第四次会议修订　根据2004年8月28日第十届全国人民代表大会常务委员会第十一次会议《关于修改〈中华人民共和国土地管理法〉的决定》第二次修正　根据2019年8月26日第十三届全国人民代表大会常务委员会第十二次会议《关于修改〈中华人民共和国土地管理法〉、〈中华人民共和国城市房地产管理法〉的决定》第三次修正）

目　　录

第一章　总　　则

第一条　为了加强土地管理，维护土地的社会主义公有制，保护、开发土地资源，合理利用土地，切实保护耕地，促进社会经济的可持续发展，根据宪法，制定本法。

第二条　中华人民共和国实行土地的社会主义公有制，即全民所有制和劳动群众集体所有制。

全民所有，即国家所有土地的所有权由国务院代表国家行使。

任何单位和个人不得侵占、买卖或者以其他形式非法转让土地。土地使用权可以依法转让。

国家为了公共利益的需要，可以依法对土地实行征收或者征用并给予补偿。

国家依法实行国有土地有偿使用制度。但是，国家在法律规定的范围内划拨国有土地使用权的除外。

第三条　十分珍惜、合理利用土地和切实保护耕地是我国的基本国策。各级人民政府应当采取措施，全面规划，严格管理，保护、开发土地资源，制止非法占用土地的行为。

第四条　国家实行土地用途管制制度。

国家编制土地利用总体规划，规定土地用途，将土地分为农用地、建设用地和未利用地。严格限制农用地转为建设用地，控制建设用地总量，对耕地实行特殊保护。

前款所称农用地是指直接用于农业生产的土地，包括耕地、林地、草地、农田水利用地、养殖水面等；建设用地是指建造建筑物、构筑物的土地，包括城乡住宅和公共设施用地、工矿用地、交通水利设施用地、旅游用地、军事设施用地等；未利用地是指农用地和建设用地以外的土地。

使用土地的单位和个人必须严格按照土地利用总体规划确定的用途使用土地。

第五条 国务院自然资源主管部门统一负责全国土地的管理和监督工作。

县级以上地方人民政府自然资源主管部门的设置及其职责，由省、自治区、直辖市人民政府根据国务院有关规定确定。

第六条 国务院授权的机构对省、自治区、直辖市人民政府以及国务院确定的城市人民政府土地利用和土地管理情况进行督察。

第七条 任何单位和个人都有遵守土地管理法律、法规的义务，并有权对违反土地管理法律、法规的行为提出检举和控告。

第八条 在保护和开发土地资源、合理利用土地以及进行有关的科学研究等方面成绩显著的单位和个人，由人民政府给予奖励。

第二章 土地的所有权和使用权

第九条 城市市区的土地属于国家所有。

农村和城市郊区的土地，除由法律规定属于国家所有的以外，属于农民集体所有；宅基地和自留地、自留山，属于农民集体所有。

第十条 国有土地和农民集体所有的土地，可以依法确定给单位或者个人使用。使用土地的单位和个人，有保护、管理和合理利用土地的义务。

第十一条 农民集体所有的土地依法属于村农民集体所有的，由村集体经济组织或者村民委员会经营、管理；已经分别属于村内两个以上农村集体经济组织的农民集体所有的，由村内各该农村集体经济组织或者村民小组经营、管理；已经属于乡（镇）农民集体所有的，由乡（镇）农村集体经济组织经营、管理。

第十二条 土地的所有权和使用权的登记，依照有关不动产登记的法律、行政法规执行。

依法登记的土地的所有权和使用权受法律保护，任何单位和个人不得侵犯。

第十三条 农民集体所有和国家所有依法由农民集体使用的耕地、林地、草地，以及其他依法用于农业的土地，采取农村集体经济组织内部的家庭承包方式承包，不宜采取家庭承包方式的荒山、荒沟、荒丘、荒滩等，可以采取招标、拍卖、公开协商等方式承包，从事种植业、林业、畜牧业、渔业生产。家庭承包的耕地的承包期为三十年，草地的承包期为三十年至五十年，林地的承包期为三十年至七十年；耕地承包期届满后再延长三十年，草地、林地承包期届满后依法相应延长。

国家所有依法用于农业的土地可以由单位或者个人承包经营，从事种植业、林业、畜牧业、渔业生产。

发包方和承包方应当依法订立承包合同，约定双方的权利和义务。承包经营土地的单位和个人，有保护和按照承包合同约定的用途合理利用土地的义务。

第十四条 土地所有权和使用权争议，由当事人协商解决；协商不成的，由人民政府处理。

单位之间的争议，由县级以上人民政府处理；个人之间、个人与单位之间的争议，由乡级人民政府或者县级以上人民政府处理。

当事人对有关人民政府的处理决定不服的，可以自接到处理决定通知之日起三十日内，向人民法院起诉。

在土地所有权和使用权争议解决前，任何一方不得改变土地利用现状。

第三章 土地利用总体规划

第十五条 各级人民政府应当依据国民经济和社会发展规划、国土整治和资源环境保护的要求、土地供给能力以及各项建设对土地的需求，组织编制土地利用总体规划。

土地利用总体规划的规划期限由国务院规定。

第十六条 下级土地利用总体规划应当依据上一级土地利用总体规划编制。

地方各级人民政府编制的土地利用总体规划中的建设用地总量不得超过上一级土地利用总体规划确定的控制指标，耕地保有量不得低于上一级土地利用总体规划确定的控制指标。

省、自治区、直辖市人民政府编制的土地利用总体规划，应当确保本行政区域内耕地总量不减少。

第十七条 土地利用总体规划按照下列原则编制：

（一）落实国土空间开发保护要求，严格土地用途管制；

（二）严格保护永久基本农田，严格控制非农业建设占用农用地；

（三）提高土地节约集约利用水平；

（四）统筹安排城乡生产、生活、生态用地，满足乡村产业和基础设施用地合理需求，促进城乡融合发展；

（五）保护和改善生态环境，保障土地的可持续利用；

（六）占用耕地与开发复垦耕地数量平衡、质量相当。

第十八条 国家建立国土空间规划体系。编制国土空间规划应当坚持生态优先，绿色、可持续发展，科学有序统筹安排生态、农业、城镇等功能空间，优化国土空间结构和布局，提升国土空间开发、保护的质量和效率。

经依法批准的国土空间规划是各类开发、保护、建设活动的基本依据。已经编制国土空间规划的，不再编制土地利用总体规划和城乡规划。

第十九条 县级土地利用总体规划应当划分土地利用区，明确土地用途。

乡（镇）土地利用总体规划应当划分土地利用区，根据土地使用条件，确定每一块土地的用途，并予以公告。

第二十条 土地利用总体规划实行分级审批。

省、自治区、直辖市的土地利用总体规划，报国务院批准。

省、自治区人民政府所在地的市、人口在一百万以上的城市以及国务院指定的城市的土地利用总体规划，经省、自治区人民政府审查同意后，报国务院批准。

本条第二款、第三款规定以外的土地利用总体规划，逐级上报省、自治区、直辖市人民政府批准；其中，乡（镇）土地利用总体规划可以由省级人民政府授权的设区的市、自治州人民政府批准。

土地利用总体规划一经批准，必须严格执行。

第二十一条 城市建设用地规模应当符合国家规定的标准，充分利用现有建设用地，不占或者尽量少占农用地。

城市总体规划、村庄和集镇规划，应当与土地利用总体规划相衔接，城市总体规划、村庄和集镇规划中建设用地规模不得超过土地利用总体规划确定的城市和村庄、集镇建设用地规模。

在城市规划区内、村庄和集镇规划区内，城市和村庄、集镇建设用地应当符合城市规划、村庄和集镇规划。

第二十二条 江河、湖泊综合治理和开发利用规划，应当与土地利用总体规划相衔接。在江河、湖泊、水库的管理和保护范围以及蓄洪滞洪区内，土地利用应当符合江河、湖泊综合治理和开发利用规划，符合河道、湖泊行洪、蓄洪和输水的要求。

第二十三条 各级人民政府应当加强土地利用计划管理，实行建设用地总量控制。

土地利用年度计划，根据国民经济和社会发展计划、国家产业政策、土地利用总体规划以及建设用地和土地利用的实际状况编制。土地利用年度计划应当对本法第六十三条规定的集体经营性建设用地作出合理安排。土地利用年度计划的编制审批程序与土地利用总体规划的编制审批程序相同，一经审批下达，必须严格执行。

第二十四条 省、自治区、直辖市人民政府应当将土地利用年度计划的执行情况列为国民经济和社会发展计划执行情况的内容，向同级人民代表大会报告。

第二十五条 经批准的土地利用总体规划的修改，须经原批准机关批准；未经批准，不得改变土地利用总体规划确定的土地用途。

经国务院批准的大型能源、交通、水利等基础设施建设用地，需要改变土地利用总体规划的，根据国务院的批准文件修改土地利用总体规划。

经省、自治区、直辖市人民政府批准的能源、交通、水利等基础设施建设用地，需要改变土地利用总体规划的，属于省级人民政府土地利用总体规划批准权限内的，根据省级人民政府的批准文件修改土地利用总体规划。

第二十六条 国家建立土地调查制度。

县级以上人民政府自然资源主管部门会同同级有关部门进行土地调查。土地所有者或者使用者应当配合调查，并提供有关资料。

第二十七条 县级以上人民政府自然资源主管部门会同同级有关部门根据土地调查成果、规划土地用途和国家制定的统一标准，评定土地等级。

第二十八条 国家建立土地统计制度。

县级以上人民政府统计机构和自然资源主管部门依法进行土地统计调查，定期发布土地统计资料。土地所有者或者使用者应当提供有关资料，不得拒报、迟报，不得提供不真实、不完整的资料。

统计机构和自然资源主管部门共同发布的土地面积统计资料是各级人民政府编制土地利用总体规划的依据。

第二十九条 国家建立全国土地管理信息系统，对土地利用状况进行动态监测。

第四章　耕地保护

第三十条　国家保护耕地，严格控制耕地转为非耕地。

国家实行占用耕地补偿制度。非农业建设经批准占用耕地的，按照“占多少，垦多少”的原则，由占用耕地的单位负责开垦与所占用耕地的数量和质量相当的耕地；没有条件开垦或者开垦的耕地不符合要求的，应当按照省、自治区、直辖市的规定缴纳耕地开垦费，专款用于开垦新的耕地。

省、自治区、直辖市人民政府应当制定开垦耕地计划，监督占用耕地的单位按照计划开垦耕地或者按照计划组织开垦耕地，并进行验收。

第三十一条　县级以上地方人民政府可以要求占用耕地的单位将所占用耕地耕作层的土壤用于新开垦耕地、劣质地或者其他耕地的土壤改良。

第三十二条　省、自治区、直辖市人民政府应当严格执行土地利用总体规划和土地利用年度计划，采取措施，确保本行政区域内耕地总量不减少、质量不降低。耕地总量减少的，由国务院责令在规定期限内组织开垦与所减少耕地的数量与质量相当的耕地；耕地质量降低的，由国务院责令在规定期限内组织整治。新开垦和整治的耕地由国务院自然资源主管部门会同农业农村主管部门验收。

个别省、直辖市确因土地后备资源匮乏，新增建设用地后，新开垦耕地的数量不足以补偿所占用耕地的数量的，必须报经国务院批准减免本行政区域内开垦耕地的数量，易地开垦数量和质量相当的耕地。

第三十三条　国家实行永久基本农田保护制度。下列耕地应当根据土地利用总体规划划为永久基本农田，实行严格保护：

（一）经国务院农业农村主管部门或者县级以上地方人民政府批准确定的粮、棉、油、糖等重要农产品生产基地内的耕地；

（二）有良好的水利与水土保持设施的耕地，正在实施改造计划以及可以改造的中、低产田和已建成的高标准农田；

（三）蔬菜生产基地；

（四）农业科研、教学试验田；

（五）国务院规定应当划为永久基本农田的其他耕地。

各省、自治区、直辖市划定的永久基本农田一般应当占本行政区域内耕地的百分之八十以上，具体比例由国务院根据各省、自治区、直辖市耕地实际情况规定。

第三十四条 永久基本农田划定以乡（镇）为单位进行，由县级人民政府自然资源主管部门会同同级农业农村主管部门组织实施。永久基本农田应当落实到地块，纳入国家永久基本农田数据库严格管理。

乡（镇）人民政府应当将永久基本农田的位置、范围向社会公告，并设立保护标志。

第三十五条 永久基本农田经依法划定后，任何单位和个人不得擅自占用或者改变其用途。国家能源、交通、水利、军事设施等重点建设项目选址确实难以避让永久基本农田，涉及农用地转用或者土地征收的，必须经国务院批准。

禁止通过擅自调整县级土地利用总体规划、乡（镇）土地利用总体规划等方式规避永久基本农田农用地转用或者土地征收的审批。

第三十六条 各级人民政府应当采取措施，引导因地制宜轮作休耕，改良土壤，提高地力，维护排灌工程设施，防止土地荒漠化、盐渍化、水土流失和土壤污染。

第三十七条 非农业建设必须节约使用土地，可以利用荒地的，不得占用耕地；可以利用劣地的，不得占用好地。

禁止占用耕地建窑、建坟或者擅自在耕地上建房、挖砂、采石、采矿、取土等。

禁止占用永久基本农田发展林果业和挖塘养鱼。

第三十八条 禁止任何单位和个人闲置、荒芜耕地。已经办理审批手续的非农业建设占用耕地，一年内不用而又可以耕种并收获的，应当由原耕种该幅耕地的集体或者个人恢复耕种，也可以由用地单位组织耕种；一年以上未动工建设的，应当按照省、自治区、直辖市的规定缴纳闲置费；连续二年未使用的，经原批准机关批准，由县级以上人民政府无偿收回用地单位的土地使用权；该幅土地原为农民集体所有的，应当交由原农村集体经济组织恢复耕种。

在城市规划区范围内，以出让方式取得土地使用权进行房地产开发的闲置土地，依照《中华人民共和国城市房地产管理法》的有关规定办理。

第三十九条 国家鼓励单位和个人按照土地利用总体规划，在保护和改善生态环境、防止水土流失和土地荒漠化的前提下，开发未利用的土地；适宜开发为农用地的，应当优先开发成农用地。

国家依法保护开发者的合法权益。

第四十条 开垦未利用的土地，必须经过科学论证和评估，在土地利用总体规划划定的可开垦的区域内，经依法批准后进行。禁止毁坏森林、草原开垦耕地，禁止围湖造田和侵占江河滩地。

根据土地利用总体规划，对破坏生态环境开垦、围垦的土地，有计划有步骤地退耕还林、还牧、还湖。

第四十一条 开发未确定使用权的国有荒山、荒地、荒滩从事种植业、林业、畜牧业、渔业生产的，经县级以上人民政府依法批准，可以确定给开发单位或者个人长期使用。

第四十二条 国家鼓励土地整理。县、乡（镇）人民政府应当组织农村集体经济组织，按照土地利用总体规划，对田、水、路、林、村综合整治，提高耕地质量，增加有效耕地面积，改善农业生产条件和生态环境。

地方各级人民政府应当采取措施，改造中、低产田，整治闲散地和废弃地。

第四十三条 因挖损、塌陷、压占等造成土地破坏，用地单位和个人应当按照国家有关规定负责复垦；没有条件复垦或者复垦不符合要求的，应当缴纳土地复垦费，专项用于土地复垦。复垦的土地应当优先用于农业。

第五章 建设用地

第四十四条 建设占用土地，涉及农用地转为建设用地的，应当办理农用地转用审批手续。

永久基本农田转为建设用地的，由国务院批准。

在土地利用总体规划确定的城市和村庄、集镇建设用地规模范围内，为实施该规划而将永久基本农田以外的农用地转为建设用地的，按土地利用年度计划分批次按照国务院规定由原批准土地利用总体规划的机关或者其授权的机关批准。在已批准的农用地转用范围内，具体建设项目用地可以由市、县人民政府批准。

在土地利用总体规划确定的城市和村庄、集镇建设用地规模范围外，将永久基本农田以外的农用地转为建设用地的，由国务院或者国务院授权的省、自治区、直辖市人民政府批准。

第四十五条 为了公共利益的需要，有下列情形之一，确需征收农民集体所有的土地的，可以依法实施征收：

（一）军事和外交需要用地的；

（二）由政府组织实施的能源、交通、水利、通信、邮政等基础设施建设需要用地的；

（三）由政府组织实施的科技、教育、文化、卫生、体育、生态环境和资源保护、防灾减灾、文物保护、社区综合服务、社会福利、市政公用、优抚安置、英烈保护等公共事业需要用地的；

（四）由政府组织实施的扶贫搬迁、保障性安居工程建设需要用地的；

（五）在土地利用总体规划确定的城镇建设用地范围内，经省级以上人民政府批准由县级以上地方人民政府组织实施的成片开发建设需要用地的；

（六）法律规定为公共利益需要可以征收农民集体所有的土地的其他情形。

前款规定的建设活动，应当符合国民经济和社会发展规划、土地利用总体规划、城乡规划和专项规划；第（四）项、第（五）项规定的建设活动，还应当纳入国民经济和社会发展年度计划；第（五）项规定的成片开发并应当符合国务院自然资源主管部门规定的标准。

第四十六条 征收下列土地的，由国务院批准：

（一）永久基本农田；

（二）永久基本农田以外的耕地超过三十五公顷的；

（三）其他土地超过七十公顷的。

征收前款规定以外的土地的，由省、自治区、直辖市人民政府批准。

征收农用地的，应当依照本法第四十四条的规定先行办理农用地转用审批。其中，经国务院批准农用地转用的，同时办理征地审批手续，不再另行办理征地审批；经省、自治区、直辖市人民政府在征地批准权限内批准农用地转用的，同时办理征地审批手续，不再另行办理征地审批，超过征地批准权限的，应当依照本条第一款的规定另行办理征地审批。

第四十七条 国家征收土地的，依照法定程序批准后，由县级以上地方人民政府予以公告并组织实施。

县级以上地方人民政府拟申请征收土地的，应当开展拟征收土地现状调查和社会稳定风险评估，并将征收范围、土地现状、征收目的、补偿标准、安置方式和社会保障等在拟征收土地所在的乡（镇）和村、村民小组范围内公告至少三十日，听取被征地的农村集体经济组织及其成员、村民委员会和其他利害关系人的意见。

多数被征地的农村集体经济组织成员认为征地补偿安置方案不符合法律、法规规定的，县级以上地方人民政府应当组织召开听证会，并根据法律、法规的规定和听证会情况修改方案。

拟征收土地的所有权人、使用权人应当在公告规定期限内，持不动产权属证明材料办理补偿登记。县级以上地方人民政府应当组织有关部门测算并落实有关费用，保证足额到位，与拟征收土地的所有权人、使用权人就补偿、安置等签订协议；个别确实难以达成协议的，应当在申请征收土地时如实说明。

相关前期工作完成后，县级以上地方人民政府方可申请征收土地。

第四十八条　征收土地应当给予公平、合理的补偿，保障被征地农民原有生活水平不降低、长远生计有保障。

征收土地应当依法及时足额支付土地补偿费、安置补助费以及农村村民住宅、其他地上附着物和青苗等的补偿费用，并安排被征地农民的社会保障费用。

征收农用地的土地补偿费、安置补助费标准由省、自治区、直辖市通过制定公布区片综合地价确定。制定区片综合地价应当综合考虑土地原用途、土地资源条件、土地产值、土地区位、土地供求关系、人口以及经济社会发展水平等因素，并至少每三年调整或者重新公布一次。

征收农用地以外的其他土地、地上附着物和青苗等的补偿标准，由省、自治区、直辖市制定。对其中的农村村民住宅，应当按照先补偿后搬迁、居住条件有改善的原则，尊重农村村民意愿，采取重新安排宅基地建房、提供安置房或者货币补偿等方式给予公平、合理的补偿，并对因征收造成的搬迁、临时安置等费用予以补偿，保障农村村民居住的权利和合法的住房财产权益。

县级以上地方人民政府应当将被征地农民纳入相应的养老等

社会保障体系。被征地农民的社会保障费用主要用于符合条件的被征地农民的养老保险等社会保险缴费补贴。被征地农民社会保障费用的筹集、管理和使用办法，由省、自治区、直辖市制定。

第四十九条 被征地的农村集体经济组织应当将征收土地的补偿费用的收支状况向本集体经济组织的成员公布，接受监督。

禁止侵占、挪用被征收土地单位的征地补偿费用和其他有关费用。

第五十条 地方各级人民政府应当支持被征地的农村集体经济组织和农民从事开发经营，兴办企业。

第五十一条 大中型水利、水电工程建设征收土地的补偿费标准和移民安置办法，由国务院另行规定。

第五十二条 建设项目可行性研究论证时，自然资源主管部门可以根据土地利用总体规划、土地利用年度计划和建设用地标准，对建设用地有关事项进行审查，并提出意见。

第五十三条 经批准的建设项目需要使用国有建设用地的，建设单位应当持法律、行政法规规定的有关文件，向有批准权的县级以上人民政府自然资源主管部门提出建设用地申请，经自然资源主管部门审查，报本级人民政府批准。

第五十四条 建设单位使用国有土地，应当以出让等有偿使用方式取得；但是，下列建设用地，经县级以上人民政府依法批准，可以以划拨方式取得：

（一）国家机关用地和军事用地；

（二）城市基础设施用地和公益事业用地；

（三）国家重点扶持的能源、交通、水利等基础设施用地；

（四）法律、行政法规规定的其他用地。

第五十五条 以出让等有偿使用方式取得国有土地使用权的建设单位，按照国务院规定的标准和办法，缴纳土地使用权出让金等土地有偿使用费和其他费用后，方可使用土地。

自本法施行之日起，新增建设用地的土地有偿使用费，百分之三十上缴中央财政，百分之七十留给有关地方人民政府。具体使用管理办法由国务院财政部门会同有关部门制定，并报国务院批准。

第五十六条 建设单位使用国有土地的，应当按照土地使用权出让等有偿使用合同的约定或者土地使用权划拨批准文件的规定使用土地；确需改变该幅土地建设用途的，应当经有关人民政府自然资源主管部门同意，报原批准用地的人民政府批准。其中，在城市规划区内改变土地用途的，在报批前，应当先经有关城市规划行政主管部门同意。

第五十七条 建设项目施工和地质勘查需要临时使用国有土地或者农民集体所有的土地的，由县级以上人民政府自然资源主管部门批准。其中，在城市规划区内的临时用地，在报批前，应当先经有关城市规划行政主管部门同意。土地使用者应当根据土地权属，与有关自然资源主管部门或者农村集体经济组织、村民委员会签订临时使用土地合同，并按照合同的约定支付临时使用土地补偿费。

临时使用土地的使用者应当按照临时使用土地合同约定的用途使用土地，并不得修建永久性建筑物。

临时使用土地期限一般不超过二年。

第五十八条 有下列情形之一的，由有关人民政府自然资源主管部门报经原批准用地的人民政府或者有批准权的人民政府批准，可以收回国有土地使用权：

（一）为实施城市规划进行旧城区改建以及其他公共利益需要，确需使用土地的；

（二）土地出让等有偿使用合同约定的使用期限届满，土地使用者未申请续期或者申请续期未获批准的；

（三）因单位撤销、迁移等原因，停止使用原划拨的国有土地的；

（四）公路、铁路、机场、矿场等经核准报废的。

依照前款第（一）项的规定收回国有土地使用权的，对土地使用权人应当给予适当补偿。

第五十九条 乡镇企业、乡（镇）村公共设施、公益事业、农村村民住宅等乡（镇）村建设，应当按照村庄和集镇规划，合理布局，综合开发，配套建设；建设用地，应当符合乡（镇）土地利用总体规划和土地利用年度计划，并依照本法第四十四条、第六十条、第六十一条、第六十二条的规定办理审批手续。

第六十条 农村集体经济组织使用乡（镇）土地利用总体规划确定的建设用地兴办企业或者与其他单位、个人以土地使用权入股、联营等形式共同举办企业的，应当持有关批准文件，向县级以上地方人民政府自然资源主管部门提出申请，按照省、自治区、直辖市规定的批准权限，由县级以上地方人民政府批准；其中，涉及占用农用地的，依照本法第四十四条的规定办理审批手续。

按照前款规定兴办企业的建设用地，必须严格控制。省、自治区、直辖市可以按照乡镇企业的不同行业和经营规模，分别规定用地标准。

第六十一条 乡（镇）村公共设施、公益事业建设，需要使用土地的，经乡（镇）人民政府审核，向县级以上地方人民政府自然资源主管部门提出申请，按照省、自治区、直辖市规定的批准权限，由县级以上地方人民政府批准；其中，涉及占用农用地的，依照本法第四十四条的规定办理审批手续。

第六十二条 农村村民一户只能拥有一处宅基地，其宅基地的面积不得超过省、自治区、直辖市规定的标准。

人均土地少、不能保障一户拥有一处宅基地的地区，县级人民政府在充分尊重农村村民意愿的基础上，可以采取措施，按照省、自治区、直辖市规定的标准保障农村村民实现户有所居。

农村村民建住宅，应当符合乡（镇）土地利用总体规划、村庄规划，不得占用永久基本农田，并尽量使用原有的宅基地和村内空闲地。编制乡（镇）土地利用总体规划、村庄规划应当统筹并合理安排宅基地用地，改善农村村民居住环境和条件。

农村村民住宅用地，由乡（镇）人民政府审核批准；其中，涉及占用农用地的，依照本法第四十四条的规定办理审批手续。

农村村民出卖、出租、赠与住宅后，再申请宅基地的，不予批准。

国家允许进城落户的农村村民依法自愿有偿退出宅基地，鼓励农村集体经济组织及其成员盘活利用闲置宅基地和闲置住宅。

国务院农业农村主管部门负责全国农村宅基地改革和管理有关工作。

第六十三条 土地利用总体规划、城乡规划确定为工业、商业等经营性用途，并经依法登记的集体经营性建设用地，土地所有权人可以通过出让、出租等方式交由单位或者个人使用，并应当签订书面合同，载明土地界址、面积、动工期限、使用期限、土地用途、规划条件和双方其他权利义务。

前款规定的集体经营性建设用地出让、出租等，应当经本集体经济组织成员的村民会议三分之二以上成员或者三分之二以上村民代表的同意。

通过出让等方式取得的集体经营性建设用地使用权可以转让、互换、出资、赠与或者抵押，但法律、行政法规另有规定或者土地所有权人、土地使用权人签订的书面合同另有约定的除外。

集体经营性建设用地的出租，集体建设用地使用权的出让及其最高年限、转让、互换、出资、赠与、抵押等，参照同类用途的国有建设用地执行。具体办法由国务院制定。

第六十四条 集体建设用地的使用者应当严格按照土地利用总体规划、城乡规划确定的用途使用土地。

第六十五条 在土地利用总体规划制定前已建的不符合土地

利用总体规划确定的用途的建筑物、构筑物，不得重建、扩建。

第六十六条 有下列情形之一的，农村集体经济组织报经原批准用地的人民政府批准，可以收回土地使用权：

（一）为乡（镇）村公共设施和公益事业建设，需要使用土地的；

（二）不按照批准的用途使用土地的；

（三）因撤销、迁移等原因而停止使用土地的。

依照前款第（一）项规定收回农民集体所有的土地的，对土地使用权人应当给予适当补偿。

收回集体经营性建设用地使用权，依照双方签订的书面合同办理，法律、行政法规另有规定的除外。

第六章 监督检查

第六十七条 县级以上人民政府自然资源主管部门对违反土地管理法律、法规的行为进行监督检查。

县级以上人民政府农业农村主管部门对违反农村宅基地管理法律、法规的行为进行监督检查的，适用本法关于自然资源主管部门监督检查的规定。

土地管理监督检查人员应当熟悉土地管理法律、法规，忠于职守、秉公执法。

第六十八条 县级以上人民政府自然资源主管部门履行监督检查职责时，有权采取下列措施：

（一）要求被检查的单位或者个人提供有关土地权利的文件和资料，进行查阅或者予以复制；

（二）要求被检查的单位或者个人就有关土地权利的问题作出说明；

（三）进入被检查单位或者个人非法占用的土地现场进行勘测；

（四）责令非法占用土地的单位或者个人停止违反土地管理

法律、法规的行为。

第六十九条 土地管理监督检查人员履行职责，需要进入现场进行勘测、要求有关单位或者个人提供文件、资料和作出说明的，应当出示土地管理监督检查证件。

第七十条 有关单位和个人对县级以上人民政府自然资源主管部门就土地违法行为进行的监督检查应当支持与配合，并提供工作方便，不得拒绝与阻碍土地管理监督检查人员依法执行职务。

第七十一条 县级以上人民政府自然资源主管部门在监督检查工作中发现国家工作人员的违法行为，依法应当给予处分的，应当依法予以处理；自己无权处理的，应当依法移送监察机关或者有关机关处理。

第七十二条 县级以上人民政府自然资源主管部门在监督检查工作中发现土地违法行为构成犯罪的，应当将案件移送有关机关，依法追究刑事责任；尚不构成犯罪的，应当依法给予行政处罚。

第七十三条 依照本法规定应当给予行政处罚，而有关自然资源主管部门不给予行政处罚的，上级人民政府自然资源主管部门有权责令有关自然资源主管部门作出行政处罚决定或者直接给予行政处罚，并给予有关自然资源主管部门的负责人处分。

第七章 法律责任

第七十四条 买卖或者以其他形式非法转让土地的，由县级以上人民政府自然资源主管部门没收违法所得；对违反土地利用总体规划擅自将农用地改为建设用地的，限期拆除在非法转让的土地上新建的建筑物和其他设施，恢复土地原状，对符合土地利用总体规划的，没收在非法转让的土地上新建的建筑物和其他设施；可以并处罚款；对直接负责的主管人员和其他直接责任人员，依法给予处分；构成犯罪的，依法追究刑事责任。

第七十五条 违反本法规定，占用耕地建窑、建坟或者擅自在耕地上建房、挖砂、采石、采矿、取土等，破坏种植条件的，或者因开发土地造成土地荒漠化、盐渍化的，由县级以上人民政府自然资源主管部门、农业农村主管部门等按照职责责令限期改正或者治理，可以并处罚款；构成犯罪的，依法追究刑事责任。

第七十六条 违反本法规定，拒不履行土地复垦义务的，由县级以上人民政府自然资源主管部门责令限期改正；逾期不改正的，责令缴纳复垦费，专项用于土地复垦，可以处以罚款。

第七十七条 未经批准或者采取欺骗手段骗取批准，非法占用土地的，由县级以上人民政府自然资源主管部门责令退还非法占用的土地，对违反土地利用总体规划擅自将农用地改为建设用地的，限期拆除在非法占用的土地上新建的建筑物和其他设施，恢复土地原状，对符合土地利用总体规划的，没收在非法占用的土地上新建的建筑物和其他设施，可以并处罚款；对非法占用土地单位的直接负责的主管人员和其他直接责任人员，依法给予处分；构成犯罪的，依法追究刑事责任。

超过批准的数量占用土地，多占的土地以非法占用土地论处。

第七十八条 农村村民未经批准或者采取欺骗手段骗取批准，非法占用土地建住宅的，由县级以上人民政府农业农村主管部门责令退还非法占用的土地，限期拆除在非法占用的土地上新建的房屋。

超过省、自治区、直辖市规定的标准，多占的土地以非法占用土地论处。

第七十九条 无权批准征收、使用土地的单位或者个人非法批准占用土地的，超越批准权限非法批准占用土地的，不按照土地利用总体规划确定的用途批准用地的，或者违反法律规定的程序批准占用、征收土地的，其批准文件无效，对非法批准征收、使用土地的直接负责的主管人员和其他直接责任人员，依法给予处分；构成犯罪的，依法追究刑事责任。非法批准、使用的土地应当收回，有关当事人拒不归还的，以非法占用土地论处。

非法批准征收、使用土地，对当事人造成损失的，依法应当承担赔偿责任。

第八十条 侵占、挪用被征收土地单位的征地补偿费用和其他有关费用，构成犯罪的，依法追究刑事责任；尚不构成犯罪的，依法给予处分。

第八十一条 依法收回国有土地使用权当事人拒不交出土地的，临时使用土地期满拒不归还的，或者不按照批准的用途使用国有土地的，由县级以上人民政府自然资源主管部门责令交还土地，处以罚款。

第八十二条 擅自将农民集体所有的土地通过出让、转让使用权或者出租等方式用于非农业建设，或者违反本法规定，将集体经营性建设用地通过出让、出租等方式交由单位或者个人使用的，由县级以上人民政府自然资源主管部门责令限期改正，没收违法所得，并处罚款。

第八十三条 依照本法规定，责令限期拆除在非法占用的土地上新建的建筑物和其他设施的，建设单位或者个人必须立即停止施工，自行拆除；对继续施工的，作出处罚决定的机关有权制止。建设单位或者个人对责令限期拆除的行政处罚决定不服的，可以在接到责令限期拆除决定之日起十五日内，向人民法院起诉；期满不起诉又不自行拆除的，由作出处罚决定的机关依法申请人民法院强制执行，费用由违法者承担。

第八十四条 自然资源主管部门、农业农村主管部门的工作人员玩忽职守、滥用职权、徇私舞弊，构成犯罪的，依法追究刑事责任；尚不构成犯罪的，依法给予处分。

第八章　附　　则

第八十五条　外商投资企业使用土地的，适用本法；法律另有规定的，从其规定。

第八十六条　在根据本法第十八条的规定编制国土空间规划前，经依法批准的土地利用总体规划和城乡规划继续执行。

第八十七条　本法自 1999 年 1 月 1 日起施行。

中华人民共和国村民委员会组织法

（1998年11月4日第九届全国人民代表大会常务委员会第五次会议通过　2010年10月28日第十一届全国人民代表大会常务委员会第十七次会议修订　根据2018年12月29日第十三届全国人民代表大会常务委员会第七次会议《关于修改〈中华人民共和国村民委员会组织法〉〈中华人民共和国城市居民委员会组织法〉的决定》修正）

目　　录

第一章　总　　则

第一条　为了保障农村村民实行自治，由村民依法办理自己的事情，发展农村基层民主，维护村民的合法权益，促进社会主义新农村建设，根据宪法，制定本法。

第二条　村民委员会是村民自我管理、自我教育、自我服务的基层群众性自治组织，实行民主选举、民主决策、民主管理、民主监督。

村民委员会办理本村的公共事务和公益事业，调解民间纠纷，协助维护社会治安，向人民政府反映村民的意见、要求和提出建议。

村民委员会向村民会议、村民代表会议负责并报告工作。

第三条 村民委员会根据村民居住状况、人口多少，按照便于群众自治，有利于经济发展和社会管理的原则设立。

村民委员会的设立、撤销、范围调整，由乡、民族乡、镇的人民政府提出，经村民会议讨论同意，报县级人民政府批准。

村民委员会可以根据村民居住状况、集体土地所有权关系等分设若干村民小组。

第四条 中国共产党在农村的基层组织，按照中国共产党章程进行工作，发挥领导核心作用，领导和支持村民委员会行使职权；依照宪法和法律，支持和保障村民开展自治活动、直接行使民主权利。

第五条 乡、民族乡、镇的人民政府对村民委员会的工作给予指导、支持和帮助，但是不得干预依法属于村民自治范围内的事项。

村民委员会协助乡、民族乡、镇的人民政府开展工作。

第二章 村民委员会的组成和职责

第六条 村民委员会由主任、副主任和委员共三至七人组成。

村民委员会成员中，应当有妇女成员，多民族村民居住的村应当有人数较少的民族的成员。

对村民委员会成员，根据工作情况，给予适当补贴。

第七条 村民委员会根据需要设人民调解、治安保卫、公共卫生与计划生育等委员会。村民委员会成员可以兼任下属委员会的成员。人口少的村的村民委员会可以不设下属委员会，由村民委员会成员分工负责人民调解、治安保卫、公共卫生与计划生育等工作。

第八条　村民委员会应当支持和组织村民依法发展各种形式的合作经济和其他经济，承担本村生产的服务和协调工作，促进农村生产建设和经济发展。

村民委员会依照法律规定，管理本村属于村农民集体所有的土地和其他财产，引导村民合理利用自然资源，保护和改善生态环境。

村民委员会应当尊重并支持集体经济组织依法独立进行经济活动的自主权，维护以家庭承包经营为基础、统分结合的双层经营体制，保障集体经济组织和村民、承包经营户、联户或者合伙的合法财产权和其他合法权益。

第九条　村民委员会应当宣传宪法、法律、法规和国家的政策，教育和推动村民履行法律规定的义务、爱护公共财产，维护村民的合法权益，发展文化教育，普及科技知识，促进男女平等，做好计划生育工作，促进村与村之间的团结、互助，开展多种形式的社会主义精神文明建设活动。

村民委员会应当支持服务性、公益性、互助性社会组织依法开展活动，推动农村社区建设。

多民族村民居住的村，村民委员会应当教育和引导各民族村民增进团结、互相尊重、互相帮助。

第十条　村民委员会及其成员应当遵守宪法、法律、法规和国家的政策，遵守并组织实施村民自治章程、村规民约，执行村民会议、村民代表会议的决定、决议，办事公道，廉洁奉公，热心为村民服务，接受村民监督。

第三章　村民委员会的选举

第十一条　村民委员会主任、副主任和委员，由村民直接选举产生。任何组织或者个人不得指定、委派或者撤换村民委员会成员。

村民委员会每届任期五年，届满应当及时举行换届选举。村民委员会成员可以连选连任。

第十二条 村民委员会的选举，由村民选举委员会主持。

村民选举委员会由主任和委员组成，由村民会议、村民代表会议或者各村民小组会议推选产生。

村民选举委员会成员被提名为村民委员会成员候选人，应当退出村民选举委员会。

村民选举委员会成员退出村民选举委员会或者因其他原因出缺的，按照原推选结果依次递补，也可以另行推选。

第十三条 年满十八周岁的村民，不分民族、种族、性别、职业、家庭出身、宗教信仰、教育程度、财产状况、居住期限，都有选举权和被选举权；但是，依照法律被剥夺政治权利的人除外。

村民委员会选举前，应当对下列人员进行登记，列入参加选举的村民名单：

（一）户籍在本村并且在本村居住的村民；

（二）户籍在本村，不在本村居住，本人表示参加选举的村民；

（三）户籍不在本村，在本村居住一年以上，本人申请参加选举，并且经村民会议或者村民代表会议同意参加选举的公民。

已在户籍所在村或者居住村登记参加选举的村民，不得再参加其他地方村民委员会的选举。

第十四条 登记参加选举的村民名单应当在选举日的二十日前由村民选举委员会公布。

对登记参加选举的村民名单有异议的，应当自名单公布之日起五日内向村民选举委员会申诉，村民选举委员会应当自收到申诉之日起三日内作出处理决定，并公布处理结果。

第十五条 选举村民委员会，由登记参加选举的村民直接提名候选人。村民提名候选人，应当从全体村民利益出发，推荐奉公守法、品行良好、公道正派、热心公益、具有一定文化水平和工作能力的村民为候选人。候选人的名额应当多于应选名额。村民选举委员会应当组织候选人与村民见面，由候选人介绍履行职责的设想，回答村民提出的问题。

选举村民委员会，有登记参加选举的村民过半数投票，选举有效；候选人获得参加投票的村民过半数的选票，始得当选。当选人数不足应选名额的，不足的名额另行选举。另行选举的，第一次投票未当选的人员得票多的为候选人，候选人以得票多的当选，但是所得票数不得少于已投选票总数的三分之一。

选举实行无记名投票、公开计票的方法，选举结果应当当场公布。选举时，应当设立秘密写票处。

登记参加选举的村民，选举期间外出不能参加投票的，可以书面委托本村有选举权的近亲属代为投票。村民选举委员会应当公布委托人和受委托人的名单。

具体选举办法由省、自治区、直辖市的人民代表大会常务委员会规定。

第十六条 本村五分之一以上有选举权的村民或者三分之一以上的村民代表联名，可以提出罢免村民委员会成员的要求，并说明要求罢免的理由。被提出罢免的村民委员会成员有权提出申辩意见。

罢免村民委员会成员，须有登记参加选举的村民过半数投票，并须经投票的村民过半数通过。

第十七条 以暴力、威胁、欺骗、贿赂、伪造选票、虚报选举票数等不正当手段当选村民委员会成员的，当选无效。

对以暴力、威胁、欺骗、贿赂、伪造选票、虚报选举票数等不正当手段，妨害村民行使选举权、被选举权，破坏村民委员会选举的行为，村民有权向乡、民族乡、镇的人民代表大会和人民政府或者县级人民代表大会常务委员会和人民政府及其有关主管部门举报，由乡级或者县级人民政府负责调查并依法处理。

第十八条 村民委员会成员丧失行为能力或者被判处刑罚的，其职务自行终止。

第十九条 村民委员会成员出缺，可以由村民会议或者村民代表会议进行补选。补选程序参照本法第十五条的规定办理。补选的村民委员会成员的任期到本届村民委员会任期届满时止。

第二十条 村民委员会应当自新一届村民委员会产生之日起十日内完成工作移交。工作移交由村民选举委员会主持，由乡、民族乡、镇的人民政府监督。

第四章 村民会议和村民代表会议

第二十一条 村民会议由本村十八周岁以上的村民组成。

村民会议由村民委员会召集。有十分之一以上的村民或者三分之一以上的村民代表提议，应当召集村民会议。召集村民会议，应当提前十天通知村民。

第二十二条 召开村民会议，应当有本村十八周岁以上村民的过半数，或者本村三分之二以上的户的代表参加，村民会议所作决定应当经到会人员的过半数通过。法律对召开村民会议及作出决定另有规定的，依照其规定。

召开村民会议，根据需要可以邀请驻本村的企业、事业单位和群众组织派代表列席。

第二十三条 村民会议审议村民委员会的年度工作报告，评议村民委员会成员的工作；有权撤销或者变更村民委员会不适当的决定；有权撤销或者变更村民代表会议不适当的决定。

村民会议可以授权村民代表会议审议村民委员会的年度工作报告，评议村民委员会成员的工作，撤销或者变更村民委员会不适当的决定。

第二十四条 涉及村民利益的下列事项，经村民会议讨论决定方可办理：

（一）本村享受误工补贴的人员及补贴标准；

（二）从村集体经济所得收益的使用；

（三）本村公益事业的兴办和筹资筹劳方案及建设承包方案；

（四）土地承包经营方案；

（五）村集体经济项目的立项、承包方案；

（六）宅基地的使用方案；

（七）征地补偿费的使用、分配方案；

（八）以借贷、租赁或者其他方式处分村集体财产；

（九）村民会议认为应当由村民会议讨论决定的涉及村民利益的其他事项。

村民会议可以授权村民代表会议讨论决定前款规定的事项。

法律对讨论决定村集体经济组织财产和成员权益的事项另有规定的，依照其规定。

第二十五条 人数较多或者居住分散的村，可以设立村民代表会议，讨论决定村民会议授权的事项。村民代表会议由村民委员会成员和村民代表组成，村民代表应当占村民代表会议组成人员的五分之四以上，妇女村民代表应当占村民代表会议组成人员的三分之一以上。

村民代表由村民按每五户至十五户推选一人，或者由各村民小组推选若干人。村民代表的任期与村民委员会的任期相同。村民代表可以连选连任。

村民代表应当向其推选户或者村民小组负责，接受村民监督。

第二十六条 村民代表会议由村民委员会召集。村民代表会议每季度召开一次。有五分之一以上的村民代表提议，应当召集村民代表会议。

村民代表会议有三分之二以上的组成人员参加方可召开，所作决定应当经到会人员的过半数同意。

第二十七条 村民会议可以制定和修改村民自治章程、村规民约，并报乡、民族乡、镇的人民政府备案。

村民自治章程、村规民约以及村民会议或者村民代表会议的决定不得与宪法、法律、法规和国家的政策相抵触，不得有侵犯村民的人身权利、民主权利和合法财产权利的内容。

村民自治章程、村规民约以及村民会议或者村民代表会议的决定违反前款规定的，由乡、民族乡、镇的人民政府责令改正。

第二十八条 召开村民小组会议，应当有本村民小组十八周岁以上的村民三分之二以上，或者本村民小组三分之二以上的户的代表参加，所作决定应当经到会人员的过半数同意。

村民小组组长由村民小组会议推选。村民小组组长任期与村民委员会的任期相同，可以连选连任。

属于村民小组的集体所有的土地、企业和其他财产的经营管理以及公益事项的办理，由村民小组会议依照有关法律的规定讨论决定，所作决定及实施情况应当及时向本村民小组的村民公布。

第五章　民主管理和民主监督

第二十九条 村民委员会应当实行少数服从多数的民主决策机制和公开透明的工作原则，建立健全各种工作制度。

第三十条 村民委员会实行村务公开制度。

村民委员会应当及时公布下列事项，接受村民的监督：

（一）本法第二十三条、第二十四条规定的由村民会议、村民代表会议讨论决定的事项及其实施情况；

（二）国家计划生育政策的落实方案；

（三）政府拨付和接受社会捐赠的救灾救助、补贴补助等资金、物资的管理使用情况；

（四）村民委员会协助人民政府开展工作的情况；

（五）涉及本村村民利益，村民普遍关心的其他事项。

前款规定事项中，一般事项至少每季度公布一次；集体财务往来较多的，财务收支情况应当每月公布一次；涉及村民利益的重大事项应当随时公布。

村民委员会应当保证所公布事项的真实性，并接受村民的查询。

第三十一条 村民委员会不及时公布应当公布的事项或者公布的事项不真实的，村民有权向乡、民族乡、镇的人民政府或者县级人民政府及其有关主管部门反映，有关人民政府或者主管部门应当负责调查核实，责令依法公布；经查证确有违法行为的，有关人员应当依法承担责任。

第三十二条 村应当建立村务监督委员会或者其他形式的村务监督机构，负责村民民主理财，监督村务公开等制度的落实，其成员由村民会议或者村民代表会议在村民中推选产生，其中应有具备财会、管理知识的人员。村民委员会成员及其近亲属不得担任村务监督机构成员。村务监督机构成员向村民会议和村民代表会议负责，可以列席村民委员会会议。

第三十三条 村民委员会成员以及由村民或者村集体承担误工补贴的聘用人员，应当接受村民会议或者村民代表会议对其履行职责情况的民主评议。民主评议每年至少进行一次，由村务监督机构主持。

村民委员会成员连续两次被评议不称职的，其职务终止。

第三十四条 村民委员会和村务监督机构应当建立村务档案。村务档案包括：选举文件和选票，会议记录，土地发包方案和承包合同，经济合同，集体财务账目，集体资产登记文件，公益设施基本资料，基本建设资料，宅基地使用方案，征地补偿费使用及分配方案等。村务档案应当真实、准确、完整、规范。

第三十五条 村民委员会成员实行任期和离任经济责任审计，审计包括下列事项：

（一）本村财务收支情况；

（二）本村债权债务情况；

（三）政府拨付和接受社会捐赠的资金、物资管理使用情况；

（四）本村生产经营和建设项目的发包管理以及公益事业建设项目招标投标情况；

（五）本村资金管理使用以及本村集体资产、资源的承包、租赁、担保、出让情况，征地补偿费的使用、分配情况；

（六）本村五分之一以上的村民要求审计的其他事项。

村民委员会成员的任期和离任经济责任审计，由县级人民政府农业部门、财政部门或者乡、民族乡、镇的人民政府负责组织，审计结果应当公布，其中离任经济责任审计结果应当在下一届村民委员会选举之前公布。

第三十六条 村民委员会或者村民委员会成员作出的决定侵害村民合法权益的，受侵害的村民可以申请人民法院予以撤销，责任人依法承担法律责任。

村民委员会不依照法律、法规的规定履行法定义务的，由乡、民族乡、镇的人民政府责令改正。

乡、民族乡、镇的人民政府干预依法属于村民自治范围事项的，由上一级人民政府责令改正。

第六章 附 则

第三十七条 人民政府对村民委员会协助政府开展工作应当提供必要的条件；人民政府有关部门委托村民委员会开展工作需要经费的，由委托部门承担。

村民委员会办理本村公益事业所需的经费，由村民会议通过筹资筹劳解决；经费确有困难的，由地方人民政府给予适当支持。

第三十八条 驻在农村的机关、团体、部队、国有及国有控股企业、事业单位及其人员不参加村民委员会组织，但应当通过多种形式参与农村社区建设，并遵守有关村规民约。

村民委员会、村民会议或者村民代表会议讨论决定与前款规定的单位有关的事项，应当与其协商。

第三十九条　地方各级人民代表大会和县级以上地方各级人民代表大会常务委员会在本行政区域内保证本法的实施，保障村民依法行使自治权利。

第四十条　省、自治区、直辖市的人民代表大会常务委员会根据本法，结合本行政区域的实际情况，制定实施办法。

第四十一条　本法自公布之日起施行。

中华人民共和国农村土地承包法

（2002年8月29日第九届全国人民代表大会常务委员会第二十九次会议通过　2002年8月29日中华人民共和国主席令第七十三号公布　根据2009年8月27日第十一届全国人民代表大会常务委员会第十次会议《关于修改部分法律的决定》第一次修正　根据2018年12月29日第十三届全国人民代表大会常务委员会第七次会议《关于修改〈中华人民共和国农村土地承包法〉的决定》第二次修正）

目　录

第一章　总　　则

第一条　为了巩固和完善以家庭承包经营为基础、统分结合的双层经营体制，保持农村土地承包关系稳定并长久不变，维护农村土地承包经营当事人的合法权益，促进农业、农村经济发展和农村社会和谐稳定，根据宪法，制定本法。

第二条　本法所称农村土地，是指农民集体所有和国家所有依法由农民集体使用的耕地、林地、草地，以及其他依法用于农业的土地。

第三条　国家实行农村土地承包经营制度。

农村土地承包采取农村集体经济组织内部的家庭承包方式，不宜采取家庭承包方式的荒山、荒沟、荒丘、荒滩等农村土地，可以采取招标、拍卖、公开协商等方式承包。

第四条　农村土地承包后，土地的所有权性质不变。承包地不得买卖。

第五条　农村集体经济组织成员有权依法承包由本集体经济组织发包的农村土地。

任何组织和个人不得剥夺和非法限制农村集体经济组织成员承包土地的权利。

第六条　农村土地承包，妇女与男子享有平等的权利。承包中应当保护妇女的合法权益，任何组织和个人不得剥夺、侵害妇女应当享有的土地承包经营权。

第七条　农村土地承包应当坚持公开、公平、公正的原则，正确处理国家、集体、个人三者的利益关系。

第八条　国家保护集体土地所有者的合法权益，保护承包方的土地承包经营权，任何组织和个人不得侵犯。

第九条　承包方承包土地后，享有土地承包经营权，可以自己经营，也可以保留土地承包权，流转其承包地的土地经营权，由他人经营。

第十条 国家保护承包方依法、自愿、有偿流转土地经营权，保护土地经营权人的合法权益，任何组织和个人不得侵犯。

第十一条 农村土地承包经营应当遵守法律、法规，保护土地资源的合理开发和可持续利用。未经依法批准不得将承包地用于非农建设。

国家鼓励增加对土地的投入，培肥地力，提高农业生产能力。

第十二条 国务院农业农村、林业和草原主管部门分别依照国务院规定的职责负责全国农村土地承包经营及承包经营合同管理的指导。

县级以上地方人民政府农业农村、林业和草原等主管部门分别依照各自职责，负责本行政区域内农村土地承包经营及承包经营合同管理。

乡（镇）人民政府负责本行政区域内农村土地承包经营及承包经营合同管理。

第二章 家庭承包

第一节 发包方和承包方的权利和义务

第十三条 农民集体所有的土地依法属于村农民集体所有的，由村集体经济组织或者村民委员会发包；已经分别属于村内两个以上农村集体经济组织的农民集体所有的，由村内各该农村集体经济组织或者村民小组发包。村集体经济组织或者村民委员会发包的，不得改变村内各集体经济组织农民集体所有的土地的所有权。

国家所有依法由农民集体使用的农村土地，由使用该土地的农村集体经济组织、村民委员会或者村民小组发包。

第十四条 发包方享有下列权利：

（一）发包本集体所有的或者国家所有依法由本集体使用的

农村土地；

（二）监督承包方依照承包合同约定的用途合理利用和保护土地；

（三）制止承包方损害承包地和农业资源的行为；

（四）法律、行政法规规定的其他权利。

第十五条 发包方承担下列义务：

（一）维护承包方的土地承包经营权，不得非法变更、解除承包合同；

（二）尊重承包方的生产经营自主权，不得干涉承包方依法进行正常的生产经营活动；

（三）依照承包合同约定为承包方提供生产、技术、信息等服务；

（四）执行县、乡（镇）土地利用总体规划，组织本集体经济组织内的农业基础设施建设；

（五）法律、行政法规规定的其他义务。

第十六条 家庭承包的承包方是本集体经济组织的农户。

农户内家庭成员依法平等享有承包土地的各项权益。

第十七条 承包方享有下列权利：

（一）依法享有承包地使用、收益的权利，有权自主组织生产经营和处置产品；

（二）依法互换、转让土地承包经营权；

（三）依法流转土地经营权；

（四）承包地被依法征收、征用、占用的，有权依法获得相应的补偿；

（五）法律、行政法规规定的其他权利。

第十八条 承包方承担下列义务：

（一）维持土地的农业用途，未经依法批准不得用于非农建设；

（二）依法保护和合理利用土地，不得给土地造成永久性损害；

（三）法律、行政法规规定的其他义务。

第二节　承包的原则和程序

第十九条　土地承包应当遵循以下原则：

（一）按照规定统一组织承包时，本集体经济组织成员依法平等地行使承包土地的权利，也可以自愿放弃承包土地的权利；

（二）民主协商，公平合理；

（三）承包方案应当按照本法第十三条的规定，依法经本集体经济组织成员的村民会议三分之二以上成员或者三分之二以上村民代表的同意；

（四）承包程序合法。

第二十条　土地承包应当按照以下程序进行：

（一）本集体经济组织成员的村民会议选举产生承包工作小组；

（二）承包工作小组依照法律、法规的规定拟订并公布承包方案；

（三）依法召开本集体经济组织成员的村民会议，讨论通过承包方案；

（四）公开组织实施承包方案；

（五）签订承包合同。

第三节　承包期限和承包合同

第二十一条　耕地的承包期为三十年。草地的承包期为三十年至五十年。林地的承包期为三十年至七十年。

前款规定的耕地承包期届满后再延长三十年，草地、林地承包期届满后依照前款规定相应延长。

第二十二条　发包方应当与承包方签订书面承包合同。

承包合同一般包括以下条款：

（一）发包方、承包方的名称，发包方负责人和承包方代表的姓名、住所；

（二）承包土地的名称、坐落、面积、质量等级；

（三）承包期限和起止日期；

（四）承包土地的用途；

（五）发包方和承包方的权利和义务；

（六）违约责任。

第二十三条　承包合同自成立之日起生效。承包方自承包合同生效时取得土地承包经营权。

第二十四条　国家对耕地、林地和草地等实行统一登记，登记机构应当向承包方颁发土地承包经营权证或者林权证等证书，并登记造册，确认土地承包经营权。

土地承包经营权证或者林权证等证书应当将具有土地承包经营权的全部家庭成员列入。

登记机构除按规定收取证书工本费外，不得收取其他费用。

第二十五条　承包合同生效后，发包方不得因承办人或者负责人的变动而变更或者解除，也不得因集体经济组织的分立或者合并而变更或者解除。

第二十六条　国家机关及其工作人员不得利用职权干涉农村土地承包或者变更、解除承包合同。

第四节　土地承包经营权的保护和互换、转让

第二十七条　承包期内，发包方不得收回承包地。

国家保护进城农户的土地承包经营权。不得以退出土地承包经营权作为农户进城落户的条件。

承包期内，承包农户进城落户的，引导支持其按照自愿有偿原则依法在本集体经济组织内转让土地承包经营权或者将承包地交回发包方，也可以鼓励其流转土地经营权。

承包期内，承包方交回承包地或者发包方依法收回承包地

时，承包方对其在承包地上投入而提高土地生产能力的，有权获得相应的补偿。

第二十八条 承包期内，发包方不得调整承包地。

承包期内，因自然灾害严重毁损承包地等特殊情形对个别农户之间承包的耕地和草地需要适当调整的，必须经本集体经济组织成员的村民会议三分之二以上成员或者三分之二以上村民代表的同意，并报乡（镇）人民政府和县级人民政府农业农村、林业和草原等主管部门批准。承包合同中约定不得调整的，按照其约定。

第二十九条 下列土地应当用于调整承包土地或者承包给新增人口：

（一）集体经济组织依法预留的机动地；

（二）通过依法开垦等方式增加的；

（三）发包方依法收回和承包方依法、自愿交回的。

第三十条 承包期内，承包方可以自愿将承包地交回发包方。承包方自愿交回承包地的，可以获得合理补偿，但是应当提前半年以书面形式通知发包方。承包方在承包期内交回承包地的，在承包期内不得再要求承包土地。

第三十一条 承包期内，妇女结婚，在新居住地未取得承包地的，发包方不得收回其原承包地；妇女离婚或者丧偶，仍在原居住地生活或者不在原居住地生活但在新居住地未取得承包地的，发包方不得收回其原承包地。

第三十二条 承包人应得的承包收益，依照继承法的规定继承。

林地承包的承包人死亡，其继承人可以在承包期内继续承包。

第三十三条 承包方之间为方便耕种或者各自需要，可以对属于同一集体经济组织的土地的土地承包经营权进行互换，并向发包方备案。

第三十四条 经发包方同意，承包方可以将全部或者部分的土地承包经营权转让给本集体经济组织的其他农户，由该农户同发包方确立新的承包关系，原承包方与发包方在该土地上的承包关系即行终止。

第三十五条 土地承包经营权互换、转让的，当事人可以向登记机构申请登记。未经登记，不得对抗善意第三人。

第五节 土地经营权

第三十六条 承包方可以自主决定依法采取出租（转包）、入股或者其他方式向他人流转土地经营权，并向发包方备案。

第三十七条 土地经营权人有权在合同约定的期限内占有农村土地，自主开展农业生产经营并取得收益。

第三十八条 土地经营权流转应当遵循以下原则：

（一）依法、自愿、有偿，任何组织和个人不得强迫或者阻碍土地经营权流转；

（二）不得改变土地所有权的性质和土地的农业用途，不得破坏农业综合生产能力和农业生态环境；

（三）流转期限不得超过承包期的剩余期限；

（四）受让方须有农业经营能力或者资质；

（五）在同等条件下，本集体经济组织成员享有优先权。

第三十九条 土地经营权流转的价款，应当由当事人双方协商确定。流转的收益归承包方所有，任何组织和个人不得擅自截留、扣缴。

第四十条 土地经营权流转，当事人双方应当签订书面流转合同。

土地经营权流转合同一般包括以下条款：

（一）双方当事人的姓名、住所；

（二）流转土地的名称、坐落、面积、质量等级；

（三）流转期限和起止日期；

（四）流转土地的用途；

（五）双方当事人的权利和义务；

（六）流转价款及支付方式；

（七）土地被依法征收、征用、占用时有关补偿费的归属；

（八）违约责任。

承包方将土地交由他人代耕不超过一年的，可以不签订书面合同。

第四十一条 土地经营权流转期限为五年以上的，当事人可以向登记机构申请土地经营权登记。未经登记，不得对抗善意第三人。

第四十二条 承包方不得单方解除土地经营权流转合同，但受让方有下列情形之一的除外：

（一）擅自改变土地的农业用途；

（二）弃耕抛荒连续两年以上；

（三）给土地造成严重损害或者严重破坏土地生态环境；

（四）其他严重违约行为。

第四十三条 经承包方同意，受让方可以依法投资改良土壤，建设农业生产附属、配套设施，并按照合同约定对其投资部分获得合理补偿。

第四十四条 承包方流转土地经营权的，其与发包方的承包关系不变。

第四十五条 县级以上地方人民政府应当建立工商企业等社会资本通过流转取得土地经营权的资格审查、项目审核和风险防范制度。

工商企业等社会资本通过流转取得土地经营权的，本集体经济组织可以收取适量管理费用。

具体办法由国务院农业农村、林业和草原主管部门规定。

第四十六条 经承包方书面同意，并向本集体经济组织备案，受让方可以再流转土地经营权。

第四十七条　承包方可以用承包地的土地经营权向金融机构融资担保，并向发包方备案。受让方通过流转取得的土地经营权，经承包方书面同意并向发包方备案，可以向金融机构融资担保。

担保物权自融资担保合同生效时设立。当事人可以向登记机构申请登记；未经登记，不得对抗善意第三人。

实现担保物权时，担保物权人有权就土地经营权优先受偿。

土地经营权融资担保办法由国务院有关部门规定。

第三章　其他方式的承包

第四十八条　不宜采取家庭承包方式的荒山、荒沟、荒丘、荒滩等农村土地，通过招标、拍卖、公开协商等方式承包的，适用本章规定。

第四十九条　以其他方式承包农村土地的，应当签订承包合同，承包方取得土地经营权。当事人的权利和义务、承包期限等，由双方协商确定。以招标、拍卖方式承包的，承包费通过公开竞标、竞价确定；以公开协商等方式承包的，承包费由双方议定。

第五十条　荒山、荒沟、荒丘、荒滩等可以直接通过招标、拍卖、公开协商等方式实行承包经营，也可以将土地经营权折股分给本集体经济组织成员后，再实行承包经营或者股份合作经营。

承包荒山、荒沟、荒丘、荒滩的，应当遵守有关法律、行政法规的规定，防止水土流失，保护生态环境。

第五十一条　以其他方式承包农村土地，在同等条件下，本集体经济组织成员有权优先承包。

第五十二条　发包方将农村土地发包给本集体经济组织以外的单位或者个人承包，应当事先经本集体经济组织成员的村民会议三分之二以上成员或者三分之二以上村民代表的同意，并报乡

（镇）人民政府批准。

由本集体经济组织以外的单位或者个人承包的，应当对承包方的资信情况和经营能力进行审查后，再签订承包合同。

第五十三条 通过招标、拍卖、公开协商等方式承包农村土地，经依法登记取得权属证书的，可以依法采取出租、入股、抵押或者其他方式流转土地经营权。

第五十四条 依照本章规定通过招标、拍卖、公开协商等方式取得土地经营权的，该承包人死亡，其应得的承包收益，依照继承法的规定继承；在承包期内，其继承人可以继续承包。

第四章 争议的解决和法律责任

第五十五条 因土地承包经营发生纠纷的，双方当事人可以通过协商解决，也可以请求村民委员会、乡（镇）人民政府等调解解决。

当事人不愿协商、调解或者协商、调解不成的，可以向农村土地承包仲裁机构申请仲裁，也可以直接向人民法院起诉。

第五十六条 任何组织和个人侵害土地承包经营权、土地经营权的，应当承担民事责任。

第五十七条 发包方有下列行为之一的，应当承担停止侵害、排除妨碍、消除危险、返还财产、恢复原状、赔偿损失等民事责任：

（一）干涉承包方依法享有的生产经营自主权；

（二）违反本法规定收回、调整承包地；

（三）强迫或者阻碍承包方进行土地承包经营权的互换、转让或者土地经营权流转；

（四）假借少数服从多数强迫承包方放弃或者变更土地承包经营权；

（五）以划分“口粮田”和“责任田”等为由收回承包地搞招标承包；

（六）将承包地收回抵顶欠款；

（七）剥夺、侵害妇女依法享有的土地承包经营权；

（八）其他侵害土地承包经营权的行为。

第五十八条 承包合同中违背承包方意愿或者违反法律、行政法规有关不得收回、调整承包地等强制性规定的约定无效。

第五十九条 当事人一方不履行合同义务或者履行义务不符合约定的，应当依法承担违约责任。

第六十条 任何组织和个人强迫进行土地承包经营权互换、转让或者土地经营权流转的，该互换、转让或者流转无效。

第六十一条 任何组织和个人擅自截留、扣缴土地承包经营权互换、转让或者土地经营权流转收益的，应当退还。

第六十二条 违反土地管理法规，非法征收、征用、占用土地或者贪污、挪用土地征收、征用补偿费用，构成犯罪的，依法追究刑事责任；造成他人损害的，应当承担损害赔偿等责任。

第六十三条 承包方、土地经营权人违法将承包地用于非农建设的，由县级以上地方人民政府有关主管部门依法予以处罚。

承包方给承包地造成永久性损害的，发包方有权制止，并有权要求赔偿由此造成的损失。

第六十四条 土地经营权人擅自改变土地的农业用途、弃耕抛荒连续两年以上、给土地造成严重损害或者严重破坏土地生态环境，承包方在合理期限内不解除土地经营权流转合同的，发包方有权要求终止土地经营权流转合同。土地经营权人对土地和土地生态环境造成的损害应当予以赔偿。

第六十五条 国家机关及其工作人员有利用职权干涉农村土地承包经营，变更、解除承包经营合同，干涉承包经营当事人依法享有的生产经营自主权，强迫、阻碍承包经营当事人进行土地承包经营权互换、转让或者土地经营权流转等侵害土地承包经营权、土地经营权的行为，给承包经营当事人造成损失的，应当承担损害赔偿等责任；情节严重的，由上级机关或者所在单位给予直接责任人员处分；构成犯罪的，依法追究刑事责任。

第五章　附　　则

第六十六条　本法实施前已经按照国家有关农村土地承包的规定承包，包括承包期限长于本法规定的，本法实施后继续有效，不得重新承包土地。未向承包方颁发土地承包经营权证或者林权证等证书的，应当补发证书。

第六十七条　本法实施前已经预留机动地的，机动地面积不得超过本集体经济组织耕地总面积的百分之五。不足百分之五的，不得再增加机动地。

本法实施前未留机动地的，本法实施后不得再留机动地。

第六十八条　各省、自治区、直辖市人民代表大会常务委员会可以根据本法，结合本行政区域的实际情况，制定实施办法。

第六十九条　确认农村集体经济组织成员身份的原则、程序等，由法律、法规规定。

第七十条　本法自 2003 年 3 月 1 日起施行。

中华人民共和国农民专业合作社法

（2006 年 10 月 31 日第十届全国人民代表大会常务委员会第二十四次会议通过　2017 年 12 月 27 日第十二届全国人民代表大会常务委员会第三十一次会议修订）

目　　录

第一章　总　　则

第一条　为了规范农民专业合作社的组织和行为，鼓励、支持、引导农民专业合作社的发展，保护农民专业合作社及其成员的合法权益，推进农业农村现代化，制定本法。

第二条　本法所称农民专业合作社，是指在农村家庭承包经营基础上，农产品的生产经营者或者农业生产经营服务的提供者、利用者，自愿联合、民主管理的互助性经济组织。

第三条 农民专业合作社以其成员为主要服务对象，开展以下一种或者多种业务：

（一）农业生产资料的购买、使用；

（二）农产品的生产、销售、加工、运输、贮藏及其他相关服务；

（三）农村民间工艺及制品、休闲农业和乡村旅游资源的开发经营等；

（四）与农业生产经营有关的技术、信息、设施建设运营等服务。

第四条 农民专业合作社应当遵循下列原则：

（一）成员以农民为主体；

（二）以服务成员为宗旨，谋求全体成员的共同利益；

（三）入社自愿、退社自由；

（四）成员地位平等，实行民主管理；

（五）盈余主要按照成员与农民专业合作社的交易量（额）比例返还。

第五条 农民专业合作社依照本法登记，取得法人资格。

农民专业合作社对由成员出资、公积金、国家财政直接补助、他人捐赠以及合法取得的其他资产所形成的财产，享有占有、使用和处分的权利，并以上述财产对债务承担责任。

第六条 农民专业合作社成员以其账户内记载的出资额和公积金份额为限对农民专业合作社承担责任。

第七条 国家保障农民专业合作社享有与其他市场主体平等的法律地位。

国家保护农民专业合作社及其成员的合法权益，任何单位和个人不得侵犯。

第八条 农民专业合作社从事生产经营活动，应当遵守法律，遵守社会公德、商业道德，诚实守信，不得从事与章程规定无关的活动。

第九条 农民专业合作社为扩大生产经营和服务的规模，发展产业化经营，提高市场竞争力，可以依法自愿设立或者加入农民专业合作社联合社。

第十条 国家通过财政支持、税收优惠和金融、科技、人才的扶持以及产业政策引导等措施，促进农民专业合作社的发展。

国家鼓励和支持公民、法人和其他组织为农民专业合作社提供帮助和服务。

对发展农民专业合作社事业做出突出贡献的单位和个人，按照国家有关规定予以表彰和奖励。

第十一条 县级以上人民政府应当建立农民专业合作社工作的综合协调机制，统筹指导、协调、推动农民专业合作社的建设和发展。

县级以上人民政府农业主管部门、其他有关部门和组织应当依据各自职责，对农民专业合作社的建设和发展给予指导、扶持和服务。

第二章 设立和登记

第十二条 设立农民专业合作社，应当具备下列条件：

（一）有五名以上符合本法第十九条、第二十条规定的成员；

（二）有符合本法规定的章程；

（三）有符合本法规定的组织机构；

（四）有符合法律、行政法规规定的名称和章程确定的住所；

（五）有符合章程规定的成员出资。

第十三条 农民专业合作社成员可以用货币出资，也可以用实物、知识产权、土地经营权、林权等可以用货币估价并可以依法转让的非货币财产，以及章程规定的其他方式作价出资；但是，法律、行政法规规定不得作为出资的财产除外。

农民专业合作社成员不得以对该社或者其他成员的债权，充抵出资；不得以缴纳的出资，抵销对该社或者其他成员的债务。

第十四条 设立农民专业合作社，应当召开由全体设立人参加的设立大会。设立时自愿成为该社成员的人为设立人。

设立大会行使下列职权：

（一）通过本社章程，章程应当由全体设立人一致通过；

（二）选举产生理事长、理事、执行监事或者监事会成员；

（三）审议其他重大事项。

第十五条 农民专业合作社章程应当载明下列事项：

（一）名称和住所；

（二）业务范围；

（三）成员资格及入社、退社和除名；

（四）成员的权利和义务；

（五）组织机构及其产生办法、职权、任期、议事规则；

（六）成员的出资方式、出资额，成员出资的转让、继承、担保；

（七）财务管理和盈余分配、亏损处理；

（八）章程修改程序；

（九）解散事由和清算办法；

（十）公告事项及发布方式；

（十一）附加表决权的设立、行使方式和行使范围；

（十二）需要载明的其他事项。

第十六条 设立农民专业合作社，应当向工商行政管理部门提交下列文件，申请设立登记：

（一）登记申请书；

（二）全体设立人签名、盖章的设立大会纪要；

（三）全体设立人签名、盖章的章程；

（四）法定代表人、理事的任职文件及身份证明；

（五）出资成员签名、盖章的出资清单；

（六）住所使用证明；

（七）法律、行政法规规定的其他文件。

登记机关应当自受理登记申请之日起二十日内办理完毕，向符合登记条件的申请者颁发营业执照，登记类型为农民专业合作社。

农民专业合作社法定登记事项变更的，应当申请变更登记。

登记机关应当将农民专业合作社的登记信息通报同级农业等有关部门。

农民专业合作社登记办法由国务院规定。办理登记不得收取费用。

第十七条 农民专业合作社应当按照国家有关规定，向登记机关报送年度报告，并向社会公示。

第十八条 农民专业合作社可以依法向公司等企业投资，以其出资额为限对所投资企业承担责任。

第三章 成　员

第十九条 具有民事行为能力的公民，以及从事与农民专业合作社业务直接有关的生产经营活动的企业、事业单位或者社会组织，能够利用农民专业合作社提供的服务，承认并遵守农民专业合作社章程，履行章程规定的入社手续的，可以成为农民专业合作社的成员。但是，具有管理公共事务职能的单位不得加入农民专业合作社。

农民专业合作社应当置备成员名册，并报登记机关。

第二十条 农民专业合作社的成员中，农民至少应当占成员总数的百分之八十。

成员总数二十人以下的，可以有一个企业、事业单位或者社会组织成员；成员总数超过二十人的，企业、事业单位和社会组织成员不得超过成员总数的百分之五。

第二十一条 农民专业合作社成员享有下列权利：

（一）参加成员大会，并享有表决权、选举权和被选举权，按照章程规定对本社实行民主管理；

（二）利用本社提供的服务和生产经营设施；

（三）按照章程规定或者成员大会决议分享盈余；

（四）查阅本社的章程、成员名册、成员大会或者成员代表大会记录、理事会会议决议、监事会会议决议、财务会计报告、会计账簿和财务审计报告；

（五）章程规定的其他权利。

第二十二条 农民专业合作社成员大会选举和表决，实行一人一票制，成员各享有一票的基本表决权。

出资额或者与本社交易量（额）较大的成员按照章程规定，可以享有附加表决权。本社的附加表决权总票数，不得超过本社成员基本表决权总票数的百分之二十。享有附加表决权的成员及其享有的附加表决权数，应当在每次成员大会召开时告知出席会议的全体成员。

第二十三条 农民专业合作社成员承担下列义务：

（一）执行成员大会、成员代表大会和理事会的决议；

（二）按照章程规定向本社出资；

（三）按照章程规定与本社进行交易；

（四）按照章程规定承担亏损；

（五）章程规定的其他义务。

第二十四条 符合本法第十九条、第二十条规定的公民、企业、事业单位或者社会组织，要求加入已成立的农民专业合作社，应当向理事长或者理事会提出书面申请，经成员大会或者成员代表大会表决通过后，成为本社成员。

第二十五条 农民专业合作社成员要求退社的，应当在会计年度终了的三个月前向理事长或者理事会提出书面申请；其中，企业、事业单位或者社会组织成员退社，应当在会计年度终了的六个月前提出；章程另有规定的，从其规定。退社成员的成员资格自会计年度终了时终止。

第二十六条 农民专业合作社成员不遵守农民专业合作社的章程、成员大会或者成员代表大会的决议，或者严重危害其他成员及农民专业合作社利益的，可以予以除名。

成员的除名，应当经成员大会或者成员代表大会表决通过。

在实施前款规定时，应当为该成员提供陈述意见的机会。

被除名成员的成员资格自会计年度终了时终止。

第二十七条 成员在其资格终止前与农民专业合作社已订立的合同，应当继续履行；章程另有规定或者与本社另有约定的除外。

第二十八条 成员资格终止的，农民专业合作社应当按照章程规定的方式和期限，退还记载在该成员账户内的出资额和公积金份额；对成员资格终止前的可分配盈余，依照本法第四十四条的规定向其返还。

资格终止的成员应当按照章程规定分摊资格终止前本社的亏损及债务。

第四章　组织机构

第二十九条 农民专业合作社成员大会由全体成员组成，是本社的权力机构，行使下列职权：

（一）修改章程；

（二）选举和罢免理事长、理事、执行监事或者监事会成员；

（三）决定重大财产处置、对外投资、对外担保和生产经营活动中的其他重大事项；

（四）批准年度业务报告、盈余分配方案、亏损处理方案；

（五）对合并、分立、解散、清算，以及设立、加入联合社等作出决议；

（六）决定聘用经营管理人员和专业技术人员的数量、资格和任期；

（七）听取理事长或者理事会关于成员变动情况的报告，对成员的入社、除名等作出决议；

（八）公积金的提取及使用；

（九）章程规定的其他职权。

第三十条　农民专业合作社召开成员大会，出席人数应当达到成员总数三分之二以上。

成员大会选举或者作出决议，应当由本社成员表决权总数过半数通过；作出修改章程或者合并、分立、解散，以及设立、加入联合社的决议应当由本社成员表决权总数的三分之二以上通过。章程对表决权数有较高规定的，从其规定。

第三十一条　农民专业合作社成员大会每年至少召开一次，会议的召集由章程规定。有下列情形之一的，应当在二十日内召开临时成员大会：

（一）百分之三十以上的成员提议；

（二）执行监事或者监事会提议；

（三）章程规定的其他情形。

第三十二条　农民专业合作社成员超过一百五十人的，可以按照章程规定设立成员代表大会。成员代表大会按照章程规定可以行使成员大会的部分或者全部职权。

依法设立成员代表大会的，成员代表人数一般为成员总人数的百分之十，最低人数为五十一人。

第三十三条　农民专业合作社设理事长一名，可以设理事会。理事长为本社的法定代表人。

农民专业合作社可以设执行监事或者监事会。理事长、理事、经理和财务会计人员不得兼任监事。

理事长、理事、执行监事或者监事会成员，由成员大会从本社成员中选举产生，依照本法和章程的规定行使职权，对成员大会负责。

理事会会议、监事会会议的表决，实行一人一票。

第三十四条 农民专业合作社的成员大会、成员代表大会、理事会、监事会，应当将所议事项的决定作成会议记录，出席会议的成员、成员代表、理事、监事应当在会议记录上签名。

第三十五条 农民专业合作社的理事长或者理事会可以按照成员大会的决定聘任经理和财务会计人员，理事长或者理事可以兼任经理。经理按照章程规定或者理事会的决定，可以聘任其他人员。

经理按照章程规定和理事长或者理事会授权，负责具体生产经营活动。

第三十六条 农民专业合作社的理事长、理事和管理人员不得有下列行为：

（一）侵占、挪用或者私分本社资产；

（二）违反章程规定或者未经成员大会同意，将本社资金借贷给他人或者以本社资产为他人提供担保；

（三）接受他人与本社交易的佣金归为己有；

（四）从事损害本社经济利益的其他活动。

理事长、理事和管理人员违反前款规定所得的收入，应当归本社所有；给本社造成损失的，应当承担赔偿责任。

第三十七条 农民专业合作社的理事长、理事、经理不得兼任业务性质相同的其他农民专业合作社的理事长、理事、监事、经理。

第三十八条 执行与农民专业合作社业务有关公务的人员，不得担任农民专业合作社的理事长、理事、监事、经理或者财务会计人员。

第五章 财务管理

第三十九条 农民专业合作社应当按照国务院财政部门制定

的财务会计制度进行财务管理和会计核算。

第四十条 农民专业合作社的理事长或者理事会应当按照章程规定，组织编制年度业务报告、盈余分配方案、亏损处理方案以及财务会计报告，于成员大会召开的十五日前，置备于办公地点，供成员查阅。

第四十一条 农民专业合作社与其成员的交易、与利用其提供的服务的非成员的交易，应当分别核算。

第四十二条 农民专业合作社可以按照章程规定或者成员大会决议从当年盈余中提取公积金。公积金用于弥补亏损、扩大生产经营或者转为成员出资。

每年提取的公积金按照章程规定量化为每个成员的份额。

第四十三条 农民专业合作社应当为每个成员设立成员账户，主要记载下列内容：

（一）该成员的出资额；

（二）量化为该成员的公积金份额；

（三）该成员与本社的交易量（额）。

第四十四条 在弥补亏损、提取公积金后的当年盈余，为农民专业合作社的可分配盈余。可分配盈余主要按照成员与本社的交易量（额）比例返还。

可分配盈余按成员与本社的交易量（额）比例返还的返还总额不得低于可分配盈余的百分之六十；返还后的剩余部分，以成员账户中记载的出资额和公积金份额，以及本社接受国家财政直接补助和他人捐赠形成的财产平均量化到成员的份额，按比例分配给本社成员。

经成员大会或者成员代表大会表决同意，可以将全部或者部分可分配盈余转为对农民专业合作社的出资，并记载在成员账户中。

具体分配办法按照章程规定或者经成员大会决议确定。

第四十五条 设立执行监事或者监事会的农民专业合作社，

由执行监事或者监事会负责对本社的财务进行内部审计，审计结果应当向成员大会报告。

成员大会也可以委托社会中介机构对本社的财务进行审计。

第六章　合并、分立、解散和清算

第四十六条　农民专业合作社合并，应当自合并决议作出之日起十日内通知债权人。合并各方的债权、债务应当由合并后存续或者新设的组织承继。

第四十七条　农民专业合作社分立，其财产作相应的分割，并应当自分立决议作出之日起十日内通知债权人。分立前的债务由分立后的组织承担连带责任。但是，在分立前与债权人就债务清偿达成的书面协议另有约定的除外。

第四十八条　农民专业合作社因下列原因解散：

（一）章程规定的解散事由出现；

（二）成员大会决议解散；

（三）因合并或者分立需要解散；

（四）依法被吊销营业执照或者被撤销。

因前款第一项、第二项、第四项原因解散的，应当在解散事由出现之日起十五日内由成员大会推举成员组成清算组，开始解散清算。逾期不能组成清算组的，成员、债权人可以向人民法院申请指定成员组成清算组进行清算，人民法院应当受理该申请，并及时指定成员组成清算组进行清算。

第四十九条　清算组自成立之日起接管农民专业合作社，负责处理与清算有关未了结业务，清理财产和债权、债务，分配清偿债务后的剩余财产，代表农民专业合作社参与诉讼、仲裁或者其他法律程序，并在清算结束时办理注销登记。

第五十条　清算组应当自成立之日起十日内通知农民专业合作社成员和债权人，并于六十日内在报纸上公告。债权人应当自接到通知之日起三十日内，未接到通知的自公告之日起四十五日内，向清算组申报债权。如果在规定期间内全部成员、债权人均已收到通知，免除清算组的公告义务。

债权人申报债权，应当说明债权的有关事项，并提供证明材料。清算组应当对债权进行审查、登记。

在申报债权期间，清算组不得对债权人进行清偿。

第五十一条 农民专业合作社因本法第四十八条第一款的原因解散，或者人民法院受理破产申请时，不能办理成员退社手续。

第五十二条 清算组负责制定包括清偿农民专业合作社员工的工资及社会保险费用，清偿所欠税款和其他各项债务，以及分配剩余财产在内的清算方案，经成员大会通过或者申请人民法院确认后实施。

清算组发现农民专业合作社的财产不足以清偿债务的，应当依法向人民法院申请破产。

第五十三条 农民专业合作社接受国家财政直接补助形成的财产，在解散、破产清算时，不得作为可分配剩余资产分配给成员，具体按照国务院财政部门有关规定执行。

第五十四条 清算组成员应当忠于职守，依法履行清算义务，因故意或者重大过失给农民专业合作社成员及债权人造成损失的，应当承担赔偿责任。

第五十五条 农民专业合作社破产适用企业破产法的有关规定。但是，破产财产在清偿破产费用和共益债务后，应当优先清偿破产前与农民成员已发生交易但尚未结清的款项。

第七章 农民专业合作社联合社

第五十六条 三个以上的农民专业合作社在自愿的基础上，可以出资设立农民专业合作社联合社。

农民专业合作社联合社应当有自己的名称、组织机构和住所，由联合社全体成员制定并承认的章程，以及符合章程规定的成员出资。

第五十七条 农民专业合作社联合社依照本法登记，取得法人资格，领取营业执照，登记类型为农民专业合作社联合社。

第五十八条 农民专业合作社联合社以其全部财产对该社的债务承担责任；农民专业合作社联合社的成员以其出资额为限对农民专业合作社联合社承担责任。

第五十九条 农民专业合作社联合社应当设立由全体成员参加的成员大会，其职权包括修改农民专业合作社联合社章程，选举和罢免农民专业合作社联合社理事长、理事和监事，决定农民专业合作社联合社的经营方案及盈余分配，决定对外投资和担保方案等重大事项。

农民专业合作社联合社不设成员代表大会，可以根据需要设立理事会、监事会或者执行监事。理事长、理事应当由成员社选派的人员担任。

第六十条 农民专业合作社联合社的成员大会选举和表决，实行一社一票。

第六十一条 农民专业合作社联合社可分配盈余的分配办法，按照本法规定的原则由农民专业合作社联合社章程规定。

第六十二条 农民专业合作社联合社成员退社，应当在会计年度终了的六个月前以书面形式向理事会提出。退社成员的成员资格自会计年度终了时终止。

第六十三条 本章对农民专业合作社联合社没有规定的，适用本法关于农民专业合作社的规定。

第八章 扶持措施

第六十四条 国家支持发展农业和农村经济的建设项目，可以委托和安排有条件的农民专业合作社实施。

第六十五条 中央和地方财政应当分别安排资金，支持农民专业合作社开展信息、培训、农产品标准与认证、农业生产基础设施建设、市场营销和技术推广等服务。国家对革命老区、民族地区、边疆地区和贫困地区的农民专业合作社给予优先扶助。

县级以上人民政府有关部门应当依法加强对财政补助资金使用情况的监督。

第六十六条 国家政策性金融机构应当采取多种形式，为农民专业合作社提供多渠道的资金支持。具体支持政策由国务院规定。

国家鼓励商业性金融机构采取多种形式，为农民专业合作社及其成员提供金融服务。

国家鼓励保险机构为农民专业合作社提供多种形式的农业保险服务。鼓励农民专业合作社依法开展互助保险。

第六十七条 农民专业合作社享受国家规定的对农业生产、加工、流通、服务和其他涉农经济活动相应的税收优惠。

第六十八条 农民专业合作社从事农产品初加工用电执行农业生产用电价格，农民专业合作社生产性配套辅助设施用地按农用地管理，具体办法由国务院有关部门规定。

第九章 法律责任

第六十九条 侵占、挪用、截留、私分或者以其他方式侵犯农民专业合作社及其成员的合法财产，非法干预农民专业合作社及其成员的生产经营活动，向农民专业合作社及其成员摊派，强迫农民专业合作社及其成员接受有偿服务，造成农民专业合作社经济损失的，依法追究法律责任。

第七十条 农民专业合作社向登记机关提供虚假登记材料或者采取其他欺诈手段取得登记的，由登记机关责令改正，可以处五千元以下罚款；情节严重的，撤销登记或者吊销营业执照。

第七十一条 农民专业合作社连续两年未从事经营活动的，吊销其营业执照。

第七十二条 农民专业合作社在依法向有关主管部门提供的

财务报告等材料中，作虚假记载或者隐瞒重要事实的，依法追究法律责任。

第十章　附　　则

第七十三条　国有农场、林场、牧场、渔场等企业中实行承包租赁经营、从事农业生产经营或者服务的职工，兴办农民专业合作社适用本法。

第七十四条　本法自 2018 年 7 月 1 日起施行。

中华人民共和国农业法

（1993年7月2日第八届全国人民代表大会常务委员会第二次会议通过　2002年12月28日第九届全国人民代表大会常务委员会第三十一次会议修订　根据2009年8月27日第十一届全国人民代表大会常务委员会第十次会议《关于修改部分法律的决定》第一次修正　根据2012年12月28日第十一届全国人民代表大会常务委员会第三十次会议《关于修改〈中华人民共和国农业法〉的决定》第二次修正）

目　　录

第一章　总　　则

第一条　为了巩固和加强农业在国民经济中的基础地位，深化农村改革，发展农业生产力，推进农业现代化，维护农民和农业生产经营组织的合法权益，增加农民收入，提高农民科学文化素质，促进农业和农村经济的持续、稳定、健康发展，实现全面建设小康社会的目标，制定本法。

第二条　本法所称农业，是指种植业、林业、畜牧业和渔业等产业，包括与其直接相关的产前、产中、产后服务。

本法所称农业生产经营组织，是指农村集体经济组织、农民专业合作经济组织、农业企业和其他从事农业生产经营的组织。

第三条　国家把农业放在发展国民经济的首位。

农业和农村经济发展的基本目标是：建立适应发展社会主义市场经济要求的农村经济体制，不断解放和发展农村生产力，提高农业的整体素质和效益，确保农产品供应和质量，满足国民经济发展和人口增长、生活改善的需求，提高农民的收入和生活水平，促进农村富余劳动力向非农产业和城镇转移，缩小城乡差别和区域差别，建设富裕、民主、文明的社会主义新农村，逐步实现农业和农村现代化。

第四条　国家采取措施，保障农业更好地发挥在提供食物、工业原料和其他农产品，维护和改善生态环境，促进农村经济社会发展等多方面的作用。

第五条　国家坚持和完善公有制为主体、多种所有制经济共同发展的基本经济制度，振兴农村经济。

国家长期稳定农村以家庭承包经营为基础、统分结合的双层经营体制，发展社会化服务体系，壮大集体经济实力，引导农民走共同富裕的道路。

国家在农村坚持和完善以按劳分配为主体、多种分配方式并存的分配制度。

第六条 国家坚持科教兴农和农业可持续发展的方针。

国家采取措施加强农业和农村基础设施建设，调整、优化农业和农村经济结构，推进农业产业化经营，发展农业科技、教育事业，保护农业生态环境，促进农业机械化和信息化，提高农业综合生产能力。

第七条 国家保护农民和农业生产经营组织的财产及其他合法权益不受侵犯。

各级人民政府及其有关部门应当采取措施增加农民收入，切实减轻农民负担。

第八条 全社会应当高度重视农业，支持农业发展。

国家对发展农业和农村经济有显著成绩的单位和个人，给予奖励。

第九条 各级人民政府对农业和农村经济发展工作统一负责，组织各有关部门和全社会做好发展农业和为发展农业服务的各项工作。

国务院农业行政主管部门主管全国农业和农村经济发展工作，国务院林业行政主管部门和其他有关部门在各自的职责范围内，负责有关的农业和农村经济发展工作。

县级以上地方人民政府各农业行政主管部门负责本行政区域内的种植业、畜牧业、渔业等农业和农村经济发展工作，林业行政主管部门负责本行政区域内的林业工作。县级以上地方人民政府其他有关部门在各自的职责范围内，负责本行政区域内有关的为农业生产经营服务的工作。

第二章 农业生产经营体制

第十条 国家实行农村土地承包经营制度，依法保障农村土地承包关系的长期稳定，保护农民对承包土地的使用权。

农村土地承包经营的方式、期限、发包方和承包方的权利义务、土地承包经营权的保护和流转等，适用《中华人民共和国土地管理法》和《中华人民共和国农村土地承包法》。

农村集体经济组织应当在家庭承包经营的基础上，依法管理集体资产，为其成员提供生产、技术、信息等服务，组织合理开发、利用集体资源，壮大经济实力。

第十一条 国家鼓励农民在家庭承包经营的基础上自愿组成各类专业合作经济组织。

农民专业合作经济组织应当坚持为成员服务的宗旨，按照加入自愿、退出自由、民主管理、盈余返还的原则，依法在其章程规定的范围内开展农业生产经营和服务活动。

农民专业合作经济组织可以有多种形式，依法成立、依法登记。任何组织和个人不得侵犯农民专业合作经济组织的财产和经营自主权。

第十二条 农民和农业生产经营组织可以自愿按照民主管理、按劳分配和按股分红相结合的原则，以资金、技术、实物等入股，依法兴办各类企业。

第十三条 国家采取措施发展多种形式的农业产业化经营，鼓励和支持农民和农业生产经营组织发展生产、加工、销售一体化经营。

国家引导和支持从事农产品生产、加工、流通服务的企业、科研单位和其他组织，通过与农民或者农民专业合作经济组织订立合同或者建立各类企业等形式，形成收益共享、风险共担的利益共同体，推进农业产业化经营，带动农业发展。

第十四条 农民和农业生产经营组织可以按照法律、行政法规成立各种农产品行业协会，为成员提供生产、营销、信息、技术、培训等服务，发挥协调和自律作用，提出农产品贸易救济措施的申请，维护成员和行业的利益。

第三章　农业生产

第十五条　县级以上人民政府根据国民经济和社会发展的中长期规划、农业和农村经济发展的基本目标和农业资源区划，制定农业发展规划。

省级以上人民政府农业行政主管部门根据农业发展规划，采取措施发挥区域优势，促进形成合理的农业生产区域布局，指导和协调农业和农村经济结构调整。

第十六条　国家引导和支持农民和农业生产经营组织结合本地实际按照市场需求，调整和优化农业生产结构，协调发展种植业、林业、畜牧业和渔业，发展优质、高产、高效益的农业，提高农产品国际竞争力。

种植业以优化品种、提高质量、增加效益为中心，调整作物结构、品种结构和品质结构。

加强林业生态建设，实施天然林保护、退耕还林和防沙治沙工程，加强防护林体系建设，加速营造速生丰产林、工业原料林和薪炭林。

加强草原保护和建设，加快发展畜牧业，推广圈养和舍饲，改良畜禽品种，积极发展饲料工业和畜禽产品加工业。

渔业生产应当保护和合理利用渔业资源，调整捕捞结构，积极发展水产养殖业、远洋渔业和水产品加工业。

县级以上人民政府应当制定政策，安排资金，引导和支持农业结构调整。

第十七条　各级人民政府应当采取措施，加强农业综合开发和农田水利、农业生态环境保护、乡村道路、农村能源和电网、农产品仓储和流通、渔港、草原围栏、动植物原种良种基地等农业和农村基础设施建设，改善农业生产条件，保护和提高农业综合生产能力。

第十八条　国家扶持动植物品种的选育、生产、更新和良种的推广使用，鼓励品种选育和生产、经营相结合，实施种子工程和畜禽良种工程。国务院和省、自治区、直辖市人民政府设立专项资金，用于扶持动植物良种的选育和推广工作。

第十九条 各级人民政府和农业生产经营组织应当加强农田水利设施建设，建立健全农田水利设施的管理制度，节约用水，发展节水型农业，严格依法控制非农业建设占用灌溉水源，禁止任何组织和个人非法占用或者毁损农田水利设施。

国家对缺水地区发展节水型农业给予重点扶持。

第二十条 国家鼓励和支持农民和农业生产经营组织使用先进、适用的农业机械，加强农业机械安全管理，提高农业机械化水平。

国家对农民和农业生产经营组织购买先进农业机械给予扶持。

第二十一条 各级人民政府应当支持为农业服务的气象事业的发展，提高对气象灾害的监测和预报水平。

第二十二条 国家采取措施提高农产品的质量，建立健全农产品质量标准体系和质量检验检测监督体系，按照有关技术规范、操作规程和质量卫生安全标准，组织农产品的生产经营，保障农产品质量安全。

第二十三条 国家支持依法建立健全优质农产品认证和标志制度。

国家鼓励和扶持发展优质农产品生产。县级以上地方人民政府应当结合本地情况，按照国家有关规定采取措施，发展优质农产品生产。

符合国家规定标准的优质农产品可以依照法律或者行政法规的规定申请使用有关的标志。符合规定产地及生产规范要求的农产品可以依照有关法律或者行政法规的规定申请使用农产品地理标志。

第二十四条 国家实行动植物防疫、检疫制度，健全动植物防疫、检疫体系，加强对动物疫病和植物病、虫、杂草、鼠害的监测、预警、防治，建立重大动物疫情和植物病虫害的快速扑灭机制，建设动物无规定疫病区，实施植物保护工程。

第二十五条 农药、兽药、饲料和饲料添加剂、肥料、种子、农业机械等可能危害人畜安全的农业生产资料的生产经营，依照相关法律、行政法规的规定实行登记或者许可制度。

各级人民政府应当建立健全农业生产资料的安全使用制度，农民和农业生产经营组织不得使用国家明令淘汰和禁止使用的农药、兽药、饲料添加剂等农业生产资料和其他禁止使用的产品。

农业生产资料的生产者、销售者应当对其生产、销售的产品的质量负责，禁止以次充好、以假充真、以不合格的产品冒充合格的产品；禁止生产和销售国家明令淘汰的农药、兽药、饲料添加剂、农业机械等农业生产资料。

第四章 农产品流通与加工

第二十六条 农产品的购销实行市场调节。国家对关系国计民生的重要农产品的购销活动实行必要的宏观调控，建立中央和地方分级储备调节制度，完善仓储运输体系，做到保证供应，稳定市场。

第二十七条 国家逐步建立统一、开放、竞争、有序的农产品市场体系，制定农产品批发市场发展规划。对农村集体经济组织和农民专业合作经济组织建立农产品批发市场和农产品集贸市场，国家给予扶持。

县级以上人民政府工商行政管理部门和其他有关部门按照各自的职责，依法管理农产品批发市场，规范交易秩序，防止地方保护与不正当竞争。

第二十八条 国家鼓励和支持发展多种形式的农产品流通活动。支持农民和农民专业合作经济组织按照国家有关规定从事农产品收购、批发、贮藏、运输、零售和中介活动。鼓励供销合作社和其他从事农产品购销的农业生产经营组织提供市场信息，开拓农产品流通渠道，为农产品销售服务。

县级以上人民政府应当采取措施，督促有关部门保障农产品运输畅通，降低农产品流通成本。有关行政管理部门应当简化手续，方便鲜活农产品的运输，除法律、行政法规另有规定外，不得扣押鲜活农产品的运输工具。

第二十九条 国家支持发展农产品加工业和食品工业，增加农产品的附加值。县级以上人民政府应当制定农产品加工业和食品工业发展规划，引导农产品加工企业形成合理的区域布局和规模结构，扶持农民专业合作经济组织和乡镇企业从事农产品加工和综合开发利用。

国家建立健全农产品加工制品质量标准，完善检测手段，加强农产品加工过程中的质量安全管理和监督，保障食品安全。

第三十条 国家鼓励发展农产品进出口贸易。

国家采取加强国际市场研究、提供信息和营销服务等措施，促进农产品出口。

为维护农产品产销秩序和公平贸易，建立农产品进口预警制度，当某些进口农产品已经或者可能对国内相关农产品的生产造成重大的不利影响时，国家可以采取必要的措施。

第五章 粮食安全

第三十一条 国家采取措施保护和提高粮食综合生产能力，稳步提高粮食生产水平，保障粮食安全。

国家建立耕地保护制度，对基本农田依法实行特殊保护。

第三十二条 国家在政策、资金、技术等方面对粮食主产区给予重点扶持，建设稳定的商品粮生产基地，改善粮食收贮及加工设施，提高粮食主产区的粮食生产、加工水平和经济效益。

国家支持粮食主产区与主销区建立稳定的购销合作关系。

第三十三条 在粮食的市场价格过低时，国务院可以决定对部分粮食品种实行保护价制度。保护价应当根据有利于保护农民利益、稳定粮食生产的原则确定。

农民按保护价制度出售粮食，国家委托的收购单位不得拒收。

县级以上人民政府应当组织财政、金融等部门以及国家委托的收购单位及时筹足粮食收购资金，任何部门、单位或者个人不得截留或者挪用。

第三十四条 国家建立粮食安全预警制度，采取措施保障粮食供给。国务院应当制定粮食安全保障目标与粮食储备数量指标，并根据需要组织有关主管部门进行耕地、粮食库存情况的核查。

国家对粮食实行中央和地方分级储备调节制度，建设仓储运输体系。承担国家粮食储备任务的企业应当按照国家规定保证储备粮的数量和质量。

第三十五条 国家建立粮食风险基金，用于支持粮食储备、稳定粮食市场和保护农民利益。

第三十六条 国家提倡珍惜和节约粮食，并采取措施改善人民的食物营养结构。

第六章　农业投入与支持保护

第三十七条 国家建立和完善农业支持保护体系，采取财政投入、税收优惠、金融支持等措施，从资金投入、科研与技术推广、教育培训、农业生产资料供应、市场信息、质量标准、检验检疫、社会化服务以及灾害救助等方面扶持农民和农业生产经营组织发展农业生产，提高农民的收入水平。

在不与我国缔结或加入的有关国际条约相抵触的情况下，国家对农民实施收入支持政策，具体办法由国务院制定。

第三十八条 国家逐步提高农业投入的总体水平。中央和县级以上地方财政每年对农业总投入的增长幅度应当高于其财政经常性收入的增长幅度。

各级人民政府在财政预算内安排的各项用于农业的资金应当主要用于：加强农业基础设施建设；支持农业结构调整，促进农业产业化经营；保护粮食综合生产能力，保障国家粮食安全；健全动植物检疫、防疫体系，加强动物疫病和植物病、虫、杂草、鼠害防治；建立健全农产品质量标准和检验检测监督体系、农产品市场及信息服务体系；支持农业科研教育、农业技术推广和农民培训；加强农业生态环境保护建设；扶持贫困地区发展；保障农民收入水平等。

县级以上各级财政用于种植业、林业、畜牧业、渔业、农田水利的农业基本建设投入应当统筹安排，协调增长。

国家为加快西部开发，增加对西部地区农业发展和生态环境保护的投入。

第三十九条　县级以上人民政府每年财政预算内安排的各项用于农业的资金应当及时足额拨付。各级人民政府应当加强对国家各项农业资金分配、使用过程的监督管理，保证资金安全，提高资金的使用效率。

任何单位和个人不得截留、挪用用于农业的财政资金和信贷资金。审计机关应当依法加强对用于农业的财政和信贷等资金的审计监督。

第四十条　国家运用税收、价格、信贷等手段，鼓励和引导农民和农业生产经营组织增加农业生产经营性投入和小型农田水利等基本建设投入。

国家鼓励和支持农民和农业生产经营组织在自愿的基础上依法采取多种形式，筹集农业资金。

第四十一条　国家鼓励社会资金投向农业，鼓励企业事业单位、社会团体和个人捐资设立各种农业建设和农业科技、教育基金。

国家采取措施，促进农业扩大利用外资。

第四十二条 各级人民政府应当鼓励和支持企业事业单位及其他各类经济组织开展农业信息服务。

县级以上人民政府农业行政主管部门及其他有关部门应当建立农业信息搜集、整理和发布制度，及时向农民和农业生产经营组织提供市场信息等服务。

第四十三条 国家鼓励和扶持农用工业的发展。

国家采取税收、信贷等手段鼓励和扶持农业生产资料的生产和贸易，为农业生产稳定增长提供物质保障。

国家采取宏观调控措施，使化肥、农药、农用薄膜、农业机械和农用柴油等主要农业生产资料和农产品之间保持合理的比价。

第四十四条 国家鼓励供销合作社、农村集体经济组织、农民专业合作经济组织、其他组织和个人发展多种形式的农业生产产前、产中、产后的社会化服务事业。县级以上人民政府及其各有关部门应当采取措施对农业社会化服务事业给予支持。

对跨地区从事农业社会化服务的，农业、工商管理、交通运输、公安等有关部门应当采取措施给予支持。

第四十五条 国家建立健全农村金融体系，加强农村信用制度建设，加强农村金融监管。

有关金融机构应当采取措施增加信贷投入，改善农村金融服务，对农民和农业生产经营组织的农业生产经营活动提供信贷支持。

农村信用合作社应当坚持为农业、农民和农村经济发展服务的宗旨，优先为当地农民的生产经营活动提供信贷服务。

国家通过贴息等措施，鼓励金融机构向农民和农业生产经营组织的农业生产经营活动提供贷款。

第四十六条 国家建立和完善农业保险制度。

国家逐步建立和完善政策性农业保险制度。鼓励和扶持农民和农业生产经营组织建立为农业生产经营活动服务的互助合作保险组织，鼓励商业性保险公司开展农业保险业务。

农业保险实行自愿原则。任何组织和个人不得强制农民和农业生产经营组织参加农业保险。

第四十七条 各级人民政府应当采取措施，提高农业防御自然灾害的能力，做好防灾、抗灾和救灾工作，帮助灾民恢复生产，组织生产自救，开展社会互助互济；对没有基本生活保障的灾民给予救济和扶持。

第七章 农业科技与农业教育

第四十八条 国务院和省级人民政府应当制定农业科技、农业教育发展规划，发展农业科技、教育事业。

县级以上人民政府应当按照国家有关规定逐步增加农业科技经费和农业教育经费。

国家鼓励、吸引企业等社会力量增加农业科技投入，鼓励农民、农业生产经营组织、企业事业单位等依法举办农业科技、教育事业。

第四十九条 国家保护植物新品种、农产品地理标志等知识产权，鼓励和引导农业科研、教育单位加强农业科学技术的基础研究和应用研究，传播和普及农业科学技术知识，加速科技成果转化与产业化，促进农业科学技术进步。

国务院有关部门应当组织农业重大关键技术的科技攻关。国家采取措施促进国际农业科技、教育合作与交流，鼓励引进国外先进技术。

第五十条 国家扶持农业技术推广事业，建立政府扶持和市场引导相结合，有偿与无偿服务相结合，国家农业技术推广机构和社会力量相结合的农业技术推广体系，促使先进的农业技术尽快应用于农业生产。

第五十一条 国家设立的农业技术推广机构应当以农业技术试验示范基地为依托，承担公共所需的关键性技术的推广和示范等公益性职责，为农民和农业生产经营组织提供无偿农业技术服务。

县级以上人民政府应当根据农业生产发展需要，稳定和加强农业技术推广队伍，保障农业技术推广机构的工作经费。

各级人民政府应当采取措施，按照国家规定保障和改善从事农业技术推广工作的专业科技人员的工作条件、工资待遇和生活条件，鼓励他们为农业服务。

第五十二条 农业科研单位、有关学校、农民专业合作社、涉农企业、群众性科技组织及有关科技人员，根据农民和农业生产经营组织的需要，可以提供无偿服务，也可以通过技术转让、技术服务、技术承包、技术咨询和技术入股等形式，提供有偿服务，取得合法收益。农业科研单位、有关学校、农民专业合作社、涉农企业、群众性科技组织及有关科技人员应当提高服务水平，保证服务质量。

对农业科研单位、有关学校、农业技术推广机构举办的为农业服务的企业，国家在税收、信贷等方面给予优惠。

国家鼓励和支持农民、供销合作社、其他企业事业单位等参与农业技术推广工作。

第五十三条 国家建立农业专业技术人员继续教育制度。县级以上人民政府农业行政主管部门会同教育、人事等有关部门制定农业专业技术人员继续教育计划，并组织实施。

第五十四条 国家在农村依法实施义务教育，并保障义务教育经费。国家在农村举办的普通中小学校教职工工资由县级人民政府按照国家规定统一发放，校舍等教学设施的建设和维护经费由县级人民政府按照国家规定统一安排。

第五十五条 国家发展农业职业教育。国务院有关部门按照国家职业资格证书制度的统一规定，开展农业行业的职业分类、职业技能鉴定工作，管理农业行业的职业资格证书。

第五十六条 国家采取措施鼓励农民采用先进的农业技术，

支持农民举办各种科技组织，开展农业实用技术培训、农民绿色证书培训和其他就业培训，提高农民的文化技术素质。

第八章　农业资源与农业环境保护

第五十七条　发展农业和农村经济必须合理利用和保护土地、水、森林、草原、野生动植物等自然资源，合理开发和利用水能、沼气、太阳能、风能等可再生能源和清洁能源，发展生态农业，保护和改善生态环境。

县级以上人民政府应当制定农业资源区划或者农业资源合理利用和保护的区划，建立农业资源监测制度。

第五十八条　农民和农业生产经营组织应当保养耕地，合理使用化肥、农药、农用薄膜，增加使用有机肥料，采用先进技术，保护和提高地力，防止农用地的污染、破坏和地力衰退。

县级以上人民政府农业行政主管部门应当采取措施，支持农民和农业生产经营组织加强耕地质量建设，并对耕地质量进行定期监测。

第五十九条　各级人民政府应当采取措施，加强小流域综合治理，预防和治理水土流失。从事可能引起水土流失的生产建设活动的单位和个人，必须采取预防措施，并负责治理因生产建设活动造成的水土流失。

各级人民政府应当采取措施，预防土地沙化，治理沙化土地。国务院和沙化土地所在地区的县级以上地方人民政府应当按照法律规定制定防沙治沙规划，并组织实施。

第六十条　国家实行全民义务植树制度。各级人民政府应当采取措施，组织群众植树造林，保护林地和林木，预防森林火灾，防治森林病虫害，制止滥伐、盗伐林木，提高森林覆盖率。

国家在天然林保护区域实行禁伐或者限伐制度，加强造林护林。

第六十一条　有关地方人民政府，应当加强草原的保护、建设和管理，指导、组织农（牧）民和农（牧）业生产经营组织建设人工草场、饲草饲料基地和改良天然草原，实行以草定畜，控制载畜量，推行划区轮牧、休牧和禁牧制度，保护草原植被，防止草原退化沙化和盐渍化。

第六十二条 禁止毁林毁草开垦、烧山开垦以及开垦国家禁止开垦的陡坡地，已经开垦的应当逐步退耕还林、还草。

禁止围湖造田以及围垦国家禁止围垦的湿地。已经围垦的，应当逐步退耕还湖、还湿地。

对在国务院批准规划范围内实施退耕的农民，应当按照国家规定予以补助。

第六十三条 各级人民政府应当采取措施，依法执行捕捞限额和禁渔、休渔制度，增殖渔业资源，保护渔业水域生态环境。

国家引导、支持从事捕捞业的农（渔）民和农（渔）业生产经营组织从事水产养殖业或者其他职业，对根据当地人民政府统一规划转产转业的农（渔）民，应当按照国家规定予以补助。

第六十四条 国家建立与农业生产有关的生物物种资源保护制度，保护生物多样性，对稀有、濒危、珍贵生物资源及其原生地实行重点保护。从境外引进生物物种资源应当依法进行登记或者审批，并采取相应安全控制措施。

农业转基因生物的研究、试验、生产、加工、经营及其他应用，必须依照国家规定严格实行各项安全控制措施。

第六十五条 各级农业行政主管部门应当引导农民和农业生产经营组织采取生物措施或者使用高效低毒低残留农药、兽药，防治动植物病、虫、杂草、鼠害。

农产品采收后的秸秆及其他剩余物质应当综合利用，妥善处理，防止造成环境污染和生态破坏。

从事畜禽等动物规模养殖的单位和个人应当对粪便、废水及其他废弃物进行无害化处理或者综合利用，从事水产养殖的单位和个人应当合理投饵、施肥、使用药物，防止造成环境污染和生态破坏。

第六十六条 县级以上人民政府应当采取措施，督促有关单位进行治理，防治废水、废气和固体废弃物对农业生态环境的污染。排放废水、废气和固体废弃物造成农业生态环境污染事故的，由环境保护行政主管部门或者农业行政主管部门依法调查处理；给农民和农业生产经营组织造成损失的，有关责任者应当依法赔偿。

第九章 农民权益保护

第六十七条 任何机关或者单位向农民或者农业生产经营组织收取行政、事业性费用必须依据法律、法规的规定。收费的项目、范围和标准应当公布。没有法律、法规依据的收费，农民和农业生产经营组织有权拒绝。

任何机关或者单位对农民或者农业生产经营组织进行罚款处罚必须依据法律、法规、规章的规定。没有法律、法规、规章依据的罚款，农民和农业生产经营组织有权拒绝。

任何机关或者单位不得以任何方式向农民或者农业生产经营组织进行摊派。除法律、法规另有规定外，任何机关或者单位以任何方式要求农民或者农业生产经营组织提供人力、财力、物力的，属于摊派。农民和农业生产经营组织有权拒绝任何方式的摊派。

第六十八条 各级人民政府及其有关部门和所属单位不得以任何方式向农民或者农业生产经营组织集资。

没有法律、法规依据或者未经国务院批准，任何机关或者单位不得在农村进行任何形式的达标、升级、验收活动。

第六十九条 农民和农业生产经营组织依照法律、行政法规的规定承担纳税义务。税务机关及代扣、代收税款的单位应当依法征税，不得违法摊派税款及以其他违法方法征税。

第七十条 农村义务教育除按国务院规定收取的费用外，不得向农民和学生收取其他费用。禁止任何机关或者单位通过农村中小学校向农民收费。

第七十一条 国家依法征收农民集体所有的土地，应当保护农民和农村集体经济组织的合法权益，依法给予农民和农村集体经济组织征地补偿，任何单位和个人不得截留、挪用征地补偿费用。

第七十二条 各级人民政府、农村集体经济组织或者村民委员会在农业和农村经济结构调整、农业产业化经营和土地承包经营权流转等过程中，不得侵犯农民的土地承包经营权，不得干涉农民自主安排的生产经营项目，不得强迫农民购买指定的生产资料或者按指定的渠道销售农产品。

第七十三条 农村集体经济组织或者村民委员会为发展生产或者兴办公益事业，需要向其成员（村民）筹资筹劳的，应当经成员（村民）会议或者成员（村民）代表会议过半数通过后，方可进行。

农村集体经济组织或者村民委员会依照前款规定筹资筹劳的，不得超过省级以上人民政府规定的上限控制标准，禁止强行以资代劳。

农村集体经济组织和村民委员会对涉及农民利益的重要事项，应当向农民公开，并定期公布财务账目，接受农民的监督。

第七十四条 任何单位和个人向农民或者农业生产经营组织提供生产、技术、信息、文化、保险等有偿服务，必须坚持自愿原则，不得强迫农民和农业生产经营组织接受服务。

第七十五条 农产品收购单位在收购农产品时，不得压级压价，不得在支付的价款中扣缴任何费用。法律、行政法规规定代扣、代收税款的，依照法律、行政法规的规定办理。

农产品收购单位与农产品销售者因农产品的质量等级发生争议的，可以委托具有法定资质的农产品质量检验机构检验。

第七十六条 农业生产资料使用者因生产资料质量问题遭受

损失的，出售该生产资料的经营者应当予以赔偿，赔偿额包括购货价款、有关费用和可得利益损失。

第七十七条 农民或者农业生产经营组织为维护自身的合法权益，有向各级人民政府及其有关部门反映情况和提出合法要求的权利，人民政府及其有关部门对农民或者农业生产经营组织提出的合理要求，应当按照国家规定及时给予答复。

第七十八条 违反法律规定，侵犯农民权益的，农民或者农业生产经营组织可以依法申请行政复议或者向人民法院提起诉讼，有关人民政府及其有关部门或者人民法院应当依法受理。

人民法院和司法行政主管机关应当依照有关规定为农民提供法律援助。

第十章 农村经济发展

第七十九条 国家坚持城乡协调发展的方针，扶持农村第二、第三产业发展，调整和优化农村经济结构，增加农民收入，促进农村经济全面发展，逐步缩小城乡差别。

第八十条 各级人民政府应当采取措施，发展乡镇企业，支持农业的发展，转移富余的农业劳动力。

国家完善乡镇企业发展的支持措施，引导乡镇企业优化结构，更新技术，提高素质。

第八十一条 县级以上地方人民政府应当根据当地的经济发展水平、区位优势和资源条件，按照合理布局、科学规划、节约用地的原则，有重点地推进农村小城镇建设。

地方各级人民政府应当注重运用市场机制，完善相应政策，吸引农民和社会资金投资小城镇开发建设，发展第二、第三产业，引导乡镇企业相对集中发展。

第八十二条 国家采取措施引导农村富余劳动力在城乡、地区间合理有序流动。地方各级人民政府依法保护进入城镇就业的农村劳动力的合法权益，不得设置不合理限制，已经设置的应当取消。

第八十三条　国家逐步完善农村社会救济制度，保障农村五保户、贫困残疾农民、贫困老年农民和其他丧失劳动能力的农民的基本生活。

第八十四条　国家鼓励、支持农民巩固和发展农村合作医疗和其他医疗保障形式，提高农民健康水平。

第八十五条　国家扶持贫困地区改善经济发展条件，帮助进行经济开发。省级人民政府根据国家关于扶持贫困地区的总体目标和要求，制定扶贫开发规划，并组织实施。

各级人民政府应当坚持开发式扶贫方针，组织贫困地区的农民和农业生产经营组织合理使用扶贫资金，依靠自身力量改变贫穷落后面貌，引导贫困地区的农民调整经济结构、开发当地资源。扶贫开发应当坚持与资源保护、生态建设相结合，促进贫困地区经济、社会的协调发展和全面进步。

第八十六条　中央和省级财政应当把扶贫开发投入列入年度财政预算，并逐年增加，加大对贫困地区的财政转移支付和建设资金投入。

国家鼓励和扶持金融机构、其他企业事业单位和个人投入资金支持贫困地区开发建设。

禁止任何单位和个人截留、挪用扶贫资金。审计机关应当加强扶贫资金的审计监督。

第十一章　执法监督

第八十七条　县级以上人民政府应当采取措施逐步完善适应社会主义市场经济发展要求的农业行政管理体制。

县级以上人民政府农业行政主管部门和有关行政主管部门应当加强规划、指导、管理、协调、监督、服务职责，依法行政，公正执法。

县级以上地方人民政府农业行政主管部门应当在其职责范围

内健全行政执法队伍，实行综合执法，提高执法效率和水平。

第八十八条 县级以上人民政府农业行政主管部门及其执法人员履行执法监督检查职责时，有权采取下列措施：

（一）要求被检查单位或者个人说明情况，提供有关文件、证照、资料；

（二）责令被检查单位或者个人停止违反本法的行为，履行法定义务。

农业行政执法人员在履行监督检查职责时，应当向被检查单位或者个人出示行政执法证件，遵守执法程序。有关单位或者个人应当配合农业行政执法人员依法执行职务，不得拒绝和阻碍。

第八十九条 农业行政主管部门与农业生产、经营单位必须在机构、人员、财务上彻底分离。农业行政主管部门及其工作人员不得参与和从事农业生产经营活动。

第十二章 法律责任

第九十条 违反本法规定，侵害农民和农业生产经营组织的土地承包经营权等财产权或者其他合法权益的，应当停止侵害，恢复原状；造成损失、损害的，依法承担赔偿责任。

国家工作人员利用职务便利或者以其他名义侵害农民和农业生产经营组织的合法权益的，应当赔偿损失，并由其所在单位或者上级主管机关给予行政处分。

第九十一条 违反本法第十九条、第二十五条、第六十二条、第七十一条规定的，依照相关法律或者行政法规的规定予以处罚。

第九十二条 有下列行为之一的，由上级主管机关责令限期归还被截留、挪用的资金，没收非法所得，并由上级主管机关或者所在单位给予直接负责的主管人员和其他直接责任人员行政处分；构成犯罪的，依法追究刑事责任：

（一）违反本法第三十三条第三款规定，截留、挪用粮食收购资金的；

（二）违反本法第三十九条第二款规定，截留、挪用用于农业的财政资金和信贷资金的；

（三）违反本法第八十六条第三款规定，截留、挪用扶贫资金的。

第九十三条 违反本法第六十七条规定，向农民或者农业生产经营组织违法收费、罚款、摊派的，上级主管机关应当予以制止，并予公告；已经收取钱款或者已经使用人力、物力的，由上级主管机关责令限期归还已经收取的钱款或者折价偿还已经使用的人力、物力，并由上级主管机关或者所在单位给予直接负责的主管人员和其他直接责任人员行政处分；情节严重，构成犯罪的，依法追究刑事责任。

第九十四条 有下列行为之一的，由上级主管机关责令停止违法行为，并给予直接负责的主管人员和其他直接责任人员行政处分，责令退还违法收取的集资款、税款或者费用：

（一）违反本法第六十八条规定，非法在农村进行集资、达标、升级、验收活动的；

（二）违反本法第六十九条规定，以违法方法向农民征税的；

（三）违反本法第七十条规定，通过农村中小学校向农民超额、超项目收费的。

第九十五条 违反本法第七十三条第二款规定，强迫农民以资代劳的，由乡（镇）人民政府责令改正，并退还违法收取的资金。

第九十六条 违反本法第七十四条规定，强迫农民和农业生产经营组织接受有偿服务的，由有关人民政府责令改正，并返还其违法收取的费用；情节严重的，给予直接负责的主管人员和其他直接责任人员行政处分；造成农民和农业生产经营组织损失的，依法承担赔偿责任。

第九十七条 县级以上人民政府农业行政主管部门的工作人员违反本法规定参与和从事农业生产经营活动的，依法给予行政处分；构成犯罪的，依法追究刑事责任。

第十三章 附 则

第九十八条 本法有关农民的规定，适用于国有农场、牧场、林场、渔场等企业事业单位实行承包经营的职工。

第九十九条 本法自 2003 年 3 月 1 日起施行。

农村土地经营权流转管理办法

（2021 年 1 月 26 日）

第一章 总 则

第一条 为了规范农村土地经营权（以下简称土地经营权）流转行为，保障流转当事人合法权益，加快农业农村现代化，维护农村社会和谐稳定，根据《中华人民共和国农村土地承包法》等法律及有关规定，制定本办法。

第二条 土地经营权流转应当坚持农村土地农民集体所有、农户家庭承包经营的基本制度，保持农村土地承包关系稳定并长久不变，遵循依法、自愿、有偿原则，任何组织和个人不得强迫或者阻碍承包方流转土地经营权。

第三条 土地经营权流转不得损害农村集体经济组织和利害关系人的合法权益，不得破坏农业综合生产能力和农业生态环境，不得改变承包土地的所有权性质及其农业用途，确保农地农用，优先用于粮食生产，制止耕地“非农化”、防止耕地“非粮化”。

第四条 土地经营权流转应当因地制宜、循序渐进，把握好流转、集中、规模经营的度，流转规模应当与城镇化进程和农村劳动力转移规模相适应，与农业科技进步和生产手段改进程度相适应，与农业社会化服务水平提高相适应，鼓励各地建立多种形式的土地经营权流转风险防范和保障机制。

第五条 农业农村部负责全国土地经营权流转及流转合同管

理的指导。

县级以上地方人民政府农业农村主管（农村经营管理）部门依照职责，负责本行政区域内土地经营权流转及流转合同管理。

乡（镇）人民政府负责本行政区域内土地经营权流转及流转合同管理。

第二章　流转当事人

第六条　承包方在承包期限内有权依法自主决定土地经营权是否流转，以及流转对象、方式、期限等。

第七条　土地经营权流转收益归承包方所有，任何组织和个人不得擅自截留、扣缴。

第八条　承包方自愿委托发包方、中介组织或者他人流转其土地经营权的，应当由承包方出具流转委托书。委托书应当载明委托的事项、权限和期限等，并由委托人和受托人签字或者盖章。

没有承包方的书面委托，任何组织和个人无权以任何方式决定流转承包方的土地经营权。

第九条　土地经营权流转的受让方应当为具有农业经营能力或者资质的组织和个人。在同等条件下，本集体经济组织成员享有优先权。

第十条　土地经营权流转的方式、期限、价款和具体条件，由流转双方平等协商确定。流转期限届满后，受让方享有以同等条件优先续约的权利。

第十一条　受让方应当依照有关法律法规保护土地，禁止改变土地的农业用途。禁止闲置、荒芜耕地，禁止占用耕地建窑、建坟或者擅自在耕地上建房、挖砂、采石、采矿、取土等。禁止占用永久基本农田发展林果业和挖塘养鱼。

第十二条　受让方将流转取得的土地经营权再流转以及向金

融机构融资担保的，应当事先取得承包方书面同意，并向发包方备案。

第十三条 经承包方同意，受让方依法投资改良土壤，建设农业生产附属、配套设施，及农业生产中直接用于作物种植和畜禽水产养殖设施的，土地经营权流转合同到期或者未到期由承包方依法提前收回承包土地时，受让方有权获得合理补偿。具体补偿办法可在土地经营权流转合同中约定或者由双方协商确定。

第三章 流转方式

第十四条 承包方可以采取出租（转包）、入股或者其他符合有关法律和国家政策规定的方式流转土地经营权。

出租（转包），是指承包方将部分或者全部土地经营权，租赁给他人从事农业生产经营。

入股，是指承包方将部分或者全部土地经营权作价出资，成为公司、合作经济组织等股东或者成员，并用于农业生产经营。

第十五条 承包方依法采取出租（转包）、入股或者其他方式将土地经营权部分或者全部流转的，承包方与发包方的承包关系不变，双方享有的权利和承担的义务不变。

第十六条 承包方自愿将土地经营权入股公司发展农业产业化经营的，可以采取优先股等方式降低承包方风险。公司解散时入股土地应当退回原承包方。

第四章 流转合同

第十七条 承包方流转土地经营权，应当与受让方在协商一致的基础上签订书面流转合同，并向发包方备案。

承包方将土地交由他人代耕不超过一年的，可以不签订书面合同。

第十八条 承包方委托发包方、中介组织或者他人流转土地经营权的，流转合同应当由承包方或者其书面委托的受托人签订。

第十九条 土地经营权流转合同一般包括以下内容：

（一）双方当事人的姓名或者名称、住所、联系方式等；

（二）流转土地的名称、四至、面积、质量等级、土地类型、地块代码等；

（三）流转的期限和起止日期；

（四）流转方式；

（五）流转土地的用途；

（六）双方当事人的权利和义务；

（七）流转价款或者股份分红，以及支付方式和支付时间；

（八）合同到期后地上附着物及相关设施的处理；

（九）土地被依法征收、征用、占用时有关补偿费的归属；

（十）违约责任。

土地经营权流转合同示范文本由农业农村部制定。

第二十条 承包方不得单方解除土地经营权流转合同，但受让方有下列情形之一的除外：

（一）擅自改变土地的农业用途；

（二）弃耕抛荒连续两年以上；

（三）给土地造成严重损害或者严重破坏土地生态环境；

（四）其他严重违约行为。

有以上情形，承包方在合理期限内不解除土地经营权流转合同的，发包方有权要求终止土地经营权流转合同。

受让方对土地和土地生态环境造成的损害应当依法予以赔偿。

第五章 流转管理

第二十一条 发包方对承包方流转土地经营权、受让方再流转土地经营权以及承包方、受让方利用土地经营权融资担保的，应当办理备案，并报告乡（镇）人民政府农村土地承包管理部门。

第二十二条 乡（镇）人民政府农村土地承包管理部门应当向达成流转意向的双方提供统一文本格式的流转合同，并指导签订。流转合同中有违反法律法规的，应当及时予以纠正。

第二十三条 乡（镇）人民政府农村土地承包管理部门应当建立土地经营权流转台账，及时准确记载流转情况。

第二十四条 乡（镇）人民政府农村土地承包管理部门应当对土地经营权流转有关文件、资料及流转合同等进行归档并妥善保管。

第二十五条 鼓励各地建立土地经营权流转市场或者农村产权交易市场。县级以上地方人民政府农业农村主管（农村经营管理）部门应当加强业务指导，督促其建立健全运行规则，规范开展土地经营权流转政策咨询、信息发布、合同签订、交易鉴证、权益评估、融资担保、档案管理等服务。

第二十六条 县级以上地方人民政府农业农村主管（农村经营管理）部门应当按照统一标准和技术规范建立国家、省、市、县等互联互通的农村土地承包信息应用平台，健全土地经营权流转合同网签制度，提升土地经营权流转规范化、信息化管理水平。

第二十七条 县级以上地方人民政府农业农村主管（农村经营管理）部门应当加强对乡（镇）人民政府农村土地承包管理部门工作的指导。乡（镇）人民政府农村土地承包管理部门应当依法开展土地经营权流转的指导和管理工作。

第二十八条 县级以上地方人民政府农业农村主管（农村经营管理）部门应当加强服务，鼓励受让方发展粮食生产；鼓励和引导工商企业等社会资本（包括法人、非法人组织或者自然人等）发展适合企业化经营的现代种养业。

县级以上地方人民政府农业农村主管（农村经营管理）部门应当根据自然经济条件、农村劳动力转移情况、农业机械化水平等因素，引导受让方发展适度规模经营，防止垒大户。

第二十九条 县级以上地方人民政府对工商企业等社会资本流转土地经营权，依法建立分级资格审查和项目审核制度。审查审核的一般程序如下：

（一）受让主体与承包方就流转面积、期限、价款等进行协商并签订流转意向协议书。涉及未承包到户集体土地等集体资源的，应当按照法定程序经本集体经济组织成员的村民会议三分之二以上成员或者三分之二以上村民代表的同意，并与集体经济组织签订流转意向协议书。

（二）受让主体按照分级审查审核规定，分别向乡（镇）人民政府农村土地承包管理部门或者县级以上地方人民政府农业农村主管（农村经营管理）部门提出申请，并提交流转意向协议书、农业经营能力或者资质证明、流转项目规划等相关材料。

（三）县级以上地方人民政府或者乡（镇）人民政府应当依法组织相关职能部门、农村集体经济组织代表、农民代表、专家等就土地用途、受让主体农业经营能力，以及经营项目是否符合粮食生产等产业规划等进行审查审核，并于受理之日起 20 个工作日内作出审查审核意见。

（四）审查审核通过的，受让主体与承包方签订土地经营权流转合同。未按规定提交审查审核申请或者审查审核未通过的，不得开展土地经营权流转活动。

第三十条 县级以上地方人民政府依法建立工商企业等社会资本通过流转取得土地经营权的风险防范制度，加强事中事后监管，及时查处纠正违法违规行为。

鼓励承包方和受让方在土地经营权流转市场或者农村产权交易市场公开交易。

对整村（组）土地经营权流转面积较大、涉及农户较多、经营风险较高的项目，流转双方可以协商设立风险保障金。

鼓励保险机构为土地经营权流转提供流转履约保证保险等多种形式保险服务。

第三十一条 农村集体经济组织为工商企业等社会资本流转土地经营权提供服务的，可以收取适量管理费用。收取管理费用的金额和方式应当由农村集体经济组织、承包方和工商企业等社会资本三方协商确定。管理费用应当纳入农村集体经济组织会计核算和财务管理，主要用于农田基本建设或者其他公益性支出。

第三十二条 县级以上地方人民政府可以根据本办法，结合本行政区域实际，制定工商企业等社会资本通过流转取得土地经营权的资格审查、项目审核和风险防范实施细则。

第三十三条 土地经营权流转发生争议或者纠纷的，当事人可以协商解决，也可以请求村民委员会、乡（镇）人民政府等进行调解。

当事人不愿意协商、调解或者协商、调解不成的，可以向农村土地承包仲裁机构申请仲裁，也可以直接向人民法院提起诉讼。

第六章　附　　则

第三十四条 本办法所称农村土地，是指除林地、草地以外的，农民集体所有和国家所有依法由农民集体使用的耕地和其他用于农业的土地。

本办法所称农村土地经营权流转，是指在承包方与发包方承包关系保持不变的前提下，承包方依法在一定期限内将土地经营权部分或者全部交由他人自主开展农业生产经营的行为。

第三十五条 通过招标、拍卖和公开协商等方式承包荒山、荒沟、荒丘、荒滩等农村土地，经依法登记取得权属证书的，可以流转土地经营权，其流转管理参照本办法执行。

第三十六条 本办法自 2021 年 3 月 1 日起施行。农业部 2005 年 1 月 19 日发布的《农村土地承包经营权流转管理办法》（农业部令第 47 号）同时废止。

三、中央规范性文件

中共中央　国务院
关于进一步深化农村改革扎实推进乡村全面振兴的意见

（2025 年 1 月 1 日）

实现中国式现代化，必须加快推进乡村全面振兴。当前，农业再获丰收，农村和谐稳定，同时国际环境复杂严峻，我国发展面临的不确定难预料因素增多。越是应对风险挑战，越要夯实“三农”工作基础。做好 2025 年及今后一个时期“三农”工作，要坚持以习近平新时代中国特色社会主义思想为指导，全面贯彻落实党的二十大和二十届二中、三中全会精神，深入贯彻落实习近平总书记关于“三农”工作的重要论述和重要指示精神，坚持和加强党对“三农”工作的全面领导，完整准确全面贯彻新发展理念，坚持稳中求进工作总基调，坚持农业农村优先发展，坚持城乡融合发展，坚持守正创新，锚定推进乡村全面振兴、建设农业强国目标，以改革开放和科技创新为动力，巩固和完善农村基本经营制度，深入学习运用“千万工程”经验，确保国家粮食安全，确保不发生规模性返贫致贫，提升乡村产业发展水平、乡村建设水平、乡村治理水平，千方百计推动农业增效益、农村增活力、农民增收入，为推进中国式现代化提供基础支撑。

一、持续增强粮食等重要农产品供给保障能力

（一）深入推进粮油作物大面积单产提升行动。稳定粮食播种面积，主攻单产和品质提升，确保粮食稳产丰产。进一步扩大粮食单产提升工程实施规模，加大高产高效模式集成推广力度，推进水肥一体化，促进大面积增产。加力落实新一轮千亿斤粮食产能提升任务。多措并举巩固大豆扩种成果，挖掘油菜、花生扩种潜力，支持发展油茶等木本油料。推动棉花、糖料、天然橡胶等稳产提质。

（二）扶持畜牧业稳定发展。做好生猪产能监测和调控，促进平稳发展。推进肉牛、奶牛产业纾困，稳定基础产能。落实灭菌乳国家标准，支持以家庭农场和农民合作社为主体的奶业养殖加工一体化发展。严格生猪屠宰检疫执法监管，强化重大动物疫病和重点人畜共患病防控。提升饲草生产能力，加快草原畜牧业转型升级。

（三）强化耕地保护和质量提升。严格耕地总量管控和“以补定占”，将各类耕地占用纳入占补平衡统一管理，确保省域内年度耕地总量动态平衡。完善补充耕地质量评价和验收标准。持续整治“大棚房”、侵占耕地“挖湖造景”、乱占耕地建房等问题，坚决遏制破坏耕地违法行为。制定基本农作物目录，建立耕地种植用途监测体系。分类有序做好耕地“非粮化”整改，结合产业发展实际、作物生长周期等设置必要的过渡期。高质量推进高标准农田建设，优化建设内容，完善农民全过程参与项目实施机制，强化工程质量全流程监管。稳步推进盐碱地综合利用试点，加强东北黑土区侵蚀沟、南方酸化退化耕地治理。分类推进撂荒地复垦利用。在确保省域内耕地保护任务不降低前提下，稳妥有序退出河道内影响行洪安全等的不稳定耕地。加强传统梯田保护。

（四）推进农业科技力量协同攻关。以科技创新引领先进生产要素集聚，因地制宜发展农业新质生产力。瞄准加快突破关键核心技术，强化农业科研资源力量统筹，培育农业科技领军企业。深入实施种业振兴行动，发挥“南繁硅谷”等重大农业科研平台作用，加快攻克一批突破性品种。继续推进生物育种产业化。推动农机装备高质量发展，加快国产先进适用农机装备等研发应用，推进老旧农机报废更新。支持发展智慧农业，拓展人工智能、数据、低空等技术应用场景。

（五）加强农业防灾减灾能力建设。强化气象为农服务，加强灾害风险监测预警预报，用好区域农业社会化服务中心等力量，最大程度减轻灾害损失。建设现代化防洪减灾体系，全面开展病险水库除险加固，加强中小河流治理和大中型灌区建设改造，推进蓄滞洪区关键设施建设和管理机制改革。加强平原涝区治理，推进农田水利设施建设和沟渠整治，加快修复灾毁农田及灌排设施。加强农田防护林建设。做好农作物病虫害监测预警和统防统治。提升森林草原防灭火能力。

（六）健全粮食生产支持政策体系。落实稻谷、小麦最低收购价政策，完善玉米大豆生产者补贴、稻谷补贴政策，稳定耕地地力保护补贴政策。降低产粮大县农业保险县级保费补贴承担比例，推动扩大稻谷、小麦、玉米、大豆完全成本保险和种植收入保险投保面积。鼓励地方开展粮油种植专项贷款贴息试点。健全粮食主产区奖补激励制度，加大对产粮大县支持。启动实施中央统筹下的粮食产销区省际横向利益补偿，做好资金筹集和分配。逐步扩大产粮大县公共服务能力提升行动实施范围。

（七）完善农产品贸易与生产协调机制。综合施策推动粮食等重要农产品价格保持在合理水平，稳定市场供需，保护种粮农民积极性，维护好农民利益。严厉打击农产品走私等违法行为。加强口岸生物安全体系建设。健全农产品产业损害预警体系。有序做好粮食收购，强化储备粮监管。加强农产品市场信息发布和预期引导。

（八）构建多元化食物供给体系。践行大农业观、大食物观，全方位多途径开发食物资源。加强蔬菜应急保供基地建设，实施大中城市周边现代设施农业更新工程。促进渔业高质量发展，支持发展深远海养殖，建设海上牧场。发展森林食品，丰富

“森林粮库”。推动食用菌产业提质增效，促进藻类食物开发。培育发展生物农业，开拓新型食品资源。加快建立粮食和大食物统计监测体系。强化食品安全和农产品质量安全监管，深化农产品药物残留治理，推进兽用抗菌药减量使用。

（九）健全粮食和食物节约长效机制。扎实推进粮食节约和反食品浪费行动，建立健全激励约束机制。大力提倡健康饮食，加强公共食堂、餐饮机构等用油指导，推广减油减盐减糖和全谷物等膳食。推动粮食机收减损、适度加工和科学储存。

二、持续巩固拓展脱贫攻坚成果

（十）守牢不发生规模性返贫致贫底线。持续巩固提升“三保障”和饮水安全保障成果，加强易地搬迁后续扶持，防止思想松懈、工作松劲。提升防止返贫致贫监测帮扶效能，及时将存在返贫致贫风险的农户纳入帮扶。深入开展防止返贫就业攻坚行动，增强帮扶车间就业吸纳能力，稳定脱贫人口务工规模和收入。按照巩固、升级、盘活、调整原则，分类推进帮扶产业提质增效。深入开展科技、医疗、教育干部人才“组团式”帮扶。加强消费帮扶平台企业和产品管理。

（十一）统筹建立农村防止返贫致贫机制和低收入人口、欠发达地区分层分类帮扶制度。开展巩固拓展脱贫攻坚成果同乡村振兴有效衔接总体评估，研究制定过渡期后帮扶政策体系。统筹开展农村低收入人口及防止返贫致贫对象的识别认定。注重激发内生动力，强化对有劳动能力的农村低收入人口的开发式帮扶，加强社会救助兜底保障，支持欠发达地区振兴发展，建立分层分类帮扶制度，通过东西部协作、定点帮扶等机制给予差异化支持。

（十二）健全脱贫攻坚国家投入形成资产的长效管理机制。全面清查脱贫攻坚国家投入形成资产，建立统一的资产登记管理台账。制定帮扶项目资产管理办法，健全资产形成、确权移交、管护运营、收益分配等全程监管制度，推动经营性资产保值增效、公益性资产持续发挥作用。完善资产分类处置制度，支持各地盘活低效闲置资产。

三、着力壮大县域富民产业

（十三）发展乡村特色产业。坚持按市场规律办事，大力发展绿色、特色农产品种养，推进农产品加工业转型升级，实施农业品牌精品培育计划，打造特色农业产业集群，提升农业产业化水平。深入实施农村产业融合发展项目，培育乡村新产业新业态。推进乡村文化和旅游深度融合，开展文化产业赋能乡村振兴试点，提升乡村旅游特色化、精品化、规范化水平。加快构建农产品和农资现代流通网络，支持各类主体协同共建供应链。推动农村电商高质量发展。

（十四）完善联农带农机制。健全新型农业经营主体扶持政策同带动农户增收挂钩机制，将联农带农作为政策倾斜的重要依据。引导企业、农民合作社、家庭农场与农户等紧密联合与合作，通过保底分红、入股参股、服务带动等方式，让农民更多分享产业增值收益。规范和引导农业农村领域社会投资，健全风险防范机制。

（十五）拓宽农民增收渠道。引导农民发展适合家庭经营的产业项目，因地制宜发展庭院经济、林下经济、民宿经济。加大稳岗就业政策支持力度，强化就业服务和劳务协作，培育推介特色劳务品牌。推进家政兴农行动。加强大龄农民工就业扶持。推动农民工工资支付保障制度全面覆盖和有效运转，依法纠治各类欠薪问题。发展各具特色的县域经济，支持发展就业容量大的富民产业，促进农民就近就业增收。实施数字乡村强农惠农富农专项行动。扩大以工代赈项目实施规模，在重点工程项目和农业农村基础设施建设领域推广以工代赈。

四、着力推进乡村建设

（十六）统筹县域城乡规划布局。顺应人口变化趋势，推动乡村全面振兴与新型城镇化有机结合，发挥县乡国土空间规划的空间统筹和要素保障作用，促进城乡产业发展、基础设施、公共服务一体化。提高村庄规划编制质量和实效，不得要求村庄规划编制全覆盖，对不需要编制的可在县乡国土空间规划中管控引导或出台通则式管理规定。合理确定村庄建设重点和优先序，统筹建设和管护，探索具有地域特色的乡村建设模式。在耕地总量不减少、永久基本农田布局基本稳定的前提下，开展以县域为统筹单元、以乡镇为基本实施单元的全域土地综合整治。

（十七）推动基础设施向农村延伸。分类推进城乡供水一体化、集中供水规模化、小型供水规范化建设，有条件的地方可推行农村供水县域统管和专业化管护。实施好新一轮农村公路提升行动，开展农村公路及桥梁隧道风险隐患排查和整治，持续推动“四好农村路”高质量发展。巩固具备条件的乡镇和建制村通客车成果，改善农村水路交通出行条件，推进农村客货邮融合发展。深化快递进村，加强村级寄递物流综合服务站建设。深化县域商业体系建设，支持连锁经营布局县域市场，推动冷链配送和即时零售向乡镇延伸。推动农村消费品以旧换新，完善废旧家电等回收网络。巩固提升农村电力保障水平，加强农村分布式可再生能源开发利用，鼓励有条件的地方建设公共充换电设施。提升农村地区电信普遍服务水平。继续实施农村危房改造和农房抗震改造，做好受灾地区因灾倒损住房恢复重建。

（十八）提高农村基本公共服务水平。优化区域教育资源配置，提升寄宿制学校办学条件和消防、安全等管理水平，办好必要的乡村小规模学校。全面加强农村义务教育学生营养改善计划管理，确保食品安全和资金规范使用。以人员下沉为重点推进紧密型县域医共体建设，提升中心乡镇卫生院服务能力，推动远程医疗服务体系建设。加强农村传染病防控和应急处置能力建设，深入开展全民健身和爱国卫生运动。健全基本医保参保长效机制，对连续参保和当年零报销的农村居民，提高次年大病保险最高支付限额。逐步提高城乡居民基本养老保险基础养老金。健全县乡村三级养老服务网络，开展县域养老服务体系创新试点，鼓励开展村级互助性养老服务。发展农村婴幼儿照护服务。扩大未成年人救助保护机构覆盖面，提升留守儿童和困境儿童关爱服务质量。加强残疾人保障和康复救助。

（十九）加强农村生态环境治理。深入打好农业农村污染治理攻坚战，持续推进农村人居环境整治提升，建设美丽乡村。健全农村改厕实施机制，完善社会化管护和服务体系。因地制宜选择农村生活污水治理模式，推动厕所粪污和生活污水协同治理，基本消除农村较大面积黑臭水体。推动农村生活垃圾源头减量、就地就近处理和资源化利用。强化农业面源污染突出区域系统治理，加强畜禽粪污资源化利用和水产养殖尾水处理。推进受污染耕地安全利用，加强农用地土壤重金属污染溯源和整治。支持秸秆综合利用，精准划定禁烧范围，依法依规落实禁烧管控要求。大力推进“三北”工程，强化资源协同和联防联治，提升防沙治沙综合治理效果。加强草原生态保护修复。推进生态清洁小流域建设。坚定推进长江十年禁渔，强化长江珍稀濒危物种拯救和重要栖息地生态修复。

五、着力健全乡村治理体系

（二十）加强农村基层党组织建设。深入推进抓党建促乡村振兴，坚持以党建引领基层治理，提高基层党组织领导能力。保持县级党政领导班子成员任期稳定，持续加强乡镇领导班子和干部队伍建设，着力解决部分年轻干部在农村基层“水土不服”问题。做好全国村“两委”换届，集中整顿软弱涣散村党组织，推动驻村第一书记和工作队担当作为。加强农村党员、干部教育培训。完善基层监督体系，严格村干部特别是“一肩挑”人员管理监督。进一步完善村务公开和民主议事制度，支持农民群众多渠道参与村级议事协商。持续深化整治乡村振兴领域不正之风和腐败问题，扎实开展对村巡察，细化完善新时代农村基层干部廉洁履行职责规范。

（二十一）持续整治形式主义为基层减负。全面建立乡镇（街道）履行职责事项清单，强化执行情况监督评估，健全动态调整机制。健全从县乡借调工作人员从严管控长效机制。严格控制对基层开展督查检查考核，精简优化涉农考核。巩固“一票否决”和签订责任状事项清理成果。清理整合面向基层的政务应用程序，持续深化整治“指尖上的形式主义”。推进农村基层网格化治理“多格合一”。通过“减上补下”等方式推动编制资源向乡镇（街道）倾斜，加强分类管理、统筹使用。

（二十二）加强文明乡风建设。进一步加强新时代农村精神文明建设，强化思想政治引领，实施文明乡风建设工程，推动党的创新理论更加深入人心、社会主义核心价值观广泛践行。培育时代新风新貌，深化“我为群众办实事”等实践活动，推进和睦家庭与和谐邻里建设。加强民族团结进步宣传教育，铸牢中华民族共同体意识。建立优质文化资源直达基层机制，丰富农村文化服务和产品供给，创新开展“戏曲进乡村”等文化惠民活动，加强乡土文化能人扶持，引导群众性文体活动健康发展。推进传统村落特色保护区建设，加强乡村文化遗产保护传承和活化利用，深入实施乡村文物保护工程。

（二十三）推进农村移风易俗。推进农村高额彩礼问题综合治理，发挥妇联、共青团等组织作用，加强对农村适婚群体的公益性婚恋服务和关心关爱。加大对婚托婚骗等违法行为的打击力度。加强宗祠规范管理。深化殡葬改革，推进公益性生态安葬设施建设。持续整治人情攀比、大操大办、厚葬薄养、散埋乱葬等突出问题，完善约束性规范和倡导性标准。规范农村演出市场，深入整治低俗表演活动。加强农村科普阵地建设，反对封建迷信。

（二十四）维护农村稳定安宁。坚持和发展新时代“枫桥经验”，强化农村矛盾纠纷排查化解，完善信息共享、协同解决机制，营造积极健康的社会氛围。健全农村地区扫黑除恶常态化机制，防范遏制“村霸”、家族宗族黑恶势力滋生蔓延。加强农村宗教事务管理。深入打击整治农村赌博，筑牢农村禁毒防线，严厉打击涉农领域传销、诈骗等经济犯罪。健全农村应急管理组织体系，强化农村道路交通、燃气、消防、自建房等领域安全风险源头管控和排查整治。

六、着力健全要素保障和优化配置体制机制

（二十五）稳定和完善农村土地承包关系。坚持“大稳定、小调整”，有序推进第二轮土地承包到期后再延长三十年试点，扩大整省试点范围，妥善化解延包中的矛盾纠纷，确保绝大多数农户承包地总体顺延、保持稳定。健全承包地经营权流转管理服务制度，不得通过下指标、定任务等方式推动土地流转。鼓励通过发布流转价格指数、实物计租等方式，推动流转费用稳定在合理水平。培育新型农业经营主体，提高农业社会化服务质效，增强带动农户能力。

（二十六）管好用好农村资源资产。扎实做好房地一体宅基地确权登记颁证。探索农户合法拥有的住房通过出租、入股、合作等方式盘活利用的有效实现形式。不允许城镇居民到农村购买农房、宅基地，不允许退休干部到农村占地建房。有序推进农村集体经营性建设用地入市改革，健全收益分配和权益保护机制。因地制宜发展新型农村集体经济，不对集体收入提硬性目标，严控集体经营风险和债务。持续深化农村集体资金、资产和资源管理专项治理。推进新增耕地规范管理和合理利用。

（二十七）创新乡村振兴投融资机制。优先保障农业农村领域一般公共预算投入，强化绩效管理激励约束。加大中央预算内投资、超长期特别国债和地方政府专项债券对农业农村领域重大项目建设的支持力度。运用再贷款、再贴现、差别化存款准备金率等货币政策工具，推动金融机构加大对乡村振兴领域资金投放。支持金融机构发行“三农”专项金融债券。鼓励符合条件的企业发行乡村振兴债券。深入推进农村信用体系建设，加强涉

农信用信息归集共享。推广畜禽活体、农业设施等抵押融资贷款。坚持农村中小银行支农支小定位，“一省一策”加快农村信用社改革，稳妥有序推进村镇银行改革重组。健全多层次农业保险体系，支持发展特色农产品保险。严厉打击农村各类非法金融活动。加强涉农资金项目全过程监管，着力整治骗取套取、截留挪用惠农资金等问题。

（二十八）完善乡村人才培育和发展机制。实施乡村振兴人才支持计划，加强农民技术技能培训，壮大农村各类专业人才和实用人才队伍。推进乡村工匠培育工程。以产业需求为导向，优化调整涉农学科专业。提升涉农职业教育水平，鼓励职业学校与农业企业等组建产教联合体。扎实推进“三支一扶”计划、科技特派员、特岗计划、大学生志愿服务西部计划等基层服务项目。深入实施乡村巾帼追梦人计划和乡村振兴青春建功行动。支持科技小院扎根农村助农惠农。继续实施大学生乡村医生专项计划。鼓励和引导城市人才服务乡村，健全评聘激励机制。

（二十九）统筹推进林业、农垦和供销社等改革。深化集体林权制度改革，调整优化林木采伐管理制度，赋予权利人更加充分的林木处置权和收益权。深化农垦改革，健全资产监管和公司治理等体制机制。完善国有农用地权利体系，促进规范管理利用。推进供销社综合改革。深化农业水价综合改革和用水权改革，加强取用水管理，持续推进地下水超采治理，推广运用节水灌溉技术。

（三十）健全农业转移人口市民化机制。推动转移支付、新增建设用地指标、基础设施建设投资等与农业转移人口市民化挂钩。完善全国公开统一的户籍管理政务服务平台，推行由常住地登记户口提供基本公共服务制度。鼓励有条件的城市逐步将稳定就业生活的农业转移人口纳入城市住房保障政策范围。进一步提高农业转移人口义务教育阶段随迁子女在流入地公办学校就读比例。全面取消在就业地参保户籍限制。依法维护进城落户农民的土地承包权、宅基地使用权、集体收益分配权，探索建立自愿有偿退出的办法。

办好农村的事，实现乡村全面振兴，关键在党。必须坚持不懈把解决好“三农”问题作为全党工作重中之重，夯实五级书记抓乡村振兴政治责任，完善城乡融合发展体制机制，完善强农惠农富农支持制度，推动学习运用“千万工程”经验走深走实，健全推进乡村全面振兴长效机制。保持历史耐心，尽力而为、量力而行，集中力量抓好办成一批重点实事，让农民群众可感可及、得到实惠。全面落实“四下基层”制度，走好新时代党的群众路线，密切党群干群关系。坚持从农村实际出发，充分尊重农民意愿，改进工作方式方法，防止政策执行简单化和“一刀切”。鼓励各地实践探索和改革创新，充分调动广大党员干部和农民群众积极性，激发乡村全面振兴动力活力。

让我们更加紧密团结在以习近平同志为核心的党中央周围，坚定信心、攻坚克难，真抓实干、久久为功，加快农业农村现代化步伐，推动农业基础更加稳固、农村地区更加繁荣、农民生活更加红火，朝着建设农业强国目标扎实迈进。

中共中央　国务院关于学习运用“千村示范、万村整治”工程经验有力有效推进乡村全面振兴的意见

（2024 年 1 月 1 日）

推进中国式现代化，必须坚持不懈夯实农业基础，推进乡村全面振兴。习近平总书记在浙江工作时亲自谋划推动“千村示范、万村整治”工程（以下简称“千万工程”），从农村环境整治入手，由点及面、迭代升级，20 年持续努力造就了万千美丽乡村，造福了万千农民群众，创造了推进乡村全面振兴的成功经验和实践范例。要学习运用“千万工程”蕴含的发展理念、工作方法和推进机制，把推进乡村全面振兴作为新时代新征程“三农”工作的总抓手，坚持以人民为中心的发展思想，完整、准确、全面贯彻新发展理念，因地制宜、分类施策，循序渐进、久久为功，集中力量抓好办成一批群众可感可及的实事，不断取得实质性进展、阶段性成果。

做好 2024 年及今后一个时期“三农”工作，要以习近平新时代中国特色社会主义思想为指导，全面贯彻落实党的二十大和二十届二中全会精神，深入贯彻落实习近平总书记关于“三农”工作的重要论述，坚持和加强党对“三农”工作的全面领导，锚定建设农业强国目标，以学习运用“千万工程”经验为引领，以确保国家粮食安全、确保不发生规模性返贫为底线，以提升乡村产业发展水平、提升乡村建设水平、提升乡村治理水平为重

点，强化科技和改革双轮驱动，强化农民增收举措，打好乡村全面振兴漂亮仗，绘就宜居宜业和美乡村新画卷，以加快农业农村现代化更好推进中国式现代化建设。

一、确保国家粮食安全

（一）抓好粮食和重要农产品生产。扎实推进新一轮千亿斤粮食产能提升行动。稳定粮食播种面积，把粮食增产的重心放到大面积提高单产上，确保粮食产量保持在1.3万亿斤以上。实施粮食单产提升工程，集成推广良田良种良机良法。巩固大豆扩种成果，支持发展高油高产品种。适当提高小麦最低收购价，合理确定稻谷最低收购价。继续实施耕地地力保护补贴和玉米大豆生产者补贴、稻谷补贴政策。完善农资保供稳价应对机制，鼓励地方探索建立与农资价格上涨幅度挂钩的动态补贴办法。扩大完全成本保险和种植收入保险政策实施范围，实现三大主粮全国覆盖、大豆有序扩面。鼓励地方发展特色农产品保险。推进农业保险精准投保理赔，做到应赔尽赔。完善巨灾保险制度。加大产粮大县支持力度。探索建立粮食产销区省际横向利益补偿机制，深化多渠道产销协作。扩大油菜面积，支持发展油茶等特色油料。加大糖料蔗种苗和机收补贴力度。加强"菜篮子"产品应急保供基地建设，优化生猪产能调控机制，稳定牛羊肉基础生产能力。完善液态奶标准，规范复原乳标识，促进鲜奶消费。支持深远海养殖，开发森林食品。树立大农业观、大食物观，多渠道拓展食物来源，探索构建大食物监测统计体系。

（二）严格落实耕地保护制度。健全耕地数量、质量、生态"三位一体"保护制度体系，落实新一轮国土空间规划明确的耕地和永久基本农田保护任务。改革完善耕地占补平衡制度，坚持"以补定占"，将省域内稳定利用耕地净增加量作为下年度非农建设允许占用耕地规模上限。健全补充耕地质量验收制度，完善后续管护和再评价机制。加强退化耕地治理，加大黑土地保护工程推进力度，实施耕地有机质提升行动。严厉打击非法占用农用地犯罪和耕地非法取土。持续整治“大棚房”。分类稳妥开展违规占用耕地整改复耕，细化明确耕地“非粮化”整改范围，合理安排恢复时序。因地制宜推进撂荒地利用，宜粮则粮、宜经则经，对确无人耕种的支持农村集体经济组织多途径种好用好。

（三）加强农业基础设施建设。坚持质量第一，优先把东北黑土地区、平原地区、具备水利灌溉条件地区的耕地建成高标准农田，适当提高中央和省级投资补助水平，取消各地对产粮大县资金配套要求，强化高标准农田建设全过程监管，确保建一块、成一块。鼓励农村集体经济组织、新型农业经营主体、农户等直接参与高标准农田建设管护。分区分类开展盐碱耕地治理改良，“以种适地”同“以地适种”相结合，支持盐碱地综合利用试点。推进重点水源、灌区、蓄滞洪区建设和现代化改造，实施水库除险加固和中小河流治理、中小型水库建设等工程。加强小型农田水利设施建设和管护。加快推进受灾地区灾后恢复重建。加强气象灾害短期预警和中长期趋势研判，健全农业防灾减灾救灾长效机制。推进设施农业现代化提升行动。

（四）强化农业科技支撑。优化农业科技创新战略布局，支持重大创新平台建设。加快推进种业振兴行动，完善联合研发和应用协作机制，加大种源关键核心技术攻关，加快选育推广生产急需的自主优良品种。开展重大品种研发推广应用一体化试点。推动生物育种产业化扩面提速。大力实施农机装备补短板行动，完善农机购置与应用补贴政策，开辟急需适用农机鉴定“绿色通道”。加强基层农技推广体系条件建设，强化公益性服务功能。

（五）构建现代农业经营体系。聚焦解决“谁来种地”问题，以小农户为基础、新型农业经营主体为重点、社会化服务为支撑，加快打造适应现代农业发展的高素质生产经营队伍。提升家庭农场和农民合作社生产经营水平，增强服务带动小农户能力。加强农业社会化服务平台和标准体系建设，聚焦农业生产关键薄弱环节和小农户，拓展服务领域和模式。支持农村集体经济组织提供生产、劳务等居间服务。

（六）增强粮食和重要农产品调控能力。健全农产品全产业链监测预警机制，强化多品种联动调控、储备调节和应急保障。优化粮食仓储设施布局，提升储备安全水平。深化“一带一路”农业合作。加大农产品走私打击力度。加强粮食和重要农产品消费监测分析。

（七）持续深化食物节约各项行动。弘扬节约光荣风尚，推进全链条节粮减损，健全常态化、长效化工作机制。挖掘粮食机收减损潜力，推广散粮运输和储粮新型装具。完善粮食适度加工标准。大力提倡健康饮食，健全部门监管、行业自律、社会监督相结合的监管体系，坚决制止餐饮浪费行为。

二、确保不发生规模性返贫

（八）落实防止返贫监测帮扶机制。压紧压实防止返贫工作责任，持续巩固提升“三保障”和饮水安全保障成果。对存在因灾返贫风险的农户，符合政策规定的可先行落实帮扶措施。加强农村高额医疗费用负担患者监测预警，按规定及时落实医疗保障和救助政策。加快推动防止返贫监测与低收入人口动态监测信息平台互联互通，加强跨部门信息整合共享。研究推动防止返贫帮扶政策和农村低收入人口常态化帮扶政策衔接并轨。

（九）持续加强产业和就业帮扶。强化帮扶产业分类指导，巩固一批、升级一批、盘活一批、调整一批，推动产业提质增效、可持续发展。中央财政衔接推进乡村振兴补助资金用于产业发展的比例保持总体稳定，强化资金项目绩效管理。加强帮扶项目资产管理，符合条件的纳入农村集体资产统一管理。提升消费帮扶助农增收行动实效。推进防止返贫就业攻坚行动，落实东西部劳务协作帮扶责任，统筹用好就业帮扶车间、公益岗位等渠道，稳定脱贫劳动力就业规模。

（十）加大对重点地区帮扶支持力度。将脱贫县涉农资金统筹整合试点政策优化调整至160个国家乡村振兴重点帮扶县实施，加强整合资金使用监管。国有金融机构加大对国家乡村振兴重点帮扶县金融支持力度。持续开展医疗、教育干部人才“组团式”帮扶和科技特派团选派。高校毕业生“三支一扶”计划向脱贫地区倾斜。支持易地扶贫搬迁安置区可持续发展。易地搬迁至城镇后因人口增长出现住房困难的家庭，符合条件的统筹纳入城镇住房保障范围。推动建立欠发达地区常态化帮扶机制。

三、提升乡村产业发展水平

（十一）促进农村一二三产业融合发展。坚持产业兴农、质量兴农、绿色兴农，加快构建粮经饲统筹、农林牧渔并举、产加销贯通、农文旅融合的现代乡村产业体系，把农业建成现代化大产业。鼓励各地因地制宜大力发展特色产业，支持打造乡土特色品牌。实施乡村文旅深度融合工程，推进乡村旅游集聚区（村）建设，培育生态旅游、森林康养、休闲露营等新业态，推进乡村民宿规范发展、提升品质。优化实施农村产业融合发展项目，培育农业产业化联合体。

（十二）推动农产品加工业优化升级。推进农产品生产和初加工、精深加工协同发展，促进就近就地转化增值。推进农产品加工设施改造提升，支持区域性预冷烘干、储藏保鲜、鲜切包装等初加工设施建设，发展智能化、清洁化精深加工。支持东北地区发展大豆等农产品全产业链加工，打造食品和饲料产业集群。支持粮食和重要农产品主产区建设加工产业园。

（十三）推动农村流通高质量发展。深入推进县域商业体系建设，健全县乡村物流配送体系，促进农村客货邮融合发展，大力发展共同配送。推进农产品批发市场转型升级。优化农产品冷链物流体系建设，加快建设骨干冷链物流基地，布局建设县域产地公共冷链物流设施。实施农村电商高质量发展工程，推进县域电商直播基地建设，发展乡村土特产网络销售。加强农村流通领域市场监管，持续整治农村假冒伪劣产品。

（十四）强化农民增收举措。实施农民增收促进行动，持续壮大乡村富民产业，支持农户发展特色种养、手工作坊、林下经济等家庭经营项目。强化产业发展联农带农，健全新型农业经营主体和涉农企业扶持政策与带动农户增收挂钩机制。促进农村劳动力多渠道就业，健全跨区域信息共享和有组织劳务输出机制，培育壮大劳务品牌。开展农民工服务保障专项行动，加强农民工就业动态监测。加强拖欠农民工工资源头预防和风险预警，完善根治欠薪长效机制。加强农民工职业技能培训，推广订单、定向、定岗培训模式。做好大龄农民工就业扶持。在重点工程项目和农业农村基础设施建设领域积极推广以工代赈，继续扩大劳务报酬规模。鼓励以出租、合作开发、入股经营等方式盘活利用农村资源资产，增加农民财产性收入。

四、提升乡村建设水平

（十五）增强乡村规划引领效能。适应乡村人口变化趋势，优化村庄布局、产业结构、公共服务配置。强化县域国土空间规划对城镇、村庄、产业园区等空间布局的统筹。分类编制村庄规划，可单独编制，也可以乡镇或若干村庄为单元编制，不需要编制的可在县乡级国土空间规划中明确通则式管理规定。加强村庄规划编制实效性、可操作性和执行约束力，强化乡村空间设计和风貌管控。在耕地总量不减少、永久基本农田布局基本稳定的前提下，综合运用增减挂钩和占补平衡政策，稳妥有序开展以乡镇为基本单元的全域土地综合整治，整合盘活农村零散闲置土地，保障乡村基础设施和产业发展用地。

（十六）深入实施农村人居环境整治提升行动。因地制宜推进生活污水垃圾治理和农村改厕，完善农民参与和长效管护机制。健全农村生活垃圾分类收运处置体系，完善农村再生资源回收利用网络。分类梯次推进生活污水治理，加强农村黑臭水体动态排查和源头治理。稳步推进中西部地区户厕改造，探索农户自愿按标准改厕、政府验收合格后补助到户的奖补模式。协同推进农村有机生活垃圾、粪污、农业生产有机废弃物资源化处理利用。

（十七）推进农村基础设施补短板。从各地实际和农民需求出发，抓住普及普惠的事，干一件、成一件。完善农村供水工程体系，有条件的推进城乡供水一体化、集中供水规模化，暂不具备条件的加强小型供水工程规范化建设改造，加强专业化管护，深入实施农村供水水质提升专项行动。推进农村电网巩固提升工程。推动农村分布式新能源发展，加强重点村镇新能源汽车充换电设施规划建设。扎实推进“四好农村路”建设，完善交通管理和安全防护设施，加快实施农村公路桥梁安全“消危”行动。继续实施农村危房改造和农房抗震改造，巩固农村房屋安全隐患排查整治成果。持续实施数字乡村发展行动，发展智慧农业，缩小城乡“数字鸿沟”。实施智慧广电乡村工程。鼓励有条件的省份统筹建设区域性大数据平台，加强农业生产经营、农村社会管理等涉农信息协同共享。

（十八）完善农村公共服务体系。优化公共教育服务供给，加强寄宿制学校建设，办好必要的乡村小规模学校。实施县域普通高中发展提升行动计划。加强乡镇卫生院和村卫生室服务能力建设，稳步提高乡村医生中具备执业（助理）医师资格的人员比例。持续提升农村传染病防控和应急处置能力。逐步提高县域内医保基金在乡村医疗卫生机构使用的比例，加快将村卫生室纳入医保定点管理。健全农村养老服务体系，因地制宜推进区域性养老服务中心建设，鼓励发展农村老年助餐和互助服务。健全城乡居民基本养老保险“多缴多得、长缴多得”激励机制。加强农村生育支持和婴幼儿照护服务，做好流动儿童、留守儿童、妇女、老年人、残疾人等关心关爱服务。实施产粮大县公共服务能力提升行动。

（十九）加强农村生态文明建设。持续打好农业农村污染治理攻坚战，一体化推进乡村生态保护修复。扎实推进化肥农药减量增效，推广种养循环模式。整县推进农业面源污染综合防治。加强耕地土壤重金属污染源排查整治。加强食用农产品产地质量安全控制和产品检测，提升“从农田到餐桌”全过程食品安全监管能力。推进兽用抗菌药使用减量化行动。强化重大动物疫病和重点人畜共患病防控。持续巩固长江十年禁渔成效。加快推进长江中上游坡耕地水土流失治理，扎实推进黄河流域深度节水控水。推进水系连通、水源涵养、水土保持，复苏河湖生态环境，强化地下水超采治理。加强荒漠化综合防治，探索“草光互补”模式。全力打好“三北”工程攻坚战，鼓励通过多种方式组织农民群众参与项目建设。优化草原生态保护补奖政策，健全对超载过牧的约束机制。加强森林草原防灭火。实施古树名木抢救保护行动。

（二十）促进县域城乡融合发展。统筹新型城镇化和乡村全面振兴，提升县城综合承载能力和治理能力，促进县乡村功能衔接互补、资源要素优化配置。优化县域产业结构和空间布局，构建以县城为枢纽、以小城镇为节点的县域经济体系，扩大县域就业容量。统筹县域城乡基础设施规划建设管护，推进城乡学校共同体、紧密型县域医共体建设。实施新一轮农业转移人口市民化行动，鼓励有条件的县（市、区）将城镇常住人口全部纳入住房保障政策范围。

五、提升乡村治理水平

（二十一）推进抓党建促乡村振兴。坚持大抓基层鲜明导向，强化县级党委抓乡促村责任，健全县乡村三级联动争创先进、整顿后进机制。全面提升乡镇领导班子抓乡村振兴能力，开展乡镇党政正职全覆盖培训和农村党员进党校集中轮训。建好建强农村基层党组织，健全村党组织领导的村级组织体系，推行村级议事协商目录制度。加强村干部队伍建设，健全选育管用机制，实施村党组织带头人后备力量培育储备三年行动。优化驻村第一书记和工作队选派管理。进一步整合基层监督执纪力量，推动完善基层监督体系，持续深化乡村振兴领域不正之风和腐败问题专项整治。加强乡镇对县直部门派驻机构及人员的管理职责，加大编制资源向乡镇倾斜力度，县以上机关一般不得从乡镇借调工作人员，推广“街乡吹哨、部门报到”等做法，严格实行上级部门涉基层事务准入制度，健全基层职责清单和事务清单，推动解决“小马拉大车”等基层治理问题。

（二十二）繁荣发展乡村文化。推动农耕文明和现代文明要素有机结合，书写中华民族现代文明的乡村篇。改进创新农村精神文明建设，推动新时代文明实践向村庄、集市等末梢延伸，促进城市优质文化资源下沉，增加有效服务供给。深入开展听党话、感党恩、跟党走宣传教育活动。加强乡村优秀传统文化保护传承和创新发展。强化农业文化遗产、农村非物质文化遗产挖掘整理和保护利用，实施乡村文物保护工程。开展传统村落集中连片保护利用示范。坚持农民唱主角，促进“村 BA”、村超、村晚等群众性文体活动健康发展。

（二十三）持续推进农村移风易俗。坚持疏堵结合、标本兼治，创新移风易俗抓手载体，发挥村民自治作用，强化村规民约激励约束功能，持续推进高额彩礼、大操大办、散埋乱葬等突出问题综合治理。鼓励各地利用乡村综合性服务场所，为农民婚丧嫁娶等提供普惠性社会服务，降低农村人情负担。完善婚事新办、丧事简办、孝老爱亲等约束性规范和倡导性标准。推动党员干部带头承诺践诺，发挥示范带动作用。强化正向引导激励，加强家庭家教家风建设，推广清单制、积分制等有效办法。

（二十四）建设平安乡村。坚持和发展新时代“枫桥经验”，完善矛盾纠纷源头预防、排查预警、多元化解机制。健全农村扫黑除恶常态化机制，持续防范和整治“村霸”，依法打击农村宗族黑恶势力及其“保护伞”。持续开展打击整治农村赌博违法犯罪专项行动，加强电信网络诈骗宣传防范。开展农村道路交通、燃气、消防、渔船等重点领域安全隐患治理攻坚。加强农村防灾减灾工程、应急管理信息化和公共消防设施建设，提升防灾避险和自救互救能力。加强法治乡村建设，增强农民法律意识。

六、加强党对“三农”工作的全面领导

（二十五）健全党领导农村工作体制机制。坚持把解决好“三农”问题作为全党工作重中之重，坚持农业农村优先发展，改革完善“三农”工作体制机制，全面落实乡村振兴责任制，压实五级书记抓乡村振兴责任，明确主攻方向，扎实组织推动。加强党委农村工作体系建设，强化统筹推进乡村振兴职责。巩固拓展学习贯彻习近平新时代中国特色社会主义思想主题教育成果。各级党政领导干部要落实“四下基层”制度，深入调查研究，推动解决农民群众反映强烈的问题。优化各类涉农督查检查考核，突出实绩实效，能整合的整合，能简化的简化，减轻基层迎检迎考负担。按规定开展乡村振兴表彰激励。讲好新时代乡村振兴故事。

（二十六）强化农村改革创新。在坚守底线前提下，鼓励各地实践探索和制度创新，强化改革举措集成增效，激发乡村振兴动力活力。启动实施第二轮土地承包到期后再延长30年整省试点。健全土地流转价格形成机制，探索防止流转费用不合理上涨有效办法。稳慎推进农村宅基地制度改革。深化农村集体产权制度改革，促进新型农村集体经济健康发展，严格控制农村集体经营风险。对集体资产由村民委员会、村民小组登记到农村集体经济组织名下实行税收减免。持续深化集体林权制度改革、农业水价综合改革、农垦改革和供销合作社综合改革。

（二十七）完善乡村振兴多元化投入机制。坚持将农业农村作为一般公共预算优先保障领域，创新乡村振兴投融资机制，确保投入与乡村振兴目标任务相适应。落实土地出让收入支农政策。规范用好地方政府专项债券等政策工具，支持乡村振兴重大工程项目建设。强化对信贷业务以县域为主的金融机构货币政策精准支持，完善大中型银行“三农”金融服务专业化工作机制，强化农村中小金融机构支农支小定位。分省分类推进农村信用社改革化险。创新支持粮食安全、种业振兴等重点领域信贷服务模式。发展农村数字普惠金融，推进农村信用体系建设。发挥全国农业信贷担保体系和政府投资基金等作用。强化财政金融协同联动，在不新增地方政府隐性债务的前提下，开展高标准农田和设施农业建设等涉农领域贷款贴息奖补试点。鼓励社会资本投资农业农村，有效防范和纠正投资经营中的不当行为。加强涉农资金项目监管，严厉查处套取、骗取资金等违法违规行为。

（二十八）壮大乡村人才队伍。实施乡村振兴人才支持计划，加大乡村本土人才培养，有序引导城市各类专业技术人才下乡服务，全面提高农民综合素质。强化农业科技人才和农村高技能人才培养使用，完善评价激励机制和保障措施。加强高等教育新农科建设，加快培养农林水利类紧缺专业人才。发挥普通高校、职业院校、农业广播电视学校等作用，提高农民教育培训实效。推广医疗卫生人员"县管乡用、乡聘村用"，实施教师"县管校聘"改革。推广科技小院模式，鼓励科研院所、高校专家服务农业农村。

让我们紧密团结在以习近平同志为核心的党中央周围，坚定信心、铆足干劲、苦干实干，推进乡村全面振兴不断取得新成效，向建设农业强国目标扎实迈进。

中共中央 国务院
关于做好 2023 年全面推进乡村振兴重点工作的意见

（2023 年 1 月 2 日）

党的二十大擘画了以中国式现代化全面推进中华民族伟大复兴的宏伟蓝图。全面建设社会主义现代化国家，最艰巨最繁重的任务仍然在农村。世界百年未有之大变局加速演进，我国发展进入战略机遇和风险挑战并存、不确定难预料因素增多的时期，守好“三农”基本盘至关重要、不容有失。党中央认为，必须坚持不懈把解决好“三农”问题作为全党工作重中之重，举全党全社会之力全面推进乡村振兴，加快农业农村现代化。强国必先强农，农强方能国强。要立足国情农情，体现中国特色，建设供给保障强、科技装备强、经营体系强、产业韧性强、竞争能力强的农业强国。

做好 2023 年和今后一个时期“三农”工作，要坚持以习近平新时代中国特色社会主义思想为指导，全面贯彻落实党的二十大精神，深入贯彻落实习近平总书记关于“三农”工作的重要论述，坚持和加强党对“三农”工作的全面领导，坚持农业农村优先发展，坚持城乡融合发展，强化科技创新和制度创新，坚决守牢确保粮食安全、防止规模性返贫等底线，扎实推进乡村发展、乡村建设、乡村治理等重点工作，加快建设农业强国，建设宜居宜业和美乡村，为全面建设社会主义现代化国家开好局起好步打下坚实基础。

一、抓紧抓好粮食和重要农产品稳产保供

（一）全力抓好粮食生产。确保全国粮食产量保持在1.3万亿斤以上，各省（自治区、直辖市）都要稳住面积、主攻单产、力争多增产。全方位夯实粮食安全根基，强化藏粮于地、藏粮于技的物质基础，健全农民种粮挣钱得利、地方抓粮担责尽义的机制保障。实施新一轮千亿斤粮食产能提升行动。开展吨粮田创建。推动南方省份发展多熟制粮食生产，鼓励有条件的地方发展再生稻。支持开展小麦“一喷三防”。实施玉米单产提升工程。继续提高小麦最低收购价，合理确定稻谷最低收购价，稳定稻谷补贴，完善农资保供稳价应对机制。健全主产区利益补偿机制，增加产粮大县奖励资金规模。逐步扩大稻谷小麦玉米完全成本保险和种植收入保险实施范围。实施好优质粮食工程。鼓励发展粮食订单生产，实现优质优价。严防“割青毁粮”。严格省级党委和政府耕地保护和粮食安全责任制考核。推动出台粮食安全保障法。

（二）加力扩种大豆油料。深入推进大豆和油料产能提升工程。扎实推进大豆玉米带状复合种植，支持东北、黄淮海地区开展粮豆轮作，稳步开发利用盐碱地种植大豆。完善玉米大豆生产者补贴，实施好大豆完全成本保险和种植收入保险试点。统筹油菜综合性扶持措施，推行稻油轮作，大力开发利用冬闲田种植油菜。支持木本油料发展，实施加快油茶产业发展三年行动，落实油茶扩种和低产低效林改造任务。深入实施饲用豆粕减量替代行动。

（三）发展现代设施农业。实施设施农业现代化提升行动。加快发展水稻集中育秧中心和蔬菜集约化育苗中心。加快粮食烘干、农产品产地冷藏、冷链物流设施建设。集中连片推进老旧蔬菜设施改造提升。推进畜禽规模化养殖场和水产养殖池塘改造升级。在保护生态和不增加用水总量前提下，探索科学利用戈壁、

沙漠等发展设施农业。鼓励地方对设施农业建设给予信贷贴息。

（四）构建多元化食物供给体系。树立大食物观，加快构建粮经饲统筹、农林牧渔结合、植物动物微生物并举的多元化食物供给体系，分领域制定实施方案。建设优质节水高产稳产饲草料生产基地，加快苜蓿等草产业发展。大力发展青贮饲料，加快推进秸秆养畜。发展林下种养。深入推进草原畜牧业转型升级，合理利用草地资源，推进划区轮牧。科学划定限养区，发展大水面生态渔业。建设现代海洋牧场，发展深水网箱、养殖工船等深远海养殖。培育壮大食用菌和藻类产业。加大食品安全、农产品质量安全监管力度，健全追溯管理制度。

（五）统筹做好粮食和重要农产品调控。加强粮食应急保障能力建设。强化储备和购销领域监管。落实生猪稳产保供省负总责，强化以能繁母猪为主的生猪产能调控。严格“菜篮子”市长负责制考核。完善棉花目标价格政策。继续实施糖料蔗良种良法技术推广补助政策。完善天然橡胶扶持政策。加强化肥等农资生产、储运调控。发挥农产品国际贸易作用，深入实施农产品进口多元化战略。深入开展粮食节约行动，推进全链条节约减损，健全常态化、长效化工作机制。提倡健康饮食。

二、加强农业基础设施建设

（六）加强耕地保护和用途管控。严格耕地占补平衡管理，实行部门联合开展补充耕地验收评定和“市县审核、省级复核、社会监督”机制，确保补充的耕地数量相等、质量相当、产能不降。严格控制耕地转为其他农用地。探索建立耕地种植用途管控机制，明确利用优先序，加强动态监测，有序开展试点。加大撂荒耕地利用力度。做好第三次全国土壤普查工作。

（七）加强高标准农田建设。完成高标准农田新建和改造提升年度任务，重点补上土壤改良、农田灌排设施等短板，统筹推进高效节水灌溉，健全长效管护机制。制定逐步把永久基本农田全部建成高标准农田的实施方案。加强黑土地保护和坡耕地综合治理。严厉打击盗挖黑土、电捕蚯蚓等破坏土壤行为。强化干旱半干旱耕地、红黄壤耕地产能提升技术攻关，持续推动由主要治理盐碱地适应作物向更多选育耐盐碱植物适应盐碱地转变，做好盐碱地等耕地后备资源综合开发利用试点。

（八）加强水利基础设施建设。扎实推进重大水利工程建设，加快构建国家水网骨干网络。加快大中型灌区建设和现代化改造。实施一批中小型水库及引调水、抗旱备用水源等工程建设。加强田间地头渠系与灌区骨干工程连接等农田水利设施建设。支持重点区域开展地下水超采综合治理，推进黄河流域农业深度节水控水。在干旱半干旱地区发展高效节水旱作农业。强化蓄滞洪区建设管理、中小河流治理、山洪灾害防治，加快实施中小水库除险加固和小型水库安全监测。深入推进农业水价综合改革。

（九）强化农业防灾减灾能力建设。研究开展新一轮农业气候资源普查和农业气候区划工作。优化完善农业气象观测设施站网布局，分区域、分灾种发布农业气象灾害信息。加强旱涝灾害防御体系建设和农业生产防灾救灾保障。健全基层动植物疫病虫害监测预警网络。抓好非洲猪瘟等重大动物疫病常态化防控和重点人兽共患病源头防控。提升重点区域森林草原火灾综合防控水平。

三、强化农业科技和装备支撑

（十）推动农业关键核心技术攻关。坚持产业需求导向，构建梯次分明、分工协作、适度竞争的农业科技创新体系，加快前沿技术突破。支持农业领域国家实验室、全国重点实验室、制造业创新中心等平台建设，加强农业基础性长期性观测实验站（点）建设。完善农业科技领域基础研究稳定支持机制。

（十一）深入实施种业振兴行动。完成全国农业种质资源普查。构建开放协作、共享应用的种质资源精准鉴定评价机制。全面实施生物育种重大项目，扎实推进国家育种联合攻关和畜禽遗传改良计划，加快培育高产高油大豆、短生育期油菜、耐盐碱作物等新品种。加快玉米大豆生物育种产业化步伐，有序扩大试点范围，规范种植管理。

（十二）加快先进农机研发推广。加紧研发大型智能农机装备、丘陵山区适用小型机械和园艺机械。支持北斗智能监测终端及辅助驾驶系统集成应用。完善农机购置与应用补贴政策，探索与作业量挂钩的补贴办法，地方要履行法定支出责任。

（十三）推进农业绿色发展。加快农业投入品减量增效技术推广应用，推进水肥一体化，建立健全秸秆、农膜、农药包装废弃物、畜禽粪污等农业废弃物收集利用处理体系。推进农业绿色发展先行区和观测试验基地建设。健全耕地休耕轮作制度。加强农用地土壤镉等重金属污染源头防治。强化受污染耕地安全利用和风险管控。建立农业生态环境保护监测制度。出台生态保护补偿条例。严格执行休禁渔期制度，实施好长江十年禁渔，巩固退捕渔民安置保障成果。持续开展母亲河复苏行动，科学实施农村河湖综合整治。加强黄土高原淤地坝建设改造。加大草原保护修复力度。巩固退耕还林还草成果，落实相关补助政策。严厉打击非法引入外来物种行为，实施重大危害入侵物种防控攻坚行动，加强“异宠”交易与放生规范管理。

四、巩固拓展脱贫攻坚成果

（十四）坚决守住不发生规模性返贫底线。压紧压实各级巩固拓展脱贫攻坚成果责任，确保不松劲、不跑偏。强化防止返贫动态监测。对有劳动能力、有意愿的监测户，落实开发式帮扶措施。健全分层分类的社会救助体系，做好兜底保障。巩固提升“三保障”和饮水安全保障成果。

（十五）增强脱贫地区和脱贫群众内生发展动力。把增加脱贫群众收入作为根本要求，把促进脱贫县加快发展作为主攻方向，更加注重扶志扶智，聚焦产业就业，不断缩小收入差距、发展差距。中央财政衔接推进乡村振兴补助资金用于产业发展的比重力争提高到60%以上，重点支持补上技术、设施、营销等短板。鼓励脱贫地区有条件的农户发展庭院经济。深入开展多种形式的消费帮扶，持续推进消费帮扶示范城市和产地示范区创建，支持脱贫地区打造区域公用品牌。财政资金和帮扶资金支持的经营性帮扶项目要健全利益联结机制，带动农民增收。管好用好扶贫项目资产。深化东西部劳务协作，实施防止返贫就业攻坚行动，确保脱贫劳动力就业规模稳定在3000万人以上。持续运营好就业帮扶车间和其他产业帮扶项目。充分发挥乡村公益性岗位就业保障作用。深入开展“雨露计划+”就业促进行动。在国家乡村振兴重点帮扶县实施一批补短板促振兴重点项目，深入实施医疗、教育干部人才“组团式”帮扶，更好发挥驻村干部、科技特派员产业帮扶作用。深入开展巩固易地搬迁脱贫成果专项行动和搬迁群众就业帮扶专项行动。

（十六）稳定完善帮扶政策。落实巩固拓展脱贫攻坚成果同乡村振兴有效衔接政策。开展国家乡村振兴重点帮扶县发展成效监测评价。保持脱贫地区信贷投放力度不减，扎实做好脱贫人口小额信贷工作。按照市场化原则加大对帮扶项目的金融支持。深化东西部协作，组织东部地区经济较发达县（市、区）与脱贫县开展携手促振兴行动，带动脱贫县更多承接和发展劳动密集型产业。持续做好中央单位定点帮扶，调整完善结对关系。深入推进“万企兴万村”行动。研究过渡期后农村低收入人口和欠发达地区常态化帮扶机制。

五、推动乡村产业高质量发展

（十七）做大做强农产品加工流通业。实施农产品加工业提升行动，支持家庭农场、农民合作社和中小微企业等发展农产品产地初加工，引导大型农业企业发展农产品精深加工。引导农产品加工企业向产地下沉、向园区集中，在粮食和重要农产品主产区统筹布局建设农产品加工产业园。完善农产品流通骨干网络，改造提升产地、集散地、销地批发市场，布局建设一批城郊大仓基地。支持建设产地冷链集配中心。统筹疫情防控和农产品市场供应，确保农产品物流畅通。

（十八）加快发展现代乡村服务业。全面推进县域商业体系建设。加快完善县乡村电子商务和快递物流配送体系，建设县域集采集配中心，推动农村客货邮融合发展，大力发展共同配送、即时零售等新模式，推动冷链物流服务网络向乡村下沉。发展乡村餐饮购物、文化体育、旅游休闲、养老托幼、信息中介等生活服务。鼓励有条件的地区开展新能源汽车和绿色智能家电下乡。

（十九）培育乡村新产业新业态。继续支持创建农业产业强镇、现代农业产业园、优势特色产业集群。支持国家农村产业融合发展示范园建设。深入推进农业现代化示范区建设。实施文化产业赋能乡村振兴计划。实施乡村休闲旅游精品工程，推动乡村民宿提质升级。深入实施"数商兴农"和"互联网+"农产品出村进城工程，鼓励发展农产品电商直采、定制生产等模式，建设农副产品直播电商基地。提升净菜、中央厨房等产业标准化和规范化水平。培育发展预制菜产业。

（二十）培育壮大县域富民产业。完善县乡村产业空间布局，提升县城产业承载和配套服务功能，增强重点镇集聚功能。实施"一县一业"强县富民工程。引导劳动密集型产业向中西部地区、向县域梯度转移，支持大中城市在周边县域布局关联产业和配套企业。支持国家级高新区、经开区、农高区托管联办县域产业园区。

六、拓宽农民增收致富渠道

（二十一）促进农民就业增收。强化各项稳岗纾困政策落实，加大对中小微企业稳岗倾斜力度，稳定农民工就业。促进农民工职业技能提升。完善农民工工资支付监测预警机制。维护好超龄农民工就业权益。加快完善灵活就业人员权益保障制度。加强返乡入乡创业园、农村创业孵化实训基地等建设。在政府投资重点工程和农业农村基础设施建设项目中推广以工代赈，适当提高劳务报酬发放比例。

（二十二）促进农业经营增效。深入开展新型农业经营主体提升行动，支持家庭农场组建农民合作社、合作社根据发展需要办企业，带动小农户合作经营、共同增收。实施农业社会化服务促进行动，大力发展代耕代种、代管代收、全程托管等社会化服务，鼓励区域性综合服务平台建设，促进农业节本增效、提质增效、营销增效。引导土地经营权有序流转，发展农业适度规模经营。总结地方“小田并大田”等经验，探索在农民自愿前提下，结合农田建设、土地整治逐步解决细碎化问题。完善社会资本投资农业农村指引，加强资本下乡引入、使用、退出的全过程监管。健全社会资本通过流转取得土地经营权的资格审查、项目审核和风险防范制度，切实保障农民利益。坚持为农服务和政事分开、社企分开，持续深化供销合作社综合改革。

（二十三）赋予农民更加充分的财产权益。深化农村土地制度改革，扎实搞好确权，稳步推进赋权，有序实现活权，让农民更多分享改革红利。研究制定第二轮土地承包到期后再延长30年试点工作指导意见。稳慎推进农村宅基地制度改革试点，切实摸清底数，加快房地一体宅基地确权登记颁证，加强规范管理，妥善化解历史遗留问题，探索宅基地“三权分置”有效实现形式。深化农村集体经营性建设用地入市试点，探索建立兼顾国家、农村集体经济组织和农民利益的土地增值收益有效调节机制。保障进城落户农民合法土地权益，鼓励依法自愿有偿转让。巩固提升农村集体产权制度改革成果，构建产权关系明晰、治理架构科学、经营方式稳健、收益分配合理的运行机制，探索资源发包、物业出租、居间服务、资产参股等多样化途径发展新型农村集体经济。健全农村集体资产监管体系。保障妇女在农村集体经济组织中的合法权益。继续深化集体林权制度改革。深入推进农村综合改革试点示范。

七、扎实推进宜居宜业和美乡村建设

（二十四）加强村庄规划建设。坚持县域统筹，支持有条件有需求的村庄分区分类编制村庄规划，合理确定村庄布局和建设边界。将村庄规划纳入村级议事协商目录。规范优化乡村地区行政区划设置，严禁违背农民意愿撤并村庄、搞大社区。推进以乡镇为单元的全域土地综合整治。积极盘活存量集体建设用地，优先保障农民居住、乡村基础设施、公共服务空间和产业用地需求，出台乡村振兴用地政策指南。编制村容村貌提升导则，立足乡土特征、地域特点和民族特色提升村庄风貌，防止大拆大建、盲目建牌楼亭廊“堆盆景”。实施传统村落集中连片保护利用示范，建立完善传统村落调查认定、撤并前置审查、灾毁防范等制度。制定农村基本具备现代生活条件建设指引。

（二十五）扎实推进农村人居环境整治提升。加大村庄公共空间整治力度，持续开展村庄清洁行动。巩固农村户厕问题摸排整改成果，引导农民开展户内改厕。加强农村公厕建设维护。以人口集中村镇和水源保护区周边村庄为重点，分类梯次推进农村生活污水治理。推动农村生活垃圾源头分类减量，及时清运处置。推进厕所粪污、易腐烂垃圾、有机废弃物就近就地资源化利用。持续开展爱国卫生运动。

（二十六）持续加强乡村基础设施建设。加强农村公路养护和安全管理，推动与沿线配套设施、产业园区、旅游景区、乡村旅游重点村一体化建设。推进农村规模化供水工程建设和小型供水工程标准化改造，开展水质提升专项行动。推进农村电网巩固提升，发展农村可再生能源。支持农村危房改造和抗震改造，基本完成农房安全隐患排查整治，建立全过程监管制度。开展现代宜居农房建设示范。深入实施数字乡村发展行动，推动数字化应用场景研发推广。加快农业农村大数据应用，推进智慧农业发展。落实村庄公共基础设施管护责任。加强农村应急管理基础能力建设，深入开展乡村交通、消防、经营性自建房等重点领域风险隐患治理攻坚。

（二十七）提升基本公共服务能力。推动基本公共服务资源下沉，着力加强薄弱环节。推进县域内义务教育优质均衡发展，提升农村学校办学水平。落实乡村教师生活补助政策。推进医疗卫生资源县域统筹，加强乡村两级医疗卫生、医疗保障服务能力建设。统筹解决乡村医生薪酬分配和待遇保障问题，推进乡村医生队伍专业化规范化。提高农村传染病防控和应急处置能力。做好农村新冠疫情防控工作，层层压实责任，加强农村老幼病残孕等重点人群医疗保障，最大程度维护好农村居民身体健康和正常生产生活秩序。优化低保审核确认流程，确保符合条件的困难群众“应保尽保”。深化农村社会工作服务。加快乡镇区域养老服务中心建设，推广日间照料、互助养老、探访关爱、老年食堂等养老服务。实施农村妇女素质提升计划，加强农村未成年人保护工作，健全农村残疾人社会保障制度和关爱服务体系，关心关爱精神障碍人员。

八、健全党组织领导的乡村治理体系

（二十八）强化农村基层党组织政治功能和组织功能。突出大抓基层的鲜明导向，强化县级党委抓乡促村责任，深入推进抓党建促乡村振兴。全面培训提高乡镇、村班子领导乡村振兴能力。派强用好驻村第一书记和工作队，强化派出单位联村帮扶。开展乡村振兴领域腐败和作风问题整治。持续开展市县巡察，推动基层纪检监察组织和村务监督委员会有效衔接，强化对村干部全方位管理和经常性监督。对农村党员分期分批开展集中培训。通过设岗定责等方式，发挥农村党员先锋模范作用。

（二十九）提升乡村治理效能。坚持以党建引领乡村治理，强化县乡村三级治理体系功能，压实县级责任，推动乡镇扩权赋能，夯实村级基础。全面落实县级领导班子成员包乡走村、乡镇领导班子成员包村联户、村干部经常入户走访制度。健全党组织领导的村民自治机制，全面落实“四议两公开”制度。加强乡村法治教育和法律服务，深入开展“民主法治示范村（社区）”创建。坚持和发展新时代“枫桥经验”，完善社会矛盾纠纷多元预防调处化解机制。完善网格化管理、精细化服务、信息化支撑的基层治理平台。推进农村扫黑除恶常态化。开展打击整治农村赌博违法犯罪专项行动。依法严厉打击侵害农村妇女儿童权利的违法犯罪行为。完善推广积分制、清单制、数字化、接诉即办等务实管用的治理方式。深化乡村治理体系建设试点，组织开展全国乡村治理示范村镇创建。

（三十）加强农村精神文明建设。深入开展社会主义核心价值观宣传教育，继续在乡村开展听党话、感党恩、跟党走宣传教育活动。深化农村群众性精神文明创建，拓展新时代文明实践中心、县级融媒体中心等建设，支持乡村自办群众性文化活动。注重家庭家教家风建设。深入实施农耕文化传承保护工程，加强重要农业文化遗产保护利用。办好中国农民丰收节。推动各地因地制宜制定移风易俗规范，强化村规民约约束作用，党员、干部带头示范，扎实开展高价彩礼、大操大办等重点领域突出问题专项治理。推进农村丧葬习俗改革。

九、强化政策保障和体制机制创新

（三十一）健全乡村振兴多元投入机制。坚持把农业农村作为一般公共预算优先保障领域，压实地方政府投入责任。稳步提高土地出让收益用于农业农村比例。将符合条件的乡村振兴项目纳入地方政府债券支持范围。支持以市场化方式设立乡村振兴基金。健全政府投资与金融、社会投入联动机制，鼓励将符合条件的项目打捆打包按规定由市场主体实施，撬动金融和社会资本按市场化原则更多投向农业农村。用好再贷款再贴现、差别化存款准备金、差异化金融监管和考核评估等政策，推动金融机构增加乡村振兴相关领域贷款投放，重点保障粮食安全信贷资金需求。引导信贷担保业务向农业农村领域倾斜，发挥全国农业信贷担保体系作用。加强农业信用信息共享。发挥多层次资本市场支农作用，优化“保险+期货”。加快农村信用社改革化险，推动村镇银行结构性重组。鼓励发展渔业保险。

（三十二）加强乡村人才队伍建设。实施乡村振兴人才支持计划，组织引导教育、卫生、科技、文化、社会工作、精神文明建设等领域人才到基层一线服务，支持培养本土急需紧缺人才。实施高素质农民培育计划，开展农村创业带头人培育行动，提高培训实效。大力发展面向乡村振兴的职业教育，深化产教融合和校企合作。完善城市专业技术人才定期服务乡村激励机制，对长期服务乡村的在职务晋升、职称评定方面予以适当倾斜。引导城市专业技术人员入乡兼职兼薪和离岗创业。允许符合一定条件的返乡回乡下乡就业创业人员在原籍地或就业创业地落户。继续实施农村订单定向医学生免费培养项目、教师“优师计划”、“特岗计划”、“国培计划”，实施“大学生乡村医生”专项计划。实施乡村振兴巾帼行动、青年人才开发行动。

（三十三）推进县域城乡融合发展。健全城乡融合发展体制机制和政策体系，畅通城乡要素流动。统筹县域城乡规划建设，推动县城城镇化补短板强弱项，加强中心镇市政、服务设施建设。深入推进县域农民工市民化，建立健全基本公共服务同常住人口挂钩、由常住地供给机制。做好农民工金融服务工作。梯度配置县乡村公共资源，发展城乡学校共同体、紧密型医疗卫生共同体、养老服务联合体，推动县域供电、供气、电信、邮政等普遍服务类设施城乡统筹建设和管护，有条件的地区推动市政管网、乡村微管网等往户延伸。扎实开展乡村振兴示范创建。

办好农村的事，实现乡村振兴，关键在党。各级党委和政府要认真学习宣传贯彻党的二十大精神，学深悟透习近平总书记关于“三农”工作的重要论述，把“三农”工作摆在突出位置抓紧抓好，不断提高“三农”工作水平。加强工作作风建设，党员干部特别是领导干部要树牢群众观点，贯彻群众路线，多到基层、多接地气，大兴调查研究之风。发挥农民主体作用，调动农民参与乡村振兴的积极性、主动性、创造性。强化系统观念，统筹解决好“三农”工作中两难、多难问题，把握好工作时度效。深化纠治乡村振兴中的各类形式主义、官僚主义等问题，切实减轻基层迎评送检、填表报数、过度留痕等负担，推动基层把主要精力放在谋发展、抓治理和为农民群众办实事上。全面落实乡村振兴责任制，坚持五级书记抓，统筹开展乡村振兴战略实绩考核、巩固拓展脱贫攻坚成果同乡村振兴有效衔接考核评估，将抓党建促乡村振兴情况作为市县乡党委书记抓基层党建述职评议考核的重要内容。加强乡村振兴统计监测。制定加快建设农业强国规划，做好整体谋划和系统安排，同现有规划相衔接，分阶段扎实稳步推进。

让我们紧密团结在以习近平同志为核心的党中央周围，坚定信心、踔厉奋发、埋头苦干，全面推进乡村振兴，加快建设农业强国，为全面建设社会主义现代化国家、全面推进中华民族伟大复兴作出新的贡献。

中共中央　国务院
关于做好 2022 年全面推进
乡村振兴重点工作的意见

（2022 年 1 月 4 日）

当前，全球新冠肺炎疫情仍在蔓延，世界经济复苏脆弱，气候变化挑战突出，我国经济社会发展各项任务极为繁重艰巨。党中央认为，从容应对百年变局和世纪疫情，推动经济社会平稳健康发展，必须着眼国家重大战略需要，稳住农业基本盘、做好“三农”工作，接续全面推进乡村振兴，确保农业稳产增产、农民稳步增收、农村稳定安宁。

做好 2022 年“三农”工作，要以习近平新时代中国特色社会主义思想为指导，全面贯彻党的十九大和十九届历次全会精神，深入贯彻中央经济工作会议精神，坚持稳中求进工作总基调，立足新发展阶段、贯彻新发展理念、构建新发展格局、推动高质量发展，促进共同富裕，坚持和加强党对“三农”工作的全面领导，牢牢守住保障国家粮食安全和不发生规模性返贫两条底线，突出年度性任务、针对性举措、实效性导向，充分发挥农村基层党组织领导作用，扎实有序做好乡村发展、乡村建设、乡村治理重点工作，推动乡村振兴取得新进展、农业农村现代化迈出新步伐。

一、全力抓好粮食生产和重要农产品供给

（一）稳定全年粮食播种面积和产量。坚持中国人的饭碗任

何时候都要牢牢端在自己手中，饭碗主要装中国粮，全面落实粮食安全党政同责，严格粮食安全责任制考核，确保粮食播种面积稳定、产量保持在1.3万亿斤以上。主产区、主销区、产销平衡区都要保面积、保产量，不断提高主产区粮食综合生产能力，切实稳定和提高主销区粮食自给率，确保产销平衡区粮食基本自给。推进国家粮食安全产业带建设。大力开展绿色高质高效行动，深入实施优质粮食工程，提升粮食单产和品质。推进黄河流域农业深度节水控水，通过提升用水效率、发展旱作农业，稳定粮食播种面积。积极应对小麦晚播等不利影响，加强冬春田间管理，促进弱苗转壮。

（二）大力实施大豆和油料产能提升工程。加大耕地轮作补贴和产油大县奖励力度，集中支持适宜区域、重点品种、经营服务主体，在黄淮海、西北、西南地区推广玉米大豆带状复合种植，在东北地区开展粮豆轮作，在黑龙江省部分地下水超采区、寒地井灌稻区推进水改旱、稻改豆试点，在长江流域开发冬闲田扩种油菜。开展盐碱地种植大豆示范。支持扩大油茶种植面积，改造提升低产林。

（三）保障“菜篮子”产品供给。加大力度落实“菜篮子”市长负责制。稳定生猪生产长效性支持政策，稳定基础产能，防止生产大起大落。加快扩大牛羊肉和奶业生产，推进草原畜牧业转型升级试点示范。稳定水产养殖面积，提升渔业发展质量。稳定大中城市常年菜地保有量，大力推进北方设施蔬菜、南菜北运基地建设，提高蔬菜应急保供能力。完善棉花目标价格政策。探索开展糖料蔗完全成本保险和种植收入保险。开展天然橡胶老旧胶园更新改造试点。

（四）合理保障农民种粮收益。按照让农民种粮有利可图、让主产区抓粮有积极性的目标要求，健全农民种粮收益保障机制。2022年适当提高稻谷、小麦最低收购价，稳定玉米、大豆生产者补贴和稻谷补贴政策，实现三大粮食作物完全成本保险和种植收入保险主产省产粮大县全覆盖。加大产粮大县奖励力度，创新粮食产销区合作机制。支持家庭农场、农民合作社、农业产业化龙头企业多种粮、种好粮。聚焦关键薄弱环节和小农户，加快发展农业社会化服务，支持农业服务公司、农民合作社、农村集体经济组织、基层供销合作社等各类主体大力发展单环节、多环节、全程生产托管服务，开展订单农业、加工物流、产品营销等，提高种粮综合效益。

（五）统筹做好重要农产品调控。健全农产品全产业链监测预警体系，推动建立统一的农产品供需信息发布制度，分类分品种加强调控和应急保障。深化粮食购销领域监管体制机制改革，开展专项整治，依法从严惩治系统性腐败。加强智能粮库建设，促进人防技防相结合，强化粮食库存动态监管。严格控制以玉米为原料的燃料乙醇加工。做好化肥等农资生产储备调运，促进保供稳价。坚持节约优先，落实粮食节约行动方案，深入推进产运储加消全链条节粮减损，强化粮食安全教育，反对食物浪费。

二、强化现代农业基础支撑

（六）落实“长牙齿”的耕地保护硬措施。实行耕地保护党政同责，严守18亿亩耕地红线。按照耕地和永久基本农田、生态保护红线、城镇开发边界的顺序，统筹划定落实三条控制线，把耕地保有量和永久基本农田保护目标任务足额带位置逐级分解下达，由中央和地方签订耕地保护目标责任书，作为刚性指标实行严格考核、一票否决、终身追责。分类明确耕地用途，严格落实耕地利用优先序，耕地主要用于粮食和棉、油、糖、蔬菜等农产品及饲草饲料生产，永久基本农田重点用于粮食生产，高标准农田原则上全部用于粮食生产。引导新发展林果业上山上坡，鼓励利用“四荒”资源，不与粮争地。落实和完善耕地占补平衡政策，建立补充耕地立项、实施、验收、管护全程监管机制，确保补充可长期稳定利用的耕地，实现补充耕地产能与所占耕地相当。改进跨省域补充耕地国家统筹管理办法。加大耕地执法监督力度，严厉查处违法违规占用耕地从事非农建设。强化耕地用途管制，严格管控耕地转为其他农用地。巩固提升受污染耕地安全利用水平。稳妥有序开展农村乱占耕地建房专项整治试点。巩固“大棚房”问题专项清理整治成果。落实工商资本流转农村土地审查审核和风险防范制度。

（七）全面完成高标准农田建设阶段性任务。多渠道增加投入，2022 年建设高标准农田 1 亿亩，累计建成高效节水灌溉面积 4 亿亩。统筹规划、同步实施高效节水灌溉与高标准农田建设。各地要加大中低产田改造力度，提升耕地地力等级。研究制定增加农田灌溉面积的规划。实施重点水源和重大引调水等水资源配置工程。加大大中型灌区续建配套与改造力度，在水土资源条件适宜地区规划新建一批现代化灌区，优先将大中型灌区建成高标准农田。深入推进国家黑土地保护工程。实施黑土地保护性耕作 8000 万亩。积极挖掘潜力增加耕地，支持将符合条件的盐碱地等后备资源适度有序开发为耕地。研究制定盐碱地综合利用规划和实施方案。分类改造盐碱地，推动由主要治理盐碱地适应作物向更多选育耐盐碱植物适应盐碱地转变。支持盐碱地、干旱半干旱地区国家农业高新技术产业示范区建设。启动全国第三次土壤普查。

（八）大力推进种源等农业关键核心技术攻关。全面实施种业振兴行动方案。加快推进农业种质资源普查收集，强化精准鉴定评价。推进种业领域国家重大创新平台建设。启动农业生物育种重大项目。加快实施农业关键核心技术攻关工程，实行“揭榜挂帅”、“部省联动”等制度，开展长周期研发项目试点。强化现代农业产业技术体系建设。开展重大品种研发与推广后补助试点。贯彻落实种子法，实行实质性派生品种制度，强化种业知识产权保护，依法严厉打击套牌侵权等违法犯罪行为。

（九）提升农机装备研发应用水平。全面梳理短板弱项，加强农机装备工程化协同攻关，加快大马力机械、丘陵山区和设施园艺小型机械、高端智能机械研发制造并纳入国家重点研发计划予以长期稳定支持。实施农机购置与应用补贴政策，优化补贴兑付方式。完善农机性能评价机制，推进补贴机具有进有出、优机优补，重点支持粮食烘干、履带式作业、玉米大豆带状复合种植、油菜籽收获等农机，推广大型复合智能农机。推动新生产农机排放标准升级。开展农机研发制造推广应用一体化试点。

（十）加快发展设施农业。因地制宜发展塑料大棚、日光温室、连栋温室等设施。集中建设育苗工厂化设施。鼓励发展工厂化集约养殖、立体生态养殖等新型养殖设施。推动水肥一体化、饲喂自动化、环境控制智能化等设施装备技术研发应用。在保护生态环境基础上，探索利用可开发的空闲地、废弃地发展设施农业。

（十一）有效防范应对农业重大灾害。加大农业防灾减灾救灾能力建设和投入力度。修复水毁灾损农业、水利基础设施，加强沟渠疏浚以及水库、泵站建设和管护。加强防汛抗旱应急物资储备。强化农业农村、水利、气象灾害监测预警体系建设，增强极端天气应对能力。加强基层动植物疫病防控体系建设，落实属地责任，配齐配强专业人员，实行定责定岗定人，确保非洲猪瘟、草地贪夜蛾等动植物重大疫病防控责有人负、活有人干、事有人管。做好人兽共患病源头防控。加强外来入侵物种防控管理，做好普查监测、入境检疫、国内防控，对已传入并造成严重危害的，要“一种一策”精准治理、有效灭除。加强中长期气候变化对农业影响研究。

三、坚决守住不发生规模性返贫底线

（十二）完善监测帮扶机制。精准确定监测对象，将有返贫致贫风险和突发严重困难的农户纳入监测范围，简化工作流程，缩短认定时间。针对发现的因灾因病因疫等苗头性问题，及时落实社会救助、医疗保障等帮扶措施。强化监测帮扶责任落实，确保工作不留空档、政策不留空白。继续开展巩固脱贫成果后评估工作。

（十三）促进脱贫人口持续增收。推动脱贫地区更多依靠发展来巩固拓展脱贫攻坚成果，让脱贫群众生活更上一层楼。巩固提升脱贫地区特色产业，完善联农带农机制，提高脱贫人口家庭经营性收入。逐步提高中央财政衔接推进乡村振兴补助资金用于产业发展的比重，重点支持帮扶产业补上技术、设施、营销等短板，强化龙头带动作用，促进产业提档升级。巩固光伏扶贫工程成效，在有条件的脱贫地区发展光伏产业。压实就业帮扶责任，确保脱贫劳动力就业规模稳定。深化东西部劳务协作，做好省内转移就业工作。延续支持帮扶车间发展优惠政策。发挥以工代赈作用，具备条件的可提高劳务报酬发放比例。统筹用好乡村公益岗位，实行动态管理。逐步调整优化生态护林员政策。

（十四）加大对乡村振兴重点帮扶县和易地搬迁集中安置区支持力度。在乡村振兴重点帮扶县实施一批补短板促发展项目。编制国家乡村振兴重点帮扶县巩固拓展脱贫攻坚成果同乡村振兴有效衔接实施方案。做好国家乡村振兴重点帮扶县科技特派团选派，实行产业技术顾问制度，有计划开展教育、医疗干部人才组团式帮扶。建立健全国家乡村振兴重点帮扶县发展监测评价机制。加大对国家乡村振兴重点帮扶县信贷资金投入和保险保障力度。完善易地搬迁集中安置区配套设施和公共服务，持续加大安置区产业培育力度，开展搬迁群众就业帮扶专项行动。落实搬迁群众户籍管理、合法权益保障、社会融入等工作举措，提升安置社区治理水平。

（十五）推动脱贫地区帮扶政策落地见效。保持主要帮扶政策总体稳定，细化落实过渡期各项帮扶政策，开展政策效果评估。拓展东西部协作工作领域，深化区县、村企、学校、医院等结对帮扶。在东西部协作和对口支援框架下，继续开展城乡建设用地增减挂钩节余指标跨省域调剂。持续做好中央单位定点帮扶工作。扎实做好脱贫人口小额信贷工作。创建消费帮扶示范城市和产地示范区，发挥脱贫地区农副产品网络销售平台作用。

四、聚焦产业促进乡村发展

（十六）持续推进农村一二三产业融合发展。鼓励各地拓展农业多种功能、挖掘乡村多元价值，重点发展农产品加工、乡村休闲旅游、农村电商等产业。支持农业大县聚焦农产品加工业，引导企业到产地发展粮油加工、食品制造。推进现代农业产业园和农业产业强镇建设，培育优势特色产业集群，继续支持创建一批国家农村产业融合发展示范园。实施乡村休闲旅游提升计划。支持农民直接经营或参与经营的乡村民宿、农家乐特色村（点）发展。将符合要求的乡村休闲旅游项目纳入科普基地和中小学学农劳动实践基地范围。实施“数商兴农”工程，推进电子商务进乡村。促进农副产品直播带货规范健康发展。开展农业品种培优、品质提升、品牌打造和标准化生产提升行动，推进食用农产品承诺达标合格证制度，完善全产业链质量安全追溯体系。加快落实保障和规范农村一二三产业融合发展用地政策。

（十七）大力发展县域富民产业。支持大中城市疏解产业向县域延伸，引导产业有序梯度转移。大力发展县域范围内比较优势明显、带动农业农村能力强、就业容量大的产业，推动形成“一县一业”发展格局。加强县域基层创新，强化产业链与创新链融合。加快完善县城产业服务功能，促进产业向园区集中、龙头企业做强做大。引导具备条件的中心镇发展专业化中小微企业集聚区，推动重点村发展乡村作坊、家庭工场。

（十八）加强县域商业体系建设。实施县域商业建设行动，促进农村消费扩容提质升级。加快农村物流快递网点布局，实施“快递进村”工程，鼓励发展“多站合一”的乡镇客货邮综合服务站、“一点多能”的村级寄递物流综合服务点，推进县乡村物流共同配送，促进农村客货邮融合发展。支持大型流通企业以县城和中心镇为重点下沉供应链。加快实施“互联网+”农产品出村进城工程，推动建立长期稳定的产销对接关系。推动冷链物流服务网络向农村延伸，整县推进农产品产地仓储保鲜冷链物流设施建设，促进合作联营、成网配套。支持供销合作社开展县域流通服务网络建设提升行动，建设县域集采集配中心。

（十九）促进农民就地就近就业创业。落实各类农民工稳岗就业政策。发挥大中城市就业带动作用。实施县域农民工市民化质量提升行动。鼓励发展共享用工、多渠道灵活就业，规范发展新就业形态，培育发展家政服务、物流配送、养老托育等生活性服务业。推进返乡入乡创业园建设，落实各项扶持政策。大力开展适合农民工就业的技能培训和新职业新业态培训。合理引导灵活就业农民工按规定参加职工基本医疗保险和城镇职工基本养老保险。

（二十）推进农业农村绿色发展。加强农业面源污染综合治理，深入推进农业投入品减量化，加强畜禽粪污资源化利用，推进农膜科学使用回收，支持秸秆综合利用。建设国家农业绿色发展先行区。开展农业绿色发展情况评价。开展水系连通及水美乡村建设。实施生态保护修复重大工程，复苏河湖生态环境，加强天然林保护修复、草原休养生息。科学推进国土绿化。支持牧区发展和牧民增收，落实第三轮草原生态保护补助奖励政策。研发应用减碳增汇型农业技术，探索建立碳汇产品价值实现机制。实施生物多样性保护重大工程。巩固长江禁渔成果，强化退捕渔民安置保障，加强常态化执法监管。强化水生生物养护，规范增殖放流。构建以国家公园为主体的自然保护地体系。出台推进乡村生态振兴的指导意见。

五、扎实稳妥推进乡村建设

（二十一）健全乡村建设实施机制。落实乡村振兴为农民而兴、乡村建设为农民而建的要求，坚持自下而上、村民自治、农民参与，启动乡村建设行动实施方案，因地制宜、有力有序推进。坚持数量服从质量、进度服从实效，求好不求快，把握乡村建设的时度效。立足村庄现有基础开展乡村建设，不盲目拆旧村、建新村，不超越发展阶段搞大融资、大开发、大建设，避免无效投入造成浪费，防范村级债务风险。统筹城镇和村庄布局，科学确定村庄分类，加快推进有条件有需求的村庄编制村庄规划，严格规范村庄撤并。开展传统村落集中连片保护利用示范，健全传统村落监测评估、警示退出、撤并事前审查等机制。保护特色民族村寨。实施“拯救老屋行动”。推动村庄小型建设项目简易审批，规范项目管理，提高资金绩效。总结推广村民自治组织、农村集体经济组织、农民群众参与乡村建设项目的有效做法。明晰乡村建设项目产权，以县域为单位组织编制村庄公共基础设施管护责任清单。

（二十二）接续实施农村人居环境整治提升五年行动。从农民实际需求出发推进农村改厕，具备条件的地方可推广水冲卫生厕所，统筹做好供水保障和污水处理；不具备条件的可建设卫生旱厕。巩固户厕问题摸排整改成果。分区分类推进农村生活污水治理，优先治理人口集中村庄，不适宜集中处理的推进小型化生态化治理和污水资源化利用。加快推进农村黑臭水体治理。推进生活垃圾源头分类减量，加强村庄有机废弃物综合处置利用设施建设，推进就地利用处理。深入实施村庄清洁行动和绿化美化行动。

（二十三）扎实开展重点领域农村基础设施建设。有序推进乡镇通三级及以上等级公路、较大人口规模自然村（组）通硬化路，实施农村公路安全生命防护工程和危桥改造。扎实开展农村公路管理养护体制改革试点。稳步推进农村公路路况自动化检测。推进农村供水工程建设改造，配套完善净化消毒设施设备。深入实施农村电网巩固提升工程。推进农村光伏、生物质能等清洁能源建设。实施农房质量安全提升工程，继续实施农村危房改造和抗震改造，完善农村房屋建设标准规范。加强对用作经营的农村自建房安全隐患整治。

（二十四）大力推进数字乡村建设。推进智慧农业发展，促进信息技术与农机农艺融合应用。加强农民数字素养与技能培训。以数字技术赋能乡村公共服务，推动“互联网+政务服务”向乡村延伸覆盖。着眼解决实际问题，拓展农业农村大数据应用场景。加快推动数字乡村标准化建设，研究制定发展评价指标体系，持续开展数字乡村试点。加强农村信息基础设施建设。

（二十五）加强基本公共服务县域统筹。加快推进以县城为重要载体的城镇化建设。加强普惠性、基础性、兜底性民生建设，推动基本公共服务供给由注重机构行政区域覆盖向注重常住人口服务覆盖转变。实施新一轮学前教育行动计划，多渠道加快农村普惠性学前教育资源建设，办好特殊教育。扎实推进城乡学校共同体建设。深入推进紧密型县域医疗卫生共同体建设，实施医保按总额付费，加强监督考核，实现结余留用、合理超支分担。推动农村基层定点医疗机构医保信息化建设，强化智能监控全覆盖，加强医疗保障基金监管。落实对特殊困难群体参加城乡居民基本医保的分类资助政策。有条件的地方可提供村卫生室运行经费补助，分类落实村医养老保障、医保等社会保障待遇。提升县级敬老院失能照护能力和乡镇敬老院集中供养水平，鼓励在有条件的村庄开展日间照料、老年食堂等服务。加强乡镇便民服务和社会工作服务，实施村级综合服务设施提升工程。健全分层分类的社会救助体系，切实保障困难农民群众基本生活。健全基层党员、干部关爱联系制度，经常探访空巢老人、留守儿童、残疾人。完善未成年人关爱保护工作网络。

六、突出实效改进乡村治理

（二十六）加强农村基层组织建设。强化县级党委抓乡促村职责，深化乡镇管理体制改革，健全乡镇党委统一指挥和统筹协调机制，加强乡镇、村集中换届后领导班子建设，全面开展农村基层干部乡村振兴主题培训。持续排查整顿软弱涣散村党组织。发挥驻村第一书记和工作队抓党建促乡村振兴作用。完善村级重要事项、重大问题经村党组织研究讨论机制，全面落实“四议两公开”制度。深入开展市县巡察，强化基层监督，加强基层纪检监察组织与村务监督委员会的沟通协作、有效衔接，强化对村干部的监督。健全党组织领导的自治、法治、德治相结合的乡村治理体系，推行网格化管理、数字化赋能、精细化服务。推进村委会规范化建设。深化乡村治理体系建设试点示范。开展村级议事协商创新实验。推广村级组织依法自治事项、依法协助政府工作事项等清单制，规范村级组织机构牌子和证明事项，推行村级基础信息统计“一张表”制度，减轻村级组织负担。

（二十七）创新农村精神文明建设有效平台载体。依托新时代文明实践中心、县级融媒体中心等平台开展对象化分众化宣传教育，弘扬和践行社会主义核心价值观。在乡村创新开展“听党话、感党恩、跟党走”宣传教育活动。探索统筹推动城乡精神文明融合发展的具体方式，完善全国文明村镇测评体系。启动实施文化产业赋能乡村振兴计划。整合文化惠民活动资源，支持农民自发组织开展村歌、“村晚”、广场舞、趣味运动会等体现农耕农趣农味的文化体育活动。办好中国农民丰收节。加强农耕文化传承保护，推进非物质文化遗产和重要农业文化遗产保护利用。推广积分制等治理方式，有效发挥村规民约、家庭家教家风作用，推进农村婚俗改革试点和殡葬习俗改革，开展高价彩礼、大操大办等移风易俗重点领域突出问题专项治理。

（二十八）切实维护农村社会平安稳定。推进更高水平的平安法治乡村建设。创建一批“枫桥式公安派出所”、“枫桥式人民法庭”。常态化开展扫黑除恶斗争，持续打击“村霸”。防范黑恶势力、家族宗族势力等对农村基层政权的侵蚀和影响。依法严厉打击农村黄赌毒和侵害农村妇女儿童人身权利的违法犯罪行为。加强农村法治宣传教育。加强基层社会心理服务和危机干预，构建一站式多元化矛盾纠纷化解机制。加强农村宗教工作力量。统筹推进应急管理与乡村治理资源整合，加快推进农村应急广播主动发布终端建设，指导做好人员紧急转移避险工作。开展农村交通、消防、安全生产、自然灾害、食品药品安全等领域风险隐患排查和专项治理，依法严厉打击农村制售假冒伪劣农资、非法集资、电信诈骗等违法犯罪行为。加强农业综合行政执法能力建设。落实基层医疗卫生机构疾病预防控制责任。健全农村新冠肺炎疫情常态化防控工作体系，严格落实联防联控、群防群控措施。

七、加大政策保障和体制机制创新力度

（二十九）扩大乡村振兴投入。继续把农业农村作为一般公共预算优先保障领域，中央预算内投资进一步向农业农村倾斜，压实地方政府投入责任。加强考核监督，稳步提高土地出让收入用于农业农村的比例。支持地方政府发行政府债券用于符合条件的乡村振兴公益性项目。提高乡村振兴领域项目储备质量。强化预算绩效管理和监督。

（三十）强化乡村振兴金融服务。对机构法人在县域、业务在县域、资金主要用于乡村振兴的地方法人金融机构，加大支农支小再贷款、再贴现支持力度，实施更加优惠的存款准备金政策。支持各类金融机构探索农业农村基础设施中长期信贷模式。加快农村信用社改革，完善省（自治区）农村信用社联合社治理机制，稳妥化解风险。完善乡村振兴金融服务统计制度，开展金融机构服务乡村振兴考核评估。深入开展农村信用体系建设，发展农户信用贷款。加强农村金融知识普及教育和金融消费权益保护。积极发展农业保险和再保险。优化完善“保险+期货”模式。强化涉农信贷风险市场化分担和补偿，发挥好农业信贷担保作用。

（三十一）加强乡村振兴人才队伍建设。发现和培养使用农业领域战略科学家。启动“神农英才”计划，加快培养科技领军人才、青年科技人才和高水平创新团队。深入推行科技特派员制度。实施高素质农民培育计划、乡村产业振兴带头人培育“头雁”项目、乡村振兴青春建功行动、乡村振兴巾帼行动。落实艰苦边远地区基层事业单位公开招聘倾斜政策，对县以下基层专业技术人员开展职称评聘“定向评价、定向使用”工作，对中高级专业技术岗位实行总量控制、比例单列。完善耕读教育体系。优化学科专业结构，支持办好涉农高等学校和职业教育。培养乡村规划、设计、建设、管理专业人才和乡土人才。鼓励地方出台城市人才下乡服务乡村振兴的激励政策。

（三十二）抓好农村改革重点任务落实。开展第二轮土地承包到期后再延长30年整县试点。巩固提升农村集体产权制度改革成果，探索建立农村集体资产监督管理服务体系，探索新型农村集体经济发展路径。稳慎推进农村宅基地制度改革试点，规范开展房地一体宅基地确权登记。稳妥有序推进农村集体经营性建设用地入市。推动开展集体经营性建设用地使用权抵押融资。依法依规有序开展全域土地综合整治试点。深化集体林权制度改革。健全农垦国有农用地使用权管理制度。开展农村产权流转交易市场规范化建设试点。制定新阶段深化农村改革实施方案。

八、坚持和加强党对“三农”工作的全面领导

（三十三）压实全面推进乡村振兴责任。制定乡村振兴责任制实施办法，明确中央和国家机关各部门推进乡村振兴责任，强化五级书记抓乡村振兴责任。开展省级党政领导班子和领导干部推进乡村振兴战略实绩考核。完善市县党政领导班子和领导干部推进乡村振兴战略实绩考核制度，鼓励地方对考核排名靠前的市县给予适当激励，对考核排名靠后、履职不力的进行约谈。落实各级党委和政府负责同志乡村振兴联系点制度。借鉴推广浙江“千万工程”经验，鼓励地方党委和政府开展现场观摩、交流学习等务实管用活动。开展《乡村振兴战略规划（2018—2022年）》实施总结评估。加强集中换届后各级党政领导干部特别是分管“三农”工作的领导干部培训。

（三十四）建强党的农村工作机构。各级党委农村工作领导小组要发挥“三农”工作牵头抓总、统筹协调等作用，一体承

担巩固拓展脱贫攻坚成果、全面推进乡村振兴议事协调职责。推进各级党委农村工作领导小组议事协调规范化制度化建设，建立健全重点任务分工落实机制，协同推进乡村振兴。加强各级党委农村工作领导小组办公室建设，充实工作力量，完善运行机制，强化决策参谋、统筹协调、政策指导、推动落实、督导检查等职责。

（三十五）抓点带面推进乡村振兴全面展开。开展“百县千乡万村”乡村振兴示范创建，采取先创建后认定方式，分级创建一批乡村振兴示范县、示范乡镇、示范村。推进农业现代化示范区创建。广泛动员社会力量参与乡村振兴，深入推进“万企兴万村”行动。按规定建立乡村振兴表彰激励制度。

让我们紧密团结在以习近平同志为核心的党中央周围，真抓实干，埋头苦干，奋力开创全面推进乡村振兴新局面，以实际行动迎接党的二十大胜利召开！

中共中央　国务院
关于全面推进乡村振兴加快农业农村现代化的意见

（2021年1月4日）

党的十九届五中全会审议通过的《中共中央关于制定国民经济和社会发展第十四个五年规划和二〇三五年远景目标的建议》，对新发展阶段优先发展农业农村、全面推进乡村振兴作出总体部署，为做好当前和今后一个时期“三农”工作指明了方向。

“十三五”时期，现代农业建设取得重大进展，乡村振兴实现良好开局。粮食年产量连续保持在1.3万亿斤以上，农民人均收入较2010年翻一番多。新时代脱贫攻坚目标任务如期完成，现行标准下农村贫困人口全部脱贫，贫困县全部摘帽，易地扶贫搬迁任务全面完成，消除了绝对贫困和区域性整体贫困，创造了人类减贫史上的奇迹。农村人居环境明显改善，农村改革向纵深推进，农村社会保持和谐稳定，农村即将同步实现全面建成小康社会目标。农业农村发展取得新的历史性成就，为党和国家战胜各种艰难险阻、稳定经济社会发展大局，发挥了“压舱石”作用。实践证明，以习近平同志为核心的党中央驰而不息重农强农的战略决策完全正确，党的“三农”政策得到亿万农民衷心拥护。

“十四五”时期，是乘势而上开启全面建设社会主义现代化国家新征程、向第二个百年奋斗目标进军的第一个五年。民族要复兴，乡村必振兴。全面建设社会主义现代化国家，实现中华民族伟大复兴，最艰巨最繁重的任务依然在农村，最广泛最深厚的基础依然在农村。解决好发展不平衡不充分问题，重点难点在“三农”，迫切需要补齐农业农村短板弱项，推动城乡协调发展；构建新发展格局，潜力后劲在“三农”，迫切需要扩大农村需求，畅通城乡经济循环；应对国内外各种风险挑战，基础支撑在“三农”，迫切需要稳住农业基本盘，守好“三农”基础。党中央认为，新发展阶段“三农”工作依然极端重要，须臾不可放松，务必抓紧抓实。要坚持把解决好“三农”问题作为全党工作重中之重，把全面推进乡村振兴作为实现中华民族伟大复兴的一项重大任务，举全党全社会之力加快农业农村现代化，让广大农民过上更加美好的生活。

一、总体要求

（一）指导思想。以习近平新时代中国特色社会主义思想为指导，全面贯彻党的十九大和十九届二中、三中、四中、五中全会精神，贯彻落实中央经济工作会议精神，统筹推进“五位一体”总体布局，协调推进“四个全面”战略布局，坚定不移贯彻新发展理念，坚持稳中求进工作总基调，坚持加强党对“三农”工作的全面领导，坚持农业农村优先发展，坚持农业现代化与农村现代化一体设计、一并推进，坚持创新驱动发展，以推动高质量发展为主题，统筹发展和安全，落实加快构建新发展格局要求，巩固和完善农村基本经营制度，深入推进农业供给侧结构性改革，把乡村建设摆在社会主义现代化建设的重要位置，全面推进乡村产业、人才、文化、生态、组织振兴，充分发挥农业产品供给、生态屏障、文化传承等功能，走中国特色社会主义乡村振兴道路，加快农业农村现代化，加快形成工农互促、城乡互补、协调发展、共同繁荣的新型工农城乡关系，促进农业高质高效、乡村宜居宜业、农民富裕富足，为全面建设社会主义现代化国家开好局、起好步提供有力支撑。

（二）目标任务。2021年，农业供给侧结构性改革深入推进，粮食播种面积保持稳定、产量达到1.3万亿斤以上，生猪产业平稳发展，农产品质量和食品安全水平进一步提高，农民收入增长继续快于城镇居民，脱贫攻坚成果持续巩固。农业农村现代化规划启动实施，脱贫攻坚政策体系和工作机制同乡村振兴有效衔接、平稳过渡，乡村建设行动全面启动，农村人居环境整治提升，农村改革重点任务深入推进，农村社会保持和谐稳定。

到2025年，农业农村现代化取得重要进展，农业基础设施现代化迈上新台阶，农村生活设施便利化初步实现，城乡基本公共服务均等化水平明显提高。农业基础更加稳固，粮食和重要农产品供应保障更加有力，农业生产结构和区域布局明显优化，农业质量效益和竞争力明显提升，现代乡村产业体系基本形成，有条件的地区率先基本实现农业现代化。脱贫攻坚成果巩固拓展，城乡居民收入差距持续缩小。农村生产生活方式绿色转型取得积极进展，化肥农药使用量持续减少，农村生态环境得到明显改善。乡村建设行动取得明显成效，乡村面貌发生显著变化，乡村发展活力充分激发，乡村文明程度得到新提升，农村发展安全保障更加有力，农民获得感、幸福感、安全感明显提高。

二、实现巩固拓展脱贫攻坚成果同乡村振兴有效衔接

（三）设立衔接过渡期。脱贫攻坚目标任务完成后，对摆脱贫困的县，从脱贫之日起设立5年过渡期，做到扶上马送一程。过渡期内保持现有主要帮扶政策总体稳定，并逐项分类优化调整，合理把握节奏、力度和时限，逐步实现由集中资源支持脱贫攻坚向全面推进乡村振兴平稳过渡，推动“三农”工作重心历史性转移。抓紧出台各项政策完善优化的具体实施办法，确保工作不留空档、政策不留空白。

（四）持续巩固拓展脱贫攻坚成果。健全防止返贫动态监测和帮扶机制，对易返贫致贫人口及时发现、及时帮扶，守住防止

规模性返贫底线。以大中型集中安置区为重点，扎实做好易地搬迁后续帮扶工作，持续加大就业和产业扶持力度，继续完善安置区配套基础设施、产业园区配套设施、公共服务设施，切实提升社区治理能力。加强扶贫项目资产管理和监督。

（五）接续推进脱贫地区乡村振兴。实施脱贫地区特色种养业提升行动，广泛开展农产品产销对接活动，深化拓展消费帮扶。持续做好有组织劳务输出工作。统筹用好公益岗位，对符合条件的就业困难人员进行就业援助。在农业农村基础设施建设领域推广以工代赈方式，吸纳更多脱贫人口和低收入人口就地就近就业。在脱贫地区重点建设一批区域性和跨区域重大基础设施工程。加大对脱贫县乡村振兴支持力度。在西部地区脱贫县中确定一批国家乡村振兴重点帮扶县集中支持。支持各地自主选择部分脱贫县作为乡村振兴重点帮扶县。坚持和完善东西部协作和对口支援、社会力量参与帮扶等机制。

（六）加强农村低收入人口常态化帮扶。开展农村低收入人口动态监测，实行分层分类帮扶。对有劳动能力的农村低收入人口，坚持开发式帮扶，帮助其提高内生发展能力，发展产业、参与就业，依靠双手勤劳致富。对脱贫人口中丧失劳动能力且无法通过产业就业获得稳定收入的人口，以现有社会保障体系为基础，按规定纳入农村低保或特困人员救助供养范围，并按困难类型及时给予专项救助、临时救助。

三、加快推进农业现代化

（七）提升粮食和重要农产品供给保障能力。地方各级党委和政府要切实扛起粮食安全政治责任，实行粮食安全党政同责。深入实施重要农产品保障战略，完善粮食安全省长责任制和“菜篮子”市长负责制，确保粮、棉、油、糖、肉等供给安全。“十四五”时期各省（自治区、直辖市）要稳定粮食播种面积、提高单产水平。加强粮食生产功能区和重要农产品生产保护区建设。建设国家粮食安全产业带。稳定种粮农民补贴，让种粮有合理收益。坚持并完善稻谷、小麦最低收购价政策，完善玉米、大豆生产者补贴政策。深入推进农业结构调整，推动品种培优、品质提升、品牌打造和标准化生产。鼓励发展青贮玉米等优质饲草饲料，稳定大豆生产，多措并举发展油菜、花生等油料作物。健全产粮大县支持政策体系。扩大稻谷、小麦、玉米三大粮食作物完全成本保险和收入保险试点范围，支持有条件的省份降低产粮大县三大粮食作物农业保险保费县级补贴比例。深入推进优质粮食工程。加快构建现代养殖体系，保护生猪基础产能，健全生猪产业平稳有序发展长效机制，积极发展牛羊产业，继续实施奶业振兴行动，推进水产绿色健康养殖。推进渔港建设和管理改革。促进木本粮油和林下经济发展。优化农产品贸易布局，实施农产品进口多元化战略，支持企业融入全球农产品供应链。保持打击重点农产品走私高压态势。加强口岸检疫和外来入侵物种防控。开展粮食节约行动，减少生产、流通、加工、存储、消费环节粮食损耗浪费。

（八）打好种业翻身仗。农业现代化，种子是基础。加强农业种质资源保护开发利用，加快第三次农作物种质资源、畜禽种质资源调查收集，加强国家作物、畜禽和海洋渔业生物种质资源库建设。对育种基础性研究以及重点育种项目给予长期稳定支持。加快实施农业生物育种重大科技项目。深入实施农作物和畜禽良种联合攻关。实施新一轮畜禽遗传改良计划和现代种业提升工程。尊重科学、严格监管，有序推进生物育种产业化应用。加强育种领域知识产权保护。支持种业龙头企业建立健全商业化育种体系，加快建设南繁硅谷，加强制种基地和良种繁育体系建设，研究重大品种研发与推广后补助政策，促进育繁推一体化发展。

（九）坚决守住18亿亩耕地红线。统筹布局生态、农业、城镇等功能空间，科学划定各类空间管控边界，严格实行土地用途管制。采取“长牙齿”的措施，落实最严格的耕地保护制度。

严禁违规占用耕地和违背自然规律绿化造林、挖湖造景，严格控制非农建设占用耕地，深入推进农村乱占耕地建房专项整治行动，坚决遏制耕地“非农化”、防止“非粮化”。明确耕地利用优先序，永久基本农田重点用于粮食特别是口粮生产，一般耕地主要用于粮食和棉、油、糖、蔬菜等农产品及饲草饲料生产。明确耕地和永久基本农田不同的管制目标和管制强度，严格控制耕地转为林地、园地等其他类型农用地，强化土地流转用途监管，确保耕地数量不减少、质量有提高。实施新一轮高标准农田建设规划，提高建设标准和质量，健全管护机制，多渠道筹集建设资金，中央和地方共同加大粮食主产区高标准农田建设投入，2021年建设1亿亩旱涝保收、高产稳产高标准农田。在高标准农田建设中增加的耕地作为占补平衡补充耕地指标在省域内调剂，所得收益用于高标准农田建设。加强和改进建设占用耕地占补平衡管理，严格新增耕地核实认定和监管。健全耕地数量和质量监测监管机制，加强耕地保护督察和执法监督，开展“十三五”时期省级政府耕地保护责任目标考核。

（十）强化现代农业科技和物质装备支撑。实施大中型灌区续建配套和现代化改造。到2025年全部完成现有病险水库除险加固。坚持农业科技自立自强，完善农业科技领域基础研究稳定支持机制，深化体制改革，布局建设一批创新基地平台。深入开展乡村振兴科技支撑行动。支持高校为乡村振兴提供智力服务。加强农业科技社会化服务体系建设，深入推行科技特派员制度。打造国家热带农业科学中心。提高农机装备自主研制能力，支持高端智能、丘陵山区农机装备研发制造，加大购置补贴力度，开展农机作业补贴。强化动物防疫和农作物病虫害防治体系建设，提升防控能力。

（十一）构建现代乡村产业体系。依托乡村特色优势资源，打造农业全产业链，把产业链主体留在县城，让农民更多分享产业增值收益。加快健全现代农业全产业链标准体系，推动新型农业经营主体按标生产，培育农业龙头企业标准“领跑者”。立足县域布局特色农产品产地初加工和精深加工，建设现代农业产业园、农业产业强镇、优势特色产业集群。推进公益性农产品市场和农产品流通骨干网络建设。开发休闲农业和乡村旅游精品线路，完善配套设施。推进农村一二三产业融合发展示范园和科技示范园区建设。把农业现代化示范区作为推进农业现代化的重要抓手，围绕提高农业产业体系、生产体系、经营体系现代化水平，建立指标体系，加强资源整合、政策集成，以县（市、区）为单位开展创建，到2025年创建500个左右示范区，形成梯次推进农业现代化的格局。创建现代林业产业示范区。组织开展“万企兴万村”行动。稳步推进反映全产业链价值的农业及相关产业统计核算。

（十二）推进农业绿色发展。实施国家黑土地保护工程，推广保护性耕作模式。健全耕地休耕轮作制度。持续推进化肥农药减量增效，推广农作物病虫害绿色防控产品和技术。加强畜禽粪污资源化利用。全面实施秸秆综合利用和农膜、农药包装物回收行动，加强可降解农膜研发推广。在长江经济带、黄河流域建设一批农业面源污染综合治理示范县。支持国家农业绿色发展先行区建设。加强农产品质量和食品安全监管，发展绿色农产品、有机农产品和地理标志农产品，试行食用农产品达标合格证制度，推进国家农产品质量安全县创建。加强水生生物资源养护，推进以长江为重点的渔政执法能力建设，确保十年禁渔令有效落实，做好退捕渔民安置保障工作。发展节水农业和旱作农业。推进荒漠化、石漠化、坡耕地水土流失综合治理和土壤污染防治、重点区域地下水保护与超采治理。实施水系连通及农村水系综合整治，强化河湖长制。巩固退耕还林还草成果，完善政策、有序推进。实行林长制。科学开展大规模国土绿化行动。完善草原生态保护补助奖励政策，全面推进草原禁牧轮牧休牧，加强草原鼠害防治，稳步恢复草原生态环境。

（十三）推进现代农业经营体系建设。突出抓好家庭农场和农民合作社两类经营主体，鼓励发展多种形式适度规模经营。实施家庭农场培育计划，把农业规模经营户培育成有活力的家庭农场。推进农民合作社质量提升，加大对运行规范的农民合作社扶持力度。发展壮大农业专业化社会化服务组织，将先进适用的品种、投入品、技术、装备导入小农户。支持市场主体建设区域性农业全产业链综合服务中心。支持农业产业化龙头企业创新发展、做大做强。深化供销合作社综合改革，开展生产、供销、信用“三位一体”综合合作试点，健全服务农民生产生活综合平台。培育高素质农民，组织参加技能评价、学历教育，设立专门面向农民的技能大赛。吸引城市各方面人才到农村创业创新，参与乡村振兴和现代农业建设。

四、大力实施乡村建设行动

（十四）加快推进村庄规划工作。2021 年基本完成县级国土空间规划编制，明确村庄布局分类。积极有序推进“多规合一”实用性村庄规划编制，对有条件、有需求的村庄尽快实现村庄规划全覆盖。对暂时没有编制规划的村庄，严格按照县乡两级国土空间规划中确定的用途管制和建设管理要求进行建设。编制村庄规划要立足现有基础，保留乡村特色风貌，不搞大拆大建。按照规划有序开展各项建设，严肃查处违规乱建行为。健全农房建设质量安全法律法规和监管体制，3 年内完成安全隐患排查整治。完善建设标准和规范，提高农房设计水平和建设质量。继续实施农村危房改造和地震高烈度设防地区农房抗震改造。加强村庄风貌引导，保护传统村落、传统民居和历史文化名村名镇。加大农村地区文化遗产遗迹保护力度。乡村建设是为农民而建，要因地制宜、稳扎稳打，不刮风搞运动。严格规范村庄撤并，不得违背农民意愿、强迫农民上楼，把好事办好、把实事办实。

（十五）加强乡村公共基础设施建设。继续把公共基础设施建设的重点放在农村，着力推进往村覆盖、往户延伸。实施农村道路畅通工程。有序实施较大人口规模自然村（组）通硬化路。加强农村资源路、产业路、旅游路和村内主干道建设。推进农村公路建设项目更多向进村入户倾斜。继续通过中央车购税补助地方资金、成品油税费改革转移支付、地方政府债券等渠道，按规定支持农村道路发展。继续开展“四好农村路”示范创建。全面实施路长制。开展城乡交通一体化示范创建工作。加强农村道路桥梁安全隐患排查，落实管养主体责任。强化农村道路交通安全监管。实施农村供水保障工程。加强中小型水库等稳定水源工程建设和水源保护，实施规模化供水工程建设和小型工程标准化改造，有条件的地区推进城乡供水一体化，到2025年农村自来水普及率达到88%。完善农村水价水费形成机制和工程长效运营机制。实施乡村清洁能源建设工程。加大农村电网建设力度，全面巩固提升农村电力保障水平。推进燃气下乡，支持建设安全可靠的乡村储气罐站和微管网供气系统。发展农村生物质能源。加强煤炭清洁化利用。实施数字乡村建设发展工程。推动农村千兆光网、第五代移动通信（5G）、移动物联网与城市同步规划建设。完善电信普遍服务补偿机制，支持农村及偏远地区信息通信基础设施建设。加快建设农业农村遥感卫星等天基设施。发展智慧农业，建立农业农村大数据体系，推动新一代信息技术与农业生产经营深度融合。完善农业气象综合监测网络，提升农业气象灾害防范能力。加强乡村公共服务、社会治理等数字化智能化建设。实施村级综合服务设施提升工程。加强村级客运站点、文化体育、公共照明等服务设施建设。

（十六）实施农村人居环境整治提升五年行动。分类有序推进农村厕所革命，加快研发干旱、寒冷地区卫生厕所适用技术和产品，加强中西部地区农村户用厕所改造。统筹农村改厕和污水、黑臭水体治理，因地制宜建设污水处理设施。健全农村生活垃圾收运处置体系，推进源头分类减量、资源化处理利用，建设一批有机废弃物综合处置利用设施。健全农村人居环境设施管护机制。有条件的地区推广城乡环卫一体化第三方治理。深入推进村庄清洁和绿化行动。开展美丽宜居村庄和美丽庭院示范创建活动。

（十七）提升农村基本公共服务水平。建立城乡公共资源均衡配置机制，强化农村基本公共服务供给县乡村统筹，逐步实现标准统一、制度并轨。提高农村教育质量，多渠道增加农村普惠性学前教育资源供给，继续改善乡镇寄宿制学校办学条件，保留并办好必要的乡村小规模学校，在县城和中心镇新建改扩建一批高中和中等职业学校。完善农村特殊教育保障机制。推进县域内义务教育学校校长教师交流轮岗，支持建设城乡学校共同体。面向农民就业创业需求，发展职业技术教育与技能培训，建设一批产教融合基地。开展耕读教育。加快发展面向乡村的网络教育。加大涉农高校、涉农职业院校、涉农学科专业建设力度。全面推进健康乡村建设，提升村卫生室标准化建设和健康管理水平，推动乡村医生向执业（助理）医师转变，采取派驻、巡诊等方式提高基层卫生服务水平。提升乡镇卫生院医疗服务能力，选建一批中心卫生院。加强县级医院建设，持续提升县级疾控机构应对重大疫情及突发公共卫生事件能力。加强县域紧密型医共体建设，实行医保总额预算管理。加强妇幼、老年人、残疾人等重点人群健康服务。健全统筹城乡的就业政策和服务体系，推动公共就业服务机构向乡村延伸。深入实施新生代农民工职业技能提升计划。完善统一的城乡居民基本医疗保险制度，合理提高政府补助标准和个人缴费标准，健全重大疾病医疗保险和救助制度。落实城乡居民基本养老保险待遇确定和正常调整机制。推进城乡低保制度统筹发展，逐步提高特困人员供养服务质量。加强对农村留守儿童和妇女、老年人以及困境儿童的关爱服务。健全县乡村衔接的三级养老服务网络，推动村级幸福院、日间照料中心等养老服务设施建设，发展农村普惠型养老服务和互助性养老。推进农村公益性殡葬设施建设。推进城乡公共文化服务体系一体建设，创新实施文化惠民工程。

（十八）全面促进农村消费。加快完善县乡村三级农村物流体系，改造提升农村寄递物流基础设施，深入推进电子商务进农村和农产品出村进城，推动城乡生产与消费有效对接。促进农村居民耐用消费品更新换代。加快实施农产品仓储保鲜冷链物流设施建设工程，推进田头小型仓储保鲜冷链设施、产地低温直销配送中心、国家骨干冷链物流基地建设。完善农村生活性服务业支持政策，发展线上线下相结合的服务网点，推动便利化、精细化、品质化发展，满足农村居民消费升级需要，吸引城市居民下乡消费。

（十九）加快县域内城乡融合发展。推进以人为核心的新型城镇化，促进大中小城市和小城镇协调发展。把县域作为城乡融合发展的重要切入点，强化统筹谋划和顶层设计，破除城乡分割的体制弊端，加快打通城乡要素平等交换、双向流动的制度性通道。统筹县域产业、基础设施、公共服务、基本农田、生态保护、城镇开发、村落分布等空间布局，强化县城综合服务能力，把乡镇建设成为服务农民的区域中心，实现县乡村功能衔接互补。壮大县域经济，承接适宜产业转移，培育支柱产业。加快小城镇发展，完善基础设施和公共服务，发挥小城镇连接城市、服务乡村作用。推进以县城为重要载体的城镇化建设，有条件的地区按照小城市标准建设县城。积极推进扩权强镇，规划建设一批重点镇。开展乡村全域土地综合整治试点。推动在县域就业的农民工就地市民化，增加适应进城农民刚性需求的住房供给。鼓励地方建设返乡入乡创业园和孵化实训基地。

（二十）强化农业农村优先发展投入保障。继续把农业农村作为一般公共预算优先保障领域。中央预算内投资进一步向农业农村倾斜。制定落实提高土地出让收益用于农业农村比例考核办法，确保按规定提高用于农业农村的比例。各地区各部门要进一步完善涉农资金统筹整合长效机制。支持地方政府发行一般债券和专项债券用于现代农业设施建设和乡村建设行动，制定出台操作指引，做好高质量项目储备工作。发挥财政投入引领作用，支持以市场化方式设立乡村振兴基金，撬动金融资本、社会力量参与，重点支持乡村产业发展。坚持为农服务宗旨，持续深化农村金融改革。运用支农支小再贷款、再贴现等政策工具，实施最优惠的存款准备金率，加大对机构法人在县域、业务在县域的金融机构的支持力度，推动农村金融机构回归本源。鼓励银行业金融机构建立服务乡村振兴的内设机构。明确地方政府监管和风险处置责任，稳妥规范开展农民合作社内部信用合作试点。保持农村信用合作社等县域农村金融机构法人地位和数量总体稳定，做好监督管理、风险化解、深化改革工作。完善涉农金融机构治理结构和内控机制，强化金融监管部门的监管责任。支持市县构建域内共享的涉农信用信息数据库，用3年时间基本建成比较完善的新型农业经营主体信用体系。发展农村数字普惠金融。大力开展农户小额信用贷款、保单质押贷款、农机具和大棚设施抵押贷款业务。鼓励开发专属金融产品支持新型农业经营主体和农村新产业新业态，增加首贷、信用贷。加大对农业农村基础设施投融资的中长期信贷支持。加强对农业信贷担保放大倍数的量化考核，提高农业信贷担保规模。将地方优势特色农产品保险以奖代补做法逐步扩大到全国。健全农业再保险制度。发挥“保险+期货”在服务乡村产业发展中的作用。

（二十一）深入推进农村改革。完善农村产权制度和要素市场化配置机制，充分激发农村发展内生动力。坚持农村土地农民集体所有制不动摇，坚持家庭承包经营基础性地位不动摇，有序开展第二轮土地承包到期后再延长30年试点，保持农村土地承包关系稳定并长久不变，健全土地经营权流转服务体系。积极探索实施农村集体经营性建设用地入市制度。完善盘活农村存量建设用地政策，实行负面清单管理，优先保障乡村产业发展、乡村建设用地。根据乡村休闲观光等产业分散布局的实际需要，探索灵活多样的供地新方式。加强宅基地管理，稳慎推进农村宅基地制度改革试点，探索宅基地所有权、资格权、使用权分置有效实现形式。规范开展房地一体宅基地日常登记颁证工作。规范开展城乡建设用地增减挂钩，完善审批实施程序、节余指标调剂及收益分配机制。2021年基本完成农村集体产权制度改革阶段性任务，发展壮大新型农村集体经济。保障进城落户农民土地承包权、宅基地使用权、集体收益分配权，研究制定依法自愿有偿转让的具体办法。加强农村产权流转交易和管理信息网络平台建设，提供综合性交易服务。加快农业综合行政执法信息化建设。深入推进农业水价综合改革。继续深化农村集体林权制度改革。

五、加强党对“三农”工作的全面领导

（二十二）强化五级书记抓乡村振兴的工作机制。全面推进乡村振兴的深度、广度、难度都不亚于脱贫攻坚，必须采取更有力的举措，汇聚更强大的力量。要深入贯彻落实《中国共产党农村工作条例》，健全中央统筹、省负总责、市县乡抓落实的农村工作领导体制，将脱贫攻坚工作中形成的组织推动、要素保障、政策支持、协作帮扶、考核督导等工作机制，根据实际需要运用到推进乡村振兴，建立健全上下贯通、精准施策、一抓到底的乡村振兴工作体系。省、市、县级党委要定期研究乡村振兴工作。县委书记应当把主要精力放在“三农”工作上。建立乡村振兴联系点制度，省、市、县级党委和政府负责同志都要确定联系点。开展县乡村三级党组织书记乡村振兴轮训。加强党对乡村人才工作的领导，将乡村人才振兴纳入党委人才工作总体部署，健全适合乡村特点的人才培养机制，强化人才服务乡村激励约束。加快建设政治过硬、本领过硬、作风过硬的乡村振兴干部队伍，选派优秀干部到乡村振兴一线岗位，把乡村振兴作为培养锻炼干部的广阔舞台，对在艰苦地区、关键岗位工作表现突出的干部优先重用。

（二十三）加强党委农村工作领导小组和工作机构建设。充分发挥各级党委农村工作领导小组牵头抓总、统筹协调作用，成员单位出台重要涉农政策要征求党委农村工作领导小组意见并进行备案。各地要围绕“五大振兴”目标任务，设立由党委和政府负责同志领导的专项小组或工作专班，建立落实台账，压实工作责任。强化党委农村工作领导小组办公室决策参谋、统筹协调、政策指导、推动落实、督促检查等职能，每年分解“三农”工作重点任务，落实到各责任部门，定期调度工作进展。加强党委农村工作领导小组办公室机构设置和人员配置。

（二十四）加强党的农村基层组织建设和乡村治理。充分发挥农村基层党组织领导作用，持续抓党建促乡村振兴。有序开展乡镇、村集中换届，选优配强乡镇领导班子、村“两委”成员特别是村党组织书记。在有条件的地方积极推行村党组织书记通过法定程序担任村民委员会主任，因地制宜、不搞“一刀切”。与换届同步选优配强村务监督委员会成员，基层纪检监察组织加强与村务监督委员会的沟通协作、有效衔接。坚决惩治侵害农民利益的腐败行为。坚持和完善向重点乡村选派驻村第一书记和工作队制度。加大在优秀农村青年中发展党员力度，加强对农村基层干部激励关怀，提高工资补助待遇，改善工作生活条件，切实帮助解决实际困难。推进村委会规范化建设和村务公开“阳光工程”。开展乡村治理试点示范创建工作。创建民主法治示范村，培育农村学法用法示范户。加强乡村人民调解组织队伍建设，推动就地化解矛盾纠纷。深入推进平安乡村建设。建立健全农村地区扫黑除恶常态化机制。加强县乡村应急管理和消防安全体系建设，做好对自然灾害、公共卫生、安全隐患等重大事件的风险评估、监测预警、应急处置。

（二十五）加强新时代农村精神文明建设。弘扬和践行社会主义核心价值观，以农民群众喜闻乐见的方式，深入开展习近平新时代中国特色社会主义思想学习教育。拓展新时代文明实践中心建设，深化群众性精神文明创建活动。建强用好县级融媒体中心。在乡村深入开展“听党话、感党恩、跟党走”宣讲活动。深入挖掘、继承创新优秀传统乡土文化，把保护传承和开发利用结合起来，赋予中华农耕文明新的时代内涵。持续推进农村移风易俗，推广积分制、道德评议会、红白理事会等做法，加大高价彩礼、人情攀比、厚葬薄养、铺张浪费、封建迷信等不良风气治理，推动形成文明乡风、良好家风、淳朴民风。加大对农村非法宗教活动和境外渗透活动的打击力度，依法制止利用宗教干预农村公共事务。办好中国农民丰收节。

（二十六）健全乡村振兴考核落实机制。各省（自治区、直辖市）党委和政府每年向党中央、国务院报告实施乡村振兴战略进展情况。对市县党政领导班子和领导干部开展乡村振兴实绩考核，纳入党政领导班子和领导干部综合考核评价内容，加强考核结果应用，注重提拔使用乡村振兴实绩突出的市县党政领导干部。对考核排名落后、履职不力的市县党委和政府主要负责同志进行约谈，建立常态化约谈机制。将巩固拓展脱贫攻坚成果纳入乡村振兴考核。强化乡村振兴督查，创新完善督查方式，及时发现和解决存在的问题，推动政策举措落实落地。持续纠治形式主义、官僚主义，将减轻村级组织不合理负担纳入中央基层减负督查重点内容。坚持实事求是、依法行政，把握好农村各项工作的时度效。加强乡村振兴宣传工作，在全社会营造共同推进乡村振兴的浓厚氛围。

让我们紧密团结在以习近平同志为核心的党中央周围，开拓进取，真抓实干，全面推进乡村振兴，加快农业农村现代化，努力开创“三农”工作新局面，为全面建设社会主义现代化国家、实现第二个百年奋斗目标作出新的贡献！

中共中央 国务院 关于实现巩固拓展脱贫攻坚成果同乡村振兴有效衔接的意见

（2020 年 12 月 16 日）

打赢脱贫攻坚战、全面建成小康社会后，要进一步巩固拓展脱贫攻坚成果，接续推动脱贫地区发展和乡村全面振兴。为实现巩固拓展脱贫攻坚成果同乡村振兴有效衔接，现提出如下意见。

一、重大意义

党的十八大以来，以习近平同志为核心的党中央把脱贫攻坚摆在治国理政的突出位置，作为实现第一个百年奋斗目标的重点任务，纳入“五位一体”总体布局和“四个全面”战略布局，作出一系列重大部署和安排，全面打响脱贫攻坚战，困扰中华民族几千年的绝对贫困问题即将历史性地得到解决，脱贫攻坚成果举世瞩目。到 2020 年我国现行标准下农村贫困人口全部实现脱贫、贫困县全部摘帽、区域性整体贫困得到解决。“两不愁”质量水平明显提升，“三保障”突出问题彻底消除。贫困人口收入水平大幅度提高，自主脱贫能力稳步增强。贫困地区生产生活条件明显改善，经济社会发展明显加快。脱贫攻坚取得全面胜利，提前 10 年实现《联合国 2030 年可持续发展议程》减贫目标，实现了全面小康路上一个都不掉队，在促进全体人民共同富裕的道路上迈出了坚实一步。完成脱贫攻坚这一伟大事业，不仅在中华民族发展史上具有重要里程碑意义，更是中国人民对人类文明和全球反贫困事业的重大贡献。

脱贫攻坚的伟大实践，充分展现了我们党领导亿万人民坚持和发展中国特色社会主义创造的伟大奇迹，充分彰显了中国共产党领导和我国社会主义制度的政治优势。脱贫攻坚的伟大成就，极大增强了全党全国人民的凝聚力和向心力，极大增强了全党全国人民的道路自信、理论自信、制度自信、文化自信。

这些成就的取得，归功于以习近平同志为核心的党中央坚强领导，习近平总书记亲自谋划、亲自挂帅、亲自督战，推动实施精准扶贫精准脱贫基本方略；归功于全党全社会众志成城、共同努力，中央统筹、省负总责、市县抓落实，省市县乡村五级书记抓扶贫，构建起专项扶贫、行业扶贫、社会扶贫互为补充的大扶贫格局；归功于广大干部群众辛勤工作和不懈努力，数百万干部战斗在扶贫一线，亿万贫困群众依靠自己的双手和智慧摆脱贫困；归功于行之有效的政策体系、制度体系和工作体系，脱贫攻坚政策体系覆盖面广、含金量高，脱贫攻坚制度体系完备、上下贯通，脱贫攻坚工作体系目标明确、执行力强，为打赢脱贫攻坚战提供了坚强支撑，为全面推进乡村振兴提供了宝贵经验。

脱贫摘帽不是终点，而是新生活、新奋斗的起点。打赢脱贫攻坚战、全面建成小康社会后，要在巩固拓展脱贫攻坚成果的基础上，做好乡村振兴这篇大文章，接续推进脱贫地区发展和群众生活改善。做好巩固拓展脱贫攻坚成果同乡村振兴有效衔接，关系到构建以国内大循环为主体、国内国际双循环相互促进的新发展格局，关系到全面建设社会主义现代化国家全局和实现第二个百年奋斗目标。全党务必站在践行初心使命、坚守社会主义本质要求的政治高度，充分认识实现巩固拓展脱贫攻坚成果同乡村振兴有效衔接的重要性、紧迫性，举全党全国之力，统筹安排、强力推进，让包括脱贫群众在内的广大人民过上更加美好的生活，朝着逐步实现全体人民共同富裕的目标继续前进，彰显党的根本宗旨和我国社会主义制度优势。

二、总体要求

（一）指导思想。以习近平新时代中国特色社会主义思想为指导，深入贯彻党的十九大和十九届二中、三中、四中、五中全会精神，坚定不移贯彻新发展理念，坚持稳中求进工作总基调，坚持以人民为中心的发展思想，坚持共同富裕方向，将巩固拓展脱贫攻坚成果放在突出位置，建立农村低收入人口和欠发达地区帮扶机制，健全乡村振兴领导体制和工作体系，加快推进脱贫地区乡村产业、人才、文化、生态、组织等全面振兴，为全面建设社会主义现代化国家开好局、起好步奠定坚实基础。

（二）基本思路和目标任务。脱贫攻坚目标任务完成后，设立5年过渡期。脱贫地区要根据形势变化，理清工作思路，做好过渡期内领导体制、工作体系、发展规划、政策举措、考核机制等有效衔接，从解决建档立卡贫困人口“两不愁三保障”为重点转向实现乡村产业兴旺、生态宜居、乡风文明、治理有效、生活富裕，从集中资源支持脱贫攻坚转向巩固拓展脱贫攻坚成果和全面推进乡村振兴。到2025年，脱贫攻坚成果巩固拓展，乡村振兴全面推进，脱贫地区经济活力和发展后劲明显增强，乡村产业质量效益和竞争力进一步提高，农村基础设施和基本公共服务水平进一步提升，生态环境持续改善，美丽宜居乡村建设扎实推进，乡风文明建设取得显著进展，农村基层组织建设不断加强，农村低收入人口分类帮扶长效机制逐步完善，脱贫地区农民收入增速高于全国农民平均水平。到2035年，脱贫地区经济实力显著增强，乡村振兴取得重大进展，农村低收入人口生活水平显著提高，城乡差距进一步缩小，在促进全体人民共同富裕上取得更为明显的实质性进展。

（三）主要原则

——坚持党的全面领导。坚持中央统筹、省负总责、市县乡抓落实的工作机制，充分发挥各级党委总揽全局、协调各方的领导作用，省市县乡村五级书记抓巩固拓展脱贫攻坚成果和乡村振兴。总结脱贫攻坚经验，发挥脱贫攻坚体制机制作用。

——坚持有序调整、平稳过渡。过渡期内在巩固拓展脱贫攻坚成果上下更大功夫、想更多办法、给予更多后续帮扶支持，对脱贫县、脱贫村、脱贫人口扶上马送一程，确保脱贫群众不返贫。在主要帮扶政策保持总体稳定的基础上，分类优化调整，合理把握调整节奏、力度和时限，增强脱贫稳定性。

——坚持群众主体、激发内生动力。坚持扶志扶智相结合，防止政策养懒汉和泛福利化倾向，发挥奋进致富典型示范引领作用，激励有劳动能力的低收入人口勤劳致富。

——坚持政府推动引导、社会市场协同发力。坚持行政推动与市场机制有机结合，发挥集中力量办大事的优势，广泛动员社会力量参与，形成巩固拓展脱贫攻坚成果、全面推进乡村振兴的强大合力。

三、建立健全巩固拓展脱贫攻坚成果长效机制

（一）保持主要帮扶政策总体稳定。过渡期内严格落实“四个不摘”要求，摘帽不摘责任，防止松劲懈怠；摘帽不摘政策，防止急刹车；摘帽不摘帮扶，防止一撤了之；摘帽不摘监管，防止贫困反弹。现有帮扶政策该延续的延续、该优化的优化、该调整的调整，确保政策连续性。兜底救助类政策要继续保持稳定。落实好教育、医疗、住房、饮水等民生保障普惠性政策，并根据脱贫人口实际困难给予适度倾斜。优化产业就业等发展类政策。

（二）健全防止返贫动态监测和帮扶机制。对脱贫不稳定户、边缘易致贫户，以及因病因灾因意外事故等刚性支出较大或收入大幅缩减导致基本生活出现严重困难户，开展定期检查、动态管理，重点监测其收入支出状况、“两不愁三保障”及饮水安全状况，合理确定监测标准。建立健全易返贫致贫人口快速发现和响应机制，分层分类及时纳入帮扶政策范围，实行动态清零。健全防止返贫大数据监测平台，加强相关部门、单位数据共享和对接，充分利用先进技术手段提升监测准确性，以国家脱贫攻坚普查结果为依据，进一步完善基础数据库。建立农户主动申请、部门信息比对、基层干部定期跟踪回访相结合的易返贫致贫人口发现和核查机制，实施帮扶对象动态管理。坚持预防性措施和事后帮扶相结合，精准分析返贫致贫原因，采取有针对性的帮扶措施。

（三）巩固“两不愁三保障”成果。落实行业主管部门工作责任。健全控辍保学工作机制，确保除身体原因不具备学习条件外脱贫家庭义务教育阶段适龄儿童少年不失学辍学。有效防范因病返贫致贫风险，落实分类资助参保政策，做好脱贫人口参保动员工作。建立农村脱贫人口住房安全动态监测机制，通过农村危房改造等多种方式保障低收入人口基本住房安全。巩固维护好已建农村供水工程成果，不断提升农村供水保障水平。

（四）做好易地扶贫搬迁后续扶持工作。聚焦原深度贫困地区、大型特大型安置区，从就业需要、产业发展和后续配套设施建设提升完善等方面加大扶持力度，完善后续扶持政策体系，持续巩固易地搬迁脱贫成果，确保搬迁群众稳得住、有就业、逐步能致富。提升安置区社区管理服务水平，建立关爱机制，促进社会融入。

（五）加强扶贫项目资产管理和监督。分类摸清各类扶贫项目形成的资产底数。公益性资产要落实管护主体，明确管护责任，确保继续发挥作用。经营性资产要明晰产权关系，防止资产流失和被侵占，资产收益重点用于项目运行管护、巩固拓展脱贫攻坚成果、村级公益事业等。确权到农户或其他经营主体的扶贫资产，依法维护其财产权利，由其自主管理和运营。

四、聚力做好脱贫地区巩固拓展脱贫攻坚成果同乡村振兴有效衔接重点工作

（六）支持脱贫地区乡村特色产业发展壮大。注重产业后续长期培育，尊重市场规律和产业发展规律，提高产业市场竞争力和抗风险能力。以脱贫县为单位规划发展乡村特色产业，实施特色种养业提升行动，完善全产业链支持措施。加快脱贫地区农产品和食品仓储保鲜、冷链物流设施建设，支持农产品流通企业、电商、批发市场与区域特色产业精准对接。现代农业产业园、科技园、产业融合发展示范园继续优先支持脱贫县。支持脱贫地区培育绿色食品、有机农产品、地理标志农产品，打造区域公用品牌。继续大力实施消费帮扶。

（七）促进脱贫人口稳定就业。搭建用工信息平台，培育区域劳务品牌，加大脱贫人口有组织劳务输出力度。支持脱贫地区在农村人居环境、小型水利、乡村道路、农田整治、水土保持、产业园区、林业草原基础设施等涉农项目建设和管护时广泛采取以工代赈方式。延续支持扶贫车间的优惠政策。过渡期内逐步调整优化生态护林员政策。统筹用好乡村公益岗位，健全按需设岗、以岗聘任、在岗领补、有序退岗的管理机制，过渡期内逐步调整优化公益岗位政策。

（八）持续改善脱贫地区基础设施条件。继续加大对脱贫地区基础设施建设的支持力度，重点谋划建设一批高速公路、客货共线铁路、水利、电力、机场、通信网络等区域性和跨区域重大基础设施建设工程。按照实施乡村建设行动统一部署，支持脱贫地区因地制宜推进农村厕所革命、生活垃圾和污水治理、村容村貌提升。推进脱贫县“四好农村路”建设，推动交通项目更多向进村入户倾斜，因地制宜推进较大人口规模自然村（组）通硬化路，加强通村公路和村内主干道连接，加大农村产业路、旅游路建设力度。加强脱贫地区农村防洪、灌溉等中小型水利工程建设。统筹推进脱贫地区县乡村三级物流体系建设，实施“快递进村”工程。支持脱贫地区电网建设和乡村电气化提升工程实施。

（九）进一步提升脱贫地区公共服务水平。继续改善义务教育办学条件，加强乡村寄宿制学校和乡村小规模学校建设。加强脱贫地区职业院校（含技工院校）基础能力建设。继续实施家庭经济困难学生资助政策和农村义务教育学生营养改善计划。在脱贫地区普遍增加公费师范生培养供给，加强城乡教师合理流动和对口支援。过渡期内保持现有健康帮扶政策基本稳定，完善大病专项救治政策，优化高血压等主要慢病签约服务，调整完善县域内先诊疗后付费政策。继续开展三级医院对口帮扶并建立长效机制，持续提升县级医院诊疗能力。加大中央倾斜支持脱贫地区医疗卫生机构基础设施建设和设备配备力度，继续改善疾病预防控制机构条件。继续实施农村危房改造和地震高烈度设防地区农房抗震改造，逐步建立农村低收入人口住房安全保障长效机制。继续加强脱贫地区村级综合服务设施建设，提升为民服务能力和水平。

五、健全农村低收入人口常态化帮扶机制

（十）加强农村低收入人口监测。以现有社会保障体系为基础，对农村低保对象、农村特困人员、农村易返贫致贫人口，以及因病因灾因意外事故等刚性支出较大或收入大幅缩减导致基本生活出现严重困难人口等农村低收入人口开展动态监测。充分利用民政、扶贫、教育、人力资源社会保障、住房城乡建设、医疗保障等政府部门现有数据平台，加强数据比对和信息共享，完善基层主动发现机制。健全多部门联动的风险预警、研判和处置机制，实现对农村低收入人口风险点的早发现和早帮扶。完善农村低收入人口定期核查和动态调整机制。

（十一）分层分类实施社会救助。完善最低生活保障制度，科学认定农村低保对象，提高政策精准性。调整优化针对原建档立卡贫困户的低保“单人户”政策。完善低保家庭收入财产认定方法。健全低保标准制定和动态调整机制。加大低保标准制定省级统筹力度。鼓励有劳动能力的农村低保对象参与就业，在计算家庭收入时扣减必要的就业成本。完善农村特困人员救助供养制度，合理提高救助供养水平和服务质量。完善残疾儿童康复救助制度，提高救助服务质量。加强社会救助资源统筹，根据对象类型、困难程度等，及时有针对性地给予困难群众医疗、教育、住房、就业等专项救助，做到精准识别、应救尽救。对基本生活陷入暂时困难的群众加强临时救助，做到凡困必帮、有难必救。鼓励通过政府购买服务对社会救助家庭中生活不能自理的老年人、未成年人、残疾人等提供必要的访视、照料服务。

（十二）合理确定农村医疗保障待遇水平。坚持基本标准，统筹发挥基本医疗保险、大病保险、医疗救助三重保障制度综合梯次减负功能。完善城乡居民基本医疗保险参保个人缴费资助政策，继续全额资助农村特困人员，定额资助低保对象，过渡期内逐步调整脱贫人口资助政策。在逐步提高大病保障水平基础上，大病保险继续对低保对象、特困人员和返贫致贫人口进行倾斜支付。进一步夯实医疗救助托底保障，合理设定年度救助限额，合理控制救助对象政策范围内自付费用比例。分阶段、分对象、分类别调整脱贫攻坚期超常规保障措施。重点加大医疗救助资金投入，倾斜支持乡村振兴重点帮扶县。

（十三）完善养老保障和儿童关爱服务。完善城乡居民基本养老保险费代缴政策，地方政府结合当地实际情况，按照最低缴费档次为参加城乡居民养老保险的低保对象、特困人员、返贫致贫人口、重度残疾人等缴费困难群体代缴部分或全部保费。在提高城乡居民养老保险缴费档次时，对上述困难群体和其他已脱贫人口可保留现行最低缴费档次。强化县乡两级养老机构对失能、部分失能特困老年人口的兜底保障。加大对孤儿、事实无人抚养儿童等保障力度。加强残疾人托养照护、康复服务。

（十四）织密兜牢丧失劳动能力人口基本生活保障底线。对脱贫人口中完全丧失劳动能力或部分丧失劳动能力且无法通过产业就业获得稳定收入的人口，要按规定纳入农村低保或特困人员救助供养范围，并按困难类型及时给予专项救助、临时救助等，做到应保尽保、应兜尽兜。

六、着力提升脱贫地区整体发展水平

（十五）在西部地区脱贫县中集中支持一批乡村振兴重点帮

扶县。按照应减尽减原则，在西部地区处于边远或高海拔、自然环境相对恶劣、经济发展基础薄弱、社会事业发展相对滞后的脱贫县中，确定一批国家乡村振兴重点帮扶县，从财政、金融、土地、人才、基础设施建设、公共服务等方面给予集中支持，增强其区域发展能力。支持各地在脱贫县中自主选择一部分县作为乡村振兴重点帮扶县。支持革命老区、民族地区、边疆地区巩固脱贫攻坚成果和乡村振兴。建立跟踪监测机制，对乡村振兴重点帮扶县进行定期监测评估。

（十六）坚持和完善东西部协作和对口支援、社会力量参与帮扶机制。继续坚持并完善东西部协作机制，在保持现有结对关系基本稳定和加强现有经济联系的基础上，调整优化结对帮扶关系，将现行一对多、多对一的帮扶办法，调整为原则上一个东部地区省份帮扶一个西部地区省份的长期固定结对帮扶关系。省际间要做好帮扶关系的衔接，防止出现工作断档、力量弱化。中部地区不再实施省际间结对帮扶。优化协作帮扶方式，在继续给予资金支持、援建项目基础上，进一步加强产业合作、劳务协作、人才支援，推进产业梯度转移，鼓励东西部共建产业园区。教育、文化、医疗卫生、科技等行业对口支援原则上纳入新的东西部协作结对关系。更加注重发挥市场作用，强化以企业合作为载体的帮扶协作。继续坚持定点帮扶机制，适当予以调整优化，安排有能力的部门、单位和企业承担更多责任。军队持续推进定点帮扶工作，健全完善长效机制，巩固提升帮扶成效。继续实施“万企帮万村”行动。定期对东西部协作和定点帮扶成效进行考核评价。

七、加强脱贫攻坚与乡村振兴政策有效衔接

（十七）做好财政投入政策衔接。过渡期内在保持财政支持政策总体稳定的前提下，根据巩固拓展脱贫攻坚成果同乡村振兴有效衔接的需要和财力状况，合理安排财政投入规模，优化支出结构，调整支持重点。保留并调整优化原财政专项扶贫资金，聚焦支持脱贫地区巩固拓展脱贫攻坚成果和乡村振兴，适当向国家乡村振兴重点帮扶县倾斜，并逐步提高用于产业发展的比例。各地要用好城乡建设用地增减挂钩政策，统筹地方可支配财力，支持“十三五”易地扶贫搬迁融资资金偿还。对农村低收入人口的救助帮扶，通过现有资金支出渠道支持。过渡期前3年脱贫县继续实行涉农资金统筹整合试点政策，此后调整至国家乡村振兴重点帮扶县实施，其他地区探索建立涉农资金整合长效机制。确保以工代赈中央预算内投资落实到项目，及时足额发放劳务报酬。现有财政相关转移支付继续倾斜支持脱贫地区。对支持脱贫地区产业发展效果明显的贷款贴息、政府采购等政策，在调整优化基础上继续实施。过渡期内延续脱贫攻坚相关税收优惠政策。

（十八）做好金融服务政策衔接。继续发挥再贷款作用，现有再贷款帮扶政策在展期期间保持不变。进一步完善针对脱贫人口的小额信贷政策。对有较大贷款资金需求、符合贷款条件的对象，鼓励其申请创业担保贷款政策支持。加大对脱贫地区优势特色产业信贷和保险支持力度。鼓励各地因地制宜开发优势特色农产品保险。对脱贫地区继续实施企业上市“绿色通道”政策。探索农产品期货期权和农业保险联动。

（十九）做好土地支持政策衔接。坚持最严格耕地保护制度，强化耕地保护主体责任，严格控制非农建设占用耕地，坚决守住18亿亩耕地红线。以国土空间规划为依据，按照应保尽保原则，新增建设用地计划指标优先保障巩固拓展脱贫攻坚成果和乡村振兴用地需要，过渡期内专项安排脱贫县年度新增建设用地计划指标，专项指标不得挪用；原深度贫困地区计划指标不足的，由所在省份协调解决。过渡期内，对脱贫地区继续实施城乡建设用地增减挂钩节余指标省内交易政策；在东西部协作和对口支援框架下，对现行政策进行调整完善，继续开展增减挂钩节余指标跨省域调剂。

（二十）做好人才智力支持政策衔接。延续脱贫攻坚期间各项人才智力支持政策，建立健全引导各类人才服务乡村振兴长效机制。继续实施农村义务教育阶段教师特岗计划、中小学幼儿园教师国家级培训计划、银龄讲学计划、乡村教师生活补助政策，优先满足脱贫地区对高素质教师的补充需求。继续实施高校毕业生“三支一扶”计划，继续实施重点高校定向招生专项计划。全科医生特岗和农村订单定向医学生免费培养计划优先向中西部地区倾斜。在国家乡村振兴重点帮扶县对农业科技推广人员探索“县管乡用、下沉到村”的新机制。继续支持脱贫户“两后生”接受职业教育，并按规定给予相应资助。鼓励和引导各方面人才向国家乡村振兴重点帮扶县基层流动。

八、全面加强党的集中统一领导

（二十一）做好领导体制衔接。健全中央统筹、省负总责、市县乡抓落实的工作机制，构建责任清晰、各负其责、执行有力的乡村振兴领导体制，层层压实责任。充分发挥中央和地方各级党委农村工作领导小组作用，建立统一高效的实现巩固拓展脱贫攻坚成果同乡村振兴有效衔接的决策议事协调工作机制。

（二十二）做好工作体系衔接。脱贫攻坚任务完成后，要及时做好巩固拓展脱贫攻坚成果同全面推进乡村振兴在工作力量、组织保障、规划实施、项目建设、要素保障方面的有机结合，做到一盘棋、一体化推进。持续加强脱贫村党组织建设，选好用好管好乡村振兴带头人。对巩固拓展脱贫攻坚成果和乡村振兴任务重的村，继续选派驻村第一书记和工作队，健全常态化驻村工作机制。

（二十三）做好规划实施和项目建设衔接。将实现巩固拓展脱贫攻坚成果同乡村振兴有效衔接的重大举措纳入“十四五”规划。将脱贫地区巩固拓展脱贫攻坚成果和乡村振兴重大工程项目纳入“十四五”相关规划。科学编制“十四五”时期巩固拓展脱贫攻坚成果同乡村振兴有效衔接规划。

（二十四）做好考核机制衔接。脱贫攻坚任务完成后，脱贫地区开展乡村振兴考核时要把巩固拓展脱贫攻坚成果纳入市县党政领导班子和领导干部推进乡村振兴战略实绩考核范围。与高质量发展综合绩效评价做好衔接，科学设置考核指标，切实减轻基层负担。强化考核结果运用，将考核结果作为干部选拔任用、评先奖优、问责追责的重要参考。

决战脱贫攻坚目标任务胜利完成，我们要更加紧密地团结在以习近平同志为核心的党中央周围，乘势而上、埋头苦干，巩固拓展脱贫攻坚成果，全面推进乡村振兴，朝着全面建设社会主义现代化国家、实现第二个百年奋斗目标迈进。

中共中央办公厅　国务院办公厅 关于加强社区工作者队伍建设的意见

（2024 年 3 月 28 日）

加强社区工作者队伍建设，事关保障人民安居乐业，事关维护社会安定有序，事关巩固党的长期执政根基，对于加强基层治理体系和治理能力现代化建设具有重要意义。为加强社区工作者队伍建设，经党中央、国务院同意，现提出如下意见。

一、总体要求

加强社区工作者队伍建设，要坚持以习近平新时代中国特色社会主义思想为指导，深入贯彻党的二十大精神，全面贯彻习近平总书记关于基层治理的重要论述，坚持和加强党的全面领导，坚持为民服务，坚持专业化方向，坚持激励和约束并重，着力健全职业体系、加强能力建设、完善管理制度、强化激励保障，打造一支政治坚定、素质优良、敬业奉献、结构合理、群众满意的社区工作者队伍，为加强和完善社区治理提供坚实人才支撑。

用 5 年左右时间实现以下主要目标：社区工作者职业体系基本建立，能力建设不断强化，管理制度更加科学，激励保障机制愈加健全，关心关爱社区工作者氛围日益浓厚；社区工作者政治素质、履职能力、工作作风全面加强，队伍结构持续优化，收入待遇合理保障，职业认同感和自豪感切实增强，为民爱民、干事创业的精气神进一步提升。

二、健全职业体系

1. 明确人员范围。本意见所称社区工作者，是指在社区从事党建、治理、服务工作的全日制专职工作人员，主要包括社区党组织成员、社区居民委员会成员中的专职人员（以下简称社区“两委”专职成员）和社区专职工作人员。社区“两委”专职成员按照有关规定产生；社区专职工作人员由市地级或县级统一组织招聘，街道（乡镇）集中管理，社区统筹使用。规范相关部门（单位）多头设岗招聘行为，此前招聘的在社区工作的网格员等专职人员，符合条件的可按照公开招聘规定聘用为社区专职工作人员，县级层面统筹原招聘部门（单位）相关人员经费予以保障。

2. 严格政治把关。坚持把政治标准放在首位，吸收拥护中国共产党的领导、思想政治素质好、遵纪守法、热心为居民群众服务的人员进入社区工作者队伍。选优配强社区党组织书记，建强社区“两委”班子，做到政治过硬、敢于担当、善于治理、群众信任。建立健全社区党组织书记后备人才库，注重从优秀社区专职工作人员中培养社区“两委”专职成员后备力量。

3. 优化工作力量配置。各地按照每万城镇常住人口拥有社区工作者 18 人的标准配备，市地级或县级层面实行总量控制，定期动态调整。招聘社区专职工作人员遵循公开公平、竞争择优原则，鼓励就近就便、职住兼顾。积极吸纳高等学校毕业生、退役军人、社会工作专业人才等，持续优化社区工作者队伍结构。街道（乡镇）可根据社区规模、人口结构、工作任务等，对所辖社区配备的社区专职工作人员进行统筹调配。推动机关事业单位选派干部到社区挂职或任职，探索建立新入职公务员到社区锻炼机制。

4. 推动职业水平与岗位等级衔接联动。研究制定社区工作者国家职业标准，科学评价社区工作者能力水平。支持社区工作者参加全国社会工作者职业资格考试和评审。探索建立社区工作者能力水平与相关职业技能等级等的双向比照认定机制。着力建立健全梯次发展、等级明晰、科学合理、运行有效的社区工作者岗位等级序列。根据社区工作实际情况划分岗位类别，每类岗位依据岗位职责、社区工作年限、职业水平、学历层次等划分若干等级，岗位等级随着岗位晋升、社区工作年限增加、职业水平提高相应提升。省级或市地级层面明确岗位等级序列设置，建立省内互认机制，省内流动的，社区工作年限可累计计算。

三、加强能力建设

5. 提升政治素质。深化党的创新理论武装，组织推动社区工作者认真学习贯彻习近平新时代中国特色社会主义思想特别是习近平总书记关于基层治理的重要论述，深刻领悟“两个确立”的决定性意义，增强“四个意识”、坚定“四个自信”、做到“两个维护”。加强政治训练，强化思想政治教育，增强社区工作者辨别政治是非、保持政治定力的能力。开展政策法规教育，引导社区工作者自觉在党和国家工作大局下开展工作，推动党的路线方针政策以及党委和政府决策部署在社区落地见效。深化廉政教育，增强社区工作者纪律意识、规矩意识。

6. 提高履职本领。强化履职能力培训，注重加强群众工作、组织动员、依法办事、矛盾调解、应急处突、协调沟通、信息技术应用等方面的能力训练，提高社区工作者社区治理和服务能力。突出实战实训，灵活运用案例教学、模拟教学、现场观摩等方法，增强解决实际问题能力。持续开展“社区工作法”典型案例征集和培训资源开发工作，推动互学互促。推行“全岗通”工作机制，培养“一专多能”的社区工作全科人才。建立“导师帮带制”。探索举办全国性、区域性社区工作者职业能力大赛。

7. 增强服务居民群众意识。把服务群众、造福群众作为基层治理的出发点和落脚点，教育引导社区工作者树牢为民服务理念，在情感上亲近居民群众、行动上服务居民群众，重点增强年轻社区工作者的群众观念和群众感情。坚持和发展新时代“枫桥经验”，推动社区工作者用心用情做好矛盾纠纷化解工作，营造邻里和睦、社区和谐的良好氛围。持续改进工作作风，提振社区工作者爱岗敬业、担当作为的精气神，着力整治“躺平”行为，防止为居民群众办事敷衍了事、推诿扯皮。

8. 健全培训机制。研究制定全国社区工作者教育培训工作规划。建立健全省级以上示范培训、市地级重点培训、县级骨干培训、街道（乡镇）全员培训的分级培训制度，健全由初任培训、在职培训、专项工作培训、实践锻炼等组成的培训体系。县级党委组织部门会同党委社会工作部门每年至少对社区党组织书记、社区居民委员会主任培训1次，对其他社区工作者每3年轮训1次，注重增强教育培训的实效性，优化培训课程课时设计，避免不接地气、缺乏针对性。依托各级党校（行政学院）、高等学校、职业学校等设立社区工作者培训基地，鼓励社会力量参与社区工作者培训工作。注重利用网络平台开展线上培训，市地级以上层面建立社区工作者培训师资库和资源库。加强高等学校、职业学校社会工作相关学科专业建设，积极开发社区治理和服务相关课程，鼓励在有条件的社区设立实习实践基地，实现教学培养与实践需求有效衔接。

四、完善管理制度

9. 严格队伍管理。建立健全网格化服务管理、上门走访、结对帮扶、代办服务、首问负责等工作制度。严格落实日常考勤、请销假、请示报告制度。健全新招聘社区专职工作人员试用期筛选机制，完善社区工作者罢免、解聘等退出机制，树立能进能出、优进绌退的鲜明导向。实行社区党组织书记县级党委组织部门备案管理。完善社区工作者档案管理制度。

10. 健全考核奖惩机制。县级层面制定社区工作者年度考核指导方案，考核内容以政治素质、工作实绩和居民群众满意度为重点。强化考核结果运用，考核结果作为社区工作者调整岗位等级、续聘解聘、奖励惩戒的重要依据。建立健全奖励惩戒机制，做好容错纠错工作，激励担当作为，让想干事、能干事、干成事的社区工作者有机会有舞台。

11. 强化监督约束。开展经常性监督，完善社区工作者谈心谈话机制，坚持抓早抓小、防微杜渐，依规依纪依法查处损害居民群众利益的腐败行为。实行社区工作者职责公开和服务承诺制度。落实党务、居务、财务公开制度，发挥居务监督委员会作用，加强居民群众对社区工作者履职的监督。探索开展社区党组织书记、社区居民委员会主任经济责任审计。

五、强化激励保障

12. 落实薪酬待遇保障。市地级或县级层面根据经济发展水平和财力状况，参照当地全口径城镇单位就业人员平均工资水平，科学设定社区工作者薪酬构成和岗位等级薪酬标准，定期动态调整。除具有公务员、事业单位工作人员身份的外，原则上由街道（乡镇）与社区工作者依法签订劳动合同，按国家有关规定参加社会保险、缴存住房公积金。对参与完成重大任务、抗击自然灾害、应对突发事件的一线社区工作者，可按规定给予适当工作补助。

13. 建立激励发展机制。注重从社区工作者中发展党员、选拔人才。加大从优秀社区工作者中招录（聘）公务员、事业单位工作人员力度。每年拿出一定数量的岗位，对在社区连续工作10年以上、任社区党组织书记满一届、表现优秀的社区党组织书记，可按事业单位公开招聘规定择优聘用为事业单位工作人员，其中特别优秀的，可进一步通过择优调任、换届选举等选拔进街道（乡镇）领导班子。按规定推荐符合条件的优秀社区工作者作为各级党代表大会代表候选人、人大代表候选人、政协委员人选。对作出突出贡献的社区工作者，按照有关规定给予表彰奖励，参加评选优秀共产党员、优秀党务工作者、劳动模范、青年五四奖章、三八红旗手等。鼓励和支持优秀社区工作者到高等学校、职业学校等担任特聘导师。

14. 营造关心关爱氛围。大力宣传社区工作者先进典型，营造全社会重视、关心社区工作者的良好氛围，增强社区工作者职业认同感、归属感、荣誉感。关心社区工作者身心健康，定期组织体检，通过多种形式帮助纾压解压。注重关爱激励社区“两委”兼职成员。开展重大节日走访慰问一线社区工作者和关心关爱退休社区工作者活动。及时帮助解决社区工作者反映的困难和问题，创造良好工作条件和干事氛围。

六、加强组织领导

15. 强化组织实施。坚持和加强党对社区工作者队伍建设的领导，把社区工作者队伍建设纳入各级党委和政府加强基层治理体系和治理能力现代化建设的工作部署。各级党委要建立党委组织部门统筹协调，党委社会工作部门指导推动，政法、机构编制、教育、财政、人力资源社会保障等有关部门共同推进的工作格局，完善社区工作者队伍建设各项制度，及时研究解决重点难点问题。省级层面加强政策协调和工作指导，市地级和县级层面抓好相关标准制定和组织实施，推动社区工作者选得优、留得住、干得好。地方各级政府结合基层治理和经济发展实际，将社区工作者相关经费依法列入本级政府年度预算。

16. 开展评估指导。各级党委社会工作部门会同相关部门加强对社区工作者队伍建设重点任务进展情况的评估。建立健全社区工作者统计制度，完善相关数据库，动态掌握社区工作者队伍状况。引导社会力量参与社区工作者能力建设，协同做好社区工作者职业标准开发等工作。

17. 深化减负增效。各级党委和政府要持续深化拓展为基层减负工作，让社区工作者有更多时间、精力为居民群众服务。建立健全社区工作事项准入机制和动态调整机制，规范社区组织的工作事务、机制牌子和证明事项。不得将社区组织作为行政执法、拆迁拆违、环境整治、城市管理、安全生产等事项的责任主体，工作中需要社区协助的，社区工作者应当积极配合。统筹推进智慧社区建设和基层治理平台建设，实现基层数据信息一次采集、多方利用。加强对政务应用程序、政务公众账号、工作群组的规范化管理，纠治“指尖上的形式主义”。县级以上机关事业单位不得借调社区工作者；街道（乡镇）确需借调的，按程序报请县级党委社会工作部门批准。社区工作者要增强履职尽责、担当作为的积极性主动性，切实把减负成效转化成办实事、解难题的服务实效。

中共中央办公厅
关于向重点乡村持续选派驻村
第一书记和工作队的意见

（2021 年 5 月 1 日）

为深入贯彻落实党中央有关决策部署，总结运用打赢脱贫攻坚战选派驻村第一书记和工作队的重要经验，在全面建设社会主义现代化国家新征程中全面推进乡村振兴，巩固拓展脱贫攻坚成果，把乡村振兴作为培养锻炼干部的广阔舞台，现就向重点乡村持续选派驻村第一书记和工作队提出如下意见。

一、总体要求

以习近平新时代中国特色社会主义思想为指导，深入贯彻党的十九大和十九届二中、三中、四中、五中全会精神，适应“三农”工作新形势新任务新要求，健全常态化驻村工作机制，为全面推进乡村振兴、巩固拓展脱贫攻坚成果提供坚强组织保证和干部人才支持。

坚持有序衔接、平稳过渡，在严格落实脱贫地区“四个不摘”要求基础上，合理调整选派范围，优化驻村力量，拓展工作内容，逐步转向全面推进乡村振兴；坚持县级统筹、精准选派，按照先定村、再定人原则，由县级党委和政府摸清选派需求，统筹各级选派力量，因村派人、科学组队；坚持派强用好、严管厚爱，严格人选标准，加强管理监督，注重关心激励，确保选得优、下得去、融得进、干得好；坚持真抓实干、务求实效，推动第一书记和工作队员用心用情用力驻村干好工作，注意处理好加强外部帮扶与激发内生动力的关系，形成整体合力。

二、选派范围

对脱贫村、易地扶贫搬迁安置村（社区），继续选派第一书记和工作队，将乡村振兴重点帮扶县的脱贫村作为重点，加大选派力度。对其中巩固脱贫攻坚成果任务较轻的村，可从实际出发适当缩减选派人数。各地要选择一批乡村振兴任务重的村，选派第一书记或工作队，发挥示范带动作用。对党组织软弱涣散村，按照常态化、长效化整顿建设要求，继续全覆盖选派第一书记。对其他类型村，各地可根据实际需要作出选派安排。

三、严格人选把关

第一书记和工作队员人选的基本条件是：政治素质好，坚决贯彻执行党的理论和路线方针政策，热爱农村工作；工作能力强，敢于担当，善于做群众工作，具有开拓创新精神；事业心和责任感强，作风扎实，不怕吃苦，甘于奉献；具备正常履职的身体条件。第一书记必须是中共正式党员，具有1年以上党龄和2年以上工作经历；工作队员应优先选派中共党员。

第一书记和工作队员主要从省市县机关优秀干部、年轻干部，国有企业、事业单位优秀人员和以往因年龄原因从领导岗位上调整下来、尚未退休的干部中选派，有农村工作经验或涉农方面专业技术特长的优先。中央和国家机关各部委、人民团体、中管金融企业、国有重要骨干企业和高等学校，有定点帮扶和对口支援结对任务的，每个单位至少选派1名优秀干部到村任第一书记。

选派第一书记和工作队员，按照个人报名和组织推荐相结合的办法，由派出单位组织人事部门提出人选，同级党委组织部门会同农办、农业农村部门及乡村振兴部门进行备案，派出单位党委（党组）研究确定。各地区各部门各单位党委（党组）及组织部门、农办、农业农村部门及乡村振兴部门，要严把人选政治关、品行关、能力关、作风关、廉洁关，充分考虑年龄、专业、经历等因素，确保选优派强。县级党委和政府要根据不同类型村的需要，对人选进行科学搭配、优化组合，发挥选派力量的最大效能。

四、主要职责任务

根据全面推进乡村振兴、巩固拓展脱贫攻坚成果任务需要，第一书记和工作队主要做好以下工作。

（一）建强村党组织。重点围绕增强政治功能、提升组织力，推动村干部、党员深入学习和忠实践行习近平新时代中国特色社会主义思想，学习贯彻党章党规党纪和党的路线方针政策；推动加强村“两委”班子建设、促进担当作为，帮助培育后备力量，发展年轻党员，吸引各类人才；推动加强党支部标准化规范化建设，严格党的组织生活，加强党员教育管理监督，充分发挥党组织和党员作用。

（二）推进强村富民。重点围绕加快农业农村现代化、扎实推进共同富裕，推动巩固拓展脱贫攻坚成果，做好常态化监测和精准帮扶；推动加快发展乡村产业，发展壮大新型农村集体经济，促进农民增收致富；推动农村精神文明建设、生态文明建设、深化农村改革、乡村建设行动等重大任务落地见效，促进农业农村高质量发展。

（三）提升治理水平。重点围绕推进乡村治理体系和治理能力现代化、提升乡村善治水平，推动健全党组织领导的自治、法治、德治相结合的乡村治理体系，加强村党组织对村各类组织和各项工作的全面领导，形成治理合力；推动规范村务运行，完善村民自治、村级议事决策、民主管理监督、民主协商等制度机制；推动化解各类矛盾问题，实行网格化管理和精细化服务，促进农村社会和谐稳定。

（四）为民办事服务。重点围绕保障和改善农村民生、密切党群干群关系，推动落实党的惠民政策，经常联系走访群众，参与便民利民服务，帮助群众解决“急难愁盼”问题；推动加强对困难人群的关爱服务，经常嘘寒问暖，协调做好帮扶工作；推动各类资源向基层下沉、以党组织为主渠道落实，不断增强人民群众获得感、幸福感、安全感。

第一书记和工作队要从派驻村实际出发，抓住主要矛盾，细化任务清单，认真抓好落实。找准职责定位，充分发挥支持和帮助作用，与村“两委”共同做好各项工作，切实做到遇事共商、问题共解、责任共担，特别是面对矛盾问题不回避、不退缩，主动上前、担当作为，同时注意调动村“两委”的积极性、主动性、创造性，做到帮办不代替、到位不越位。

五、加强管理考核

第一书记和工作队员任期一般不少于2年，到期轮换、压茬交接。同步选派第一书记和工作队的村，队长由第一书记兼任，队员一般不少于2人，任务重的可适当增加人数。

驻村期间，第一书记和工作队员原人事关系、工资和福利待遇不变，不承担派出单位工作；党员组织关系转到村，不占村干部职数，一般不参加村级组织换届选举。由县级党委组织部门、农办、农业农村部门及乡村振兴部门和乡镇（街道）党（工）委进行日常管理，严格落实考勤、请销假、工作报告、纪律约束等制度。派出单位加强跟踪管理，每半年听取1次第一书记和工作队员汇报。

驻村工作半年以上的，由所在县党委组织部门、农办、农业农村部门及乡村振兴部门会同乡镇（街道）党（工）委进行年度考核，以适当方式听取派出单位意见，考核结果反馈派出单位；期满考核由派出单位会同所在县党委组织部门、农办、农业农村部门及乡村振兴部门和乡镇（街道）党（工）委进行。考核过程中深入听取村干部、党员、群众意见，全面了解现实表现情况。考核结果作为评先评优、提拔使用、晋升职级、评定职称的重要依据。

六、强化组织保障

各地区各部门各单位党委（党组）要高度重视向重点乡村

持续选派驻村第一书记和工作队工作，将其作为抓党建促乡村振兴的重要举措，加强组织领导，推动落地见效。县级党委和政府要强化责任担当，精心组织实施，做到定村精准、派人精准、工作精准。各级党委组织部门、农办、农业农村部门及乡村振兴部门具体牵头协调，加强工作指导。其他涉农部门密切配合，结合自身职能加强业务指导，做好有关工作。派出单位与第一书记和工作队所在村实行责任捆绑，党委（党组）负责同志每年到村调研指导、推进工作。把选派工作纳入乡村振兴实绩考核、党委（党组）书记抓基层党建工作述职评议考核的内容。

强化保障支持，加强关心关爱。派出单位可参照差旅费中伙食补助费标准给予生活补助，安排通信补贴，派往艰苦边远地区的，还可参照所在地区同类同级人员的地区性津贴标准给予相应补助。每年安排定期体检，办理任职期间人身意外伤害保险，按规定报销医疗费。所在县乡提供必要工作和生活条件。保证必要工作经费，具体由地方财政统筹安排。分级负责开展培训，第一书记和工作队员原则上任期内至少参加1次县级以上培训。县级党委组织部门、农办、农业农村部门及乡村振兴部门和乡镇（街道）党（工）委要经常与第一书记和工作队员谈心谈话，派出单位要加强联系，了解思想动态，促进安心工作，激励担当作为。

以真抓实干、求真务实的作风做好选派工作，力戒形式主义、官僚主义，切实减轻基层负担。推动干部在乡村振兴一线岗位锻炼成长，接地气、转作风、增感情。通过驻村工作考察识别干部，对干出成绩、群众认可的优先重用，对工作不认真不负责的进行批评教育，对不胜任或造成不良后果的及时调整处理，树立鲜明导向。党委组织部门、农办、农业农村部门及乡村振兴部门要加强调研督促，及时发现和解决有关问题。注意总结工作中好经验好做法，宣传表彰第一书记和工作队员先进典型，营造担当作为、干事创业良好氛围。

中共中央办公厅　国务院办公厅
关于加快推进乡村人才振兴的意见

（新华社 2021 年 2 月 23 日）

乡村振兴，关键在人。为深入贯彻落实习近平总书记关于推动乡村人才振兴的重要指示精神，落实党中央、国务院有关决策部署，促进各类人才投身乡村建设，现就加快推进乡村人才振兴提出如下意见。

一、总体要求

（一）指导思想。以习近平新时代中国特色社会主义思想为指导，全面贯彻党的十九大和十九届二中、三中、四中、五中全会精神，坚持和加强党对乡村人才工作的全面领导，坚持农业农村优先发展，坚持把乡村人力资本开发放在首要位置，大力培养本土人才，引导城市人才下乡，推动专业人才服务乡村，吸引各类人才在乡村振兴中建功立业，健全乡村人才工作体制机制，强化人才振兴保障措施，培养造就一支懂农业、爱农村、爱农民的“三农”工作队伍，为全面推进乡村振兴、加快农业农村现代化提供有力人才支撑。

（二）目标任务。到 2025 年，乡村人才振兴制度框架和政策体系基本形成，乡村振兴各领域人才规模不断壮大、素质稳步提升、结构持续优化，各类人才支持服务乡村格局基本形成，乡村人才初步满足实施乡村振兴战略基本需要。

（三）工作原则

——坚持加强党对乡村人才工作的全面领导。贯彻党管人才原则，将乡村人才振兴纳入党委人才工作总体部署，引导各类人才向农村基层一线流动，打造一支能够担当乡村振兴使命的人才队伍。

——坚持全面培养、分类施策。围绕全面推进乡村振兴需要，全方位培养各类人才，扩大总量、提高质量、优化结构。尊重乡村发展规律和人才成长规律，针对不同地区、不同类型人才，实施差别化政策措施。

——坚持多元主体、分工配合。推动政府、培训机构、企业等发挥各自优势，共同参与乡村人才培养，解决制约乡村人才振兴的问题，形成工作合力。

——坚持广招英才、高效用才。坚持培养与引进相结合、引才与引智相结合，拓宽乡村人才来源，聚天下英才而用之。用好用活人才，为人才干事创业和实现价值提供机会条件，最大限度激发人才内在活力。

——坚持完善机制、强化保障。深化乡村人才培养、引进、管理、使用、流动、激励等制度改革，完善人才服务乡村激励机制，让农村的机会吸引人，让农村的环境留住人。

二、加快培养农业生产经营人才

（四）培养高素质农民队伍。深入实施现代农民培育计划，重点面向从事适度规模经营的农民，分层分类开展全产业链培训，加强训后技术指导和跟踪服务，支持创办领办新型农业经营主体。充分利用现有网络教育资源，加强农民在线教育培训。实施农村实用人才培养计划，加强培训基地建设，培养造就一批能够引领一方、带动一片的农村实用人才带头人。

（五）突出抓好家庭农场经营者、农民合作社带头人培育。深入推进家庭农场经营者培养，完善项目支持、生产指导、质量管理、对接市场等服务。建立农民合作社带头人人才库，加强对农民合作社骨干的培训。鼓励农民工、高校毕业生、退役军人、科技人员、农村实用人才等创办领办家庭农场、农民合作社。鼓励有条件的地方支持农民合作社聘请农业经理人。鼓励家庭农场经营者、农民合作社带头人参加职称评审、技能等级认定。

三、加快培养农村二三产业发展人才

（六）培育农村创业创新带头人。深入实施农村创业创新带头人培育行动，不断改善农村创业创新生态，稳妥引导金融机构开发农村创业创新金融产品和服务方式，加快建设农村创业创新孵化实训基地，组建农村创业创新导师队伍。壮大新一代乡村企业家队伍，通过专题培训、实践锻炼、学习交流等方式，完善乡村企业家培训体系，完善涉农企业人才激励机制，加强对乡村企业家合法权益的保护。

（七）加强农村电商人才培育。提升电子商务进农村效果，开展电商专家下乡活动。依托全国电子商务公共服务平台，加快建立农村电商人才培养载体及师资、标准、认证体系，开展线上线下相结合的多层次人才培训。

（八）培育乡村工匠。挖掘培养乡村手工业者、传统艺人，通过设立名师工作室、大师传习所等，传承发展传统技艺。鼓励高等学校、职业院校开展传统技艺传承人教育。在传统技艺人才聚集地设立工作站，开展研习培训、示范引导、品牌培育。支持鼓励传统技艺人才创办特色企业，带动发展乡村特色手工业。

（九）打造农民工劳务输出品牌。实施劳务输出品牌计划，围绕地方特色劳务群体，建立技能培训体系和评价体系，完善创业扶持、品牌培育政策，通过完善行业标准、建设专家工作室、邀请专家授课、举办技能比赛等途径，普遍提升从业者职业技能，提高劳务输出的组织化、专业化、标准化水平，培育一批叫得响的农民工劳务输出品牌。

四、加快培养乡村公共服务人才

（十）加强乡村教师队伍建设。落实城乡统一的中小学教职工编制标准。继续实施革命老区、民族地区、边疆地区人才支持计划、教师专项计划和银龄讲学计划。加大乡村骨干教师培养力度，精准培养本土化优秀教师。改革完善“国培计划”，深入推进“互联网+义务教育”，健全乡村教师发展体系。对长期在乡村学校任教的教师，职称评审可按规定“定向评价、定向使用”，高级岗位实行总量控制、比例单列，可不受所在学校岗位结构比例限制。落实好乡村教师生活补助政策，加强乡村学校教师周转宿舍建设，按规定将符合条件的乡村教师纳入当地住房保障范围。

（十一）加强乡村卫生健康人才队伍建设。按照服务人口1‰左右的比例，以县为单位每5年动态调整乡镇卫生院人员编制总量，允许编制在县域内统筹使用，用好用足空余编制。推进乡村基层医疗卫生机构公开招聘，艰苦边远地区县级及基层医疗卫生机构可根据情况适当放宽学历、年龄等招聘条件，对急需紧缺卫生健康专业人才可以采取面试、直接考察等方式公开招聘。乡镇卫生院应至少配备1名公共卫生医师。深入实施全科医生特岗计划、农村订单定向医学生免费培养和助理全科医生培训，支持城市二级及以上医院在职或退休医师到乡村基层医疗卫生机构多点执业，开办乡村诊所，充实乡村卫生健康人才队伍。完善乡村基层卫生健康人才激励机制，落实职称晋升和倾斜政策，优化乡镇医疗卫生机构岗位设置，按照政策合理核定乡村基层医疗卫生机构绩效工资总量和水平。优化乡村基层卫生健康人才能力提升培训项目，加强在岗培训和继续教育。落实乡村医生各项补助，逐步提高乡村医生收入待遇，做好乡村医生参加基本养老保险工作，深入推进乡村全科执业助理医师资格考试，推动乡村医生向执业（助理）医师转化，引导医学专业高校毕业生免试申请乡村医生执业注册。鼓励免费定向培养一批源于本乡本土的大学生乡村医生，多途径培养培训乡村卫生健康工作队伍，改善乡村卫生服务和治理水平。

（十二）加强乡村文化旅游体育人才队伍建设。推动文化旅游体育人才下乡服务，重点向革命老区、民族地区、边疆地区倾斜。完善文化和旅游、广播电视、网络视听等专业人才扶持政策，培养一批乡村文艺社团、创作团队、文化志愿者、非遗传承人和乡村旅游示范者。鼓励运动员、教练员、体育专业师生、体育科研人员参与乡村体育指导志愿服务。

（十三）加强乡村规划建设人才队伍建设。支持熟悉乡村的首席规划师、乡村规划师、建筑师、设计师及团队参与村庄规划设计、特色景观制作、人文风貌引导，提高设计建设水平，塑造乡村特色风貌。统筹推进城乡基础设施建设管护人才互通共享，搭建服务平台，畅通交流机制。实施乡村本土建设人才培育工程，加强乡村建设工匠培训和管理，培育修路工、水利员、改厕专家、农村住房建设辅导员等专业人员，提升农村环境治理、基础设施及农村住房建设管护水平。

五、加快培养乡村治理人才

（十四）加强乡镇党政人才队伍建设。选优配强乡镇领导班子特别是乡镇党委书记，健全从乡镇事业人员、优秀村党组织书记、到村任职过的选调生、驻村第一书记、驻村工作队员中选拔乡镇领导干部常态化机制。实行乡镇编制专编专用，明确乡镇新录用公务员在乡镇最低服务年限，规范从乡镇借调工作人员。落实乡镇工作补贴和艰苦边远地区津贴政策，确保乡镇机关工作人员收入高于县直机关同职级人员。落实艰苦边远地区乡镇公务员考录政策，适当降低门槛和开考比例，允许县乡两级拿出一定数量的职位面向高校毕业生、退役军人等具有本地户籍或在本地长期生活工作的人员招考。

（十五）推动村党组织带头人队伍整体优化提升。坚持把政治标准放在首位，选拔思想政治素质好、道德品行好、带富能力强、协调能力强，公道正派、廉洁自律，热心为群众服务的党员担任村党组织书记。注重从本村致富能手、外出务工经商返乡人员、本乡本土大学毕业生、退役军人中的党员里培养选拔村党组织书记。对本村暂时没有党组织书记合适人选的，可从上级机关、企事业单位优秀党员干部中选派，有条件的地方也可以探索跨村任职。全面落实村党组织书记县级党委组织部门备案管理制度和村“两委”成员资格联审机制，实行村“两委”成员近亲属回避，净化、优化村干部队伍。加大从优秀村党组织书记中考录乡镇公务员、招聘乡镇事业编制人员力度。县级党委每年至少对村党组织书记培训1次，支持村干部和农民参加学历教育。坚持和完善向重点乡村选派驻村第一书记和工作队制度。

（十六）实施“一村一名大学生”培育计划。鼓励各地遴选一批高等职业学校，按照有关规定，根据乡村振兴需求开设涉农专业，支持村干部、新型农业经营主体带头人、退役军人、返乡创业农民工等，采取在校学习、弹性学制、农学交替、送教下乡等方式，就地就近接受职业高等教育，培养一批在乡大学生、乡村治理人才。进一步加强选调生到村任职、履行大学生村官有关职责、按照大学生村官管理工作，落实选调生一般应占本年度公务员考录计划10%左右的规模要求。鼓励各地多渠道招录大学毕业生到村工作。扩大高校毕业生“三支一扶”计划招募规模。

（十七）加强农村社会工作人才队伍建设。加快推动乡镇社会工作服务站建设，加大政府购买服务力度，吸引社会工作人才提供专业服务，大力培育社会工作服务类社会组织。加大本土社会工作专业人才培养力度，鼓励村干部、年轻党员等参加社会工作职业资格评价和各类教育培训。持续实施革命老区、民族地区、边疆地区社会工作专业人才支持计划。加强乡村儿童关爱服务人才队伍建设。通过项目奖补、税收减免等方式引导高校毕业生、退役军人、返乡入乡人员参与社区服务。

（十八）加强农村经营管理人才队伍建设。依法依规划分农村经营管理的行政职责和事业职责，建立健全职责目录清单。采取招录、调剂、聘用等方式，通过安排专兼职人员等途径，充实农村经营管理队伍，确保事有人干、责有人负。加强业务培训，力争3年内轮训一遍。加强农村土地承包经营纠纷调解仲裁人才队伍建设，鼓励各地探索建立仲裁员等级评价制度。将农村合作组织管理专业纳入农业技术人员职称评审范围，完善评价标准。加强农村集体经济组织人才培养，完善激励机制。

（十九）加强农村法律人才队伍建设。加强农业综合行政执法人才队伍建设，加大执法人员培训力度，完善工资待遇和职业保障政策，培养通专结合、一专多能执法人才。推动公共法律服务力量下沉，通过招录、聘用、政府购买服务、发展志愿者队伍等方式，充实乡镇司法所公共法律服务人才队伍，加强乡村法律服务人才培训。以村干部、村妇联执委、人民调解员、网格员、村民小组长、退役军人等为重点，加快培育“法律明白人”。培育农村学法用法示范户，构建农业综合行政执法人员与农村学法用法示范户的密切联结机制。提高乡村人民调解员队伍专业化水平，有序推进在农村“五老”人员中选聘人民调解员。完善和落实“一村一法律顾问”制度。

六、加快培养农业农村科技人才

（二十）培养农业农村高科技领军人才。国家重大人才工程、人才专项优先支持农业农村领域，推进农业农村科研杰出人才培养，鼓励各地实施农业农村领域“引才计划”，加快培育一批高科技领军人才和团队。加强优秀青年后备人才培养，突出服务基层导向。支持高科技领军人才按照有关政策在国家农业高新技术产业示范区、农业科技园区等落户。

（二十一）培养农业农村科技创新人才。依托现代农业产业技术体系、农业科技创新联盟、现代农业产业科技创新中心等平台，发现人才、培育人才、凝聚人才。加强农业企业科技人才培养。健全农业农村科研立项、成果评价、成果转化机制，完善科技人员兼职兼薪、分享股权期权、领办创办企业、成果权益分配等激励办法。

（二十二）培养农业农村科技推广人才。推进农技推广体系改革创新，完善公益性和经营性农技推广融合发展机制，允许提供增值服务合理取酬。全面实施农技推广服务特聘计划。深化农技人员职称制度改革，突出业绩水平和实际贡献，向服务基层一线人才倾斜，实行农业农村科技推广人才差异化分类考核。实施基层农技人员素质提升工程，重点培训年轻骨干农技人员。建立健全农产品质量安全协管员、信息员队伍。鼓励地方对“土专家”、“田秀才”、“乡创客”发放补贴。开展“寻找最美农技员”活动。引导科研院所、高等学校开展专家服务基层活动，推广“科技小院”等培养模式，派驻研究生深入农村开展实用技术研究和推广服务工作。

（二十三）发展壮大科技特派员队伍。坚持政府选派、市场选择、志愿参加原则，完善科技特派员工作机制，拓宽科技特派员来源渠道，逐步实现各级科技特派员科技服务和创业带动全覆盖。完善优化科技特派员扶持激励政策，持续加大对科技特派员工作支持力度，推广利益共同体模式，支持科技特派员领办创办协办农民合作社、专业技术协会和农业企业。

七、充分发挥各类主体在乡村人才培养中的作用

（二十四）完善高等教育人才培养体系。全面加强涉农高校耕读教育，将耕读教育相关课程作为涉农专业学生必修课。深入实施卓越农林人才教育培养计划 2.0，加快培养拔尖创新型、复合应用型、实用技能型农林人才。用生物技术、信息技术等现代科学技术改造提升现有涉农专业，建设一批新兴涉农专业。引导综合性高校拓宽农业传统学科专业边界，增设涉农学科专业。加强乡村振兴发展研究院建设，加大涉农专业招生支持力度。加强农林高校网络培训教育资源共享，打造实用精品培训课程体系。

（二十五）加快发展面向农村的职业教育。加强农村职业院校基础能力建设，优先支持高水平农业高职院校开展本科层次职

业教育，采取校企合作、政府划拨、整合资源等方式建设一批实习实训基地。支持职业院校加强涉农专业建设、开发技术研发平台、开设特色工艺班，培养基层急需的专业技术人才。采取学制教育和专业培训相结合的模式对农村“两后生”进行技能培训。鼓励退役军人、下岗职工、农民工、高素质农民、留守妇女等报考高职院校，可适当降低文化素质测试录取分数线。

（二十六）依托各级党校（行政学院）培养基层党组织干部队伍。发挥好党校（行政学院）、干部学院主渠道、主阵地作用，分类分级开展“三农”干部培训。以县级党校（行政学校）为主体，加强对村干部、驻村第一书记、基层团组织书记等乡村干部队伍的培训。采取线上线下相结合等模式，将党校（行政学院）、干部学院的教育资源延伸覆盖至村和社区。

（二十七）充分发挥农业广播电视学校等培训机构作用。支持职业院校、农业广播电视学校、农村成人文化技术培训学校（机构）、农技推广机构、农业科研院所等，加强对高素质农民、能工巧匠等本土人才培养。探索建立农民学分银行，推动农民培训与职业教育有效衔接。建立政府引导、多元参与的投入机制，将农民教育培训经费按规定列入各级预算，吸引社会资本投入。

（二十八）支持企业参与乡村人才培养。引导农业企业依托原料基地、产业园区等建设实训基地，推动和培训农民应用新技术。鼓励农业企业依托信息、科技、品牌、资金等优势，带动农民创办家庭农场、农民合作社，打造乡村人才孵化基地。支持农业企业联合科研院所、高等学校建设产学研用协同创新基地，培育科技创新人才。

八、建立健全乡村人才振兴体制机制

（二十九）健全农村工作干部培养锻炼制度。完善县级以上机关年轻干部在农村基层培养锻炼机制，有计划地选派县级以上机关有发展潜力的年轻干部到乡镇任职、挂职，多渠道选派优秀干部到农村干事创业。

（三十）完善乡村人才培养制度。加大公费师范生培养力度，实行定向培养，明确基层服务年限，推动特岗计划与公费师范生培养相结合。推动职业院校（含技工院校）建设涉农专业或开设特色工艺班，与基层行政事业单位、用工企业精准对接，定向培养乡村人才。支持中央和国家机关有关部门、地方政府、高等学校、职业院校加强合作，按规定为艰苦地区和基层一线“订单式”培养专业人才。

（三十一）建立各类人才定期服务乡村制度。建立城市医生、教师、科技、文化等人才定期服务乡村制度，支持和鼓励符合条件的事业单位科研人员按照国家有关规定到乡村和涉农企业创新创业，充分保障其在职称评审、工资福利、社会保障等方面的权益。鼓励地方整合各领域外部人才成立乡村振兴顾问团，支持引导退休专家和干部服务乡村振兴。落实中小学教师晋升高级职称原则上要有 1 年以上农村基层工作服务经历要求。国家建立医疗卫生人员定期到基层和艰苦边远地区从事医疗卫生工作制度。执业医师晋升为副高级技术职称的，应当有累计 1 年以上在县级以下或者对口支援的医疗卫生机构提供医疗卫生服务的经历。支持专业技术人才通过项目合作、短期工作、专家服务、兼职等多种形式到基层开展服务活动，在基层时间累计超过半年的视为基层工作经历，作为职称评审、岗位聘用的重要参考。对县乡事业单位专业性强的岗位聘用的高层次人才，可采取协议工资、项目工资、年薪制等灵活多样的分配方式，合理确定薪酬待遇。鼓励地方通过建设人才公寓、发放住房补助，允许返乡入乡人员子女在就业创业地接受学前教育、义务教育，解决好返乡入乡人员的居住和子女入学问题。完善社保关系转移接续机制，为返乡入乡人员及其家属按规定参加城镇职工基本养老保险、基本医疗保险提供便捷服务。

（三十二）健全鼓励人才向艰苦地区和基层一线流动激励制度。适当放宽在基层一线工作的专业技术人才职称评审条件。对长期在基层一线和艰苦边远地区工作的，加大爱岗敬业表现、实际工作业绩及工作年限等评价权重，落实完善工资待遇倾斜政策，激励人才扎根一线建功立业。推广医疗、教育人才“组团式”援疆援藏经验做法，逐步将人才“组团式”帮扶拓展到其他艰苦地区和更多领域。

（三十三）建立县域专业人才统筹使用制度。积极开展统筹使用基层各类编制资源试点，探索赋予乡镇更加灵活的用人自主权，鼓励从上往下跨层级调剂行政事业编制，推动资源服务管理向基层倾斜。推进义务教育阶段教师“县管校聘”，推广城乡学校共同体、乡村中心校模式。加强县域卫生人才一体化配备和管理，在区域卫生编制总量内统一配备各类卫生人才，强化多劳多得、优绩优酬，鼓励实行“县聘乡用”和“乡聘村用”。

（三十四）完善乡村高技能人才职业技能等级制度。组织农民参加职业技能鉴定、职业技能等级认定、职业技能竞赛等多种技能评价。探索“以赛代评”、“以项目代评”，符合条件可直接认定相应技能等级。按照有关规定对有突出贡献人才破格评定相应技能等级。

（三十五）建立健全乡村人才分级分类评价体系。坚持“把论文写在大地上”，完善农业农村领域高级职称评审申报条件，探索推行技术标准、专题报告、发展规划、技术方案、试验报告等视同发表论文的评审方式。对乡村发展急需紧缺人才，可以设置特设岗位，不受常设岗位总量、职称最高等级和结构比例限制。

（三十六）提高乡村人才服务保障能力。完善乡村人才认定标准，做好乡村人才分类统计，加强乡村人才工作信息化建设，建立健全县乡村三级乡村人才管理网络。加强人才管理服务工作，大力发展乡村人才服务业，引导市场主体为乡村人才提供中介、信息等服务。

九、保障措施

（三十七）加强组织领导。各级党委要将乡村人才振兴作为实施乡村振兴战略的重要任务，建立党委统一领导、组织部门指导、党委农村工作部门统筹协调、相关部门分工负责的乡村人才振兴工作联席会议制度。把乡村人才振兴纳入人才工作目标责任制考核和乡村振兴实绩考核。加强农村工作干部队伍的培养、配备、管理、使用，将干部培养向乡村振兴一线倾斜，选优配强涉农部门领导班子和市县分管乡村振兴的领导干部，注重提拔使用政治过硬、实绩突出的农村工作干部。

（三十八）强化政策保障。加强乡村人才振兴投入保障，支持涉农企业加大乡村人力资本开发投入。农村集体经营性建设用地和复垦腾退建设用地指标注重支持各类乡村人才发展新产业新业态。推进农村金融产品和服务创新，鼓励证券、保险、担保、基金等金融机构服务乡村振兴，引导工商资本投资乡村事业，带动人才回流乡村。

（三十九）搭建乡村引才聚才平台。加强现代农业产业园、农业科技园区、农村创业创新园区等平台建设，支持入园企业、科研院所等建设科研创新平台，完善科技成果转化、人才奖补等政策，引进高层次人才和急需紧缺专业人才。加强人才驿站、人才服务站、专家服务基地、青年之家、妇女之家等人才服务平台建设，为乡村人才提供政策咨询、职称申报、项目申报、融资对接等服务。

（四十）制定乡村人才专项规划。对标实施乡村振兴战略需要，评估乡村人才供求总量和结构，细分乡村人才供求缺口，探索建立乡村人才信息库和需求目录。在摸清乡村人才现状基础上，制定乡村人才振兴规划，明确乡村人才振兴的总体要求、重点任务、政策措施，推动“三农”工作人才队伍建设制度化、规范化、常态化。

（四十一）营造良好环境。完善扶持乡村产业发展的政策体系，建好农村基础设施和公共服务设施，改善农村发展条件，提高农村生活便利化水平，吸引城乡人才留在农村。通过优秀人才评选、创新创业比赛、职业技能大赛等途径，每年选树一批乡村人才先进典型，按照规定给予表彰和政策扶持，引导乡村人才增强力争上游、务农光荣的思想观念。

中央农村工作领导小组办公室 农业农村部　国家发展改革委 财政部　自然资源部　商务部 人民银行　市场监管总局　银保监会 全国供销合作总社　国家林草局 关于实施家庭农场培育计划的 指导意见

（2019 年 8 月 27 日）

各省、自治区、直辖市人民政府，国务院各部委、各直属机构：

家庭农场以家庭成员为主要劳动力，以家庭为基本经营单元，从事农业规模化、标准化、集约化生产经营，是现代农业的主要经营方式。党的十八大以来，各地区各部门按照党中央、国务院决策部署，积极引导扶持农林牧渔等各类家庭农场发展，取得了初步成效，但家庭农场仍处于起步发展阶段，发展质量不高、带动能力不强，还面临政策体系不健全、管理制度不规范、服务体系不完善等问题。为贯彻落实习近平总书记重要指示精神，加快培育发展家庭农场，发挥好其在乡村振兴中的重要作用，经国务院同意，现就实施家庭农场培育计划提出以下意见。

一、总体要求

（一）指导思想。以习近平新时代中国特色社会主义思想为指导，全面贯彻党的十九大和十九届二中、三中全会精神，紧紧围绕统筹推进“五位一体”总体布局和协调推进“四个全面”战略布局，落实新发展理念，坚持高质量发展，以开展家庭农场示范创建为抓手，以建立健全指导服务机制为支撑，以完善政策支持体系为保障，实施家庭农场培育计划，按照“发展一批、规范一批、提升一批、推介一批”的思路，加快培育出一大批规模适度、生产集约、管理先进、效益明显的家庭农场，为促进乡村全面振兴、实现农业农村现代化夯实基础。

（二）基本原则。

坚持农户主体。坚持家庭经营在农村基本经营制度中的基础性地位，鼓励有长期稳定务农意愿的农户适度扩大经营规模，发展多种类型的家庭农场，开展多种形式合作与联合。

坚持规模适度。引导家庭农场根据产业特点和自身经营管理能力，实现最佳规模效益，防止片面追求土地等生产资料过度集中，防止“垒大户”。

坚持市场导向。遵循家庭农场发展规律，充分发挥市场在推动家庭农场发展中的决定性作用，加强政府对家庭农场的引导和支持。

坚持因地制宜。鼓励各地立足实际，确定发展重点，创新家庭农场发展思路，务求实效，不搞一刀切，不搞强迫命令。

坚持示范引领。发挥典型示范作用，以点带面，以示范促发展，总结推广不同类型家庭农场的示范典型，提升家庭农场发展质量。

（三）发展目标。到 2020 年，支持家庭农场发展的政策体系基本建立，管理制度更加健全，指导服务机制逐步完善，家庭农场数量稳步提升，经营管理更加规范，经营产业更加多元，发展模式更加多样。到 2022 年，支持家庭农场发展的政策体系和管理制度进一步完善，家庭农场生产经营能力和带动能力得到巩固提升。

二、完善登记和名录管理制度

（四）合理确定经营规模。各地要以县（市、区）为单位，综合考虑当地资源条件、行业特征、农产品品种特点等，引导本地区家庭农场适度规模经营，取得最佳规模效益。把符合条件的种养大户、专业大户纳入家庭农场范围。

（五）优化登记注册服务。市场监管部门要加强指导，提供优质高效的登记注册服务，按照自愿原则依法开展家庭农场登记。建立市场监管部门与农业农村部门家庭农场数据信息共享机制。

（六）健全家庭农场名录系统。完善家庭农场名录信息，把农林牧渔等各类家庭农场纳入名录并动态更新，逐步规范数据采集、示范评定、运行分析等工作，为指导家庭农场发展提供支持和服务。

三、强化示范创建引领

（七）加强示范家庭农场创建。各地要按照“自愿申报、择优推荐、逐级审核、动态管理”的原则，健全工作机制，开展示范家庭农场创建，引导其在发展适度规模经营、应用先进技术、实施标准化生产、纵向延伸农业产业链价值链以及带动小农户发展等方面发挥示范作用。

（八）开展家庭农场示范县创建。依托乡村振兴示范县、农业绿色发展先行区、现代农业示范区等，支持有条件的地方开展家庭农场示范县创建，探索系统推进家庭农场发展的政策体系和工作机制，促进家庭农场培育工作整县推进，整体提升家庭农场发展水平。

（九）强化典型引领带动。及时总结推广各地培育家庭农场的好经验好模式，按照可学习、易推广、能复制的要求，树立一批家庭农场发展范例。鼓励各地结合实际发展种养结合、生态循环、机农一体、产业融合等多种模式和农林牧渔等多种类型的家庭农场。按照国家有关规定，对为家庭农场发展作出突出贡献的单位、个人进行表彰。

（十）鼓励各类人才创办家庭农场。总结各地经验，鼓励乡村本土能人、有返乡创业意愿和回报家乡愿望的外出农民工、优秀农村生源大中专毕业生以及科技人员等人才创办家庭农场。实施青年农场主培养计划，对青年农场主进行重点培养和创业支持。

（十一）积极引导家庭农场发展合作经营。积极引导家庭农场领办或加入农民合作社，开展统一生产经营。探索推广家庭农场与龙头企业、社会化服务组织的合作方式，创新利益联结机制。鼓励组建家庭农场协会或联盟。

四、建立健全政策支持体系

（十二）依法保障家庭农场土地经营权。健全土地经营权流转服务体系，鼓励土地经营权有序向家庭农场流转。推广使用统一土地流转合同示范文本。健全县乡两级土地流转服务平台，做好政策咨询、信息发布、价格评估、合同签订等服务工作。健全纠纷调解仲裁体系，有效化解土地流转纠纷。依法保护土地流转双方权利，引导土地流转双方合理确定租金水平，稳定土地流转关系，有效防范家庭农场租地风险。家庭农场通过流转取得的土地经营权，经承包方书面同意并向发包方备案，可以向金融机构融资担保。

（十三）加强基础设施建设。鼓励家庭农场参与粮食生产功能区、重要农产品生产保护区、特色农产品优势区和现代农业产业园建设。支持家庭农场开展农产品产地初加工、精深加工、主食加工和综合利用加工，自建或与其他农业经营主体共建集中育秧、仓储、烘干、晾晒以及保鲜库、冷链运输、农机库棚、畜禽养殖等农业设施，开展田头市场建设。支持家庭农场参与高标准农田建设，促进集中连片经营。

（十四）健全面向家庭农场的社会化服务。公益性服务机构要把家庭农场作为重点，提供技术推广、质量检测检验、疫病防控等公益性服务。鼓励农业科研人员、农技推广人员通过技术培训、定向帮扶等方式，为家庭农场提供先进适用技术。支持各类社会化服务组织为家庭农场提供耕种防收等生产性服务。鼓励和支持供销合作社发挥自身组织优势，通过多种形式服务家庭农场。探索发展农业专业化人力资源中介服务组织，解决家庭农场临时性用工需求。

（十五）健全家庭农场经营者培训制度。国家和省级农业农村部门要编制培训规划，县级农业农村部门要制定培训计划，使家庭农场经营者至少每三年轮训一次。在农村实用人才带头人等相关涉农培训中加大对家庭农场经营者培训力度。支持各地依托涉农院校和科研院所、农业产业化龙头企业、各类农业科技和产业园区等，采取田间学校等形式开展培训。

（十六）强化用地保障。利用规划和标准引导家庭农场发展设施农业。鼓励各地通过多种方式加大对家庭农场建设仓储、晾晒场、保鲜库、农机库棚等设施用地支持。坚决查处违法违规在耕地上进行非农建设的行为。

（十七）完善和落实财政税收政策。鼓励有条件的地方通过现有渠道安排资金，采取以奖代补等方式，积极扶持家庭农场发展，扩大家庭农场受益面。支持符合条件的家庭农场作为项目申报和实施主体参与涉农项目建设。支持家庭农场开展绿色食品、有机食品、地理标志农产品认证和品牌建设。对符合条件的家庭农场给予农业用水精准补贴和节水奖励。家庭农场生产经营活动按照规定享受相应的农业和小微企业减免税收政策。

（十八）加强金融保险服务。鼓励金融机构针对家庭农场开发专门的信贷产品，在商业可持续的基础上优化贷款审批流程，合理确定贷款的额度、利率和期限，拓宽抵质押物范围。开展家庭农场信用等级评价工作，鼓励金融机构对资信良好、资金周转量大的家庭农场发放信用贷款。全国农业信贷担保体系要在加强风险防控的前提下，加快对家庭农场的业务覆盖，增强家庭农场贷款的可得性。继续实施农业大灾保险、三大粮食作物完全成本保险和收入保险试点，探索开展中央财政对地方特色优势农产品保险以奖代补政策试点，有效满足家庭农场的风险保障需求。鼓励开展家庭农场综合保险试点。

（十九）支持发展“互联网+”家庭农场。提升家庭农场经营者互联网应用水平，推动电子商务平台通过降低入驻和促销费用等方式，支持家庭农场发展农村电子商务。鼓励市场主体开发适用的数据产品，为家庭农场提供专业化、精准化的信息服务。鼓励发展互联网云农场等模式，帮助家庭农场合理安排生产计划、优化配置生产要素。

（二十）探索适合家庭农场的社会保障政策。鼓励有条件的地方引导家庭农场经营者参加城镇职工社会保险。有条件的地方可开展对自愿退出土地承包经营权的老年农民给予养老补助试点。

五、健全保障措施

（二十一）加强组织领导。地方各级政府要将促进家庭农场发展列入重要议事日程，制定本地区家庭农场培育计划并部署实施。县乡政府要积极采取措施，加强工作力量，及时解决家庭农场发展面临的困难和问题，确保各项政策落到实处。

（二十二）强化部门协作。县级以上地方政府要建立促进家庭农场发展的综合协调工作机制，加强部门配合，形成合力。农业农村部门要认真履行指导职责，牵头承担综合协调工作，会同财政部门统筹做好家庭农场财政支持政策；自然资源部门负责落实家庭农场设施用地等政策支持；市场监管部门负责在家庭农场注册登记、市场监管等方面提供支撑；金融部门负责在信贷、保险等方面提供政策支持；其他有关部门依据各自职责，加强对家庭农场支持和服务。

（二十三）加强宣传引导。充分运用各类新闻媒体，加大力度宣传好发展家庭农场的重要意义和任务要求。密切跟踪家庭农场发展状况，宣传好家庭农场发展中出现的好典型、好案例以及各地发展家庭农场的好经验、好做法，为家庭农场发展营造良好社会舆论氛围。

（二十四）推进家庭农场立法。加强促进家庭农场发展的立法研究，加快家庭农场立法进程，为家庭农场发展提供法律保障。鼓励各地出台规范性文件或相关法规，推进家庭农场发展制度化和法制化。

中央农村工作领导小组办公室 农业农村部 中共中央组织部 中共中央宣传部 中央文明办 教育部 民政部 司法部 文化和旅游部 共青团中央 全国妇联 关于进一步推进移风易俗 建设文明乡风的指导意见

（2019 年 8 月 23 日）

为深入贯彻落实党的十九大和《中共中央　国务院关于实施乡村振兴战略的意见》精神，有效遏制陈规陋习，树立文明新风，不断提升农村精神文明建设水平，现就进一步推进移风易俗、建设文明乡风提出以下意见。

一、总体要求

（一）指导思想。以习近平新时代中国特色社会主义思想为指导，全面贯彻党的十九大和十九届二中、三中全会精神，紧紧围绕统筹推进“五位一体”总体布局和协调推进“四个全面”战略布局，认真落实党中央、国务院决策部署，以实施乡村振兴战略为总抓手，以社会主义核心价值观为引领，加强农村思想道德建设，充分发挥农村基层党组织战斗堡垒作用和党员先锋模范作用，有效发挥村民自治重要作用，创新工作措施和方法，通过农民群众自我管理、自我约束、自我提高，推进移风易俗，不断改善农民精神风貌，提高乡村社会文明程度。

（二）基本原则。

坚持党的领导。把推进文明乡风建设作为地方各级党委和政府的一项重要任务，建立健全党委统一领导、政府负责、各部门分工落实的工作机制。

坚持依法依规。出台有关政策措施要符合法律法规，村规民约内容要符合宪法和法律精神。农村基层群众性自治组织有关约束性措施的制定和实施要符合村民自治程序和规范。

坚持依靠群众。充分尊重农民意愿，加强教育宣传和引导，做好思想工作，反映群众诉求，调动农民群众积极性。注意方式方法，让群众自己管理自己，得到群众认可。

坚持因地制宜。与当地经济社会发展水平和文化传统相适应，尊重不同民族和区域风俗习惯。充分考虑群众接受程度，不搞强制命令，不搞“一刀切”。

（三）总体目标。争取通过3到5年的努力，文明乡风管理机制和工作制度基本健全，农村陈规陋习蔓延势头得到有效遏制，婚事新办、丧事简办、孝亲敬老等社会风尚更加浓厚，农民人情支出负担明显减轻，乡村社会文明程度进一步提高，农民群众有实实在在的获得感。

二、发挥村民自治作用，提高群众参与度

（四）支持依据村规民约采取约束性措施。县乡两级党委和政府要指导制定或修订村规民约，充实婚事新办、丧事简办、孝亲敬老等移风易俗内容。在村党组织统一领导下，引导和鼓励村民委员会依据村规民约出台具体约束性措施，对红白喜事大操大办、不赡养老人等进行治理。通过教育、规劝、奖惩等措施，引导村民遵守相关规定。出台约束性措施要按照村民委员会组织法等有关法律法规和规定，完整履行村民自治等程序。相关部门要加强具体指导。

（五）发挥农村基层群众组织作用。规范村内红白理事会、老年人协会、村民议事会、道德评议会等群众组织运行，完善组织章程和各项制度，广泛开展议事协商，积极组织开展婚丧嫁娶服务、邻里互助和道德评议等活动。在推选农村基层群众组织负责人时，要邀请婚事丧事操办人、敬老爱老机构人员和敬老爱老模范等人员参与。

三、加强宣传教育，强化价值认同

（六）加强舆论引导。各级各类新闻媒体要广泛深入报道婚事新办、丧事简办、孝亲敬老的事迹，积极引导树立正确婚丧观和弘扬中华孝道。充分利用县乡电视广播系统、乡镇政务场所、农村集市、村务公开栏、村大喇叭、村文化墙等直接面向农民群众的宣传阵地，用身边事教育身边人。有针对性地开展舆论监督，坚决抵制婚丧陋习、天价彩礼、孝道式微和老无所养等不良社会风气。

（七）广泛开展道德教育。把道德教育作为新时代文明实践中心的重要工作，调动各方，统筹推进，引导农民爱党爱国、向上向善、孝老爱亲、重义守信、勤俭持家。推进道德宣讲团等道德文化阵地建设。充分发挥共青团、妇联等群团组织作用，加强青年婚育观教育。强化家庭、学校主体责任，让良好道德观贯穿始终，让中华孝道成为公民特质。充分发挥农村老党员、老干部和各类人才作用，用嘉言懿行垂范乡里、影响群众。

（八）发挥文化传承和浸润作用。丰富农村地区公共文化产品和服务供给，繁荣相关文艺作品创作。支持以树立正确婚丧观和弘扬中华孝道为主要内容的各类演出活动，规范文艺演出参与婚庆和丧事活动。把弘扬正确婚丧观和中华孝道列为文化下乡活动重要内容，采取群众喜闻乐见、具有地方特色的形式，培育熏染农民群众道德情操。加强对历史遗迹、革命遗迹、传统村落、传统建筑等历史文化遗产的保护，努力保存文化传承的载体和环境。结合农村实际，推动中国特色社会主义文化融入农村社会思想道德教育、文化知识教育和社会实践各环节。

四、加强典型示范，注重实践养成

（九）以党风政风引领农村新风。各级领导干部应以身作则，率先垂范，在移风易俗中走在前头。建立农村党员干部操办婚丧事宜报备制度，该向群众公示的要向群众公示。可依据党内有关法规和制度，对农村党员干部婚事新办、丧事简办、孝亲敬老、抵制天价彩礼等作出相关规定，发挥好党员干部模范带头作用。发挥组织监督和群众监督作用，对违反相关规定的党员干部进行相应处理。

（十）营造弘扬文明乡风的实践氛围。广泛开展“婚育新风进万家”、“敬老月”、“雷锋日”、“小手拉大手”等相关主题实践活动。重视在春节、清明、七夕、中秋、重阳等传统民族节日中引导践行正确婚丧观和中华孝道。培育、选树、宣传婚事新办、丧事简办、孝亲敬老典型，充分发挥榜样示范作用。推进农村敬老爱老和婚丧嫁娶志愿服务，开展邻里互助和爱心公益活动，让农民群众在参与中改变观念、在实践中提高认识。

五、加强制度保障，实施有效管理

（十一）强化法律约束。推动在相关法律法规修订中增加文明乡风相关内容。加强对农村婚介机构和农村“媒婆”的管理。教育引导农民自觉承担责任、树立良好家风，巩固家庭养老基础地位。对孝道式微等现象要加强批评教育，对不赡养、虐待父母等行为要加大惩处力度。基层司法执法部门要对利用婚丧嫁娶敛财等违法犯罪行为进行重点整治。

（十二）建立正面激励机制。对于在推进文明乡风建设方面做出表率的模范家庭和先进个人，相关部门和地方可以在精神和物质方面给予相应奖励。支持村级组织通过互评亮榜等方式宣传正确婚丧观和孝道典型。总结推广“乡村道德银行”、“文明积分”等奖励模式，对先进典型进行奖励，让德者有得。

六、推动工作创新，发挥群众创造性

（十三）创新青年婚介服务方式。充分发挥共青团、妇联等群团组织作用，搭建农村青年婚恋教育、婚恋交友、婚姻服务平台。鼓励村妇联主席成为农村义务红娘，为农村青年提供婚恋服务，宣传引导抵制高额彩礼、奢华婚礼。充分利用农民春节返乡等时间节点举办农村集体婚礼，倡导家庭婚礼、旅行婚礼等有纪念意义的婚礼，引导婚事新办。

（十四）创新农村养老服务方式。推广农村互助型养老，积极引入相关公益组织，不断完善服务方式、内容等。在有条件的地区依托村级综合服务设施，逐步建立日间照料中心、老年驿站、老年幸福餐桌等互助性养老设施，改造提升特困人员供养服务设施（敬老院），对条件适宜的整合提升为区域性养老服务中心，为农村留守、失能、孤寡老年人解决实际生活困难。鼓励村级组织通过与赡养人子女签订家庭赡养协议书等方式，督促子女从经济供养、生活照料、权益维护等方面自觉承担家庭责任。高度重视老年人感情需求和人文关怀，建立对农村留守、孤寡老年人的定期巡访联系制度，及时发现、防范和化解老年人独自生活风险。

（十五）创新农村婚丧宴席举办方式。鼓励依托村级综合服务设施等场所，为村民举办婚丧宴席提供便利。鼓励有条件的地区建立农村宴席服务队，明确服务项目、收费标准和服务承诺，防止大操大办、浪费攀比。

七、强化责任落实，建立健全长效机制

（十六）强化党委领导责任。地方县级以上各级党委要把农村移风易俗摆上重要位置，在全面从严治党、乡村振兴、脱贫攻坚中大力推进移风易俗，深入研究当地婚丧陋习、孝道式微等问题的形成原因，建立管用有效的工作机制，制定有针对性的政策措施，统筹调动各方力量，推动农村婚丧、孝道风气实现好转。

（十七）落实农村基层党组织责任。乡镇党委和村党组织要

充分发挥政治功能和组织优势，把推动革除婚丧陋习、抵制天价彩礼、解决孝道式微等问题列为重要工作内容，加强组织推动，深入教育宣传和发动群众，扎实做好落实工作。

（十八）健全监督机制。落实地方党政一把手责任，在对地方党政领导班子和有关领导干部进行综合考核评价、开展评先树优时，注意了解推进农村移风易俗工作相关情况。对文明乡风建设工作成效显著的予以奖励，对工作不力的严肃问责。各有关部门要强化协同联动，相互支持，相互配合，切实解决好文明乡风建设方面存在的问题。

中共中央办公厅　国务院办公厅
关于推进基层整合审批服务
执法力量的实施意见

（新华社2019年1月31日）

基层是党和政府联系人民群众的纽带、服务人民群众的平台。基层管理水平直接关系人民群众生产生活，决定着党执政的社会基础和执政能力、国家治理的根基和水平。要以习近平新时代中国特色社会主义思想为指导，全面贯彻党的十九大和十九届二中、三中全会精神，坚持和加强党的全面领导，适应乡镇和街道工作特点及便民服务需要，加强党的基层组织建设，改革和完善基层管理体制，使基层各类机构、组织在服务保障群众需求上有更大作为。根据党中央关于构建简约高效基层管理体制的部署要求，现就结合乡镇和街道改革推进基层整合审批服务执法力量，提出如下实施意见。

一、综合设置基层审批服务机构

统筹优化和综合设置乡镇和街道党政机构、事业单位，强化乡镇和街道党（工）委领导作用，构建更好服务群众、简约精干的基层组织架构。在整合基层行政审批和公共服务职责基础上，进一步加强乡镇和街道党政综合（便民）服务机构与服务平台建设，实行“一站式服务”、“一门式办理”，充分发挥综合便民服务作用。紧扣城乡基层治理，聚焦基层党的建设、乡村振兴、精准脱贫、新型城镇化等重点工作以及就业和社会保障、医疗保障、不动产登记、社会救助、户籍管理、乡村建设、危（旧）房改造、古村（屋）修缮、改水改厕等群众关心关注的重点事项，建立和完善适应基层实际的办事指南和工作规程，实行“马上办、网上办、就近办、一次办”。加强村（社区）综合服务站点建设，推动基本公共服务事项进驻村（社区）办理，推进村级便民服务点和网上服务站点全覆盖，积极开展代缴代办代理等便民服务，逐步扩大公共服务事项网上受理、网上办理、网上反馈范围。充分发挥市场机制作用，推动公共服务提供主体和提供方式多元化，加快建立政府主导、社会参与、公办民办并举的公共服务供给模式。承接审批服务职责较多、任务较重的经济发达镇和重点镇，在整合现有机构和人员的基础上，可探索设立专门的审批服务机构，实行“一枚印章管审批（服务）”。整合乡镇和街道内部决策、管理、监督职责及力量，为审批服务等工作提供支持和保障。

二、积极推进基层综合行政执法改革

推进行政执法权限和力量向基层延伸和下沉，强化乡镇和街道的统一指挥和统筹协调职责。整合现有站所、分局执法力量和资源，组建统一的综合行政执法机构，按照有关法律规定相对集中行使行政处罚权，以乡镇和街道名义开展执法工作，并接受有关县级主管部门的业务指导和监督，逐步实现基层一支队伍管执法。加强对乡镇和街道综合行政执法机构、执法人员的业务指导和培训，规范执法检查、受立案、调查、审查、决定等程序和行为，建立执法全过程记录制度，实现全程留痕、可追溯、可追责。全面推行行政执法公示制度，做到依据公开、决策公开、执行公开、结果公开、过程公开。严格确定行政执法责任和责任追究机制，加强执法监督，坚决惩治执法腐败现象，确保权力不被滥用。建立健全乡镇和街道与县直部门行政执法案件移送及协调协作机制。除党中央明确要求实行派驻体制的机构外，县直部门设在乡镇和街道的机构原则上实行属地管理。继续实行派驻体制的，要建立健全纳入乡镇和街道统一指挥协调的工作机制，工作考核和主要负责同志任免要听取所在乡镇和街道党（工）委意见。

三、整合基层网格管理和指挥平台

将上级部门在基层设置的多个网格整合为一个综合网格，依托村（社区）合理划分基本网格单元，统筹网格内党的建设、社会保障、综合治理、应急管理、社会救助等工作，实现“多网合一”。强化党建引领，将党支部或党小组建在网格上，选优配强支部书记或党小组组长。合理确定网格监管任务和事项，科学配置网格员力量，实行定人、定岗、定责。推进网格化服务管理标准化建设，提高网格管理规范化精细化水平。整合现有设在乡镇和街道的党的建设、综合治理、社区治理、数字城管等各系统指挥信息资源，建立一体化的信息系统和综合指挥平台。强化信息共享和技术支撑，上级相关部门的视频监控等要尽可能接入基层综合指挥平台，实现互联互通、信息共享、实时监控、综合监测。建立健全发现问题、流转交办、协调联动、研判预警、督查考核等综合指挥工作机制，实现基层管理跨部门、跨层级协同运转。

四、大力推动资源服务管理下沉

按照依法下放、宜放则放原则，将点多面广、基层管理迫切需要且能有效承接的审批服务执法等权限赋予乡镇和街道，由省级政府统一制定赋权清单，依法明确乡镇和街道执法主体地位。各省区市可在试点基础上逐步统一和规范赋权事项，成熟一批，赋予一批，确保放得下、接得住、管得好、有监督。法律规定的县级政府及其部门的管理权限需要赋予乡镇和街道的，按法定程序和要求办理。推进编制资源向乡镇和街道倾斜，鼓励从上往下跨层级调剂使用行政和事业编制，充实加强基层一线工作力量。完善机构编制实名制管理，根据基层对人才的需求，按编制员额及时补充人员，制定用编用人计划优先保障空编的乡镇和街道。

整合条线辅助人员，按照属地化管理原则，由乡镇和街道统筹指挥调配。创新基层人员编制管理，统筹使用各类编制资源，赋予乡镇和街道更加灵活的用人自主权。投放基层的公共服务资源，应当以乡镇和街道、村（社区）党组织为主渠道落实。坚持重心下移、力量下沉、保障下倾，加强下放给乡镇和街道事权的人才、技术、资金、网络端口等方面的保障，做到权随事转、人随事转、钱随事转，使基层有人有物有权，保证基层事情基层办、基层权力给基层、基层事情有人办。完善事业单位工作人员待遇保障机制，采取有效措施，进一步调动基层干部队伍积极性，激励担当作为、干事创业。

五、优化上级机关对基层的领导方式

建立健全乡镇和街道机构“一对多”、“多对一”的制度机制，理顺与县直部门的工作对接、请示汇报和沟通衔接关系。严格乡镇和街道机构限额管理，具体由省级党委研究确定。探索建立乡镇和街道职责准入制度，县级职能部门将职责范围内的行政事务委托或交由乡镇和街道承担的，需审核报批并充分听取基层意见。上级部门不得以签订“责任状”、分解下达指标、考核验收等方式，将工作责任转嫁乡镇和街道承担。省级党委要组织力量对上级与乡镇和街道签订的各类“责任状”和考核评比等事项进行全面清理，统一规范针对乡镇和街道的评比达标、示范创建等活动，切实减轻基层负担。除中央和省级党委明确要求外，各部门不得以任何形式对乡镇和街道设置“一票否决”事项。上级部门要积极支持基层改革创新，严禁对基层机构编制事项进行干预，不得要求乡镇和街道对口设立机构，不得要求在村（社区）设立机构和加挂牌子。对不符合基层实际和发展需要的法律法规及政策规定要及时清理、修订、完善，为基层改革创新提供制度支持。

地方各级党委和政府要切实履行领导责任，践行以人民为中心的发展思想，全面贯彻“先立后破、不立不破”原则，把推进基层整合审批服务执法力量工作列入重要议事日程，结合本地区实际细化政策措施，作出统筹安排，不断完善服务基层、服务群众、服务民生的体制机制。做好与基层党的建设、乡村振兴、精准脱贫、新型城镇化等重点工作和相关改革的配套衔接，形成工作合力，增强改革整体效应。继续深化经济发达镇行政管理体制改革，完善经济发达镇和重点镇的城镇规划建设管理等职责和体制机制。加强舆论宣传，注重典型引路，引导基层党员干部群众理解、支持和参与改革，激发基层干事创业热情，营造良好改革氛围。中央编办将会同有关部门加强工作指导。

中共中央办公厅　国务院办公厅关于建立健全村务监督委员会的指导意见

（新华社 2017 年 12 月 4 日）

村务监督委员会是村民对村务进行民主监督的机构。建立健全村务监督委员会，对从源头上遏制村民群众身边的不正之风和腐败问题、促进农村和谐稳定，具有重要作用。为推动全面从严治党向基层延伸，进一步完善村党组织领导的充满活力的村民自治机制，加强村级民主管理和监督，提升乡村治理水平，根据中央有关要求和《中华人民共和国村民委员会组织法》规定，现就建立健全村务监督委员会提出如下指导意见。

一、总体要求。全面贯彻党的十九大精神，以习近平新时代中国特色社会主义思想为指导，认真落实党中央关于全面从严治党、加强农村基层组织建设的部署要求，建立健全村务监督委员会，进一步加强和规范村务监督工作，切实保障村民群众合法权益和村集体利益，促进农村和谐稳定，夯实党的执政根基。加强党的全面领导，始终坚持村党组织领导核心地位不动摇，村务监督委员会的各项工作都要在党的领导下进行；准确把握定位，村务监督委员会是村民自治机制和村级工作运行机制的完善，是村民监督村务的主要形式；严格依法监督，保证和支持村务监督委员会依法行使职权，促进村级事务公开公平公正。

二、人员组成。村务监督委员会一般由 3 至 5 人组成，设主任 1 名，提倡由非村民委员会成员的村党组织班子成员或党员担任主任，原则上不由村党组织书记兼任主任。村务监督委员会成员由村民会议或村民代表会议在村民中推选产生，任期与村民委员会的任期相同。村务监督委员会成员要有较好的思想政治素质，遵纪守法、公道正派、坚持原则、敢于担当、群众公认，具有一定政策水平和依法办事能力，热心为村民服务，其中应有具备财会、管理知识的人员。乡镇党委、村党组织要把好人选关。村民委员会成员及其近亲属、村会计（村报账员）、村文书、村集体经济组织负责人不得担任村务监督委员会成员，任何组织和个人不得指定、委派村务监督委员会成员。

三、职责权限。村务监督委员会的职责是：对村务、财务管理等情况进行监督，受理和收集村民有关意见建议。村务监督委员会及其成员有以下权利：（1）知情权。列席村民委员会、村民小组、村民代表会议和村“两委”联席会议等，了解掌握情况。（2）质询权。对村民反映强烈的村务、财务问题进行质询，并请有关方面向村民作出说明。（3）审核权。对民主理财和村务公开等制度落实情况进行审核。（4）建议权。向村“两委”提出村务管理建议，必要时可向乡镇党委和政府提出建议。村务监督委员会及其成员要依纪依法、实事求是、客观公正地进行监督，不直接参与具体村务决策和管理，不干预村“两委”日常工作。（5）主持民主评议权。村民会议或村民代表会议对村民委员会成员以及由村民或村集体承担误工补贴的聘用人员履行职责情况进行民主评议，由村务监督委员会主持。

四、监督内容。村务监督委员会要紧密结合村情实际，重点加强以下方面的监督：（1）村务决策和公开情况。主要是村务决策是否按照规定程序进行，村务公开是否全面、真实、及时、规范。（2）村级财产管理情况。主要是村民委员会、村民小组代行管理的村集体资金资产资源管理情况，村级其他财务管理情况。（3）村工程项目建设情况。主要是基础设施和公共服务建设等工程项目立项、招投标、预决算、建设施工、质量验收情况。(4) 惠农政策措施落实情况。主要是支农和扶贫资金使用、各项农业补贴资金发放、农村社会救助资金申请和发放等情况。(5) 农村精神文明建设情况。主要是建设文明乡风、创建文明村镇、推动移风易俗，开展农村环境卫生整治，执行村民自治章程和村规民约等情况。(6) 其他应当监督的事项。

五、工作方式。村务监督委员会一般按照以下方式实施监督：(1) 收集意见。根据上级党委和政府部署的重点工作和村级决定的重大事项，通过接待来访、上门走访等形式广泛收集意见建议，确定监督事项。(2) 提出建议。围绕监督事项，及时向村党组织和村民委员会反映收集到的意见，提出工作建议。(3) 监督落实。对监督事项进行全程监督，及时发现并纠正存在的问题。对发现的涉嫌贪腐谋私、侵害群众利益等违纪违法问题，及时向村党组织、乡镇党委和政府及纪检监察机关报告。(4) 通报反馈。通过公开栏、召开会议、个别沟通等形式，及时通报反馈监督结果。村务监督委员会一般应每季度召开一次例会，梳理总结、研究安排村务监督工作；每半年向村党组织汇报一次村务监督情况，村党组织要认真听取村务监督委员会的意见；每年向村民会议或村民代表会议报告一次工作，由村民会议或村民代表会议对村务监督委员会及其成员进行民主评议。

六、管理考核。有计划地开展村务监督委员会成员教育培训，村务监督委员会主任一般由县一级负责培训，其他成员由乡镇负责培训。乡镇党委和政府及村党组织要加强村务监督委员会成员日常教育管理，帮助其提高思想政治素质和工作水平，乡镇每年对村务监督委员会主任履职情况进行考核，对考核优秀的可给予适当奖励，对不认真履职的进行批评教育、责令改正。要健全退出机制，村务监督委员会成员履职不力、发生违纪违法行为被查处等，经村民会议或村民代表会议讨论决定，免去其职务；严重违纪受到党纪处分、两年内受到两次以上行政拘留处罚、被判处刑罚、连续两次民主评议不称职或丧失行为能力的，其职务自行终止。

七、组织领导。各级党委和政府要高度重视建立健全村务监督委员会工作，县级党委和政府要切实履行主体责任，具体组织实施，抓好工作落实，及时研究解决相关问题。各级党委组织部门要牵头协调，民政、党委农村工作综合部门等单位共同参与，加强指导。严明有关纪律，对村务监督工作不配合不支持、设置障碍，甚至对村务监督委员会成员打击报复的，要及时制止、责令改正，情节严重的要依纪依法追究有关人员责任；对村务监督委员会成员利用监督职权谋私利、泄私愤、搞无原则纠纷、挑起矛盾的，要及时提醒、批评教育，后果严重的要按照有关程序终止其职务，并依纪依法追究责任。各地区各有关部门要从实际出发，为村务监督委员会开展工作创造良好条件，提供保障支持。

中共中央　国务院
关于稳步推进农村集体产权制度改革的意见

（2016年12月26日）

为探索农村集体所有制有效实现形式，创新农村集体经济运行机制，保护农民集体资产权益，调动农民发展现代农业和建设社会主义新农村的积极性，现就稳步推进农村集体产权制度改革提出如下意见。

一、重大意义

（一）农村集体产权制度改革是巩固社会主义公有制、完善农村基本经营制度的必然要求。农村集体经济是集体成员利用集体所有的资源要素，通过合作与联合实现共同发展的一种经济形态，是社会主义公有制经济的重要形式。改革开放以来，农村实行以家庭承包经营为基础、统分结合的双层经营体制，极大解放和发展了农村社会生产力。适应健全社会主义市场经济体制新要求，不断深化农村集体产权制度改革，探索农村集体所有制有效实现形式，盘活农村集体资产，构建集体经济治理体系，形成既体现集体优越性又调动个人积极性的农村集体经济运行新机制，对于坚持中国特色社会主义道路，完善农村基本经营制度，增强集体经济发展活力，引领农民逐步实现共同富裕具有深远历史意义。

（二）农村集体产权制度改革是维护农民合法权益、增加农民财产性收入的重大举措。农村集体资产包括农民集体所有的土地、森林、山岭、草原、荒地、滩涂等资源性资产，用于经营的房屋、建筑物、机器设备、工具器具、农业基础设施、集体投资兴办的企业及其所持有的其他经济组织的资产份额、无形资产等经营性资产，用于公共服务的教育、科技、文化、卫生、体育等方面的非经营性资产。这三类资产是农村集体经济组织成员的主要财产，是农业农村发展的重要物质基础。适应城乡一体化发展新趋势，分类推进农村集体产权制度改革，在继续按照党中央、国务院已有部署抓好集体土地等资源性资产确权登记颁证，建立健全集体公益设施等非经营性资产统一运行管护机制的基础上，针对一些地方集体经营性资产归属不明、经营收益不清、分配不公开、成员的集体收益分配权缺乏保障等突出问题，着力推进经营性资产确权到户和股份合作制改革，对于切实维护农民合法权益，增加农民财产性收入，让广大农民分享改革发展成果，如期实现全面建成小康社会目标具有重大现实意义。

二、总体要求

（三）指导思想。全面贯彻党的十八大和十八届三中、四中、五中、六中全会精神，以邓小平理论、“三个代表”重要思想、科学发展观为指导，深入贯彻习近平总书记系列重要讲话精神和治国理政新理念新思想新战略，紧紧围绕统筹推进“五位一体”总体布局和协调推进“四个全面”战略布局，牢固树立新发展理念，认真落实党中央、国务院决策部署，以明晰农村集体产权归属、维护农村集体经济组织成员权利为目的，以推进集体经营性资产改革为重点任务，以发展股份合作等多种形式的合作与联合为导向，坚持农村土地集体所有，坚持家庭承包经营基础性地位，探索集体经济新的实现形式和运行机制，不断解放和发展农村社会生产力，促进农业发展、农民富裕、农村繁荣，为推进城乡协调发展、巩固党在农村的执政基础提供重要支撑和保障。

（四）基本原则

——把握正确改革方向。充分发挥市场在资源配置中的决定性作用和更好发挥政府作用，明确农村集体经济组织市场主体地位，完善农民对集体资产股份权能，把实现好、维护好、发展好广大农民的根本利益作为改革的出发点和落脚点，促进集体经济发展和农民持续增收。

——坚守法律政策底线。坚持农民集体所有不动摇，不能把集体经济改弱了、改小了、改垮了，防止集体资产流失；坚持农民权利不受损，不能把农民的财产权利改虚了、改少了、改没了，防止内部少数人控制和外部资本侵占。严格依法办事，妥善处理各种利益关系。

——尊重农民群众意愿。发挥农民主体作用，支持农民创新创造，把选择权交给农民，确保农民知情权、参与权、表达权、监督权，真正让农民成为改革的参与者和受益者。

——分类有序推进改革。根据集体资产的不同类型和不同地区条件确定改革任务，坚持分类实施、稳慎开展、有序推进，坚持先行试点、先易后难，不搞齐步走、不搞一刀切；坚持问题导向，确定改革的突破口和优先序，明确改革路径和方式，着力在关键环节和重点领域取得突破。

——坚持党的领导。坚持农村基层党组织的领导核心地位不动摇，围绕巩固党在农村的执政基础来谋划和实施农村集体产权制度改革，确保集体经济组织依法依规运行，逐步实现共同富裕。

（五）改革目标。通过改革，逐步构建归属清晰、权能完整、流转顺畅、保护严格的中国特色社会主义农村集体产权制度，保护和发展农民作为农村集体经济组织成员的合法权益。科学确认农村集体经济组织成员身份，明晰集体所有产权关系，发展新型集体经济；管好用好集体资产，建立符合市场经济要求的集体经济运行新机制，促进集体资产保值增值；落实农民的土地承包权、宅基地使用权、集体收益分配权和对集体经济活动的民主管理权利，形成有效维护农村集体经济组织成员权利的治理体系。

三、全面加强农村集体资产管理

（六）开展集体资产清产核资。这是顺利推进农村集体产权制度改革的基础和前提。要对集体所有的各类资产进行全面清产核资，摸清集体家底，健全管理制度，防止资产流失。在清产核资中，重点清查核实未承包到户的资源性资产和集体统一经营的经营性资产以及现金、债权债务等，查实存量、价值和使用情况，做到账证相符和账实相符。对清查出的没有登记入账或者核算不准确的，要经核对公示后登记入账或者调整账目；对长期借出或者未按规定手续租赁转让的，要清理收回或者补办手续；对侵占集体资金和资产的，要如数退赔，涉及违规违纪的移交纪检监察机关处理，构成犯罪的移交司法机关依法追究当事人的刑事责任。清产核资结果要向全体农村集体经济组织成员公示，并经成员大会或者代表大会确认。清产核资结束后，要建立健全集体资产登记、保管、使用、处置等制度，实行台账管理。各省级政府要对清产核资工作作出统一安排，从 2017 年开始，按照时间服从质量的要求逐步推进，力争用 3 年左右时间基本完成。

（七）明确集体资产所有权。在清产核资基础上，把农村集体资产的所有权确权到不同层级的农村集体经济组织成员集体，并依法由农村集体经济组织代表集体行使所有权。属于村农民集体所有的，由村集体经济组织代表集体行使所有权，未成立集体经济组织的由村民委员会代表集体行使所有权；分别属于村内两个以上农民集体所有的，由村内各该集体经济组织代表集体行使所有权，未成立集体经济组织的由村民小组代表集体行使所有权；属于乡镇农民集体所有的，由乡镇集体经济组织代表集体行使所有权。有集体统一经营资产的村（组），特别是城中村、城郊村、经济发达村等，应建立健全农村集体经济组织，并在村党组织的领导和村民委员会的支持下，按照法律法规行使集体资产所有权。集体资产所有权确权要严格按照产权归属进行，不能打乱原集体所有的界限。

（八）强化农村集体资产财务管理。加强农村集体资金资产资源监督管理，加强乡镇农村经营管理体系建设。修订完善农村集体经济组织财务会计制度，加快农村集体资产监督管理平台建设，推动农村集体资产财务管理制度化、规范化、信息化。稳定农村财会队伍，落实民主理财，规范财务公开，切实维护集体成员的监督管理权。加强农村集体经济组织审计监督，做好日常财务收支等定期审计，继续开展村干部任期和离任经济责任等专项审计，建立问题移交、定期通报和责任追究查处制度，防止侵占集体资产。对集体财务管理混乱的村，县级党委和政府要及时组织力量进行整顿，防止和纠正发生在群众身边的腐败行为。

四、由点及面开展集体经营性资产产权制度改革

（九）有序推进经营性资产股份合作制改革。将农村集体经营性资产以股份或者份额形式量化到本集体成员，作为其参加集体收益分配的基本依据。改革主要在有经营性资产的村镇，特别是城中村、城郊村和经济发达村开展。已经开展这项改革的村镇，要总结经验，健全制度，让农民有更多获得感；没有开展这项改革的村镇，可根据群众意愿和要求，由县级以上地方政府作出安排，先进行试点，再由点及面展开，力争用 5 年左右时间基本完成改革。农村集体经营性资产的股份合作制改革，不同于工商企业的股份制改造，要体现成员集体所有和特有的社区性，只能在农村集体经济组织内部进行。股权设置应以成员股为主，是否设置集体股由本集体经济组织成员民主讨论决定。股权管理提倡实行不随人口增减变动而调整的方式。改革后农村集体经济组织要完善治理机制，制定组织章程，涉及成员利益的重大事项实行民主决策，防止少数人操控。

（十）确认农村集体经济组织成员身份。依据有关法律法规，按照尊重历史、兼顾现实、程序规范、群众认可的原则，统筹考虑户籍关系、农村土地承包关系、对集体积累的贡献等因素，协调平衡各方利益，做好农村集体经济组织成员身份确认工作，解决成员边界不清的问题。改革试点中，要探索在群众民主协商基础上确认农村集体经济组织成员的具体程序、标准和管理办法，建立健全农村集体经济组织成员登记备案机制。成员身份的确认既要得到多数人认可，又要防止多数人侵犯少数人权益，切实保护妇女合法权益。提倡农村集体经济组织成员家庭今后的新增人口，通过分享家庭内拥有的集体资产权益的办法，按章程获得集体资产份额和集体成员身份。

（十一）保障农民集体资产股份权利。组织实施好赋予农民对集体资产股份占有、收益、有偿退出及抵押、担保、继承权改革试点。建立集体资产股权登记制度，记载农村集体经济组织成员持有的集体资产股份信息，出具股权证书。健全集体收益分配制度，明确公积金、公益金提取比例，把农民集体资产股份收益分配权落到实处。探索农民对集体资产股份有偿退出的条件和程序，现阶段农民持有的集体资产股份有偿退出不得突破本集体经济组织的范围，可以在本集体内部转让或者由本集体赎回。有关部门要研究制定集体资产股份抵押、担保贷款办法，指导农村集体经济组织制定农民持有集体资产股份继承的办法。及时总结试点经验，适时在面上推开。

五、因地制宜探索农村集体经济有效实现形式

（十二）发挥农村集体经济组织功能作用。农村集体经济组织是集体资产管理的主体，是特殊的经济组织，可以称为经济合作社，也可以称为股份经济合作社。现阶段可由县级以上地方政府主管部门负责向农村集体经济组织发放组织登记证书，农村集体经济组织可据此向有关部门办理银行开户等相关手续，以便开展经营管理活动。发挥好农村集体经济组织在管理集体资产、开发集体资源、发展集体经济、服务集体成员等方面的功能作用。

在基层党组织领导下，探索明晰农村集体经济组织与村民委员会的职能关系，有效承担集体经济经营管理事务和村民自治事务。有需要且条件许可的地方，可以实行村民委员会事务和集体经济事务分离。妥善处理好村党组织、村民委员会和农村集体经济组织的关系。

（十三）维护农村集体经济组织合法权利。严格保护集体资产所有权，防止被虚置。农村承包土地经营权流转不得改变土地集体所有性质，不得违反耕地保护制度。以家庭承包方式承包的集体土地，采取转让、互换方式流转的，应在本集体经济组织内进行，且需经农村集体经济组织等发包方同意；采取出租（转包）或者其他方式流转经营权的，应报农村集体经济组织等发包方书面备案。在农村土地征收、集体经营性建设用地入市和宅基地制度改革试点中，探索正确处理国家、集体、农民三者利益分配关系的有效办法。对于经营性资产，要体现集体的维护、管理、运营权利；对于非经营性资产，不宜折股量化到户，要根据其不同投资来源和有关规定统一运行管护。

（十四）多种形式发展集体经济。从实际出发探索发展集体经济有效途径。农村集体经济组织可以利用未承包到户的集体“四荒”地（荒山、荒沟、荒丘、荒滩）、果园、养殖水面等资源，集中开发或者通过公开招投标等方式发展现代农业项目；可以利用生态环境和人文历史等资源发展休闲农业和乡村旅游；可以在符合规划前提下，探索利用闲置的各类房产设施、集体建设用地等，以自主开发、合资合作等方式发展相应产业。支持农村集体经济组织为农户和各类农业经营主体提供产前产中产后农业生产性服务。鼓励整合利用集体积累资金、政府帮扶资金等，通过入股或者参股农业产业化龙头企业、村与村合作、村企联手共建、扶贫开发等多种形式发展集体经济。

（十五）引导农村产权规范流转和交易。鼓励地方特别是县乡依托集体资产监督管理、土地经营权流转管理等平台，建立符合农村实际需要的产权流转交易市场，开展农村承包土地经营权、集体林权、“四荒”地使用权、农业类知识产权、农村集体经营性资产出租等流转交易。县级以上地方政府要根据农村产权要素性质、流转范围和交易需要，制定产权流转交易管理办法，健全市场交易规则，完善运行机制，实行公开交易，加强农村产权流转交易服务和监督管理。维护进城落户农民土地承包权、宅基地使用权、集体收益分配权，在试点基础上探索支持引导其依法自愿有偿转让上述权益的有效办法。

六、切实加强党对农村集体产权制度改革的领导

（十六）强化组织领导。各级党委和政府要充分认识农村集体产权制度改革的重要性、复杂性、长期性，认真抓好中央改革部署的贯彻落实，既要鼓励创新、勇于试验，又要把控方向、有历史耐心，切实加强组织领导，积极稳妥推进改革。要建立省级全面负责、县级组织实施的领导体制和工作机制，地方各级党委书记特别是县乡党委书记要亲自挂帅，承担领导责任。各地要层层分解任务，落实工作措施，提出具体要求，创造保障条件，确保事有人管、责有人负，对于改革中遇到的矛盾和问题，要切实加以解决，涉及重大政策调整的，要及时向上级请示汇报，确保社会和谐稳定。

（十七）精心组织实施。农村集体产权制度改革工作由中央农村工作领导小组组织领导，农业部、中央农村工作领导小组办公室牵头实施。要梳理细化各项改革任务，明确任务承担单位，制定配套的分工实施方案，有关部门按职责抓好落实。各有关部门要加强调查研究和工作指导，及时做好政策评估，协调解决改革中遇到的困难和问题；农业等有关部门的干部要深入基层，加强政策解读和干部培训，编写通俗易懂的宣传材料，让基层干部群众全面了解改革精神和政策要求。加强监督检查，严肃查处和纠正弄虚作假、侵害集体经济组织及其成员权益等行为。注重改革的系统性、协同性，与正在推进的有关改革做好衔接，发挥改革的综合效应。

（十八）加大政策支持力度。清理废除各种阻碍农村集体经济发展的不合理规定，营造有利于推进农村集体产权制度改革的政策环境。农村集体经济组织承担大量农村社会公共服务支出，不同于一般经济组织，其成员按资产量化份额从集体获得的收益，也不同于一般投资所得，要研究制定支持农村集体产权制度改革的税收政策。在农村集体产权制度改革中，免征因权利人名称变更登记、资产产权变更登记涉及的契税，免征签订产权转移书据涉及的印花税，免收确权变更中的土地、房屋等不动产登记费。进一步完善财政引导、多元化投入共同扶持集体经济发展机制。对政府拨款、减免税费等形成的资产归农村集体经济组织所有，可以量化为集体成员持有的股份。逐步增加政府对农村的公共服务支出，减少农村集体经济组织的相应负担。完善金融机构对农村集体经济组织的融资、担保等政策，健全风险防范分担机制。统筹安排农村集体经济组织发展所需用地。

（十九）加强法治建设。健全适应社会主义市场经济体制要求、以公平为核心原则的农村产权保护法律制度。抓紧研究制定农村集体经济组织方面的法律，赋予农村集体经济组织法人资格，明确权利义务关系，依法维护农村集体经济组织及其成员的权益，保证农村集体经济组织平等使用生产要素，公平参与市场竞争，同等受到法律保护。抓紧修改农村土地承包方面的法律，赋予农民更加充分而有保障的土地权益。适时完善集体土地征收、集体经营性建设用地入市、宅基地管理等方面的法律制度。认真做好农村产权纠纷调解仲裁和司法救济工作。

中共中央办公厅　国务院办公厅关于完善农村土地所有权承包权经营权分置办法的意见

（新华社 2016 年 10 月 30 日）

为进一步健全农村土地产权制度，推动新型工业化、信息化、城镇化、农业现代化同步发展，现就完善农村土地所有权、承包权、经营权分置（以下简称“三权分置”）办法提出以下意见。

一、重要意义

改革开放之初，在农村实行家庭联产承包责任制，将土地所有权和承包经营权分设，所有权归集体，承包经营权归农户，极大地调动了亿万农民积极性，有效解决了温饱问题，农村改革取得重大成果。现阶段深化农村土地制度改革，顺应农民保留土地承包权、流转土地经营权的意愿，将土地承包经营权分为承包权和经营权，实行所有权、承包权、经营权（以下简称“三权”）分置并行，着力推进农业现代化，是继家庭联产承包责任制后农村改革又一重大制度创新。“三权分置”是农村基本经营制度的自我完善，符合生产关系适应生产力发展的客观规律，展现了农村基本经营制度的持久活力，有利于明晰土地产权关系，更好地维护农民集体、承包农户、经营主体的权益；有利于促进土地资源合理利用，构建新型农业经营体系，发展多种形式适度规模经营，提高土地产出率、劳动生产率和资源利用率，推动现代农业发展。各地区各有关部门要充分认识“三权分置”的重要意义，妥善处理“三权”的相互关系，正确运用“三权分置”理论指导改革实践，不断探索和丰富“三权分置”的具体实现形式。

二、总体要求

（一）指导思想。全面贯彻党的十八大和十八届三中、四中、五中全会精神，深入学习贯彻习近平总书记系列重要讲话精神，紧紧围绕统筹推进“五位一体”总体布局和协调推进“四个全面”战略布局，牢固树立新发展理念，认真落实党中央、国务院决策部署，围绕正确处理农民和土地关系这一改革主线，科学界定“三权”内涵、权利边界及相互关系，逐步建立规范高效的“三权”运行机制，不断健全归属清晰、权能完整、流转顺畅、保护严格的农村土地产权制度，优化土地资源配置，培育新型经营主体，促进适度规模经营发展，进一步巩固和完善农村基本经营制度，为发展现代农业、增加农民收入、建设社会主义新农村提供坚实保障。

（二）基本原则

——尊重农民意愿。坚持农民主体地位，维护农民合法权益，把选择权交给农民，发挥其主动性和创造性，加强示范引导，不搞强迫命令、不搞一刀切。

——守住政策底线。坚持和完善农村基本经营制度，坚持农村土地集体所有，坚持家庭经营基础性地位，坚持稳定土地承包关系，不能把农村土地集体所有制改垮了，不能把耕地改少了，不能把粮食生产能力改弱了，不能把农民利益损害了。

——坚持循序渐进。充分认识农村土地制度改革的长期性和复杂性，保持足够历史耐心，审慎稳妥推进改革，由点及面开展，不操之过急，逐步将实践经验上升为制度安排。

——坚持因地制宜。充分考虑各地资源禀赋和经济社会发展差异，鼓励进行符合实际的实践探索和制度创新，总结形成适合不同地区的“三权分置”具体路径和办法。

三、逐步形成“三权分置”格局

完善“三权分置”办法，不断探索农村土地集体所有制的有效实现形式，落实集体所有权，稳定农户承包权，放活土地经营权，充分发挥“三权”的各自功能和整体效用，形成层次分明、结构合理、平等保护的格局。

（一）始终坚持农村土地集体所有权的根本地位。农村土地农民集体所有，是农村基本经营制度的根本，必须得到充分体现和保障，不能虚置。土地集体所有权人对集体土地依法享有占有、使用、收益和处分的权利。农民集体是土地集体所有权的权利主体，在完善“三权分置”办法过程中，要充分维护农民集体对承包地发包、调整、监督、收回等各项权能，发挥土地集体所有的优势和作用。农民集体有权依法发包集体土地，任何组织和个人不得非法干预；有权因自然灾害严重毁损等特殊情形依法调整承包地；有权对承包农户和经营主体使用承包地进行监督，并采取措施防止和纠正长期抛荒、毁损土地、非法改变土地用途等行为。承包农户转让土地承包权的，应在本集体经济组织内进行，并经农民集体同意；流转土地经营权的，须向农民集体书面备案。集体土地被征收的，农民集体有权就征地补偿安置方案等提出意见并依法获得补偿。通过建立健全集体经济组织民主议事机制，切实保障集体成员的知情权、决策权、监督权，确保农民集体有效行使集体土地所有权，防止少数人私相授受、谋取私利。

（二）严格保护农户承包权。农户享有土地承包权是农村基本经营制度的基础，要稳定现有土地承包关系并保持长久不变。土地承包权人对承包土地依法享有占有、使用和收益的权利。农村集体土地由作为本集体经济组织成员的农民家庭承包，不论经营权如何流转，集体土地承包权都属于农民家庭。任何组织和个人都不能取代农民家庭的土地承包地位，都不能非法剥夺和限制农户的土地承包权。在完善“三权分置”办法过程中，要充分维护承包农户使用、流转、抵押、退出承包地等各项权能。承包农户有权占有、使用承包地，依法依规建设必要的农业生产、附属、配套设施，自主组织生产经营和处置产品并获得收益；有权通过转让、互换、出租（转包）、入股或其他方式流转承包地并获得收益，任何组织和个人不得强迫或限制其流转土地；有权依法依规就承包土地经营权设定抵押、自愿有偿退出承包地，具备条件的可以因保护承包地获得相关补贴。承包土地被征收的，承包农户有权依法获得相应补偿，符合条件的有权获得社会保障费用等。不得违法调整农户承包地，不得以退出土地承包权作为农民进城落户的条件。

（三）加快放活土地经营权。赋予经营主体更有保障的土地经营权，是完善农村基本经营制度的关键。土地经营权人对流转土地依法享有在一定期限内占有、耕作并取得相应收益的权利。在依法保护集体所有权和农户承包权的前提下，平等保护经营主体依流转合同取得的土地经营权，保障其有稳定的经营预期。在完善“三权分置”办法过程中，要依法维护经营主体从事农业生产所需的各项权利，使土地资源得到更有效合理的利用。经营主体有权使用流转土地自主从事农业生产经营并获得相应收益，经承包农户同意，可依法依规改良土壤、提升地力，建设农业生产、附属、配套设施，并依照流转合同约定获得合理补偿；有权在流转合同到期后按照同等条件优先续租承包土地。经营主体再流转土地经营权或依法依规设定抵押，须经承包农户或其委托代理人书面同意，并向农民集体书面备案。流转土地被征收的，地上附着物及青苗补偿费应按照流转合同约定确定其归属。承包农户流转出土地经营权的，不应妨碍经营主体行使合法权利。加强对土地经营权的保护，引导土地经营权流向种田能手和新型经营主体。支持新型经营主体提升地力、改善农业生产条件、依法依规开展土地经营权抵押融资。鼓励采用土地股份合作、土地托管、代耕代种等多种经营方式，探索更多放活土地经营权的有效途径。

（四）逐步完善“三权”关系。农村土地集体所有权是土地承包权的前提，农户享有承包经营权是集体所有的具体实现形式，在土地流转中，农户承包经营权派生出土地经营权。支持在实践中积极探索农民集体依法依规行使集体所有权、监督承包农户和经营主体规范利用土地等的具体方式。鼓励在理论上深入研究农民集体和承包农户在承包土地上、承包农户和经营主体在土地流转中的权利边界及相互权利关系等问题。通过实践探索和理论创新，逐步完善“三权”关系，为实施“三权分置”提供有力支撑。

四、确保“三权分置”有序实施

完善“三权分置”办法涉及多方权益，是一个渐进过程和系统性工程，要坚持统筹谋划、稳步推进，确保“三权分置”有序实施。

（一）扎实做好农村土地确权登记颁证工作。确认“三权”权利主体，明确权利归属，稳定土地承包关系，才能确保“三权分置”得以确立和稳步实施。要坚持和完善土地用途管制制度，在集体土地所有权确权登记颁证工作基本完成的基础上，进一步完善相关政策，及时提供确权登记成果，切实保护好农民的集体土地权益。加快推进农村承包地确权登记颁证，形成承包合同网签管理系统，健全承包合同取得权利、登记记载权利、证书证明权利的确权登记制度。提倡通过流转合同鉴证、交易鉴证等多种方式对土地经营权予以确认，促进土地经营权功能更好实现。

（二）建立健全土地流转规范管理制度。规范土地经营权流转交易，因地制宜加强农村产权交易市场建设，逐步实现涉农县（市、区、旗）全覆盖。健全市场运行规范，提高服务水平，为流转双方提供信息发布、产权交易、法律咨询、权益评估、抵押融资等服务。加强流转合同管理，引导流转双方使用合同示范文本。完善工商资本租赁农地监管和风险防范机制，严格准入门槛，确保土地经营权规范有序流转，更好地与城镇化进程和农村劳动力转移规模相适应，与农业科技进步和生产手段改进程度相适应，与农业社会化服务水平相适应。加强农村土地承包经营纠纷调解仲裁体系建设，完善基层农村土地承包调解机制，妥善化解土地承包经营纠纷，有效维护各权利主体的合法权益。

（三）构建新型经营主体政策扶持体系。完善新型经营主体财政、信贷保险、用地、项目扶持等政策。积极创建示范家庭农场、农民专业合作社示范社、农业产业化示范基地、农业示范服务组织，加快培育新型经营主体。引导新型经营主体与承包农户建立紧密利益联结机制，带动普通农户分享农业规模经营收益。支持新型经营主体相互融合，鼓励家庭农场、农民专业合作社、农业产业化龙头企业等联合与合作，依法组建行业组织或联盟。依托现代农业人才支撑计划，健全新型职业农民培育制度。

（四）完善“三权分置”法律法规。积极开展土地承包权有偿退出、土地经营权抵押贷款、土地经营权入股农业产业化经营等试点，总结形成可推广、可复制的做法和经验，在此基础上完善法律制度。加快农村土地承包法等相关法律修订完善工作。认真研究农村集体经济组织、家庭农场发展等相关法律问题。研究健全农村土地经营权流转、抵押贷款和农村土地承包权退出等方面的具体办法。

实施“三权分置”是深化农村土地制度改革的重要举措。各地区各有关部门要认真贯彻本意见要求，研究制定具体落实措施。加大政策宣传力度，统一思想认识，加强干部培训，提高执行政策能力和水平。坚持问题导向，对实践中出现的新情况新问题要密切关注，及时总结，适时调整完善措施。加强工作指导，建立检查监督机制，督促各项任务稳步开展。农业部、中央农办要切实承担起牵头责任，健全沟通协调机制，及时向党中央、国务院报告工作进展情况。各相关部门要主动支持配合，形成工作合力，更好推动“三权分置”有序实施。

中共中央办公厅　国务院办公厅
深化农村改革综合性实施方案

（新华社 2015 年 11 月 2 日）

农村改革是全面深化改革的重要内容。根据党中央、国务院的决策部署，农村各项改革正在扎实开展，一些重要改革事项试点工作正在有序推进。当前，我国经济发展进入新常态，新型工业化、信息化、城镇化、农业现代化持续推进，农村经济社会深刻变革，农村改革涉及的利益关系更加复杂、目标更加多元、影响因素更加多样、任务也更加艰巨。农村改革综合性强，靠单兵突进难以奏效，必须树立系统性思维，做好整体谋划和顶层设计，找准牵一发而动全身的牛鼻子和主要矛盾，进一步提高农村改革决策的科学性。要从总体上把握好农村改革的方向，提出深化农村改革总的目标、大的原则、基本任务、重要路径，从全局上更好地指导和协调农村各项改革，加强各项改革之间的衔接配套，最大限度释放改革的综合效应。

根据中央统一部署，从提高农村改革的系统性、整体性、协同性出发，特制定深化农村改革综合性实施方案。

一、总体要求

（一）指导思想。全面贯彻党的十八大和十八届二中、三中、四中全会精神，以邓小平理论、“三个代表”重要思想、科学发展观为指导，深入贯彻习近平总书记系列重要讲话精神，认真落实党中央、国务院的决策部署，主动适应经济发展新常态，紧紧围绕全面建成小康社会、全面深化改革、全面依法治国、全面从严治党的战略布局，不断巩固和完善中国特色社会主义农村基本经济制度，加快农业发展方式转变，健全保障国家粮食安全、促进农业可持续发展和农民持续增收的体制机制，着力破除城乡二元结构的体制障碍，为加快推进中国特色农业农村现代化提供制度保障，为实现“两个一百年”奋斗目标和中华民族伟大复兴的中国梦奠定坚实基础。

（二）目标任务。到 2020 年，农村各类所有制经济尤其是农村集体资产所有权、农户土地承包经营权和农民财产权的保护制度更加完善，新型农业经营体系、农业支持保护体系、农业社会化服务体系、农业科技创新体系、适合农业农村特点的农村金融体系更加健全，城乡经济社会发展一体化体制机制基本建立，农村社会治理体系和农村基层组织制度更加完善，农民民主权利得到更好保障，农业农村法律法规进一步完善并加强，农村基层法治水平进一步提高，农业现代化水平和农民生活水平进一步提升，农村经济社会发展更具活力。

（三）基本原则

1. 坚持农村多种所有制经济共同发展。在坚持土地公有制性质基础上，加强对农村各种所有制经济组织和农民家庭合法财产权益的保护，赋予农村各种所有制经济组织同等的市场主体地位，保证其依法公平参与市场竞争、同等受到法律保护，促进农村集体经济、农户家庭经济、农民合作经济、各种私人和股份制经济、供销合作社经济以及国有农场林场等国有经济共同发展。

2. 坚持和完善农村基本经营制度。把握好土地集体所有制和家庭承包经营的关系，现有农村土地承包关系保持稳定并长久不变，落实集体所有权，稳定农户承包权，放活土地经营权，实行“三权分置”。坚持家庭经营在农业中的基础性地位，创新农业经营组织方式，推进家庭经营、集体经营、合作经营、企业经营等共同发展。

3. 坚持社会主义市场经济改革方向。调整不适应农村社会生产力发展要求的生产关系，健全符合社会主义市场经济要求的农村经济体制，充分发挥市场在资源配置中的决定性作用，加强国家对农业的支持保护，促进农业尽快转到数量质量效益并重、注重提高竞争力、注重农业技术创新、注重可持续的集约发展上来。

4. 坚持保障农民权益。把实现好、维护好、发展好广大农民的根本利益作为深化农村改革的出发点和落脚点，切实保障农民合法经济利益，尊重农民民主权利。

5. 坚持统筹兼顾。统筹考虑农业和农村发展，统筹考虑城乡改革发展，统筹考虑公平和效率。

6. 坚持循序渐进、试点先行。发挥好基层和群众首创精神，在把握方向、坚守底线前提下，鼓励积极探索、大胆创新，允许采取差异性、过渡性的制度和政策安排。认真组织好农村改革试点工作，及时总结可复制、可推广的经验。对突破现行法律法规的重大改革，要按程序报批，取得授权，在一定范围内开展试点。

7. 坚持党对“三农”工作的领导。必须始终把加强党对“三农”工作的领导作为推进农村改革发展的政治保证，提高依法做好“三农”工作的能力和水平。在中央的统一领导下，积极稳妥深化农村各项改革。

二、关键领域和重大举措

全面深化农村改革涉及经济、政治、文化、社会、生态文明和基层党建等领域，涉及农村多种所有制经济主体。当前和今后一个时期，深化农村改革要聚焦农村集体产权制度、农业经营制度、农业支持保护制度、城乡发展一体化体制机制和农村社会治理制度等5大领域。对这5大领域改革的核心问题，要明确大的方向、主要内容和重大方针对策，进一步理清改革思路。

（一）深化农村集体产权制度改革

以土地集体所有为基础的农村集体所有制，是社会主义公有制的重要形式，是实现农民共同富裕的制度保障。在土地集体所有基础上建立的农村集体经济组织制度，与村民自治组织制度相交织，构成了我国农村治理的基本框架，为中国特色农业农村现代化提供了基本的制度支撑。建立健全符合社会主义市场经济体制要求和社会主义初级阶段实际的农村集体产权制度，必须以保护农民集体经济组织成员权利为核心，以明晰农村集体产权归属、赋予农民更多财产权利为重点，探索社会主义市场经济条件下农村集体所有制经济的有效组织形式和经营方式，确保集体经济发展成果惠及本集体所有成员，进一步发挥集体经济优越性，进一步调动集体经济组织成员积极性。

1. 深化农村土地制度改革。坚守土地公有性质不改变、耕地红线不突破、农民利益不受损“三条底线”，防止犯颠覆性错误。深化农村土地制度改革的基本方向是：落实集体所有权，稳定农户承包权，放活土地经营权。落实集体所有权，就是落实“农民集体所有的不动产和动产，属于本集体成员集体所有”的法律规定，明确界定农民的集体成员权，明晰集体土地产权归属，实现集体产权主体清晰。稳定农户承包权，就是要依法公正地将集体土地的承包经营权落实到本集体组织的每个农户。放活土地经营权，就是允许承包农户将土地经营权依法自愿配置给有经营意愿和经营能力的主体，发展多种形式的适度规模经营。

一是开展农村土地征收、集体经营性建设用地入市、宅基地制度改革试点。及时总结经验、不断完善，形成可复制、可推广的改革成果。农村土地征收制度改革的基本思路是：缩小土地征收范围，规范土地征收程序，完善对被征地农民合理、规范、多元保障机制，建立兼顾国家、集体、个人的土地增值收益分配机制，合理提高个人收益。集体经营性建设用地制度改革的基本思路是：允许土地利用总体规划和城乡规划确定为工矿仓储、商服等经营性用途的存量农村集体建设用地，与国有建设用地享有同等权利，在符合规划、用途管制和依法取得的前提下，可以出让、租赁、入股，完善入市交易规则、服务监管制度和土地增值收益的合理分配机制。宅基地制度改革的基本思路是：在保障农户依法取得的宅基地用益物权基础上，改革完善农村宅基地制度，探索农民住房保障新机制，对农民住房财产权作出明确界定，探索宅基地有偿使用制度和自愿有偿退出机制，探索农民住房财产权抵押、担保、转让的有效途径。

二是深化农村土地承包经营制度改革。抓紧修改有关法律，落实中央关于稳定农村土地承包关系并保持长久不变的重大决策，适时就二轮承包期满后耕地延包办法、新的承包期限等内容提出具体方案。在基本完成农村集体土地所有权确权登记颁证的基础上，按照不动产统一登记原则，加快推进宅基地和集体建设用地使用权确权登记颁证工作。明确和提升农村土地承包经营权确权登记颁证的法律效力，扩大整省推进试点范围，总体上要确地到户，从严掌握确权确股不确地的范围。出台农村承包土地经营权抵押、担保试点指导意见。在有条件的地方开展农民土地承包经营权有偿退出试点。制定出台完善草原承包经营制度的文件，规范草原承包行为和管理方式，充分调动广大牧民保护和建设草原的积极性。引导农村集体所有的荒山、荒沟、荒丘、荒滩使用权有序流转。

三是健全耕地保护和补偿制度。严格实施土地利用总体规划，加强耕地保护，全面开展永久基本农田划定工作，实行特殊保护。完善土地复垦制度，盘活土地存量，建立土地复垦激励约束机制，落实生产建设毁损耕地的复垦责任。加大中低产田改造力度，以增加高产稳产基本农田、改善农业生产条件和生态环境为目标，完善农村土地整治办法。依法加强耕地占补平衡规范管理，强化耕地占补平衡的法定责任，完善占补平衡补充耕地质量评价体系，确保补充耕地数量到位、质量到位。完善耕地和基本农田保护补偿机制。采取更有力的措施，加强对耕地占补平衡的监管，坚决防止占多补少、占优补劣、占水田补旱田现象，杜绝违规占用林地、湿地补充耕地。进一步落实耕地保护政府领导干部离任审计制度。按照有关法律法规，完善和拓展城乡建设用地增减挂钩、“地票”等试点，推动利用城乡建设用地增减挂钩政策支持易地扶贫搬迁。

2. 分类推进农村集体资产确权到户和股份合作制改革。在确认农村集体经济组织成员身份、全面核实农村集体资产基础上，对土地等资源性资产，重点是抓紧抓实土地承包经营权确权登记颁证工作；对非经营性资产，重点是探索有利于提高公共服务能力的集体统一运营管理有效机制；对经营性资产，重点是将资产折股量化到本集体经济组织成员，赋予农民对集体资产更多权能，发展多种形式的股份合作。健全农村集体“三资”管理监督和收益分配制度。明确集体经济组织市场主体地位。建立符合实际需求的农村产权流转交易市场，保障农村产权依法自愿公开公正有序交易。现阶段农村集体产权制度改革严格限定在本集体经济组织内部进行，切实防止集体经济组织内部少数人侵占、支配集体资产，防止外部资本侵吞、控制集体资产。

3. 深化林业和水利改革。实行最严格的林地用途管制制度。以放活经营权、落实处置权、保障收益权为重点，深化配套改革，完善集体林权制度。实行森林分类经营管理，完善林木采伐权，管好公益林、放活商品林，调动林农和社会力量发展林业的积极性。稳步推进国有林场和国有林区改革。研究提出加强天然林资源保护的指导意见，有序停止天然林商业性采伐。开展小型水利工程管理体制改革，明确工程所有权和使用权，落实管护主体，促进水利工程良性运行。

（二）加快构建新型农业经营体系

发展多种形式的农业适度规模经营是农业现代化的必由之路，必须以提高土地产出率、资源利用率、劳动生产率为核心，加快培育家庭农场、专业大户、农民合作社、农业产业化龙头企业等新型农业经营主体，构建符合国情和发展阶段的以农户家庭经营为基础、合作与联合为纽带、社会化服务为支撑的立体式、复合型现代农业经营体系，提高农业经营集约化、规模化、组织化、社会化、产业化水平。

4. 推动土地经营权规范有序流转。在农村耕地实行所有权、承包权、经营权“三权分置”的基础上，按照依法自愿有偿原则，引导农民以多种方式流转承包土地的经营权，以及通过土地经营权入股、托管等方式，发展多种形式的适度规模经营。把握好土地经营权流转、集中和规模经营的度，不片面追求超大规模经营，不搞大跃进，不搞强迫命令，不搞行政瞎指挥，使适度规模经营与农村劳动力转移、农业科技进步、农业社会化服务水平相适应。提升农户家庭经营能力和水平，重点发展以家庭成员为主要劳动力、以农业为主要收入来源、从事专业化集约化农业生产的规模适度的农户家庭农场，使之成为发展现代农业的有生力量。适时提出促进家庭农场发展的相关立法建议。

5. 加强农民合作社规范化建设。加强农民专业合作社和土地股份合作社规范化建设，深入推进示范社建设行动。鼓励农民合作社发展农产品加工业务，创新农业产业链组织形式和利益联接机制，构建农户、合作社、企业之间互利共赢的合作模式，让农民更多分享产业链增值收益。进一步创新财政支持农民合作社发展机制，允许政府项目直接投向符合条件的合作社。完善农民以承包土地经营权入股发展农业产业化经营的政策。

6. 创新农业社会化服务机制。家庭经营在相当时期内仍是农业生产的基本力量，要通过周到便利的社会化服务，把农户经营引入现代农业发展轨道。充分发挥农业公益性服务机构作用，大力培育多种形式的农业经营性服务组织，健全覆盖全程、综合配套、便捷高效的社会化服务体系。开展政府向农业经营性服务组织购买公益性服务机制创新试点。

7. 培养职业农民队伍。制定专门规划和切实可行的政策，吸引年轻人务农，培育新型职业农民，造就高素质的新型农业生产经营者队伍。扶持有技能和经营能力的农民工返乡创办家庭农场、领办农民合作社，创立农产品加工、营销企业和农业社会化服务组织。

8. 健全工商资本租赁农地的监管和风险防范机制。对工商资本租赁农户承包地作出明确规定，建立严格的资格审查、项目监管和定期督查机制，禁止以农业为名圈占土地从事非农建设，防止“非粮化”现象蔓延。鼓励和支持工商企业发展适合企业化经营的现代种养业、农产品加工流通和农业社会化服务，向农业输入现代生产要素和经营模式。探索建立工商资本农地租赁风险保障金制度。

9. 推进农垦改革发展和全面深化供销合作社综合改革。研究出台推进农垦改革发展的政策措施，深化垦区集团化、农场企业化改革，创新行业指导管理体制、企业市场化经营体制、农场经营管理体制，明晰农垦国有资产权属关系，建立符合农垦特点的国有资产监管体制，进一步推进农垦办社会职能改革。按照为农服务的宗旨和政事分开、社企分开的方向，因地制宜推进体制改革和机制创新，把供销合作社打造成为与农民利益联结更紧密、为农服务功能更完备、市场化运作更高效的合作经济组织体系，使之成为服务农民生产生活的生力军和综合平台。

（三）健全农业支持保护制度

对农业实行必要的支持保护是发展现代农业的客观需要，要坚持多予少取放活的基本方针，以保障主要农产品供给、促进农民增收、实现农业可持续发展为重点，加大农业支持保护力度，提高农业支持保护效能，完善农业生产激励机制，加快形成覆盖全面、指向明确、重点突出、措施配套、操作简便的农业支持保护制度。

10. 建立农业农村投入稳定增长机制。把农业农村作为财政支出的优先保障领域，中央预算内投资继续向农业农村倾斜，确保农业农村投入只增不减。进一步优化财政支农支出结构，转换财政资金投入方式，通过政府与社会资本合作、政府购买服务、担保贴息、以奖代补、民办公助、风险补偿等措施，带动金融和社会资本投向农业农村，发挥财政资金的引导和杠杆作用。大力清理、整合、规范涉农转移支付资金，对“小、散、乱”及效果不明显的涉农专项资金要坚决整治；对目标接近、投入方向类同的涉农专项资金予以整合；对地方具有管理信息优势的涉农支出，划入一般性转移支付切块下达，由地方统筹支配，落实监管责任。建立规范透明的管理制度，杜绝任何形式的挤占挪用、层层截留、虚报冒领，切实提高涉农资金投入绩效。合理划分中央与地方支农事权，明确政府间应承担和分担的支出责任，推进各级政府支农事权规范化、法律化。

11. 完善农产品价格形成机制和农产品市场调控制度。根据各类主要农产品在国计民生中的重要程度，采取“分品种施策、渐进式推进”的办法，完善农产品价格形成机制。改进并继续执行稻谷、小麦最低收购价政策。按照“价补分离”的思路，继续实施棉花和大豆目标价格改革试点，完善补贴发放办法。改革、完善玉米收储政策。改进农产品市场调控方式，避免政府过度干预，搞活市场流通，增强市场活力。完善农产品收储政策，坚持按贴近市场和保障农民合理收益的原则确定收储价格，降低储备成本，提高储备效率。加强粮食现代仓储物流设施建设，积极鼓励引导流通、加工等各类企业主体参与粮食仓容建设和农产品收储，规范收储行为，培育多元化市场主体。创新农产品流通方式，强化以信息化为支撑的农产品现代流通体系建设，大力发展农产品流通新型业态，发挥电子商务平台在联结农户和市场方面的作用。

12. 完善农业补贴制度。保持农业补贴政策连续性和稳定性，调整改进“黄箱”支持政策，逐步扩大“绿箱”支持政策实施规模和范围，提高农业补贴政策效能。开展农业补贴改革试点，将现行的“三项补贴”（农作物良种补贴、种粮直补、农资综合补贴）合并为“农业支持保护补贴”，优化补贴支持方向，突出耕地保护和粮食安全。保持与现有政策的衔接，调整部分存量资金和新增补贴资金向各类适度规模经营的新型农业经营主体倾斜，合理确定支持力度，不人为“垒大户”。进一步拓宽财政支农资金的渠道，突出财政对农业的支持重点，持续增加农业基础设施建设、农业综合开发投入，完善促进农业科技进步、加强农民技能培训的投入机制，强化对农业结构调整的支持，加大对农业投入品、农机具购置等的支持力度。健全粮食主产区利益补偿机制。健全快捷高效的补贴资金发放办法，鼓励有条件的地方探索对农民收入补贴的办法。

13. 建立农田水利建设管理新机制。积极推进农业水价综合改革，对农业用水实行总量控制和定额管理，配套完善供水计量设施，建立有利于节水的农业水价形成机制。建立农业用水精准补贴制度和节水激励机制。鼓励社会资本参与农田水利工程建设和运营维护。

14. 深化农业科技体制改革。坚持科技兴农、人才强农，推进农业科研院所改革，打破部门条块分割，有效整合科技资源，建立协同创新机制，促进产学研、农科教紧密结合。完善科研立项和成果转化评价机制，强化对科技人员的激励机制，促进农业科研成果转化。扶持种业发展，做强一批“育繁推”一体化的大型骨干种子企业。完善基层农技推广服务体系，探索公益性农技推广服务的多种实现形式。

15. 建立农业可持续发展机制。推广减量化和清洁化农业生产模式，健全农业标准化生产制度，完善农业投入品减量提效补偿机制。发展生态循环农业，构建农业废弃物资源化利用激励机制。实施耕地质量保护与提升行动，加强重金属污染耕地治理和东北黑土地保护。深入推进退耕还林还草、还湿还湖、限牧限渔。完善森林、草原、湿地、水源、水土保持等生态保护补偿制度。建立健全生态保护补偿资金稳定投入机制。

16. 加快农村金融制度创新。坚持商业性金融、合作性金融、政策性金融相结合，健全政策支持、公平准入和差异化监管制度，扩大农村金融服务规模和覆盖面，创新农村金融服务模式，全面提升农村金融服务水平，促进普惠金融发展，加快建立多层次、广覆盖、可持续、竞争适度、风险可控的现代农村金融体系。健全金融机构农村存款主要用于农业农村的制度，完善政策性金融支持农业开发和农村建设的制度。进一步完善中国农业银行“三农金融事业部”的管理体制和运行机制，全面提升服务“三农”和县域经济的能力和水平。稳定农村信用社县域法人地位，完善治理结构。鼓励邮政储蓄银行拓展农村金融业务。鼓励组建政府出资为主、重点开展涉农担保业务的县域融资担保机构或担保基金。完善农村信贷损失补偿机制，探索建立地方财政出资的涉农信贷风险补偿基金。稳妥开展农村承包土地的经营权和农民住房财产权抵押贷款试点，创新和完善林权抵押贷款机制，拓宽“三农”直接融资渠道。坚持社员制、封闭性原则，在不对外吸储放贷、不支付固定回报的前提下，以具备条件的农民合作社为依托，稳妥开展农民合作社内部资金互助试点，引导其向“生产经营合作+信用合作”延伸。金融监管部门负责制定农村信用合作组织业务经营规则和监管规则，地方政府切实承担监管职责和风险处置责任。完善地方农村金融管理体制，推动地方建立市场化风险补偿机制，有效防范和化解地方金融风险。推进农村信用体系建设，开展新型农业经营主体信用评级与授信。完善农业保险制度，支持有条件的地区成立农业互助保险组织，扩大农业保险覆盖面，开发适合新型农业经营主体需求的保险品种，提高保障水平。深入开展农产品目标价格保险试点。研究完善农业保险大灾风险分散机制。

（四）健全城乡发展一体化体制机制

城乡发展一体化是解决我国“三农”问题的根本途径，必须坚持工业反哺农业、城市支持农村的基本方针，协调推进城镇化和新农村建设，加快形成以工促农、以城带乡、工农互惠、城乡一体的新型工农城乡关系，努力缩小城乡发展差距。

17. 完善城乡发展一体化的规划体制。加快规划体制改革，构建适应我国城乡统筹发展的规划编制体系，完善各类规划编制、审批和实施监管制度，健全县市域空间规划衔接协调机制。尽快修订完善县域乡村建设规划和镇、乡、村庄规划，在乡镇土地利用总体规划控制下，探索编制村土地利用规划，提高规划科学性和前瞻性，强化规划约束力和引领作用。

18. 完善农村基础设施建设投入和建管机制。进一步加大公共财政对农村基础设施建设的投入力度。加快基础设施向农村延伸，探索建立城乡基础设施和公共服务设施互联互通、共建共享的机制。创新农村基础设施和公共服务设施决策、投入、建设和运行管护机制，建立自下而上的民主决策机制，通过村民自选、自建、自管、自用等方式，更好地发挥农民主体作用。积极引导社会资本参与农村公益性基础设施建设、管护和运营。

19. 推进形成城乡基本公共服务均等化的体制机制。完善县域城乡义务教育资源均衡配置的机制。建立城乡统筹的公共文化服务体系建设协调机制。建立覆盖城乡的基本医疗卫生制度，整合城乡居民基本医疗保险制度。健全全国统一的城乡居民基本养老保险制度，完善待遇确定和正常调整机制。推进最低生活保障制度城乡统筹发展。加强农村留守儿童、妇女、老人关爱服务体系建设。规范基本公共服务标准体系，促进城乡区域标准水平统一衔接可持续，完善综合监测评估制度。鼓励地方开展统筹城乡的基本公共服务制度改革试点。

20. 加快推进户籍制度改革。充分考虑各类城镇的经济社会发展水平、综合承载能力和提供基本公共服务能力，细化完善和实施差别化落户政策，促进有能力在城镇稳定就业和生活的常住人口有序实现市民化。加快建立和实施居住证制度，以居住证为载体，逐步实现基本公共服务对常住人口的全覆盖。构建政府、企业、个人共同参与的农业转移人口市民化成本分担机制，明确各级政府承担的相应支出责任，增强吸纳农业转移人口较多地区政府公共服务保障能力。切实维护进城落户农民的土地承包权、宅基地使用权、集体收益分配权。

21. 完善城乡劳动者平等就业制度。进一步清理针对农民工就业的歧视性规定，保障城乡劳动者平等就业的权利。加强覆盖城乡的公共就业创业服务体系建设。完善就业失业登记管理制度。落实鼓励农村劳动力创业政策。落实农民工与城镇职工同工同酬原则，突出解决好农民工工资拖欠问题。扩大农民工参加城镇社会保障覆盖面，把进城落户的农业转移人口完全纳入城镇社会保障体系。完善社会保障关系转移接续政策。

（五）加强和创新农村社会治理

随着市场化、工业化、城镇化的快速推进，农村社会治理面临新挑战，必须坚持党政主导、农民主体、社会协同，围绕提高农村基层治理水平，加强乡镇服务型政府建设，发挥好基层党组织在农村各类经济、社会组织中的领导核心作用，完善村民自治组织民主制度，形成规范有序、充满活力的乡村治理机制。

22. 加强农村基层党组织建设。认真贯彻党要管党、从严治党的要求，始终坚持农村基层党组织领导核心地位不动摇，深入整顿软弱涣散村党组织，把农村基层党组织建设成坚强的战斗堡垒，不断夯实党在农村基层执政的组织基础。创新完善农村基层党组织设置和活动方式，扩大组织覆盖和工作覆盖。加强乡村两级党组织班子建设，选好用好管好带头人，向软弱涣散村党组织和贫困村党组织选派第一书记。严肃农村基层党内政治生活，用严以修身、严以用权、严以律己和谋事要实、创业要实、做人要实的要求，加强党员日常教育管理，做好农村发展党员工作，发挥党员先锋模范作用。严肃处理违反党纪党规的行为，坚决查处挤占挪用惠农资金、侵占征地补偿款、侵吞集体资产等发生在农民身边的腐败行为，建立健全党组织领导下的村务监督机制，保持农村基层党组织的纯洁性和凝聚力。进一步加强农村基层服务型党组织建设，强化县乡村三级便民服务网络建设，多为群众办实事，贴近群众、团结群众、引导群众、赢得群众，带领群众共同脱贫致富奔小康。严格落实农村基层党建责任制，发挥县级党委“一线指挥部”作用，加大抓乡促村工作力度。

23. 健全农村基层民主管理制度。以扩大有序参与、推进信息公开、健全议事协商、强化权力监督为重点，健全村党组织领导的充满活力的村民自治机制，探索村民自治的有效实现形式。在有实际需要的地方，依托土地等集体资产所有权关系和乡村传统社会治理资源，开展以村民小组或自然村为基本单元的村民自治试点；在已经建立新型农村社区的地方，开展以农村社区为基本单元的村民自治试点。探索以村民会议、村民代表会议为载体，创新村民议事形式，完善议事决策主体和程序，落实群众知情权和决策权。建立务实管用的村务监督机制，理顺村务监督机构与其他村级组织的关系，切实发挥村务监督机构作用，落实群众监督权。积极探索村民议事会、村民理事会等协商形式，重视吸纳利益相关方、社会组织、驻村单位参加协商。研究明确村党组织、村民委员会、村务监督机构、农村集体经济组织的职能定位及相互关系。在进行农村集体产权制度改革、组建农村股份合作经济组织的地区，探索剥离村“两委”对集体资产经营管理的职能，开展实行“政经分开”试验，完善农村基层党组织领导的村民自治组织和集体经济组织运行机制。

24. 加强农村精神文明建设。加大农村思想道德建设力度，有针对性地开展社会主义核心价值观教育，提高农民综合素质，提升农村社会文明水平。开展文明村镇创建活动，修订乡规民约。充分发挥公共文化服务在农村精神文明建设中的平台和支撑作用，加强农村基层公共文化体育资源的整合利用，提高设施利用效能。建立广播电视村村通、文化信息资源共享、乡镇综合文化站、农村电影放映、农家书屋、体育健身等重点文化体育工程有效合作机制。采取政府购买、项目补贴、定向资助等方式，支持社会各类文化组织和机构参与农村公共文化服务。抓好农村业余文化骨干队伍建设，加强农村题材文艺作品的创作生产。保护和传承具有民族特色的农耕文明，加强农村地区的文化遗产保护。广泛开展具有乡土特色的文化活动，推动文化与特色农业有机结合，提升农产品文化附加值。引导和组织农民成立村民议事会、道德评议会、禁赌禁毒会、红白理事会，发挥乡规民约的积极作用。

25. 创新农村扶贫开发体制机制。着眼全面建成小康社会、不让农村贫困人口掉队的要求，分类施策，加快健全精准扶贫工作机制，完善贫困县考核机制，完善干部驻村帮扶机制，完善扶贫资金管理机制，完善金融服务机制，创新社会参与机制，建立扶贫对象动态调整机制，完善扶贫开发与农村低保有效衔接的机制。完善片区联系工作机制，推动片区规划实施与减少贫困人口的目标相结合，将政策、项目等落到实处。抓紧研究制定扶贫开发的重大举措，确保在既定时间节点打赢扶贫开发攻坚战，加快贫困群众脱贫致富、贫困地区全面建成小康社会步伐。

26. 深化农村行政执法体制改革。加强农村基层执法力量，推行对食品药品安全、工商质检、公共卫生、安全生产、文化旅游、资源环境、农林水利、交通运输、城乡建设、海洋渔业等领域的综合执法，确保有关法律法规执行，依法维护农村生产生活秩序，提高农村基层法治水平。

三、(略)

四、加强组织领导

各级党委和政府要按照党中央、国务院的总体部署，切实增强领导、组织、监督农村改革工作的主动性和自觉性。要坚持问题导向，下大力气解决好农民群众最关心最直接最现实的利益问题。要完善各级党委和政府推进农村改革的领导体制和工作机制，健全和落实责任制度。主要负责同志要亲自抓农村改革工作，把握好方向和路径，加强对农村改革工作的指导，确保各项农村改革措施落到实处。

中共中央办公厅　国务院办公厅关于深入推进农村社区建设试点工作的指导意见

（新华社 2015 年 5 月 31 日）

为贯彻落实党的十八大和十八届三中、四中全会精神，创新农村基层社会治理，提升农村公共服务水平，促进城乡一体化建设，现就深入推进农村社区建设试点工作提出如下指导意见。

一、充分认识深化农村社区建设试点的重要意义

农村社区是农村社会服务管理的基本单元。随着中国特色新型工业化、信息化、城镇化、农业现代化进程加快，我国农村社会正在发生深刻变化，农村基层社会治理面临许多新情况新问题：农村人口结构加剧变化，部分地区非户籍居民大幅增加，非户籍居民的社会融入问题凸显，部分地区存在村庄空心化现象，农村“三留守”群体持续扩大；农村利益主体日趋多元，农村居民服务需求更加多样，农村社会事业发展明显滞后，社会管理和公共服务能力难以适应；村民自治机制和法律制度仍需进一步完善等。加强农村社区建设，有利于推动户籍居民和非户籍居民和谐相处，有利于促进政府行政管理、公共服务与农村居民自我管理、自我服务更好地衔接互动，有利于增强农村社区自治和服务功能，为农民幸福安康、农业可持续发展、农村和谐稳定奠定坚实基础。

中央高度重视农村基层社会管理和服务工作，对推进农村社区建设提出明确要求。农村社区建设要在党和政府的领导下，在行政村范围内，依靠全体居民，整合各类资源，强化社区自治和服务功能，促进农村社区经济、政治、文化、社会、生态全面协调可持续发展，不断提升农村居民生活质量和文明素养，努力构建新型乡村治理体制机制。近年来，各地区各有关部门认真贯彻中央决策部署，组织开展农村社区建设试点工作，取得了一定成效。实践证明，农村社区建设是社会主义新农村建设的重要内容，是推进新型城镇化的配套工程，是夯实党的执政基础、巩固基层政权的重要举措。各地区各有关部门要主动适应农村经济社会发展新要求、顺应农民群众过上更加美好生活的新期待，增强做好农村社区建设工作的责任感和紧迫感，深入推进试点工作。

二、总体要求

（一）工作目标

以邓小平理论、“三个代表”重要思想、科学发展观为指导，深入贯彻习近平总书记系列重要讲话精神，以全面提高农村居民生活质量和文明素养为根本，完善村民自治与多元主体参与有机结合的农村社区共建共享机制，健全村民自我服务与政府公共服务、社会公益服务有效衔接的农村基层综合服务管理平台，形成乡土文化和现代文明融合发展的文化纽带，构建生态功能与生产生活功能协调发展的人居环境，打造一批管理有序、服务完善、文明祥和的农村社区建设示范点，为全面推进农村社区建设、统筹城乡发展探索路径、积累经验。

（二）基本原则

——以人为本、完善自治。坚持和完善村党组织领导的充满活力的村民自治制度，尊重农村居民的主体地位，切实维护好保障好农村居民的民主政治权利、合法经济利益和社会生活权益，让农村居民从农村社区建设中得到更多实惠。

——党政主导、社会协同。落实党委和政府的组织领导、统筹协调、规划建设、政策引导、资源投入等职责，发挥农村基层党组织核心作用和自治组织基础作用，调动农村集体经济组织、农民合作经济组织、农村群团组织和社会组织等各类主体的积极性、主动性和创造性。

——城乡衔接、突出特色。加强农村社区建设与新型城镇化建设的配套衔接，强化农村社区建设对新农村建设的有效支撑，既注意以城带乡、以乡促城、优势互补、共同提高，又重视乡土味道、体现农村特点、保留乡村风貌。

——科学谋划、分类施策。把握农村经济社会发展规律，做好农村社区建设的顶层设计和整体谋划，提高试点工作的科学性、前瞻性和可行性、有效性。加强分类指导，统筹考虑各地农村社区的经济发展条件、人口状况及变动趋势、自然地理状况、历史文化传统等因素，合理确定试点目标和工作重点，因地制宜开展试点探索。

——改革创新、依法治理。坚持和发展农村社会治理有效方式，发挥农村居民首创精神，积极推进农村基层社会治理的理论创新、实践创新和制度创新。深化农村基层组织依法治理，发挥村规民约积极作用，推进农村社区治理法治化、规范化。

三、工作任务

（一）完善在村党组织领导下、以村民自治为基础的农村社区治理机制。农村社区建设坚持村党组织领导、村民委员会牵头，以村民自治为根本途径和有效手段，发动农村居民参与，同时不改变村民自治机制，不增加农村基层管理层级。推进农村基层服务型党组织建设，增强乡镇、村党组织服务功能。以农村基层党组织建设带动农村自治组织、群众组织、经济社会服务组织建设，健全完善农村基层党组织引领农村社区建设的领导机制和工作机制。依法确定乡镇政府与村民委员会的权责边界，促进基层政府与基层群众自治组织有效衔接、良性互动。认真贯彻实施村民委员会组织法，加强村民委员会和村务监督机构建设，完善农村社区建设重大问题的民主决策、民主监督制度。依托村民会议、村民代表会议等载体，广泛开展形式多样的农村社区协商，探索村民议事会、村民理事会等协商形式，探索村民小组协商和管理的有效方式，逐步实现基层协商经常化、规范化、制度化。

（二）促进流动人口有效参与农村社区服务管理。依法保障符合条件的非本村户籍居民参加村民委员会选举和享有农村社区基本公共服务的权利。吸纳非户籍居民参与农村社区公共事务和公益事业的协商，建立户籍居民和非户籍居民共同参与的农村社区协调议事机制。在保障农村集体经济组织成员合法权益的前提下，探索通过分担筹资筹劳、投资集体经济等方式，引导非户籍居民更广泛地参与民主决策。健全利益相关方参与决策机制，采取会议表决、代表议事、远程咨询等决策方式，维护外出务工居民在户籍所在地农村社区的权利。健全农村“三留守”人员关爱服务体系，重点发展学前教育和养老服务，培育青年志愿组织和妇女互助组织，建立农村社区“三留守”人员动态信息库，扩大呼叫终端、远程监控等信息技术应用，切实提高对农村留守儿童、留守妇女、留守老人的服务能力和服务水平。

（三）畅通多元主体参与农村社区建设渠道。建立县级以上机关党员、干部到农村社区挂职任职、驻点包户制度。建立和完善党代表、人大代表、政协委员联系农村居民、支持农村社区发展机制。鼓励驻村机关、团体、部队、企事业单位支持、参与农村社区建设。拓宽外出发展人员和退休回乡人员参与农村社区建设渠道。依法确定村民委员会和农村集体经济组织以及各类经营主体的关系，保障农村集体经济组织独立开展经济活动的自主权，增强村集体经济组织支持农村社区建设的能力。推动发展新型农村合作金融组织、新型农民合作经济组织和社会组织，通过购买服务、直接资助、以奖代补、公益创投等方式，支持社区社会组织参与社区公共事务和公益事业，支持专业化社会服务组织到农村社区开展服务。

（四）推进农村社区法治建设。加强农村社区司法行政工作室等法治机构建设，指导农村社区开展各项法治工作，探索整合农村社区层面法治力量，加强农村社区法律援助工作，推动法治工作网络、机制和人员向农村社区延伸，推进覆盖农村居民的公共法律服务体系建设。完善人民调解、行政调解、司法调解联动工作体系，建立调处化解农村矛盾纠纷综合机制，及时了解掌握和回应不同利益主体的关切和诉求，有效预防和就地化解矛盾纠纷。建立健全农村社区公共安全体系，创新农村立体化社会治安防控体系，加强和创新农村社区平安建设，建立覆盖农村全部实有人口的动态管理机制，做好社区禁毒和特殊人群帮教工作。加强农村社区警务、警务辅助力量和群防群治队伍建设，对符合任职年限条件的农村警务室民警落实职级待遇。加强农村社区普法宣传教育，提高基层党员、干部法治思维和依法办事能力，引导农村居民依法反映诉求、解决矛盾纠纷。指导完善村民自治章程和村规民约，支持农村居民自我约束和自我管理，提高农村社区治理法治化水平。

（五）提升农村社区公共服务供给水平。健全农村社区服务设施和服务体系，整合利用村级组织活动场所、文化室、卫生室、计划生育服务室、农民体育健身工程等现有场地、设施和资源，推进农村基层综合性公共服务设施建设，提升农村基层公共服务信息化水平，逐步构建县（市、区）、乡（镇）、村三级联动互补的基本公共服务网络。积极推动基本公共服务项目向农村社区延伸，探索建立公共服务事项全程委托代理机制，促进城乡基本公共服务均等化。加强农村社区教育，鼓励各级各类学校教育资源向周边农村居民开放，用好县级职教中心、乡（镇）成人文化技术学校和农村社区教育教学点。改善农村社区医疗卫生条件，加大对乡（镇）、村卫生和计划生育服务机构设施改造、设备更新、人员培训等方面的支持力度。做好农村社区扶贫、社会救助、社会福利和优抚安置服务，推进农村社区养老、助残服务，组织引导农村居民积极参加城乡居民养老保险，全面实施城乡居民大病保险制度和“救急难”工作试点。

（六）推动农村社区公益性服务、市场化服务创新发展。广泛动员党政机关、企事业单位、各类社会组织和居民群众参加农村社区志愿服务，切实发挥党员先锋模范作用。完善农村社区志愿服务站点布局，搭建社区志愿者、服务对象和服务项目对接平台，开展丰富多彩的社区志愿互助活动。根据农村社区发展特点和居民需求，分类推进社会工作服务，发挥社会工作专业人才引领社区志愿者服务作用。鼓励企业和供销合作社完善农村社区商业网点和物流布局，引导经营性服务组织在农村社区开展连锁经营，采取购买服务等方式，支持社会力量在农村兴办养老助残、扶贫济困等各类社会事业。

（七）强化农村社区文化认同。以培育和践行社会主义核心价值观为根本，发展各具特色的农村社区文化，丰富农村居民文化生活，增强农村居民的归属感和认同感。深入开展和谐社区等精神文明创建活动，树立良好家风，弘扬公序良俗，创新和发展乡贤文化，形成健康向上、开放包容、创新进取的社会风尚。健全农村社区现代公共文化服务体系，整合宣传文化、党员教育、科学普及、体育健身等服务功能，形成综合性文化服务中心，开辟群众文体活动广场，增强农村文化惠民工程实效。引导城市文化机构、团体到农村社区拓展服务，支持农民兴办演出团体和其他文化团体。发现和培养乡土文化能人、民族民间文化传承人等各类文化人才，广泛开展具有浓郁乡土气息的农村社区文化体育活动，凝聚有利于农村社区发展的内在动力和创新活力。

（八）改善农村社区人居环境。强化农村居民节约意识、环保意识和生态意识，形成爱护环境、节约资源的生活习惯、生产方式和良好风气。发动农村居民和社会力量开展形式多样的农村社区公共空间、公共设施、公共绿化管护行动。完善农村社区基础设施，建立健全农村供电、供排水、道路交通安全、消防安全、地名标志、通信网络等公用设施的建设、运行、管护和综合利用机制，提高对自然灾害、事故灾难、公共卫生事件、社会安全事件的预防和处置能力。分级建立污水、垃圾收集处理网络，健全日常管理维护，促进农村废弃物循环利用，重点解决污水乱排、垃圾乱扔、秸秆随意抛弃和焚烧等脏乱差问题。加快改水、改厨、改厕、改圈，改善农村社区卫生条件。积极推进“美丽乡村”和村镇生态文明建设，保持农村社区乡土特色和田园风光。

四、工作要求

（一）加强组织领导。各省（自治区、直辖市）要结合本地实际，确定一定数量具备条件的试点县，选择不同类型的行政村开展试点，土地集体所有权在村民小组的，可根据群众意愿和实际需要，将试点工作延伸到自然村层面，并制定切实可行的试点实施方案。中央和国家机关有关部门要加强对地方试点工作的指导，及时制定完善相关配套政策。地方党委和政府要把农村社区建设试点工作纳入重要议事日程，建立农村社区建设统筹协调和绩效评估机制。农村社区建设要在维护农民土地承包经营权和宅基地用益物权前提下开展，与当地国民经济和社会发展总体规划、土地利用规划、村庄规划和社会主义新农村建设规划等相衔接，与统筹城乡基层党的建设同步考虑。严禁强制推行大拆大建、撤村并居，严禁违反土地利用规划擅自改变农地用途，严禁以“管委会”等机构取代村党组织和村民委员会。各级民政部门要切实履行牵头职责，会同有关部门加强对试点工作的协调督导，适时组织专项督查。

（二）加强分类指导。根据不同地区经济社会发展水平和农村社区实际情况，突出重点、分类施策，稳步推进试点工作。城中村、城边村和农村居民集中移居点，要探索借鉴城市社区服务管理的有效经验，逐步实现与城镇基础设施、基本公共服务和社会事业发展相衔接；地形复杂、交通不便、居住分散的农村地区和林区、牧区、渔区可根据自身条件，探索推进农村社区建设的有效途径。外来人口集中的农村社区要重点推进社区基本公共服务向非户籍居民覆盖，促进外来人口的社区融入；人口流出较多的农村社区要加强对留守人员的生产扶持、社会救助和人文关怀，切实解决他们生产生活中的实际困难。村民自治基础和集体经济较好的村，要积极发展社区公益事业，完善社区公共设施和人居环境，着力提升居民生活品质；偏远、经济欠发达地区的农村社区，要切实增强村庄自治功能和发展能力。

（三）落实扶持政策。试点地区要加大投入力度，统筹整合相关涉农资金，提高资金使用效率，避免重复建设。推动农村社区拓宽资金来源渠道，统筹利用好村集体经济收入、政府投入和社会资金，重点保障基本公共服务设施和网络、农村居民活动场所建设需要，按规定合理安排农村社区工作经费和人员报酬。推进政府部门向社会组织转移职能和加大政府向社会组织购买服务力度，做到权随责走、费随事转。落实和完善支持农村社区建设的价格优惠政策，村民委员会服务设施用电以及社会福利场所生活用电按居民生活类价格执行。制定完善农村社区建设投融资政策，鼓励金融机构加快相关金融产品开发和服务创新，积极利用小额贷款等方式，安排信贷资金支持农村社区建设。探索在省级以下条件成熟的地区设立财政资金、金融和产业资本共同筹资的农村社区建设发展基金，吸纳更多社会资本参与农村社区建设。

（四）强化人才支撑。选优配强村“两委”领导班子，特别是选好用好管好村党组织带头人。及时吸纳农村优秀分子入党，加大发展农村青年党员工作力度。鼓励和支持退伍军人、普通高校和职业院校毕业生及各类优秀人才到农村社区工作。支持农村社区通过向社会公开招聘、挂职锻炼等方式配备和使用社会工作专业人才。加强对乡镇干部、村“两委”成员和农村社区工作者的培训，提升推动农村社区发展和服务农村居民的能力。

（五）及时总结经验。加强对农村社区建设的理论政策研究，及时将成熟的经验做法上升为政策法规，为全面推进农村社区建设提供制度保障。积极开展农村社区建设示范创建活动，适时对试点工作成效进行总结评估，稳步扩大试点范围。及时发现和宣传各类先进典型，总结推广好的经验和做法，形成全社会共同参与和推动农村社区建设的良好氛围。

各省（自治区、直辖市）要根据本指导意见，结合本地实际，制定推进农村社区建设试点工作的具体实施意见。尚未完成户籍制度改革、仍保留村民委员会的农垦区和工矿区可参照本指导意见制定试点方案。

中共中央办公厅　国务院办公厅
关于引导农村土地经营权有序流转
发展农业适度规模经营的意见

（新华社2014年11月20日）

伴随我国工业化、信息化、城镇化和农业现代化进程，农村劳动力大量转移，农业物质技术装备水平不断提高，农户承包土地的经营权流转明显加快，发展适度规模经营已成为必然趋势。实践证明，土地流转和适度规模经营是发展现代农业的必由之路，有利于优化土地资源配置和提高劳动生产率，有利于保障粮食安全和主要农产品供给，有利于促进农业技术推广应用和农业增效、农民增收，应从我国人多地少、农村情况千差万别的实际出发，积极稳妥地推进。为引导农村土地（指承包耕地）经营权有序流转、发展农业适度规模经营，现提出如下意见。

一、总体要求

（一）指导思想。全面理解、准确把握中央关于全面深化农村改革的精神，按照加快构建以农户家庭经营为基础、合作与联合为纽带、社会化服务为支撑的立体式复合型现代农业经营体系和走生产技术先进、经营规模适度、市场竞争力强、生态环境可持续的中国特色新型农业现代化道路的要求，以保障国家粮食安全、促进农业增效和农民增收为目标，坚持农村土地集体所有，实现所有权、承包权、经营权三权分置，引导土地经营权有序流转，坚持家庭经营的基础性地位，积极培育新型经营主体，发展多种形式的适度规模经营，巩固和完善农村基本经营制度。改革的方向要明，步子要稳，既要加大政策扶持力度，加强典型示范引导，鼓励创新农业经营体制机制，又要因地制宜、循序渐进，不能搞大跃进，不能搞强迫命令，不能搞行政瞎指挥，使农业适度规模经营发展与城镇化进程和农村劳动力转移规模相适应，与农业科技进步和生产手段改进程度相适应，与农业社会化服务水平提高相适应，让农民成为土地流转和规模经营的积极参与者和真正受益者，避免走弯路。

（二）基本原则

——坚持农村土地集体所有权，稳定农户承包权，放活土地经营权，以家庭承包经营为基础，推进家庭经营、集体经营、合作经营、企业经营等多种经营方式共同发展。

——坚持以改革为动力，充分发挥农民首创精神，鼓励创新，支持基层先行先试，靠改革破解发展难题。

——坚持依法、自愿、有偿，以农民为主体，政府扶持引导，市场配置资源，土地经营权流转不得违背承包农户意愿、不得损害农民权益、不得改变土地用途、不得破坏农业综合生产能力和农业生态环境。

——坚持经营规模适度，既要注重提升土地经营规模，又要防止土地过度集中，兼顾效率与公平，不断提高劳动生产率、土地产出率和资源利用率，确保农地农用，重点支持发展粮食规模化生产。

二、稳定完善农村土地承包关系

（三）健全土地承包经营权登记制度。建立健全承包合同取得权利、登记记载权利、证书证明权利的土地承包经营权登记制度，是稳定农村土地承包关系、促进土地经营权流转、发展适度规模经营的重要基础性工作。完善承包合同，健全登记簿，颁发权属证书，强化土地承包经营权物权保护，为开展土地流转、调处土地纠纷、完善补贴政策、进行征地补偿和抵押担保提供重要依据。建立健全土地承包经营权信息应用平台，方便群众查询，利于服务管理。土地承包经营权确权登记原则上确权到户到地，在尊重农民意愿的前提下，也可以确权确股不确地。切实维护妇女的土地承包权益。

（四）推进土地承包经营权确权登记颁证工作。按照中央统一部署、地方全面负责的要求，在稳步扩大试点的基础上，用5年左右时间基本完成土地承包经营权确权登记颁证工作，妥善解决农户承包地块面积不准、四至不清等问题。在工作中，各地要保持承包关系稳定，以现有承包台账、合同、证书为依据确认承包地归属；坚持依法规范操作，严格执行政策，按照规定内容和程序开展工作；充分调动农民群众积极性，依靠村民民主协商，自主解决矛盾纠纷；从实际出发，以农村集体土地所有权确权为基础，以第二次全国土地调查成果为依据，采用符合标准规范、农民群众认可的技术方法；坚持分级负责，强化县乡两级的责任，建立健全党委和政府统一领导、部门密切协作、群众广泛参与的工作机制；科学制定工作方案，明确时间表和路线图，确保工作质量。有关部门要加强调查研究，有针对性地提出操作性政策建议和具体工作指导意见。土地承包经营权确权登记颁证工作经费纳入地方财政预算，中央财政给予补助。

三、规范引导农村土地经营权有序流转

（五）鼓励创新土地流转形式。鼓励承包农户依法采取转包、出租、互换、转让及入股等方式流转承包地。鼓励有条件的地方制定扶持政策，引导农户长期流转承包地并促进其转移就业。鼓励农民在自愿前提下采取互换并地方式解决承包地细碎化问题。在同等条件下，本集体经济组织成员享有土地流转优先权。以转让方式流转承包地的，原则上应在本集体经济组织成员之间进行，且需经发包方同意。以其他形式流转的，应当依法报发包方备案。抓紧研究探索集体所有权、农户承包权、土地经营权在土地流转中的相互权利关系和具体实现形式。按照全国统一安排，稳步推进土地经营权抵押、担保试点，研究制定统一规范的实施办法，探索建立抵押资产处置机制。

（六）严格规范土地流转行为。土地承包经营权属于农民家庭，土地是否流转、价格如何确定、形式如何选择，应由承包农户自主决定，流转收益应归承包农户所有。流转期限应由流转双方在法律规定的范围内协商确定。没有农户的书面委托，农村基层组织无权以任何方式决定流转农户的承包地，更不能以少数服从多数的名义，将整村整组农户承包地集中对外招商经营。防止少数基层干部私相授受，谋取私利。严禁通过定任务、下指标或将流转面积、流转比例纳入绩效考核等方式推动土地流转。

（七）加强土地流转管理和服务。有关部门要研究制定流转市场运行规范，加快发展多种形式的土地经营权流转市场。依托农村经营管理机构健全土地流转服务平台，完善县乡村三级服务和管理网络，建立土地流转监测制度，为流转双方提供信息发布、政策咨询等服务。土地流转服务主体可以开展信息沟通、委托流转等服务，但禁止层层转包从中牟利。土地流转给非本村（组）集体成员或村（组）集体受农户委托统一组织流转并利用集体资金改良土壤、提高地力的，可向本集体经济组织以外的流入方收取基础设施使用费和土地流转管理服务费，用于农田基本建设或其他公益性支出。引导承包农户与流入方签订书面流转合同，并使用统一的省级合同示范文本。依法保护流入方的土地经营权益，流转合同到期后流入方可在同等条件下优先续约。加强农村土地承包经营纠纷调解仲裁体系建设，健全纠纷调处机制，妥善化解土地承包经营流转纠纷。

（八）合理确定土地经营规模。各地要依据自然经济条件、农村劳动力转移情况、农业机械化水平等因素，研究确定本地区土地规模经营的适宜标准。防止脱离实际、违背农民意愿，片面追求超大规模经营的倾向。现阶段，对土地经营规模相当于当地户均承包地面积 10 至 15 倍、务农收入相当于当地二三产业务工收入的，应当给予重点扶持。创新规模经营方式，在引导土地资源适度集聚的同时，通过农民的合作与联合、开展社会化服务等多种形式，提升农业规模化经营水平。

（九）扶持粮食规模化生产。加大粮食生产支持力度，原有粮食直接补贴、良种补贴、农资综合补贴归属由承包农户与流入方协商确定，新增部分应向粮食生产规模经营主体倾斜。在有条件的地方开展按照实际粮食播种面积或产量对生产者补贴试点。对从事粮食规模化生产的农民合作社、家庭农场等经营主体，符合申报农机购置补贴条件的，要优先安排。探索选择运行规范的粮食生产规模经营主体开展目标价格保险试点。抓紧开展粮食生产规模经营主体营销贷款试点，允许用粮食作物、生产及配套辅助设施进行抵押融资。粮食品种保险要逐步实现粮食生产规模经营主体愿保尽保，并适当提高对产粮大县稻谷、小麦、玉米三大粮食品种保险的保费补贴比例。各地区各有关部门要研究制定相应配套办法，更好地为粮食生产规模经营主体提供支持服务。

（十）加强土地流转用途管制。坚持最严格的耕地保护制度，切实保护基本农田。严禁借土地流转之名违规搞非农建设。严禁在流转农地上建设或变相建设旅游度假村、高尔夫球场、别墅、私人会所等。严禁占用基本农田挖塘栽树及其他毁坏种植条件的行为。严禁破坏、污染、圈占闲置耕地和损毁农田基础设施。坚决查处通过“以租代征”违法违规进行非农建设的行为，坚决禁止擅自将耕地“非农化”。利用规划和标准引导设施农业发展，强化设施农用地的用途监管。采取措施保证流转土地用于农业生产，可以通过停发粮食直接补贴、良种补贴、农资综合补贴等办法遏制撂荒耕地的行为。在粮食主产区、粮食生产功能区、高产创建项目实施区，不符合产业规划的经营行为不再享受相关农业生产扶持政策。合理引导粮田流转价格，降低粮食生产成本，稳定粮食种植面积。

四、加快培育新型农业经营主体

（十一）发挥家庭经营的基础作用。在今后相当长时期内，普通农户仍占大多数，要继续重视和扶持其发展农业生产。重点培育以家庭成员为主要劳动力、以农业为主要收入来源，从事专业化、集约化农业生产的家庭农场，使之成为引领适度规模经营、发展现代农业的有生力量。分级建立示范家庭农场名录，健全管理服务制度，加强示范引导。鼓励各地整合涉农资金建设连片高标准农田，并优先流向家庭农场、专业大户等规模经营农户。

（十二）探索新的集体经营方式。集体经济组织要积极为承包农户开展多种形式的生产服务，通过统一服务降低生产成本、提高生产效率。有条件的地方根据农民意愿，可以统一连片整理耕地，将土地折股量化、确权到户，经营所得收益按股分配，也可以引导农民以承包地入股组建土地股份合作组织，通过自营或委托经营等方式发展农业规模经营。各地要结合实际不断探索和丰富集体经营的实现形式。

（十三）加快发展农户间的合作经营。鼓励承包农户通过共同使用农业机械、开展联合营销等方式发展联户经营。鼓励发展多种形式的农民合作组织，深入推进示范社创建活动，促进农民合作社规范发展。在管理民主、运行规范、带动力强的农民合作社和供销合作社基础上，培育发展农村合作金融。引导发展农民专业合作社联合社，支持农民合作社开展农社对接。允许农民以承包经营权入股发展农业产业化经营。探索建立农户入股土地生产性能评价制度，按照耕地数量质量、参照当地土地经营权流转价格计价折股。

（十四）鼓励发展适合企业化经营的现代种养业。鼓励农业产业化龙头企业等涉农企业重点从事农产品加工流通和农业社会化服务，带动农户和农民合作社发展规模经营。引导工商资本发展良种种苗繁育、高标准设施农业、规模化养殖等适合企业化经营的现代种养业，开发农村“四荒”资源发展多种经营。支持农业企业与农户、农民合作社建立紧密的利益联结机制，实现合理分工、互利共赢。支持经济发达地区通过农业示范园区引导各类经营主体共同出资、相互持股，发展多种形式的农业混合所有制经济。

（十五）加大对新型农业经营主体的扶持力度。鼓励地方扩大对家庭农场、专业大户、农民合作社、龙头企业、农业社会化服务组织的扶持资金规模。支持符合条件的新型农业经营主体优先承担涉农项目，新增农业补贴向新型农业经营主体倾斜。加快建立财政项目资金直接投向符合条件的合作社、财政补助形成的资产转交合作社持有和管护的管理制度。各省（自治区、直辖市）根据实际情况，在年度建设用地指标中可单列一定比例专门用于新型农业经营主体建设配套辅助设施，并按规定减免相关税费。综合运用货币和财税政策工具，引导金融机构建立健全针对新型农业经营主体的信贷、保险支持机制，创新金融产品和服务，加大信贷支持力度，分散规模经营风险。鼓励符合条件的农业产业化龙头企业通过发行短期融资券、中期票据、中小企业集合票据等多种方式，拓宽融资渠道。鼓励融资担保机构为新型农业经营主体提供融资担保服务，鼓励有条件的地方通过设立融资担保专项资金、担保风险补偿基金等加大扶持力度。落实和完善相关税收优惠政策，支持农民合作社发展农产品加工流通。

（十六）加强对工商企业租赁农户承包地的监管和风险防范。各地对工商企业长时间、大面积租赁农户承包地要有明确的上限控制，建立健全资格审查、项目审核、风险保障金制度，对租地条件、经营范围和违规处罚等作出规定。工商企业租赁农户承包地要按面积实行分级备案，严格准入门槛，加强事中事后监管，防止浪费农地资源、损害农民土地权益，防范承包农户因流入方违约或经营不善遭受损失。定期对租赁土地企业的农业经营能力、土地用途和风险防范能力等开展监督检查，查验土地利用、合同履行等情况，及时查处纠正违法违规行为，对符合要求的可给予政策扶持。有关部门要抓紧制定管理办法，并加强对各地落实情况的监督检查。

五、建立健全农业社会化服务体系

（十七）培育多元社会化服务组织。巩固乡镇涉农公共服务机构基础条件建设成果。鼓励农技推广、动植物防疫、农产品质量安全监管等公共服务机构围绕发展农业适度规模经营拓展服务范围。大力培育各类经营性服务组织，积极发展良种种苗繁育、统防统治、测土配方施肥、粪污集中处理等农业生产性服务业，大力发展农产品电子商务等现代流通服务业，支持建设粮食烘干、农机场库棚和仓储物流等配套基础设施。农产品初加工和农业灌溉用电执行农业生产用电价格。鼓励以县为单位开展农业社会化服务示范创建活动。开展政府购买农业公益性服务试点，鼓励向经营性服务组织购买易监管、可量化的公益性服务。研究制定政府购买农业公益性服务的指导性目录，建立健全购买服务的标准合同、规范程序和监督机制。积极推广既不改变农户承包关系，又保证地有人种的托管服务模式，鼓励种粮大户、农机大户和农机合作社开展全程托管或主要生产环节托管，实现统一耕作，规模化生产。

（十八）开展新型职业农民教育培训。制定专门规划和政策，壮大新型职业农民队伍。整合教育培训资源，改善农业职业学校和其他学校涉农专业办学条件，加快发展农业职业教育，大力发展现代农业远程教育。实施新型职业农民培育工程，围绕主导产业开展农业技能和经营能力培养培训，扩大农村实用人才带头人示范培养培训规模，加大对专业大户、家庭农场经营者、农民合作社带头人、农业企业经营管理人员、农业社会化服务人员和返乡农民工的培养培训力度，把青年农民纳入国家实用人才培养计划。努力构建新型职业农民和农村实用人才培养、认定、扶持体系，建立公益性农民培养培训制度，探索建立培育新型职业农民制度。

（十九）发挥供销合作社的优势和作用。扎实推进供销合作社综合改革试点，按照改造自我、服务农民的要求，把供销合作社打造成服务农民生产生活的生力军和综合平台。利用供销合作社农资经营渠道，深化行业合作，推进技物结合，为新型农业经营主体提供服务。推动供销合作社农产品流通企业、农副产品批发市场、网络终端与新型农业经营主体对接，开展农产品生产、加工、流通服务。鼓励基层供销合作社针对农业生产重要环节，与农民签订服务协议，开展合作式、订单式服务，提高服务规模化水平。

土地问题涉及亿万农民切身利益，事关全局。各级党委和政府要充分认识引导农村土地经营权有序流转、发展农业适度规模经营的重要性、复杂性和长期性，切实加强组织领导，严格按照中央政策和国家法律法规办事，及时查处违纪违法行为。坚持从实际出发，加强调查研究，搞好分类指导，充分利用农村改革试验区、现代农业示范区等开展试点试验，认真总结基层和农民群众创造的好经验好做法。加大政策宣传力度，牢固树立政策观念，准确把握政策要求，营造良好的改革发展环境。加强农村经营管理体系建设，明确相应机构承担农村经管工作职责，确保事有人干、责有人负。各有关部门要按照职责分工，抓紧修订完善相关法律法规，建立工作指导和检查监督制度，健全齐抓共管的工作机制，引导农村土地经营权有序流转，促进农业适度规模经营健康发展。

图书在版编目（CIP）数据

《农村基层干部廉洁履行职责规定》及相关法律法规/《〈农村基层干部廉洁履行职责规定〉及相关法律法规》编写组编. 北京：中国方正出版社，2025. 1. --ISBN 978-7-5174-1420-9

Ⅰ. D922. 119；D267. 2

中国国家版本馆 CIP 数据核字第 20256XE342 号

《农村基层干部廉洁履行职责规定》及相关法律法规

NONGCUN JICENG GANBU LIANJIE LÜXING ZHIZE GUIDING JI XIANGGUAN FALÜ FAGUI

本书编写组　编

责任编辑：代颖杰　尹岳辰

责任校对：周志娟

责任印制：李惠君

出版发行：中国方正出版社

（北京市西城区广安门南街甲 2 号　邮编：100053）

编辑部：（010）59594645　出版部：（010）59594625

发行部：（010）66560645　门市部：（010）66562733

网址：www. lianzheng. com. cn

经　　销：新华书店

印　　刷：北京新华印刷有限公司

开　　本：880 毫米×1230 毫米　1/32

印　　张：14. 5

字　　数：377 千字

版　　次：2025 年 5 月第 1 版　2025 年 5 月北京第 1 次印刷

（版权所有　侵权必究）

ISBN 978-7-5174-1420-9　　定价：36. 00 元

（本书如有印装质量问题，请与本社发行部联系退换）